# AWS 기반 서버리스 아키텍처

AWS Lambda 예제로 살펴보는

# AWS 기반 서버리스 아키텍처

AWS Lambda 예제로 살펴보는

지은이 **피터 스바르스키**

옮긴이 **홍성민, 주성식**

펴낸이 **박찬규**   교정교열 **박진수**   디자인 **북누리**   표지디자인 **아로와 & 아로와나**

펴낸곳 **위키북스**   전화 031-955-3658, 3659   팩스 031-955-3660

주소 **경기도 파주시 문발로 115 세종출판벤처타운 311호**

가격 **30,000**   페이지 **424**   책규격 **188 x 240mm**

초판 발행 **2018년 01월 12일**

ISBN **979-11-5839-088-4 (93000)**

등록번호 **제406-2006-000036호**   등록일자 **2006년 05월 19일**

홈페이지 **wikibook.co.kr**   전자우편 **wikibook@wikibook.co.kr**

SERVERLESS ARCHITECTURE ON AWS by Peter Sbarski

Original English language edition published by Manning Publications.

Copyright © 2017 by Manning Publications.

KOREAN language edition published by WIKIBOOKS PUBLISHING CO., Copyright © 2018

All rights reserved.

이 도서의 국립중앙도서관 출판시도서목록 CIP는

서지정보유통지원시스템 홈페이지(http://seoji.nl.go.kr)와

국가자료공동목록시스템(http://www.nl.go.kr/kolisnet)에서 이용하실 수 있습니다.

CIP제어번호 CIP2017035845

# AWS 기반
# 서버리스
# 아키텍처

## AWS Lambda
## 예제로 살펴보는

피터 스바르스키 지음

홍성민, 주성식 옮김

MANNING

위키북스

컴퓨팅에 대한 내 열정을 항상 지지하고 격려해주신

어머니와 아버지께 드립니다.

# 01 부

## 첫 걸음 떼기

### 01 장 \ 서버리스로 출발      3

**1.1**    어떻게 여기까지 다다랐을까?      4

     1.1.1 서비스 지향 아키텍처와 마이크로서비스      6

     1.1.2 소프트웨어 설계      7

**1.2**    서버리스 아키텍처의 원칙      9

     1.2.1 컴퓨팅 서비스를 사용해 필요할 때 코드 실행      9

     1.2.2 단일 목적의 상태 없는 함수 작성      10

     1.2.3 푸시 기반, 이벤트 주도 파이프라인 설계      10

     1.2.4 더 두텁고 강력한 프런트엔드 구축      11

     1.2.5 서드파티 서비스 포용      13

**1.3**    서버에서 서비스로 이전      13

**1.4**    서버리스 장점과 단점      14

     1.4.1 의사 결정 요인      14

     1.4.2 서버리스를 사용할 때      15

**1.5**    요약      17

### 02 장 \ 아키텍처와 패턴      19

**2.1**    사용 사례      19

     2.1.1 애플리케이션 백엔드      20

     2.1.2 데이터 처리와 조작      21

     2.1.3 실시간 분석      21

     2.1.4 레거시 API 프록시      22

     2.1.5 스케줄링 서비스      22

     2.1.6 봇과 기술      22

**2.2**    아키텍처      23

     2.2.1 백엔드 컴퓨팅      23

     2.2.2 레거시 API 프록시      28

     2.2.3 하이브리드      29

2.2.4 GraphQL 31

2.2.5 연결형 컴퓨팅 33

2.2.6 실시간 처리 35

**2.3 패턴** 35

2.3.1 명령 패턴 36

2.3.2 메시징 패턴 37

2.3.3 우선 순위 큐 패턴 39

2.3.4 팬아웃 패턴 40

2.3.5 파이프 및 필터 패턴 41

**2.4 요약** 42

## 03장 서버리스 애플리케이션 구축 45

**3.1 24-Hour Video** 45

3.1.1 일반적인 요구사항 47

3.1.2 아마존 웹 서비스 48

3.1.3 첫 번째 Lambda함수 작성 50

3.1.4 Lambda 함수 이름 지정 52

3.1.5 로컬에서 하는 테스트 53

3.1.6 AWS에 배포 55

3.1.7 S3을 Lambda에 연결 56

3.1.8 AWS에서 테스트 58

3.1.9 로그 확인 59

**3.2 SNS 구성** 61

3.2.1 S3에 SNS 연결 61

3.2.2 SNS로부터 이메일 수신 64

3.2.3 SNS 테스트 65

**3.3 비디오 권한 설정** 65

3.3.1 두 번째 함수 작성 65

3.3.2 구성 및 보안 66

3.3.3 두 번째 함수 테스트 67

**3.4** 메타데이터 생성     68

    3.4.1 세 번째 함수와 FFprobe 생성     68

**3.5** 깔끔하게 마무리하기     71

**3.6** 연습문제     73

**3.7** 요약     74

## 04장 **클라우드 설정**     75

**4.1** 보안 모델 및 자격 증명 관리     76

    4.1.1 IAM 사용자 생성 및 관리     76

    4.1.2 그룹 생성     79

    4.1.3 역할 생성     82

    4.1.4 자원     83

    4.1.5 권한과 정책     83

**4.2** 로깅 및 경고     86

    4.2.1 로깅 설정     86

    4.2.2 로그 보존     87

    4.2.3 필터, 지표, 경보     87

    4.2.4 로그 데이터 검색     90

    4.2.5 S3와 로깅     90

    4.2.6 경보에 대한 추가 정보     92

    4.2.7 CloudTrail     96

**4.3** 비용     98

    4.3.1 결제 경보 생성     98

    4.3.2 비용 모니터링 및 최적화     100

    4.3.3 Simple Monthly Calculator 사용     101

    4.3.4 Lambda 및 API Gateway 비용 계산     102

**4.4** 연습문제     104

**4.5** 요약     105

**02** 부

# 핵심 아이디어

05 장 **인증과 권한** 107

**5.1** **서버리스 환경에서의 인증** 107

5.1.1 서버리스 방식 108

5.1.2 Amazon Cognito 110

5.1.3 Auth0 111

**5.2** **24-Hour Video에 인증 추가** 112

5.2.1 계획 112

5.2.2 Lambda를 직접 호출 114

5.2.3 24-Hour Video 웹 사이트 114

5.2.4 Auth0 구성 116

5.2.5 웹 사이트에 Auth0 추가 119

5.2.6 Auth0 통합 테스트 125

**5.3** **AWS와 통합** 126

5.3.1 사용자 프로필 Lambda 128

5.3.2 API Gateway 132

5.3.3 매핑 135

5.3.4 API Gateway를 통한 Lambda 호출 138

5.3.5 사용자 정의 권한 모듈 139

**5.4** **위임 토큰** 144

5.4.1 실제 사례 145

5.4.2 위임 토큰 프로비저닝 145

**5.5** **연습문제** 145

**5.6** **요약** 147

# 06장 조율자 Lambda     149

## 6.1 Lambda 내부     149
6.1.1 이벤트 모델과 소스     150
6.1.2 푸시와 풀 이벤트 모델     151
6.1.3 동시 실행     152
6.1.4 컨테이너 재사용     153
6.1.5 차가운 Lambda와 따뜻한 Lambda     154

## 6.2 프로그래밍 모델     155
6.2.1 함수 핸들러     156
6.2.2 이벤트 객체     156
6.2.3 컨텍스트 객체     157
6.2.4 콜백 함수     158
6.2.5 로깅     159

## 6.3 버전 관리, 별칭 및 환경 변수     159
6.3.1 버전 관리     159
6.3.2 별칭     161
6.3.3 환경 변수     163

## 6.4 CLI 사용     165
6.4.1 호출 명령어     166
6.4.2 함수 생성 및 배포     166

## 6.5 Lambda 패턴     169
6.5.1 비동기 폭포(Async waterfall)     169
6.5.2 직렬 및 병렬     175
6.5.3 라이브러리 사용     176
6.5.4 로직을 다른 파일로 이동     180

## 6.6 Lambda 함수 테스트     180
6.6.1 로컬에서 테스트     180
6.6.2 테스트 작성     181
6.6.3 AWS에서 테스트     184

## 6.7 연습문제     186

## 6.8 요약     187

# 07장 \ API Gateway      189

**7.1** 인터페이스 역할을 하는 API Gateway      190

     7.1.1 AWS 서비스와의 통합      191

     7.1.2 캐싱, 스로틀링 그리고 로깅      192

     7.1.3 스테이징과 버전 관리      192

     7.1.4 스크립팅      193

**7.2** API Gateway를 사용해 일하기      193

     7.2.1 계획      195

     7.2.2 리소스와 메소드 만들기      196

     7.2.3 메소드 실행 구성      199

     7.2.4 Lambda 함수      202

     7.2.5 웹사이트 업데이트      208

**7.3** Gateway 최적화      211

     7.3.1 스로틀링      211

     7.3.2 로깅      214

     7.3.3 캐싱      216

**7.4** 스테이지와 버전      219

     7.4.1 스테이지 변수 생성      219

     7.4.2 스테이지 변수 사용      220

     7.4.3 버전      221

**7.5** 연습문제      222

**7.6** 요약      223

# 03 부

# 아키텍처 확장

## 08 장 \ 스토리지                                           225

**8.1  더 스마트한 스토리지**                                 225

    8.1.1 버전 관리                                        226

    8.1.2 정적 웹사이트 호스팅하기                          228

    8.1.3 스토리지 클래스                                   231

    8.1.4 객체 수명주기 관리                                233

    8.1.5 전송 가속화                                      235

    8.1.6 이벤트 알림                                      236

**8.2  안전한 업로드**                                        238

    8.2.1 아키텍처                                         239

    8.2.2 Lambda의 업로드 정책                            240

    8.2.3 S3 CORS 설정                                    246

    8.2.4 웹 사이트에서 업로드하기                          247

**8.3  파일 접근 제한**                                       253

    8.3.1 공개된 접근 제한                                 253

    8.3.2 서명된 URL 생성하기                             254

**8.4  연습문제**                                            255

**8.5  요약**                                                256


## 09 장 \ 데이터베이스                                       257

**9.1  Firebase 소개**                                       258

    9.1.1 데이터 구조                                      258

    9.1.2 보안 규칙                                        260

**9.2  24-Hour Video에 Firebase 추가하기**                   261

    9.2.1 아키텍처                                         261

    9.2.2 Firebase 설정                                   263

    9.2.3 트랜스코드 비디오 Lambda 함수 수정               265

    9.2.4 비디오 트랜스코딩 정보 Firebase 업데이트          270

9.2.5 Lambda 연결 272

9.2.6 웹 사이트 273

9.2.7 엔드–투–엔드 테스팅 279

**9.3 파일 접근 보안** 280

9.3.1 서명된 URL Lambda 함수 282

9.3.2 API Gateway 설정 283

9.3.3 웹사이트를 다시 업데이트 283

9.3.4 성능 개선 284

9.3.5 Firebase 보안 개선 287

**9.4 연습문제** 293

**9.5 요약** 294

10장 **마지막 여정** 295

**10.1 배포 및 프레임워크** 295

**10.2 더 나은 마이크로 서비스를 향하여** 296

10.2.1 오류 처리 299

**10.3 Step Functions** 303

10.3.1 이미지 처리 예제 303

**10.4 AWS 마켓플레이스** 309

**10.5 여기에서 이제 어디로** 311

# 부록

부록 **A** 서버리스 아키텍처를 위한 서비스들                    315

    **A.1**  API Gateway                                315

    **A.2**  SNS                                        316

    **A.3**  Simple Storage Service                     316

    **A.4**  Simple Queue Service                       317

    **A.5**  Simple Email Service                       317

    **A.6**  RDS와 DynamoDB                             317

    **A.7**  CloudSearch                                318

    **A.8**  Elastic Transcoder                         318

    **A.9**  Kinesis Streams                            318

    **A.10** Cognito                                    319

    **A.11** Auth0                                      319

    **A.12** Firebase                                   319

    **A.13** 그 밖의 서비스들                            320


부록 **B** 설치 및 구성                                          321

    **B.1**  시스템 준비                                 321

    **B.2**  IAM 사용자 및 CLI 설정                      322

    **B.3**  사용자 권한 설정                            323

    **B.4**  새로운 S3 버킷 생성                         326

    **B.5**  IAM 역할 만들기                            327

    **B.6**  Lambda 준비                                328

    **B.7**  Elastic Transcoder 구성                    329

    **B.8**  npm 설정                                   330

부록 **C**  인증 및 권한 부여에 대한 추가 정보                333

    **C.1**   인증 및 권한 부여의 기초                           333

    **C.2**   JSON 웹 토큰                                      336

부록 **D**  Lambda의 내부                                    339

    **D.1**   실행 환경                                          339

    **D.2**   제약사항                                          343

    **D.3**   이전 실행 환경에서의 작동                          343

        D.3.1 성공                                      344

        D.3.2 실패                                      344

        D.3.3 완료                                      344

부록 **E**  모델과 매핑                                        345

    **E.1**   비디오 목록 조회                                   345

        E.1.1 GET 메소드                                346

        E.1.2 오류 처리                                 355

        E.1.3 API Gateway 배포                          362

부록 **F**  S3 이벤트 메시지 구조                              363

    **F.1**   S3 구조                                           363

    **F.2**   기억해야 할 몇 가지 사항                           364

부록 **G** Serverless 프레임워크와 SAM     365

**G.1** Serverless 프레임워크     366

G.1.1 설치     366

G.1.2 Serverless 프레임워크 시작     368

G.1.3 Serverless 프레임워크 사용     372

G.1.4 패키징     374

G.1.5 테스팅     376

G.1.6 플러그인     379

G.1.7 예제     384

**G.2** 서버리스 애플리케이션 모델     389

G.2.1 시작하기     390

G.2.2 SAM을 사용한 예제     390

**G.3** 요약     393

# 추천사

**패트릭 드보이스**<sup>PATRICK DEBOIS</sup>
스몰타운 히어로즈의 최고 기술 이사
데브옵스데이즈의 설립자 겸 데브옵스 제다이

한 가지 일을 잘 수행하는 프로그램을 작성한다. 다른 프로그램과 함께 동작하는 프로그램을 설계하고 작성한다. 이것들이 유닉스 설계자인 켄 톰슨<sup>Ken Thompson</sup>이 최초에 명료하게 설명한 유닉스 철학의 주요 개념이다. 최근 몇 년 동안 구글, 넷플릭스, 우버, 에어비앤비와 같은 회사는 현대적인 분산 시스템에서 문서 작성 프로그램을 문서 작성 서비스로 쉽게 대체할 수 있다는 것을 증명했다. 이런 개념의 가장 최신 방식인 서버리스 컴퓨팅은 호스팅 서비스와 스스로 관리되는 인프라의 지능적인 조합이 개발 시간과 운영 비용에 얼마나 큰 개선을 야기할 수 있다는 것을 보여준다.

이 책은 최근에 떠오르는 서버리스 설계 패턴과 실질적이고 현실적인 사례 연구 집합의 균형을 유지해 초보자와 고급 실무자 모두에게 이상적이다. 서버리스는 새로운 분야인데도 불구하고 저자는 깊이와 집중을 잃지 않으면서 넓은 주제를 잘 다룬다. 저자는 또한 확실한 열정과 세밀함과 함께 나눠 쓸 만한 지식의 보고를 열어 글을 쓴다.

서버리스 컴퓨팅을 하려면 소프트웨어 아키텍처를 구축하는 방법을 바꿔야 하며, 다양한 패러다임 전환 시에 늘 그렇듯이 어느 정도는 관례를 버려야 한다. 저자는 새로운 기술에 대해서 열정을 가지고 이런 새로운 형태의 아키텍처의 이점과 한계를 드러내는 데 심혈을 기울인다. 이 밖에도 저자는 실제 서버리스 기반 아키텍처를 실행하는 자신의 여정을 통해 통찰력을 보여 준다. "말보다 행동으로 보여 주는" 저자의 태도는 서버리스의 궁극적인 결과를 보여주며 사업에 전념해 성공하는 데 도움을 준다.

# 추천사

**도널드 F. 페르구손**<sup>DONALD F. FERGUSON</sup> 박사
시카 티브이(SEEKA TV)의 최고 기술 이사 겸 공동 설립자
컬럼비아대학교 컴퓨터학부 겸임 교수

많은 기술들이 애플리케이션의 개발, 테스팅 및 전달<sup>delivery</sup>을 근본적으로 변화 시켜왔다. 클라우드 컴퓨팅과 다양한 형태의 "서비스(as-a-service)"는 애플리케이션 개발과 전달을 재정의하는 기술들의 예이다. 새로운 기술을 활용하려고 할 때 많은 팀과 프로젝트는 어려움을 겪으며 때로는 실패한다. 실패의 주요 원인은 현재 애플리케이션 아키텍처와 프로그래밍 모델을 근본적으로 다른 기술에 적용하고 있기 때문이다. 잘 설계되고 구현된 클라우드 스패닝<sup>cloud-spanning</sup> 애플리케이션은 근본적으로 전통적인 애플리케이션과 다르다. 이 책은 새로운 애플리케이션 아키텍처를 훌륭하게 설명하며 성공하기 위한 방법에 있어 상세하고 실질적인 지침을 제공한다.

서비스형 인프라<sup>Infrastructure as a Service, IaaS</sup>, 서비스형 소프트웨어<sup>Software as a Service, SaaS</sup>, 서비스형 플랫폼<sup>Platform as a Service, PaaS</sup>은 온프레미스<sup>on-premise</sup> 애플리케이션과 인프라 아키텍처의 클라우드 버전이다. 이 모델들은 가치를 주지만 클라우드의 잠재력을 완전히 활용할 수는 없다. SaaS는 비지니스 문제에 대해 어느 정도 표준 해결책을 제공하지만 목표로 하는 더 많은 애플리케이션을 신속하게 개발하고 배포할 수 없다. IaaS와 PaSS도 자원을 효율적으로 사용할 수 있게 하지만 소프트웨어 서버 인프라를 구성하고 관리하는 비용을 줄여 주지는 않는다. 이 모델들 중 어느 것도 API 경제를 만드는 웹 호출 API<sup>web-callable API</sup>를 폭발적으로 활용하게 하지는 못 했다. **서버리스 아키텍처**는 서버 소프트웨어의 비용을 제거하고 유연성을 제공해 목표로 설정한 클라우드 애플리케이션을 신속하게 개발, 배포, 관리하는 유일한 아키텍처다.

이 책의 **1부, 첫 걸음**에서는 서버리스 아키텍처를 구축하는 기반을 제공한다. 이 단원은 새로운 아키텍처의 필수적인 기능과 이점을 설명한다. 이것은 기술의 장점과 단점에 대한 명확한 설명과 선택에 대한 지침을 포함한다. 이 단원에서는 여전히 중요한 **아키텍처 디자인 패턴**들을 소개한다. 디자인 패턴을 적용해 모범 사례를 실현하는 것은 변화하는 컴퓨팅 기술의 성공적인 채택에 있어 가장 중요한 단일 요소다. 이 단원에서 저자는 서버리스 아키텍처를 사용해 구현한 실제 솔루션의 환경 안에서 패턴을 설명한다. 저자의 실질적인 경험과 성공이 내가 이 책을 추천하는 주된 이유다.

사람들은 종종 실수로 서버리스와 특정 기술을 동일한 것으로 본다. 그 예로 AWS Lambda 함수를 들 수 있다. 서버리스 아키텍처는 훨씬 더 넓고 사용자 인터페이스 디자인, 게시/구독$^{publish/subscribe}$ 인프라, 워크플로우/조율$^{orchestration}$, 액티브 데이터베이스$^{Active\ Database}$, API Gateway와 관리, 데이터 서비스까지 포함한다. 전체적으로 보면, 이런 기술들은 압도적이다. 이 책은 도움을 주는 기술의 역할과 용도를 설명한다. 이 책은 또한 동작하는 애플리케이션을 구축하면서 아마존 웹 서비스$^{Amazon\ Web\ Services,\ AWS}$의 구현 기술을 사용하는 방법에 대해서 자세한 설명을 제공한다. 책의 앞 부분에 나오는 쿡북과 자습서는 이 기술을 반복적이고 안정적으로 사용하는 데 핵심이 된다.

데이터 계층과 보안은 모든 애플리케이션에서 가장 어려운 아키텍처 영역 중 두 가지다. 이 책에는 두 주제에 대한 상세 절이 있다. 이 자료는 개념(예를 들면, 인증과 권한부여)을 설명하고 애플리케이션 시나리오(예, 웹 애플리케이션) 내에 개념을 두고, 보안과 데이터 계층을 설계하고 구현하는 방법의 구체적이고 상세한 예를 제공한다. 상세정보는 Auth0와 구글 Firebase 같은 비AWS 기술을 사용하는 예를 포함한다.

우리 회사는 AWS와 서버리스 아키텍처를 사용해 솔루션을 구축하고 있다. 이런 시도에서 이 책과 저자의 다른 자료가 구축의 진전에 필수적이었다는 것을 알았다. 나는 컬럼비아 대학에서 컴퓨터 과학 관련 고급 주제를 가르치고 있으며, 그 강의들은 인터넷 애플리케이션과 클라우드 스패닝 애플리케이션에 중점을 둔다. 이 책의 자료는 내가 가르치고 있는 많은 것의 기초다. 내 경험으로 보면 이 책은 클라우드 컴퓨팅의 개발에 중요한 중심이 되는 책이다. 실제 애플리케이션의 환경안에서 AWS에 대한 상세한 정보는 대단히 가치가 있으며 그 개념과 패턴은 어떤 기술을 사용하는 어떤 서버리스 솔루션에도 적용된다.

# 머리말

나는 샘 쿠넨버그<sup>Sam Kroonenburg</sup>에게서 AWS Lambda에 대해서 처음으로 들어 보았다. Lambda는 막 출시되어 있었지만, 샘은 이미 Lambda에 대한 기대로 흥분해 있었다. 그는 나에게 클라우드에서 함수의 실행, AWS 안에서 자동화에 대한 잠재력, 이벤트 주도 워크플로우의 개발에 대해 말했다. 그것은 대단히 흥미로웠고 끝없는 잠재력으로 가득했다. 인프라를 생성하거나 관리할 필요 없이 내 코드를 실행할 수 있다는 생각은 매우 멋지게 보였지만, 곧 이뤄질 것 같지는 않았다. 소프트웨어 엔지니어로서 나는 항상 인프라, 운영, 시스템 관리보다 아키텍처와 코드에 집중하고 싶었다. 여기에 아마존 웹 서비스를 가지고 그렇게 할 기회가 있었다.

몇 달 후, API Gateway가 나왔고 당시 Lambda가 가진 가장 큰 문제들 중 하나가 해결됐다. 표준 HTTP 요청을 사용해 Lambda 함수를 호출할 수 있게 되었다. 서버를 만질 필요 없이 애플리케이션을 위한 빠르고 확장성 있는 백엔드를 생성하는 꿈이 바로 우리 앞에서 일어났다. 샘 쿠넨버그가 시작했고 내가 일한 첫 번째 주요 서버리스 프로젝트는 클라우드 그루<sup>A Cloud Guru</sup>로, 대형 교육 관리 시스템으로 성장했다. 완전히 서버리스인 이 플랫폼은 운영 비용이 매우 적게 들고 빠른 반복 주기가 가능하다. 인프라 관리나 복잡한 운영을 걱정하지 않고 사업 가치와 새로운 기능을 추가하는 데 집중할 수 있었고 플랫폼은 미친듯이 확장할 수 있었기 때문에 일하는 게 정말 재미 있었다.

클라우드 그루를 구축하면서, 우리는 서버리스라는 것이 Lambda에서 코드를 실행하는 것만은 아니라는 것을 깨달았다. 서버리스는 또한 서드파티 서비스와 제품을 사용하는 것에 대한 것이었다. 관리형 인증 서비스와 관리형 데이터베이스를 사용해 몇 달은 아니지만 몇 주의 개발 시간을 절약했다. 우리는 중요하지만 지불 처리와 고객 메시징과 같이 구축할 필요가 없는 시스템의 측면을 식별했다. 우리는 서버리스 백엔드와 훌륭하게 동작하고 다른 시스템과 통합된 아주 좋은 서드파티 솔루션을 찾았다.

세번째 주요 구성요소는 물론 올바른 패턴과 아키텍처를 선택하는 것이다. 우리는 이벤트 주도 아키텍처가 서버리스 애플리케이션에 자연스럽다는 것을 인식하고 전체 시스템을 이벤트 주도로 만드는 데 힘썼다. 우리는 보안, 안정성, 확장성에 대한 것과, 기능과 백엔드 서비스가 상호 최대로 활용되게 하려면 어떻게 구성되어야 하는지를 생각했다.

첫 번째 대규모 서버리스 애플리케이션에서 하나를 구축하는 데 도움을 주고 그 이후로 다른 서버리스 시스템을 검토해 봤을 때, 한 가지 분명한 것은 확장 가능한 클라우드 기능들, 안정적인 서드파티 서비스, 서버리스 아키텍처와 패턴의 조합이 클라우드 컴퓨팅의 진화에 있어서 다음 단계라는 것이다. 향후 몇 년 동안 우리는 스타트업과 기존 기업들이 서버리스 방식을 채택하는 것을 볼 것이다. 서버리스 방식은 그들이 경쟁에서 보다 더 빨리 혁신하고 움직일 수 있게 도와줄 것이다. 이 책은 미래가 갖고 있는 것을 엿볼 수 있고 오늘 시작하는 방법에 대한 사용 안내서다. 이 책을 즐기고 이 서버리스 여정에 동참하기를 바란다.

# 감사의 말

이 책은 동료, 동기, 가족, 친구들의 격려, 피드백과 지원 없이는 집필되지 못했을 것이다. 운이 좋게도 내게 귀를 빌려주고 귀중한 충고와 의견을 주는 재능 있는 사람들이 주변에 있다.

도움을 주신 많은 분들에게 감사드리고, 몇 분은 이름을 언급하고 싶다. 가장 먼저, 이 집필을 위대한 경험으로 만들어준, 내 원고를 편집해 준 토니 아리톨라에게 감사드린다. 책의 구조, 언어 및 서술에 대한 토니의 사려 깊은 의견은 대단히 도움이 되었다. 세부 사항에 대한 그녀의 관심, 하루 중 언제라도 응답 할 수 있는 능력, 그리고 그녀의 열정은 누구에게도 뒤지지 않았다.

서버리스 프레임워크<sup>Serverless Framework</sup>를 만든 오스틴 콜린스는 서버리스 프레임워크를 다룬 단원을 구성하는 식으로 이 책에 크게 기여했다. 원작자보다 프레임워크에 대해 글을 쓰는 것이 더 좋은 사람이 없으므로 시간과 노력을 제공해준 오스틴에게 감사드린다. 이 책을 읽는 모든 사람들, 특히 오스틴의 탁월한 논문을 읽는 사람들은 서버리스 프레임워크를 배우고 이해하고 채택하는 데 많은 시간을 할애하기를 바란다.

또한 나에게 서버리스 방식을 소개해주고 이 책을 쓰는 동안 사려 깊은 피드백과 검토로 도움을 준 샘 크루넨버그에게 감사드린다. AWS Lambda에 대한 샘의 열정과 아키텍처와 설계에 대한 생각이 가장 먼저 나 에게 글을 쓰도록 인도했다. 책을 읽고 자세하고 상세한 논평과 비평을 준 리안 브라운에게 특별한 감사의 말을 전한다.

추가로 두 개의 매우 특별한 추천사를 작성한 도날드 페르구손과 패트릭 드보이스에게 감사드린다. 도날드와 패트릭은 소프트웨어 엔지니어링과 서버리스 커뮤니티를 위해 특별히 많은 일을 해왔다. 그들의 성취에 경외감을 갖고 있으며 그들의 시간과 참여에 대해 매우 감사하고 있다.

의견과 격려를 주신 분들에게 감사드린다. 이런 분들로는 Ryan Kroonenburg, Mike Chambers, John McKim, Adrian Cantrill, Daniel Parker, Allan Brown, Nick Triantafillou, Drew Firment, Neil Walker, Alex Mackey 및 Ilia Mogilevsky 등이 있다. 이 책이 결실을 보게 도움을 주신 매닝의 Mike Stephens, Kostas Passadis 및 David Fombella Pombal에게 감사드린다. 또한, Alain Couniot, Andy Wiesendanger, Colin Joyce, Craig Smith, Daniel V Colin, Diego Santiviago, John Huffman, Josiah Dykstra, Kent R. Spillner, Markus Breuer, Saioa Picado Fernández,

Sau Fai Fong, Sean Hull 및 Vijaykumar Borkar를 포함해, 개발 과정에서 텍스트를 관대하게 읽고 주석을 달아 준 매닝의 검토자분들께 감사의 뜻을 전하지 않는다면 이런 감사의 인사는 끝나지 않을 것이다.

마지막으로, 모일 때마다 책에 대한 내 이야기를 경청해 줌으로써 내가 내면의 힘을 찾을 수 있게 도와주신 아버지와 형제 그리고 일가친척을 포함한 식구들에게 감사드린다. 그리고 원고에서 사용된 원본 이미지의 색상을 선택하는 데 도움이 되도록 무수한 색상표를 찾아 보며 긍정적인 응원과 영감으로 시작해 저의 글쓰기 전반에 걸쳐 크게 도움이 된 더다나 마서드에게 감사드린다.

# 역자 서문

## 홍성민

역자는 2014년에 한 해외 프로젝트를 지원하게 되면서 아마존 웹 서비스(AWS)라는 퍼블릭 클라우드 서비스를 처음 알게 됐다. 역자가 근무했던 회사에서도 자체적으로 개발한 클라우드 솔루션이 있었지만, 단순히 가상 서버를 제공하는 수준에서 크게 벗어나지 못했기 때문에 기존 인프라 환경과 크게 차이를 못 느꼈었다. 하지만 아마존 웹 서비스를 사용하면서, 역자가 아이폰을 처음 사용하면서 "와우!"라는 감탄사와 함께 새로운 세상이 왔다는 걸 직감했던 그때의 감정을 다시 한 번 느꼈다.

흥미로운 것은 역자가 "와우!"를 느꼈던 2014년 그 무렵, AWS의 CEO인 앤디 제시는 리인벤트(re:invent)라는 AWS의 가장 큰 기술 컨퍼런스에서 "클라우드는 새로운 일상(The cloud is the new normal)"이라는 메시지와 함께 새로운 클라우드 세상이 왔고, 그 환경이 더 이상 특별하지 않은 일상적인 환경이 될 것을 얘기했다.

역자가 지난 3년간 AWS를 사용하며 느낀 것은 시간이 지남에 따라 사용할 수 있는 클라우드 서비스의 종류가 많아지고 기능도 다양해지고 있다는 것이다. 하지만 많은 서비스와 다양한 기능을 사용자가 직접 다루는 노력과 어려움도 함께 증가하고 있다. 그런 상황에서 사용자가 자신들의 아이디어를 효과적으로 구현하고 운영하는 데 집중하는 방법은 가능한 한 AWS의 관리형(managed) 서비스, 한 발 더 나아가서 서버리스(serverless) 서비스를 사용해 직접 인프라와 플랫폼을 관리하고 운영하는 부담을 덜 수 있는 서버리스 아키텍처를 설계하고 구성하는 것이다. AWS도 이 같은 상황에 맞춰 점점 더 많은 서버리스 서비스를 제공하고 있다.

그런 측면에서 《AWS Lambda 예제로 살펴보는 AWS 기반 서버리스 아키텍처》는 서버리스 아키텍처의 기본적인 개념과 주요 이론에서 시작해서 AWS 서버리스 컴퓨팅 서비스의 핵심인 AWS Lambda를 중심으로 Amazon API Gateway 및 Amazon S3와 Auth0 같은 여러 다른 서드파티 서비스를 이용해 어떻게 서버리스 시스템을 설계하고 구현할 수 있는지에 대해 예제를 중심으로 잘 풀어내고 있다. 클라우드가 새로운 일상이 된 것처럼, 서버리스 아키텍처 또한 새로운 일상이 될 것으로 생각한다. 이 책이 그 새로운 일상을 조금 더 빨리 맛보고 싶은 분들에게 좋은 길잡이가 됐으면 한다.

마지막으로, 좋은 기회를 주시며 뵐 때마다 새로운 아이디어를 주시는 위키북스 박찬규 대표님과 아마존에서도 같은 팀에서 일하며 눈코 뜰 새 없는 상황에서도 웃음을 잃지 않고 서로를 독려하며 함께 이 책을 번역한 성식이에게 고맙다는 말을 하고 싶다. 또한 계시는 것만으로 힘이 되는 부모님과 든든한 가족, 그리고 아직은 아빠가 출간한 책들의 내용보다는 책 표지의 동물들에 더 관심이 많은 7살 태의와 절대적인 시간 부족에 허덕이는 남편에게 넉넉한 자유 시간을 허락해주는 아내 지혜에게 다시 한번 고맙고 사랑한다는 말을 전하고 싶다.

## 주성식

저자에 대해서 알게 된 계기는 클라우드 구루A Cloud Guru를 통해서였다. 당시 클라우드 구루는 AWS의 클라우드 기술에 대해 수준 높은 동영상 강의를 인터넷을 통해 제공하며 많은 인기를 얻고 있었다. 클라우드 구루에서는Serverlessconf라는 컨퍼런스도 개최하고 있다. Serverlessconf는 해커톤과 워크샵을 포함하며 서버리스에 대한 다양한 주제를 다루고 이를 통해 서버리스의 미래를 살펴볼 수 있는 행사로 거듭나고 있다. 클라우드 구루의 행보를 눈여겨보고 있던 와중에 클라우드 구루의 엔지니어링 담당 부사장이며 Serverlessconf 의 책임자인 피터 스바르스키의 책을 번역하게 되어서 감회가 새롭다.

서버리스에 대해서는 아직도 수많은 토론이 이어지고 있다. 이것은 서버리스가 근본적으로 전통적인 애플리케이션과 다르기 때문일 것이다. 하루가 다르게 혁신하고 발전하고 있는 클라우드 컴퓨팅 분야에서 서버리스가 차지하는 비중은 점점 높아질 것이다. 이러한 새로운 패러다임은 개발자들과 운영자들에게 기존의 반복적이고 시간 소모적이었던 작업, 또는 확장성과 가용성 확보를 위해 들였던 수고와 비용을 줄이고 빠르게 변화하는 민첩한 애플리케이션을 만드는 방법을 제시하고 있다. 이러한 변화의 첨단에 바로 서버리스가 있다.

저자는 이 책을 통해 독자에게 서버리스 분야에 대해 여러 가지 생각할 거리를 제공한다. 초보자에게는 서버리스의 개념과 이를 적용할 수 있는 다양한 아키텍처와 사례에 대한 청사진을 제공하고 고급 실무자에게는 자신이 설계하고 있는 서버리스 아키텍처의 보안과 안정성, 확장성을 어떻게 좀 더 견고하게 발전시킬 수 있는가에 대한 통찰력을 제공할 것이다. 새로운 기회와 혁신을 가지고 올 서버리스의 세계로 한 발 더 다가가 보자.

끝으로, 이 책이 번역될 수 있도록 도와주신 위키북스 박찬규 대표님과 언제나 든든한 버팀목이 되어준 동료인 성민이 형, 그리고 어릴 때부터 컴퓨터와 함께할 수 있는 시간을 만들어 주신 부모님과 늘 나를 행복하게 만들어 주는 아내와 딸 유라에게 감사의 말을 전하고 싶다.

# 이 책에 대해서

여러분이 초보자이든지, 전문가이든지, IT에 막 입문했든지, 수년에 걸친 경험이 있든지 간에 이 책은 여러분을 서버리스 아키텍처로 통하는 여정으로 데려갈 것이다. 주요 패턴을 배우고, 서버리스 방법론 적용의 장점과 단점을 이해하고, AWS Lambda, API Gateway, Elastic Transcoder, S3, Auth0, Firebase를 사용하는 자신만의 서버리스 비디오 공유 웹 사이트를 구축할 것이다. 또한 서버리스 애플리케이션을 구조화하고 배포하기 위해 AWS와 추천하는 프레임워크에 대한 많은 것을 배울 것이다.

이 책은 3부로 구성되어 있다. 1부에서는 기본적인 서버리스 원칙을 살펴보고 주요 아키텍처와 패턴에 대해 논의한다. AWS Lambda를 사용해 첫번째 이벤트 주도 파이프라인 구축을 시작하고 어디에나 있으며 뛰어난 능력을 발휘하는 IAM<sup>Identity and Access Management</sup> 서비스와 같은 주요 AWS 서비스에 대해 배운다.

2부에서는 인증과 권한부여, AWS Lambda, API Gateway에 집중한다. 이 2부에 나오는 모든 장들은 서버리스 애플리케이션을 이해하고 구축하는 데 중요하다. 모든 장을 읽고 작업한 후, 여러분은 서버리스 애플리케이션을 위해 필요한 주요 기술을 완전히 이해할 수 있을 것이다.

3부에서는 실무 애플리케이션을 구축하는 데 필요한 추가적인 서비스와 아키텍처를 다룬다. 주요 초점은 파일과 데이터 스토리지인 S3와 구글의 Firebase다. 마지막 장에서는 서버리스 애플리케이션을 확대하는 데 적용할 수 있는 몇 가지 기술과 서비스에 대한 더 많은 정보를 더한다.

이 책의 마지막 부분에는 다양한 주제에 대한 추가적인 정보를 주는 부록이 일곱 개 수록되어 있다. 예를 들면, 마지막 부록은 Serverless Framework와 Serverless Application Model<sup>SAM</sup>을 다루므로, 이 부록에 있는 단계들을 꼼꼼히 읽고 시도해 봐야 한다.

AWS와 Auth0 및 Firebase와 같은 다른 서비스들은 빠르게 발전하고 있으므로, 일부 화면이나 설명이 여러분이 이 책을 읽는 시점에 다르더라도 놀라지 마시길 바란다. 서버리스 이벤트 주도 아키텍처의 기본은 같지만, 버튼 위치나 레이블과 같은 일부 작은 부분은 시간이 지나면서 바뀔 수 있다. 이 책은 AWS와 클라우드 컴퓨팅에 경험이 없는 개발자나 아키텍트뿐 아니라 경험자에게도 적합하다. 내 바램은 여러분이 더 싸고, 더 잘 규모 조정이 되며 더 재미를 쌓을 수 있는 애플리케이션을 구축하는 새로운 방법을 찾게 되는 것이다.

## 코드 관례

이 책은 많은 예제 코드를 제공한다. 이 코드는 본문과 구별되게 해 놓은 코드 목록으로 볼 수 있다. 코드는 이것처럼 고정 폭 글꼴로 나타냈으니 알아 볼 수 있을 것이다.

## 소스 코드 받기

이 책에 모든 소스 코드는 위키북스 홈페이지(http://wikibook.co.kr) 또는 매닝 웹사이트(https://manning.com/books/serverless-architectures-on-aws) 또는 깃허브(https://github.com/sbarski/serverless-architectures-aws)에서 구할 수 있다. 나는 깃허브를 사랑하므로, 여러분이 소스 코드에 기여하고 싶다면 풀 리퀘스트$^{pull\ request}$를 열어주기 바란다. 문제를 발견했다면, 이슈로 올려주기 바란다.

## 온라인으로 만나는 작가

이 책의 구매는 여러분이 책에 대해 후기도 남기고 기술적인 질문을 하고 대표 작가와 다른 사용자로부터 도움을 받을 수 있는 매닝 출판사에서 운영하는 사설 웹 포럼의 접근 권한을 포함한다. 포럼에 접근하고 구독하기 위해서는 브라우저에서 www.manning.com/books/serverless-architectures-on-aws로 접속하면 된다. 등록하면 이 페이지는 포럼을 사용하는 방법, 어떤 도움을 얻을 수 있는지, 사용 규칙에 대한 정보를 제공한다.

매닝은 독자들 간에 그리고 독자들과 저자 간에 의미 있는 대화가 생길 수 있는 장을 제공한다고 약속하고 있다. 포럼에 대한 저자의 기여는 자발적(그리고 무료)이므로 저자가 어느 정도 참여한다는 약속은 아니다. 저자의 관심을 모으기 위해 저자에게 몇 가지 어려운 질문을 해 볼 것을 제안한다! 저자의 온라인 포럼과 이전 토론 자료의 모음은 해당 도서가 인쇄되어 있는 한 출판사의 웹 사이트에서 찾아 볼 수 있을 것이다.

## 작가에 대해서

 피터 스바르스키<sup>Peter Sbarski</sup>는 클라우드 그루의 엔지니어링 부문 부사장으로 있으며 서버리스 아키텍처와 기술만을 위한 세계 첫 번째 컨퍼런스인 서버리스콘프<sup>Serverlessconf</sup>의 주최자이다. 그는 서버리스 아키텍처에 대한 개인 워크샵의 운영과 주기적인 블로그 게시글 작성을 즐긴다. IT 분야에서 광범위한 경력을 쌓았으며 웹과 AWS 클라우드 기술에 집중한 대규모 기업용 솔루션을 다루는 팀을 이끌어 왔다. 그의 전문 분야에는 백엔드 아키텍처, 마이크로서비스, 시스템 조율<sup>orchestration</sup>이 포함된다. 호주에 있는 모나시<sup>Monash</sup> 대학에서 컴퓨터 과학 박사 학위를 받았으며 트위터(@sbarski)와 깃허브(https://github.com/sbarski)에서 만날 수 있다.

## 표지에 대해

이 책의 표지에 있는 그림에는 "크로아티아의 스투프노/시사크에서 온 남자"라는 제목이 달려있다. 이 그림은 2003년 크로아티아의 스플리트에 있는 민속 박물관에 출판된, 니콜라 아르세노빅이 만든 19세기 중반 크로아티아 전통 의상 모음집의 사본에서 가져왔다. 그림들은 스플리트에 있는 민속 박물관에 있는 사서의 도움으로 얻었는데, 박물관은 중세 로마의 핵심 도시의 중심에 위치했으며, 그 위치 자체가 기원 후 304년 경의 디오클레시아누스 황제의 은퇴 궁전 유적이다. 이 책에는 의상과 일상 생활에 대한 설명이 함께 있는 크로아티아의 여러 다른 지역의 인물 사진이 잘 나와 있다.

지난 200년 동안 복장과 생활 방식이 바뀌어 왔고 당시에는 지역별로 풍부했던 다양성이 사라졌다. 이제는 몇 킬로미터도 떨어지지 않은 작은 마을이나 도시는 고사하고 서로 다른 대륙 주민들을 구별하기도 어렵다. 아마 더 다양한 개인 생활을 위해, 분명히 더 다양하고 빠르게 진행되는 기술적 생활과 문화적 다양성을 맞바꿨을 것이다. 매닝은 오래된 책과 소장품에 있는 삽화를 통해 다시 살아난, 2세기 전의 지역 생활의 풍부한 다양성에 기반한 책 표지로 컴퓨터 업계의 독창성과 진취성을 기념한다.

# 01 부

## 첫 걸음 떼기

이제 서버리스 아키텍처를 마스터하기 위한 첫 걸음을 내디디려 한다. 이 책의 첫 단계에서는 서버리스 아키텍처의 개념을 설명하고 다섯 가지 원칙을 소개한다. 몇 가지 유용한 디자인과 아키텍처에 대해 배우고 Lambda, S3, Elastic Transcoder를 사용해 미디어 트랜스코딩 파이프라인을 구축하기 시작한다. 3장에서 시작해 그 뒤로 계속해서 여가 시간에도 즐길 수 있는 연습 문제를 찾아 볼 수 있을 것이다. 이 연습문제는 선택 사항이지만 서버리스 기술과 아키텍처에 대한 지식과 이해를 높여주므로 강력히 추천한다.

# 서버리스로 출발 | 1장

이번 장에서는 다음을 설명한다.

- 전통적인 시스템 및 애플리케이션 아키텍처
- 서버리스 아키텍처의 주요 특성과 이점
- 서버리스 아키텍처와 마이크로서비스가 어떻게 어울리는지
- 서버에서 서버리스로 전환할 때 고려사항

소프트웨어 개발자에게 소프트웨어 아키텍처가 뭐냐고 묻는다면, "청사진 또는 계획"에서 "개념적인 모델"이나 "큰 그림"에 이르기까지 여러 범주로 답변할 것이다. 아키텍처가 소프트웨어를 만들 수 있다거나, 아키텍처에 대한 부족이 소프트웨어를 망가뜨릴 수 있다는 점은 의심할 여지가 없다. 좋은 아키텍처는 웹 또는 모바일 애플리케이션의 확장에 도움을 줄 수 있을 것이고, 나쁜 아키텍처는 다시 개발하는 데 비용이 생기는 여러 문제를 야기할 수도 있다. 아키텍처와 관련한 선택의 결과를 이해하고 계획을 미리 세우는 일은, 효과적이고 고성능이며 궁극적으로 성공적인 소프트웨어 시스템을 생성하는 데 가장 중요하다.

이 책은 어떤 형태로든 서버와 상호 소통이 필요한 전통적인 백엔드 아키텍처를 넘어서는 방법에 대한 것이다. 그것은 아마존 웹 서비스$^{AWS}$ 중 하나인 Lambda와 여러 가지 유용한 서드파티 API, 서비스 및 제품과 같은, 컴퓨팅 서비스에 완전히 의존하는 **서버리스** 백엔드를 생성하는 방법을 설명한다. 그것은 단일 서버를 공급하거나 관리할 필요없이 확장할 수 있고, 요구되는 컴퓨팅 요구사항에 대한 처리가 가능한 차세대 시스템을 구축하는 방법을 보여 준다. 중요한 점은, 이 책은 오늘날의 클라우드가 제공해야 하는 서비스와 아키텍처를 사용해 높은 수준의 품질과 성능을 유지하면서 개발자들이 빠르게 시장에 제품을 출시하게 도와줄 수 있는 기술을 설명한다.

이 책의 첫 장에서 다루는 주제는 왜 우리가 서버리스를 소프트웨어 개발자와 솔루션 아키텍트를 위한 중요한 전환점이라고 생각하는지에 대한 것이다. 이번 장에서는 AWS Lambda와 같은 주요 서비스를 소개하고 진정한 서버리스 시스템을 만드는 것을 이해하는 데 도움을 주는 서버리스 아키텍처의 원칙을 설명한다.

#### 이름이 품고 있는 의미는?

시작하기 전에, 서버리스<sup>serverless</sup>라는 단어가 다소 잘못된 호칭이라는 것을 언급해야 하겠다. AWS Lambda와 같은 컴퓨팅 서비스를 사용해 코드를 실행하든지 또는 API를 사용하든지 간에, 어느 경우이든 백그라운드에는 실행 중인 서버는 있게 마련이다. 다만 그러한 서버들이 감춰져 있다는 점에서 서버리스라고 부른다. 인프라를 고려할 필요도, 기반 운영 체제를 다룰 일도 없다. 누군가가 인프라 관리의 주요한 상세 사항을 처리해 주기 때문에 여러분은 다른 일을 할 시간을 벌수 있다. 서버리스란 컴퓨팅 서비스를 제공하는 측에서 코드가 실행되게 하면서, 서비스 및 API를 사용해 일을 처리하는 방식을 말한다.

## 1.1 어떻게 여기까지 다다랐을까?

오늘날의 웹 기반 소프트웨어가 동작하는 시스템의 대부분을 보면, 다양한 형태의 컴퓨팅을 수행하는 백엔드와 사용자에게 브라우저, 모바일 또는 데스크톱 장치를 통해서 실행할 수 있는 인터페이스를 제공하는 클라이언트측 프런트엔드를 볼 수 있다.

일반적인 웹 애플리케이션에서, 서버는 프런트엔드에서 HTTP 요청을 받아서 처리한다. 데이터는 데이터베이스로 저장되기 전에 수많은 애플리케이션 계층을 통해 이동한다. 마지막으로, 백엔드는 JSON 형태 또는 완전히 표현된 마크업 형태로 클라이언트에게 보낼 응답을 생성한다(그림 1.1). 당연하게도, 대부분의 시스템은 부하 분산, 트랜잭션, 클러스터링, 캐싱, 메시징 및 데이터 중복과 같은 요소를 설명하면 더 복잡해진다.

이런 소프트웨어의 대부분에는, 데이터 센터나 클라우드에서 관리하고 유지보수하고 패치하고 백업해야 할, 실행되는 서버가 요구된다. 서버의 공급, 관리 및 패치는 종종 전담 운영 인력이 요구되는 시간 소모적인 작업이다. 사소하지 않은 환경은 효과적으로 설치하고 구성하기가 힘들다. 인프라와 하드웨어는 모든 IT 시스템에 필요한 구성요소지만, 그것들은 또한 종종 핵심을 집중해서 해결해야 하는 사업적인 문제에 혼란이 된다.

지난 수 년 동안, 서비스형 플랫폼<sup>PaaS</sup>과 컨테이너 같은 기술들은 일관성 없는 인프라 환경, 구성요소들의 충돌<sup>conflict</sup> 및 서버 관리 부담에 대한 고민의 잠재적인 해결책으로 나타났다. PaaS는 사용자가 소프트웨어를 실행하는 데, 기반 인프라의 일부를 감춘 플랫폼을 제공하는 클라우드 컴퓨팅의 한 형태다. PasS를 효과적으로 사용하려면 개발자가 해당 플랫폼의 기능에 맞게 소프트웨어를 작성해야 한다. 독립형 서버에서 실행하게 설계된 기존 애플리케이션을 PaaS 서비스로 이전하는 일에는, 대부분 PaaS 구현의 일시적인 특성 때문에, 추가적인 개발 노력이 필요하다. 하지만 선택의 여지가 있는 많은 개발자들은, 당연하게도 유지 관리 감소 및 플랫폼 지원 요구 사항으로 인해, 더 전통적이고 수동 솔루션이 아닌 PaaS를 사용하도록 선택하게 되었다.

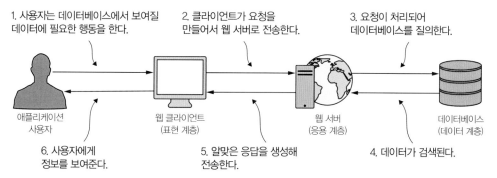

1. 사용자는 데이터베이스에서 보여질 데이터에 필요한 행동을 한다.

2. 클라이언트가 요청을 만들어서 웹 서버로 전송한다.

3. 요청이 처리되어 데이터베이스를 질의한다.

애플리케이션 사용자

웹 클라이언트 (표현 계층)

웹 서버 (응용 계층)

데이터베이스 (데이터 계층)

6. 사용자에게 정보를 보여준다.

5. 알맞은 응답을 생성해 전송한다.

4. 데이터가 검색된다.

그림 1.1 이것은 대부분의 개발자에게 익숙한 기본적인 요청–응답(클라이언트–서버) 메시지 교환 패턴이다. 이 그림에서는 하나의 웹 서버와 하나의 데이터베이스만 있다. 대부분의 시스템은 훨씬 더 복잡하다.

컨테이너화는 애플리케이션을 자체 환경과 분리하는 하나의 방법이다. 그것은 완전 가상화에 대한 경량화된 대안이다. 컨테이너는 격리된 가벼운 환경을 제공하지만 공개 또는 사설 클라우드나 현장에 있는 서버에 배포해야 한다. 의존성<sup>dependencies</sup>을 다루는 훌륭한 솔루션이지만, 직접 관리해야 하는 문제와 복잡성을 갖고 있다. 클라우드에서 직접 코드를 실행할 수 있는 것처럼 쉽지 않다.

마지막으로, 아마존 웹 서비스의 컴퓨팅 서비스인 Lambda로 가본다. Lambda는 이벤트 응답에 대해 대용량 병렬 방식으로 코드를 실행할 수 있다. Lambda는 서버를 프로비저닝하고, 소프트웨어를 설치하고, 컨테이너를 배치하거나, 저수준의 세부 사항에 대해 걱정할 필요 없이 코드를 받아서 실행한다. AWS는 실제 코드를 실행하는 Elastic Compute Cloud<sup>EC2</sup> 서버의 프로비저닝과 관리를 해주고 개발자가 생각할 필요가 없는 용량 프로비저닝 및 자동 규모 조정을 포함한 고가용성 컴퓨팅 인프라를 제공한다. 서버리스 아키텍처라는 단어는 실행을 위해 서버에 직접 접근하지 않는 새로운 종류의 소프트웨어 아키텍처를 말한다. Lambda와 다양하고 강력한 단일 목적 API 및 웹 서비스를 사용해 개발자는 느순하게 결합되고 확장 가능하며 효율적인 아키텍처를 빠르게 구축할 수 있다. 서버와 인프라 문제에서 벗어나 개발자가 코드에만 주로 집중할 수 있게 하는 것이 서버리스 뒤에 있는 궁극적인 목표다.

### 1.1.1 서비스 지향 아키텍처와 마이크로서비스

시스템과 애플리케이션 아키텍처 중, 서비스 지향 아키텍처$^{SOA}$는 소프트웨어 개발자 간에 많은 명성을 얻었다. 이 아키텍처는 시스템을 많은 독립된 서비스로 구성할 수 있다는 생각을 명확하게 개념화했다. SOA에 대해 많은 글들이 있었지만, 개발자들이 자주 특정 구현과 속성을 설계 철학과 혼동하기 때문에 SOA에 대한 논쟁과 오해는 여전히 남아있다.

SOA는 어떤 특정 기술의 사용을 강제하지 않는 대신, 개발자가 메시지 전달로 통신하고 메시지 생성과 교환 방식을 정의한 스키마나 계약을 갖는 자율적인 서비스를 생성하는 아키텍처적인 접근을 권장한다. 서비스 재사용$^{reusability}$과 자율성$^{autonomy}$, 결합성$^{composability}$, 세분성$^{granularity}$ 및 발견성$^{discoverability}$은 모두 SOA와 관련된 중요한 원칙이다.

마이크로서비스와 서버리스 아키텍처는 서비스 지향 아키텍처의 정신적인 후손이다. 그들은 예전 서비스 지향 아키텍처의 복잡성에 대해 고심하면서 앞서 언급한 여러 원칙과 생각을 유지한다.

### 마이크로서비스 기반 아키텍처

마이크로서비스로 시스템을 구축하는 것이 최근 경향이다. 개발자들은 마이크로서비스를 특정 사업 목적 또는 기능을 중심으로 구축된 작고 독립적이며 완전히 독립적인 서비스라고 생각하는 경향이 있다.

이상적으로 마이크로서비스는 적합한 프레임워크와 언어로 작성된 개별 서비스로 쉽게 대체되어야 한다. 마이크로서비스가 여러 다른 범용 언어나 도메인 특화 언어$^{domain-specific\ languages,\ DSL}$로 작성될 수 있다는 것만으로도 많은 개발자들에게 인기가 있다. 또한, 어떤 작업에 적합한 언어나 특화된 라이브러리 집합을 이용해 이점을 얻는다. 그럼에도 불구하고, 마이크로서비스는 또한 함정이 될 수도 있다. 여러 언어와 프레임워크가 혼합된 환경은 지원이 어렵고, 엄격한 규칙 없이는 혼란을 겪을 수 있다.

개별 마이크로서비스는 상태를 유지하고 데이터를 저장할 수 있다. 그리고 마이크로서비스가 알맞게 분리되어 있다면, 개발팀은 다른 팀과 독립적으로 마이크로서비스를 개발하고 배포할 수 있다. 반면에 최종 일관성, 트랜잭션 관리와 복잡한 오류 복구는 환경을 더 어렵게 만들 수 있다(특히 적합한 계획이 없는 경우).

서버리스 아키텍처도 마이크로서비스의 여러 원칙을 담고 있다고 할 수 있다. 결국, 시스템을 어떻게 설계하느냐에 따라서 모든 컴퓨팅 함수가 자체 독립형 서비스로 고려될 수 있다. 하지만, 원하지 않으면 마이크로서비스의 모든 철학을 따를 필요는 없다.

서버리스 아키텍처는 하나의 방식으로 강요하지 않고 원하는 만큼 적게 또는 많이 마이크로서비스의 원칙을 적용할 자유를 준다. 이 책은 단일 시스템의 여러 부분들을 마이크로서비스의 모든 원리를 적용하지 않고 서버리스 아키텍처로 다시 구현하는 예제 아키텍처를 보여준다. 요구 사항과 선호도에 따라 아키텍처를 결정하는 일은 여러분의 몫이다(10장에서 마이크로서비스와 설계에 대한 문제를 더 다룬다).

## 1.1.2 소프트웨어 설계

소프트웨어 설계는 메인프레임에서 코드를 실행하던 시절부터 여러 설계에서 많이 사용되는 표현 계층, 데이터 계층 및 응용/논리 계층이 있는 다중 단계 시스템으로 진화해왔다. 개별 단계에는 기능이나 특정 분야domain의 특별한 측면을 다루는 논리적인 다중 계층이 있을 수 있다. 로그 처리나 예외 처리 시스템같이 여러 계층에 걸쳐 있는 횡단cross-cutting 구성요소도 있다. 계층화Layering에 대한 선호는 이해가 된다. 계층화는 개발자가 관심사를 분리해 애플리케이션의 유지보수를 더 좋게 해 준다.

하지만 그 반대도 사실이다. 계층이 너무 많으면 효율성이 떨어진다. 작은 변경이 종종 전체 시스템으로 퍼져 개발자가 모든 계층의 변경을 야기해 구현과 테스팅에 상당한 시간과 노력이 들 수 있다. 계층이 많을수록 시스템은 시간이 지남에 따라 더 복잡해지고 다루기 힘들어진다. 그림 1.2는 다중 계층을 가진 단계로 나뉜 시스템의 예를 보여준다.

서버리스 아키텍처는 계층화 문제와 너무 많은 것을 수정해야 하는 문제에 도움을 줄 수 있다. 그림 1.3에서 보는 것과 같이, 개발자가 시스템을 함수 단위로 쪼개고 프런트 엔드가 안전하게 서비스와 통신하고 심지어는 데이터베이스에 직접적으로 통신할 수 있게 해 계층을 제거하거나 최소화할 여지가 있다. 이 모든 것은 스파게티 구현 및 의존성 악몽을 방지하기 위해 서비스 경계를 명확하게 정의하고 함수를 자율적으로 수행하며 함수들과 서비스가 어떻게 상호 작용하는지 계획함으로써 체계적인 방식으로 수행될 수 있다.

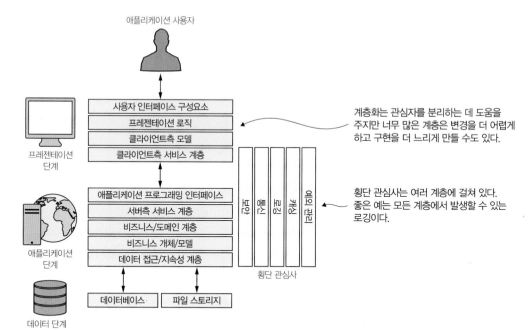

그림 1.2 일반적인 3단계(3 tier) 애플리케이션은 프레젠테이션, 애플리케이션, 데이터 단계로 구성된다. 하나의 단계는 특정 책임을 갖는 복수 계층을 갖는다.

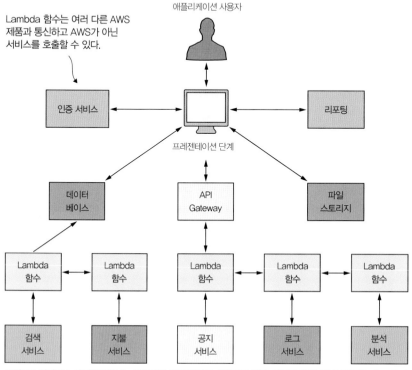

그림 1.3 서버리스 아키텍처에서는 전통적인 단일 백엔드 시스템은 없다. 애플리케이션의 프런트엔드는 API Gateway로 직접 서비스, 데이터베이스 또는 컴퓨팅 함수와 통신한다. 하지만, 일부 서비스들은 추가적인 보안 조치와 유효성 검사가 수행되는 컴퓨팅 서비스 함수 뒤에 감춰져 있어야 한다.

서버리스 방식이 모든 문제를 해결하는 것도 아니고 시스템의 근본적인 복잡성을 제거하지도 못한다. 하지만 알맞게 구축되면 서버리스는 복잡도를 줄이고 구성하고 관리할 수 있는 기회를 제공할 수 있다. 잘 계획된 서버리스 아키텍처는 향후 변경을 더욱 쉽게 할 수 있고, 이는 모든 장기적인 애플리케이션에 중요한 요소다. 다음 절과 이후 장에서 서비스의 구성과 조율에 대해 더 자세히 논의한다.

### 단계tiers 대 계층layers

일부 개발자 간에 계층과 단계의 차이점에 대해 혼동이 있다. 단계는 시스템의 주요 구성 요소들 간에 격리를 제공하기 위해 존재하는 모듈 경계다. 사용자에게 보이는 프레젠테이션 단계는 비즈니스 로직을 포함하는 애플리케이션 단계와 구분된다. 데이터 단계는 데이터를 관리하고 유지하며 접근을 제공할 수 있는 분리된 다른 시스템이다. 한 단계에 그룹화된 구성 요소는 물리적으로 여러 다른 인프라에 있을 수 있다.

계층은 한 애플리케이션에서 특정 책임을 수행하는 논리적인 부분이다. 개별 단계는 도메인 서비스와 같이 다양한 기능 요소를 담당하는 복수 계층을 갖을 수 있다.

## 1.2 서버리스 아키텍처의 원칙

여기서는 이상적인 서버리스 시스템을 어떻게 구축해야 하는지 설명하는 서버리스 아키텍처의 다섯 가지 원칙을 정의한다. 서버리스 애플리케이션을 구축 시, 결정을 내리는 데 도움이 되는 이 원칙을 사용한다.

1. 컴퓨팅 서비스를 사용해 요구에 맞게 코드를 실행한다(서버 없이).
2. 단일 목적의 상태 없는 함수를 작성한다.
3. 푸시 기반push-based, 이벤트 주도event-driven 파이프라인을 설계한다.
4. 더 두텁고 강한 프런트엔드를 만든다.
5. 서드파티 서비스를 받아들인다.

이러한 원칙들을 더 자세히 살펴보자.

### 1.2.1 컴퓨팅 서비스를 사용해 필요할 때 코드 실행

서버리스 아키텍처는 SOA에서 제기된 개념을 자연스럽게 확장한 것이다. 서버리스 아키텍처에서 모든 사용자 코드는 AWS Lambda 같은 상태를 유지하지 않는 컴퓨팅 서비스에서 실행되는, 격리되고 독립적이며 때로는 세분화된 함수로 작성되고 실행된다. 개발자는 함수를 작성해 데이터 소스에서 데이터를 읽고 쓰고, 다른 함수를 호출하거나, 계산을 하는 거의 모든 일반적인 작업을 할 수 있다. 더 복잡한 사례로는 개발자가 더 정교한 파이프라인을 설정하고 여러 함수의 호출을 조율할 수 있다. 여전히 서버로 무언가를 할 수 있는 시나리오도 있을 수 있다. 하지만, 그런 경우는 흔치 않고, 개발자로서 가능하면 서버를 실행하고 상호 작용하는 것을 피해야 한다.

### 그렇다면 Lambda는 정확히 무엇인가?

AWS Lambda는 AWS 기반에서 자바스크립트(node.js), 파이썬, C#, 자바로 작성한 코드를 실행하는 컴퓨팅 서비스다. 소스 코드(자바는 JAR 또는 C#이면 DLL)는 압축되어 메모리, 디스크 공간과 CPU가 할당된 격리된 컨테이너에 배포된다. 코드, 구성, 의존성의 조합을 일반적으로 Lambda 함수라고 한다. Lambda 실행 환경에서는 함수를 병렬로 실행될 수 있다. Lambda는 푸시와 풀 방식의 이벤트 모델로 동작을 지원하며 많은 AWS 서비스와 통합되어 있다. 6장에서 Lambda의 이벤트 모델, 호출 방식, 설계와 관련된 모범 사례를 포함한 더 자세한 사항을 다룬다. Lambda가 이와 같은 기능을 제공하는 유일한 서비스는 아니라는 것을 참고하라. Microsoft Azure Functions, IBM Bluemix, OpenWhisk, Google Cloud Functions가 그 밖의 살펴볼 수 있는 컴퓨팅 서비스다.

## 1.2.2 단일 목적의 상태 없는 함수 작성

소프트웨어 엔지니어로서 여러분들은 단일 책임의 원칙$^{single\ responsibility\ principle,\ SRP}$을 갖는 함수를 설계하려고 노력해야 한다. 한 가지만 하는 함수가 더 테스트하기 쉽고 견고하며, 버그도 적고 기대하지 않은 부작용도 더 적다. 느슨한 조율$^{orchestration}$에서 함수와 서비스를 작성하고 조합해 이해하고 관리하기 쉬운 복잡한 백엔드 시스템을 구축할 수 있다. 또한 잘 정의된 인터페이스를 갖는 세분화된 함수는 서버리스 아키텍처에서 재사용될 가능성이 더 높다.

Lambda 같은 컴퓨팅 서비스를 위한 코드는 상태를 갖지 않게 작성되어야 한다. 로컬 자원이나 프로세스가 직접 연결된 세션 이상으로 살아 있다고 가정하지 말아야 한다(6장에서 더 자세히 언급). 상태 비저장은 끊임없이 변하는 수신 이벤트 또는 요청을 처리할 수 있도록 플랫폼의 규모를 신속하게 조정할 수 있기 때문에 강력하다.

## 1.2.3 푸시 기반, 이벤트 주도 파이프라인 설계

서버리스 아키텍처는 어떤 용도로도 구축될 수 있다. 초창기부터 서버리스로 시스템을 구축할 수 있고, 존재하는 단일 구조 형태의 애플리케이션을 서버리스 아키텍처를 이용하기 위해 점진적으로 재설계될 수도 있다. 가장 유연하고 강력한 서버리스 설계는 이벤트 주도 방식이다. 예를 들면, 3장에서 이벤트 주도, 푸시 기반 파이프라인을 구축해 비디오를 여러 비트 전송율과 포맷으로 인코딩하는 시스템을 얼마나 빨리 만들 수 있는지 확인한다. 아마존의 Simple Storage Service$^{S3}$, Lambda, Elastic Transcoder를 함께 연결해 구축한다(그림 1.4).

이벤트 주도, 푸시 기반 시스템의 구축으로 비용과 복잡성이 줄어드는 경우가 많이 있고(변경 확인을 위한 추가적인 코드 실행이 필요 없음) 잠재적으로 전반적인 사용자 경험이 원활하게 된다. 이벤트 주도, 푸시 기반 모델이 좋은 목표지만, 모든 상황에서 적절하거나 가능하지는 않을 수도 있다는 것은 당연한 얘기다. 때로는 이벤트 소스를 확인하거나 일정에 따라 실행되는 Lambda 함수를 구현해야 한다. 뒷장에서 여러 다른 이벤트 모델을 다루고, 예제를 통해 작업할 것이다.

### 1.2.4 더 두텁고 강력한 프런트엔드 구축

Lambda에서 동작하는 사용자 코드는 빨리 실행되어야 한다는 것을 기억하는 것이 중요하다. Lambda 가격은 함수 요청 횟수, 실행 시간, 할당된 메모리 크기를 기반으로 정해지므로 빨리 종료되는 함수가 더 저렴하다. Lambda에서 할 일이 적을수록 더 싸다. 게다가 서드파티 서비스와 직접 통신할 수 있는 기능이 풍부한 프런트엔드를 구축하는 것은 더 좋은 사용자 경험을 유도할 수 있다. 온라인 자원 사이에 더 적은 홉$^{hops}$과 감소된 지연은 성능에 대한 더 좋은 인식과 애플리케이션의 더 쉬운 사용성을 야기한다. 다시 말해서 모든 것을 컴퓨팅 서비스를 통할 필요는 없다. 프런트엔드가 검색 제공자, 데이터베이스 또는 다른 유용한 API와 직접 통신할 수도 있다.

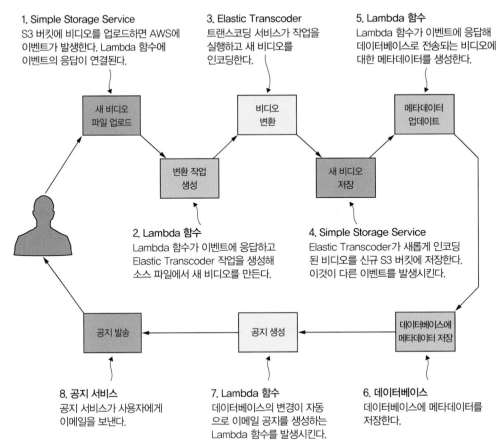

1. Simple Storage Service
S3 버킷에 비디오를 업로드하면 AWS에 이벤트가 발생한다. Lambda 함수에 이벤트의 응답이 연결된다.

3. Elastic Transcoder
트랜스코딩 서비스가 작업을 실행하고 새 비디오를 인코딩한다.

5. Lambda 함수
Lambda 함수가 이벤트에 응답해 데이터베이스로 전송되는 비디오에 대한 메타데이터를 생성한다.

2. Lambda 함수
Lambda 함수가 이벤트에 응답하고 Elastic Transcoder 작업을 생성해 소스 파일에서 새 비디오를 만든다.

4. Simple Storage Service
Elastic Transcoder가 새롭게 인코딩된 비디오를 신규 S3 버킷에 저장한다. 이것이 다른 이벤트를 발생시킨다.

8. 공지 서비스
공지 서비스가 사용자에게 이메일을 보낸다.

7. Lambda 함수
데이터베이스의 변경이 자동으로 이메일 공지를 생성하는 Lambda 함수를 발생시킨다.

6. 데이터베이스
데이터베이스에 메타데이터를 저장한다.

그림 1.4 푸시 기반 파이프라인 형태의 설계는 서버리스 아키텍처에서 잘 동작한다. 이 예제에서 사용자는 비디오를 업로드하고, 비디오는 다른 형태로 변환된다.

전자적으로 서명된 토큰은 프런트엔드가 안전한 방식으로 데이터베이스를 포함한 여러 다른 서비스와 통신할 수 있게 한다. 이것은 모든 통신이 백엔드 서버로 흘러가는 전통적인 시스템과 대비된다.

하지만 모든 것을 프런트엔드에서 처리할 수도 없고 처리해서도 안된다. 클라이언트 장치에서 둘 수 없는 비밀 정보도 있다. 신용 카드의 처리나 이메일 전송은 최종 사용자의 통제 밖에서 실행되는 서비스에서만 처리돼야 한다. 이런 경우에 컴퓨팅 서비스를 사용해 동작을 조율하고 데이터를 검증하며 보안을 강화해야 한다.

고려할 다른 중요한 점은 일관성이다. 프런트엔드가 여러 서비스와 통신할 책임이 있고 중간에 장애가 발생할 경우, 시스템이 일관성이 없는 상태로 남아있을 수 있다. 이 시나리오에서 Lambda는 오류를 적절하게 처리하고 실패한 동작을 재시도할 수 있게 설계됐기 때문에 함수가 사용돼야 한다.

## 1.2.5 서드파티 서비스 포용

서드파티 서비스가 가치를 제공하고 사용자 코드를 줄여줄 수 있다면 서드파티 서비스는 환영받는다. 하지만, 서드파티 서비스를 고려할 때, 가격, 기능성, 가용성, 문서화, 지원과 같은 요소를 평가해야 하는 것은 당연한 것이다. 개발자가 누군가가 이미 구현한 기능을 다시 만드는 것보다 자신의 도메인에 유일한 문제를 해결하는 데 시간을 보내는 게 훨씬 더 유용하다. 실행할 수 있는 서드파티 서비스나 API가 가용하다면, 구축 자체를 위한 구축은 하지 않는다.[1] 부록 A에는 유용한 아마존 웹 서비스와 그 밖의 서비스들의 짧은 목록이 있다. 책을 훑어보면서 이 서비스의 대부분을 좀 더 상세하게 살펴볼 것이다.

# 1.3 서버에서 서비스로 이전

서버리스 방식의 한가지 장점은 존재하는 애플리케이션을 점진적으로 서버리스 아키텍처로 변경할 수 있다는 것이다. 개발자가 단일 구조의 코드 베이스와 마주한다면, 그 코드를 점차 분리해서 애플리케이션과 통신할 수 있는 Lambda 함수를 만들 수 있다.

가장 좋은 방식은 시스템의 일부분이나 전체가 서버리스라면 어떻게 동작할지에 대한 가정을 테스트하기 위한 프로토타입을 초기에 작성하는 것이다. 레거시 시스템은 창의적인 솔루션을 요구하는 흥미로운 제약을 갖는 경향이 있고, 대규모의 모든 아키텍처적인 리팩토링 작업과 마찬가지로 필연적으로 타협이 이뤄진다. 시스템은 결국 하이브리드로 끝날 수도 있지만(그림 1.5), 일부 구성요소는 더 이상 규모 조정이 안되거나 실행에 비싼 인프라를 요구하는 변경되지 않는 레거시 아키텍처를 유지하는 대신 Lambda와 서드파티 서비스를 사용하는 것이 더 좋을지 모른다.

서버 기반의 레거시 애플리케이션에서 확장성 있는 서버리스 아키텍처로 알맞게 이전하려면 시간이 걸릴 수도 있다. 신중하고 천천히 접근할 필요가 있으며, 개발자들은 시작하기 전에 적절한 테스트 계획과 훌륭한 데브옵스<sup>DevOps</sup> 전략을 마련해야 한다.

---

1 (옮긴이) 아이작 뉴턴이 한 말

## 1.4 서버리스 장점과 단점

시스템을 완전히 또는 부분적으로 서버리스로 구현하면 비용 절감과 출시 시간 단축이라는 장점이 있다. 하지만, 생성되는 애플리케이션의 관점에서 서버리스 아키텍처로 가는 길을 신중하게 고려할 필요가 있다.

### 1.4.1 의사 결정 요인

서버리스는 모든 환경에서 만능 해결책은 아니다. 지정된 서비스 레벨 규약$^{SLA}$을 가진 지연 시간에 민감한 애플리케이션이나 소프트웨어에는 적합하지 않을 수도 있다. 기업 및 정부 고객들에게는 벤더 종속성$^{vendor\ lock-in}$을 갖는 것이 문제가 될 수 있으며 서비스의 분산화도 어려운 점이 될 수 있다.

### 모든 사람을 위한 것은 아님

Lambda는 퍼블릭$^{공용}$ 클라우드에서 실행되므로, 임무 수행에 필수적인 애플리케이션의 기반을 반드시 Lambda로 삼을 필요는 없다. 대용량 트랜잭션을 수행하는 은행 시스템이나 환자 생명 유지 시스템은 퍼블릭 클라우드 시스템이 제공할 수 있는 것보다 더 높은 수준의 성능과 안정성을 요구한다. 조직에서 사용성 및 안정성 요구 사항을 충족시킬 수 있는 전용 하드웨어를 사용하거나 프라이빗$^{사설}$ 또는 하이브리드$^{혼용}$ 클라우드를 자체 컴퓨팅 서비스로 실행할 수 있다. 이런 경우에는 서버리스가 아닌 아키텍처를 채택할 수 있다.

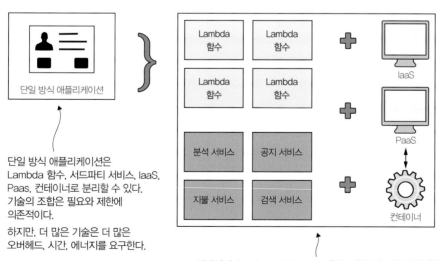

단일 방식 애플리케이션

단일 방식 애플리케이션은 Lambda 함수, 서드파티 서비스, IaaS, Paas, 컨테이너로 분리할 수 있다. 기술의 조합은 필요와 제한에 의존적이다.

하지만, 더 많은 기술은 더 많은 오버헤드, 시간, 에너지를 요구한다.

Lambda 함수

분석 서비스 / 공지 서비스
지불 서비스 / 검색 서비스

IaaS / PaaS / 컨테이너

컨테이너, PaaS, IaaS, Lambda 함수, 서비스는 서로 통신할 수 있다.
위의 기술을 조합해 시스템을 설계했다면 이벤트 조정 작업을 고려해야 한다.

그림 1.5 서버리스 아키텍처는 양자택일 명제가 아니다. 현재 서버에서 실행 중인 단일 구조 애플리케이션이 있다면, 구성 요소를 점진적으로 분리해 격리된 서비스나 컴퓨팅 함수에서 실행한다. 단일 구조 애플리케이션을 IaaS, PaaS, 컨테이너, Lambda 함수, 서드파티 서비스 등의 여러 가지 형태로 분리할 수 있다.

## 서비스 레벨

AWS의 일부 서비스에는 SLA가 있지만 다른 서비스에는 SLA가 없으므로, 이것은 의사 결정의 한 요소가 될 수 있다. 대부분의 시스템에서 AWS가 제공하는 안정성이 충분하지만, 일부 기업의 경우에는 추가적인 보증을 요구할 수도 있다. AWS가 아닌 서드파티 서비스도 마찬가지 상황에 있다. 일부는 강한 SLA를 갖고 있을 수 있지만, 다른 업체는 전혀 없을 수도 있다.

## 사용자 정의

Lambda의 경우, 아마존이 플랫폼을 관리하고 규모 조정을 해 얻는 효율성은 운영 체제를 입맛에 맞게 변경하거나 기반 인스턴스를 조정할 수 없게 한다. 함수에 할당된 RAM의 크기를 수정하거나 만료 시간을 변경할 수는 있지만 그게 전부다(자세한 내용은 6장 참고). 유사하게 다른 서드파티 서비스도 다양한 수준의 사용자 정의 및 유연성을 제공한다.

## 벤더 종속성

벤더 종속성은 또 다른 이슈다. 개발자가 AWS를 포함한 서드파티 API와 서비스를 사용하기로 결정했다면, 아키텍처가 사용하는 플랫폼에 강하게 결합될 수 있다. 벤더 종속성의 영향과 기업 지속성, 데이터 주권 및 개인 정보 보호, 비용, 지원, 문서화 및 가용한 기능 집합을 포함한 서드파티 서비스의 위험이 철저하게 고려되어야 한다.

## 분산화

단일 구조 방식에서 더욱 분산된 서버리스 방식으로의 이동이 기반 시스템의 복잡도를 자동으로 줄여주지는 않는다. 분산 솔루션의 특성으로 자체 호출이 아닌 원격 호출이 필요하고 네트워크 기반의 장애와 지연을 처리해야 하는 어려움이 있다.

## 1.4.2 서버리스를 사용할 때

서버리스 아키텍처는 개발자가 인프라가 아닌 소프트웨어 설계와 코드에 집중할 수 있게 해준다. 확장성과 고가용성을 더 쉽게 달성할 수 있으며 가격도 사용한 만큼만 지불하기 때문에 더 공정하다. 중요한 것은 서버리스를 가지고 필요한 계층의 수와 코드의 양을 최소화해 잠재적으로 시스템의 복잡도를 줄일 수 있다는 점이다.

## 서버는 그만

서버 구성 및 관리, 패치, 유지보수와 같은 작업을 벤더가 처리하게 해 시간과 비용을 줄일 수 있다. 아마존은 Lambda를 실행하는 서버들의 운영 상태를 관리한다. 컴퓨팅 자원을 관리하거나 수정해야 하는 특정한 요구사항이 없다면 아마존이나 다른 벤더가 이를 대신하게 하는 게 훌륭한 솔루션이다. 여러분은 자신의 코드만 책임지고 운영이나 관리 작업을 다른 운영자에게 맡기게 된다.

## 많은 용도

컴퓨팅의 상태 비저장 및 확장성은 병렬 처리로 이점을 얻는 문제를 해결하는 데 사용될 수 있다. CRUD 애플리케이션, 전자 상거래, 백오피스 시스템, 복잡한 웹 앱, 모든 종류의 모바일 및 데스크톱 소프트웨어에 대한 백엔드는 서버리스 아키텍처를 사용해 신속하게 구축할 수 있다. 적절한 기술 조합을 선택하면 몇 주 걸리던 작업을 며칠 또는 몇 시간 만에 완료할 수 있다. 서버리스 방식은 빠른 혁신과 이동을 원하는 스타트업에 굉장히 잘 동작한다.

## 낮은 비용

전통적인 서버 기반 아키텍처에서는 항상 전체 용량만큼 실행되지 않는 서버가 필요하다. 심지어 자동화된 시스템을 사용해 규모를 조정하는 경우에도 신규 서버가 필요하며, 그 서버들은 요청이나 신규 데이터가 일시적으로 급증할 때까지는 종종 쓰이지도 않는 채로 남게 된다. 서버리스 시스템은 규모 조정과 관련해서 훨씬 더 세분화되어 있으며 특히 최대 부하가 균등하지 않거나 예상하지 못할 때 비용 효율적이다. Lambda를 사용하면 사용한 만큼만 비용을 지불한다(4장은 Lambda와 API Gateway의 비용을 계산하는 방법을 보여준다).

## 적은 코드

이번 장의 시작 부분에서 서버리스 아키텍처는 많은 전통적인 시스템에 비해 일부 복잡성과 코드를 줄일 수 있는 기회를 제공한다고 언급했다. 특히 프런트엔드가 더 많은 작업을 수행하고 서비스(및 데이터베이스)와 직접 통신할 수 있게 한다면 다계층형 백엔드 시스템이 필요하지 않다.

## 확장성과 유연성

개발자로서 전체 백엔드를 대체하고 싶지 않거나 대체할 수도 없다면 전체를 대체하기 위해 서버리스 아키텍처를 사용할 필요는 없다. Lambda를 사용해 특정 문제를 해결할 수 있고, 특히 병렬 처리의 이점을 누릴 수 있다면 더욱 그렇다. 물론 서버리스 아키텍처가 전통적인 시스템보다 더 쉽게 확장할 수 있다. 예를 들면, 다음 솔루션을 고려한다.

- IT 서비스 회사인 커넥트와이즈$^{ConnectWise}$는 Lambda로 유입되는 로그를 처리함으로써 몇 주가 필요했던 서버 유지보수를 몇 시간으로 줄였다(https://aws.amazon.com/solutions/case-studies/connectwise/).
- 넷플릭스$^{Netflix}$는 Lambda를 사용해 백업 완료의 검증을 자동화하고 미디어 파일의 인코딩 프로세스를 자동화했다(https://aws.amazon.com/solutions/case-studies/netflix-and-aws-lambda/).

추출/변형/적재$^{ETL}$ 작업, 실시간 파일 처리, 기존 코드베이스를 만질 필요없이 거의 모든 작업에 Lambda를 사용할 수 있다. 함수를 작성해 실행하기만 하면 그만이다.

## 1.5 요약

클라우드는 IT 인프라와 소프트웨어 개발에서 중요한 전환점이었으며 계속 진행중이다. 소프트웨어 개발자들은 경쟁 우위를 확보하기 위해 클라우드 플랫폼을 극대화할 수 있는 방법을 고려해야 한다.

서버리스 아키텍처는 개발자와 조직이 고려하고 연구하고 채택하는 가장 최신의 발전이다. 아키텍처에서 이 흥미롭고 새로운 변화는 소프트웨어 개발자가 AWS Lambda같은 컴퓨팅 서비스를 채택하면서 더 빠르게 성장할 것이다. 그리고 많은 경우에 서버리스 애플리케이션을 더 저렴하게 실행하고 더 빨리 구현할 것이다.

또한 인프라를 운영하고 전통적인 소프트웨어 시스템을 개발하는 데 관련된 복잡도와 비용을 줄일 필요가 있다. 인프라 유지보수에 소요되는 비용 및 시간의 절감과 확장성의 이점이 조직과 개발자들이 서버리스 아키텍처를 고려해야 할 좋은 이유다.

이번 장에서는 서버리스 아키텍처가 무엇인지 배웠고, 서버리스 아키텍처의 원칙을 봤으며, 전통적인 아키텍처와 비교하는 방식을 살펴봤다. 다음 장에서는 중요한 아키텍처와 패턴을 살펴보고, 서버리스 아키텍처를 사용해 문제를 해결하는 특정 사례를 논의해 본다.

이번 장에서는 다음을 설명한다.

- 서버리스 아키텍처 사용 사례
- 패턴과 아키텍처 예제

서버리스 아키텍처의 사용 사례는 무엇이며 어떤 아키텍처와 패턴이 유용할까? 시스템 설계에 있어서 서버리스 아키텍처 방식을 배울 때 사용 사례에 대한 질문을 자주하게 된다. 그런 경우에 다른 사람이 기술을 적용한 방법과 만든 사용 사례, 설계, 아키텍처를 살펴보면 도움이 된다. 이번 논의는 이런 사용 사례와 샘플 아키텍처에 집중할 것이다. 이번 장에서 서버리스 아키텍처가 잘 맞는 곳과 서버리스 시스템의 설계에 대해 어떻게 생각해야 하는지에 대해 확실하게 이해할 것이다.

## 2.1 사용 사례

서버리스 기술과 아키텍처는 전체 시스템을 구축하거나 분리된 구성 요소 생성 또는 구체적이고 세부적인 작업을 구현하는 데 사용될 수 있다. 서버리스 설계의 사용 범위는 넓다. 그 장점 중에 하나가 작거나 큰 작업 모두에 사용할 수 있다는 것이다. 우리는 수만 명의 사용자를 가진 웹과 모바일 애플리케이션을 동작하게하는 서버리스 시스템을 설계했고, 한편으로 아주 규모가 작은 특정한 문제를 해결하는 단순한 시스템을 구축하기도 했다. 서버리스가 단순히 Lambda와 같은 컴퓨팅 서비스로 코드를 실행하는 것이 아니라는 것을 기억하는 것이 중요하다. 또한 여러분이 해야 하는 많은 일을 줄여주는 서드파티 서비스와 API를 사용하는 것도 마찬가지다.

### 2.1.1 애플리케이션 백엔드

이 책에서는 유튜브<sup>YouTube</sup>같은 미디어 공유 애플리케이션을 구현한다. 이 프로그램에서 사용자는 비디오 파일을 업로드하고, 해당 파일들을 실행 가능한 형태로 변환하고, 다른 사용자가 해당 파일들을 볼수 있다. 데이터베이스와 RESTful API가 있는 전체 기능을 가진 웹 애플리케이션에 대한 완전한 서버리스 백엔드를 구축한다. 그리고 서버리스 기술이 모든 종류의 웹, 모바일, 데스크톱 애플리케이션에 대한 확장성 있는 백엔드를 구축하는 데 적합하다는 것을 보여준다.

AWS Lambda 같은 기술은 상대적으로 새롭지만, 전체 사업을 대규모 서버리스 백엔드로 운영하는 사례를 이미 봤다. 클라우드 그루<sup>A Cloud Guru</sup>(http://acloud.guru)라는 서버리스 플랫폼은 실시간으로 수천 명의 공동 작업과 수백 기가바이트 비디오를 스트리밍할 수 있게 지원한다. 다른 예는 Instant(http://instant.cm)로 정적 웹사이트를 위한 서버리스 콘텐츠 관리 시스템이다. 또 다른 예는 EPX Labs가 구축한 하이브리드 서버리스 시스템이다. 이번 장의 뒷부분에서 이 시스템 모두에 대해 논의한다.

웹과 모바일 애플리케이션 외에도 서버리스는 IoT 애플리케이션에 매우 적합하다. 아마존 웹 서비스<sup>AWS</sup>에 다음을 결합한 IoT 플랫폼(https://aws.amazon.com/iot-platform/how-it-works/)이 있다.

- 인증과 권한 관리

- 통신 게이트웨이

- 레지스트리(개별 디바이스에 유일한 식별값을 할당하는 방식)

- 디바이스 섀도잉(지속적인 디바이스 상태)

- 규칙 엔진(메시지 변환과 AWS 서비스로 디바이스 메시지를 라우팅하는 서비스)

예를 들면, 규칙 엔진은 파일을 Amazon Simple Storage Service<sup>S3</sup>로 저장하고, 데이터를 Amazon Simple Queue Service<sup>SQS</sup>로 넣고, AWS Lambda 함수를 호출할 수 있다. 아마존 IoT 플랫폼은 서버를 운영할 필요 없이 디바이스에 대한 확장 가능한 IoT 백엔드를 쉽게 구축하게 해준다.

 서버리스 애플리케이션 백엔드는 많은 인프라 관리를 제거하고, 세분화되고 예측 가능한 청구서(Lambda와 같은 서버리스 컴퓨팅 서비스가 사용되는 경우)를 가져와 불균등한 요구 사항을 충족시킬 수 있도록 확장할 수 있기 때문에 매력적이다.

## 2.1.2 데이터 처리와 조작

흔히 사용되는 서버리스 기술로는 데이터 처리[data processing], 변환[conversion], 조작[manipulation], 트랜스코딩[transcoding][1]이 있다. 우리는 CSV, JSON 및 XML 파일을 처리하기 위해 다른 개발자가 만든 Lambda 함수를 봤다. 데이터의 조합 및 집계, 이미지 크기 조정, 형식 변환. Lambda와 AWS 서비스는 데이터 처리 작업을 위해 이벤트 주도 파이프 라인을 구축하는 데 적합하다.

3장에서는 응용 프로그램의 첫 번째 부분을 작성하게 될 텐데, 이 첫 번째 부분은 비디오를 한 형식에서 다른 형식으로 변환하는 강력한 파이프 라인이 된다. 이 파이프 라인은 파일 권한을 설정하고 메타데이터 파일을 생성한다. 새 비디오 파일이 지정된 S3 버킷에 추가될 때만 실행되며, 할 일이 있고 시스템이 유휴 상태가 아닐 때만 Lambda 실행 비용을 지불한다. 하지만, 우리는 더 광범위하게 데이터 처리가 서버리스 기술의 훌륭한 사용 사례가 될 것이라는 점을 알게 되었는데, 특히 다른 서비스와 더불어 Lambda 함수를 사용할 때 더욱 그럴 것이다.

## 2.1.3 실시간 분석

로그, 시스템 이벤트, 트랜잭션, 사용자 클릭과 같은 데이터의 수집은 Amazon Kinesis Streams[아마존 키네시스 스트림](Kinesis에 대한 자세한 정보는 부록 A 참조)와 같은 서비스를 사용해서 처리한다. Lambda 함수는 한 스트림의 신규 레코드에 반응하고 더 빨리 데이터를 처리, 저장, 폐기한다. Lambda 함수는 스트림에 있는 신규 레코드에 반응하여, 데이터를 빠르게 처리하거나 저장하거나 버릴 수 있다. Lambda 함수는 지정한 레코드 수(배치 크기)의 처리가 가능할 때 실행하게 구성할 수 있고, 그렇게 해서 스트림으로 추가되는 모든 레코드를 한 개씩 처리하지 않아도 된다.

Kinesis 스트림과 Lambda 함수는 분석, 집계, 저장해야 하는 많은 데이터를 생성하는 응용 프로그램에 적합하다. Kinesis의 경우 스트림에서 메시지를 처리하기 위해 생성되는 함수의 수는 샤드[shard]의 수와 같다(고로, 샤드당 하나의 Lambda 함수가 있음). 또한 Lambda 함수가 배치를 처리하지 못하면 다시 시도한다. 처리에 실패하면, 최대 24시간(Kinesis 스트림이 데이터를 보관하는 기간)동안 계속 유지할 수 있다. 그러나 이러한 작은 문제(우리가 이미 알고 있는)가 있더라도 Kinesis 스트림과 Lambda의 조합은 실시간 처리 및 분석을 원한다면 정말 강력하다.

---

1   (옮긴이) 즉, 변환부호화, "웹 콘텐츠나 동영상 등을 다양한 장치에서 볼 수 있게, 개별 장치에 맞는 부호로 콘텐츠를 변환하는 일". (출처: TTA 정보통신용어사전 내용 요약).

## 2.1.4 레거시 API 프록시

Amazon API Gateway와 Lambda의 혁신적인 사용 사례(몇 번 본 적이 있음)는 레거시 API 프록시라고 칭하는 것이다. 여기서 개발자는 API Gateway와 Lambda를 사용해 레거시 API 및 서비스에 새로운 API 계층을 만들어 사용하기 쉽게 만든다. API Gateway는 RESTful 인터페이스를 만드는 데 사용되고, Lambda 함수는 레거시 서비스에서 이해할 수 있는 형식으로 요청/응답 및 마샬 데이터$^{marshal}$ $^{data2}$를 변환하는 데 사용된다. 이 방법을 사용하면 이전 프로토콜 및 데이터 형식을 지원하지 않을 수 있는 최신 클라이언트가 레거시 서비스를 더욱 쉽게 사용할 수 있다.

## 2.1.5 스케줄링 서비스

Lambda 함수는 일정에 따라 실행할 수 있으므로 데이터 백업, 가져오기 및 내보내기, 사전 알림 및 경고와 같은 반복 작업에 효과적이다. 개발자는 일정에 따라 Lambda 함수를 사용해 웹 사이트를 주기적으로 핑$^{ping}$을 해 온라인 상태인지 확인하고, 그렇지 않은 경우 전자 메일이나 문자 메시지를 보낸다. 이런 경우에 사용할 수 있는 Lambda 블루프린트(**블루프린트**$^{blue\ print}$는 새로운 Lambda 함수를 생성할 때 선택할 수 있는 샘플 코드가 있는 템플릿)가 있다. 또한 개발자는 야간에 파일을 다운로드해 서버에 저장하고 사용자에게 일일 계정 정보를 보내는 Lambda 함수를 작성할 수 있다. 파일 백업 및 파일 검증과 같은 반복적인 작업은 설정하고 잊으면 되는 스케줄링 기능 덕분에 Lambda로 쉽게 할 수 있다.

## 2.1.6 봇과 기술

Lambda 함수와 서버리스 기술의 또 다른 일반적인 사용은 슬랙$^{slack}$(인기 있는 채팅 시스템, https://slack.com)과 같은 서비스에 대해 봇(**봇**$^{bot}$은 자동화된 작업을 실행하는 앱 또는 스크립트)을 구축하는 것이다. 슬랙을 위해 만들어진 봇은 명령에 응답하고 작은 작업을 수행하며 보고서와 알림을 보낼 수 있다. 예를 들어, Lambda에 슬랙 봇을 구축해 교육 플랫폼을 통해 매일 온라인 판매량을 보고한다. 또한 개발자들이 텔레그램$^{Telegram}$, 스카이프$^{Skype}$ 및 페이스북의 메신저 플랫폼을 위한 봇을 구축하는 것을 볼 수 있다.

마찬가지로 개발자는 Amazon Echo 스킬을 지원하는 Lambda 함수를 작성한다. Amazon Echo는 핸즈프리$^{hands\text{-}free}$ 스피커로 음성 명령에 응답한다. 개발자는 Echo의 기능을 더욱 확장할 수 있는 스킬을 구현할 수 있다(스킬은 본질적으로 사람의 목소리에 응답할 수 있는 응용 프로그램이고, 자세한 내

---

2    (옮긴이) 마샬링을 한 데이터. 즉, 데이터를 포함해 데이터 관련 메타 정보(변수 값 등)까지 변환한 데이터.

용은 http://amzn.to/2b5NMFj 참조). 피자를 주문하거나 지리를 직접 익히는 스킬을 작성할 수 있다. Amazon Echo는 전적으로 음성으로 작동되며 스킬은 Lambda로 제공된다.

## 2.2 아키텍처

이 책에서 논의할 두 가지 아키텍처는 백엔드 컴퓨팅(즉, 웹 및 모바일 애플리케이션의 백엔드)과 연결형 컴퓨팅(워크 플로우를 수행하기 위해 구축된 파이프라인)이다. 이 두 아키텍처는 서로 보완적이다. 실제 어떤 종류의 서버리스 시스템에서 작업하게 되더라도 이런 아키텍처를 구축하고 결합할 가능성이 높다. 이번 장에서 설명하는 대부분의 아키텍처와 패턴은 이 두 가지에서 일부 특화되거나 변형된 것이다.

### 2.2.1 백엔드 컴퓨팅

백엔드 컴퓨팅 아키텍처는 Lambda 및 서드파티 서비스와 같은 서버리스 컴퓨팅 서비스를 사용해 웹, 모바일 및 데스크톱 애플리케이션의 백엔드를 구축하는 데 사용되는 설명한다. 그림 2.1에서 프런트엔드는 데이터베이스와 인증 서비스에 직접 연결된다는 점에 유의한다. 이는 프런트엔드가 안전한 방식(예, 위임 토큰 사용, 5장 및 9장에서 자세히 설명)으로 통신할 수 있는 경우 API Gateway 뒤에 모든 서비스를 배치할 필요가 없기 때문이다. 이 아키텍처의 목적 중 하나는 프런트엔드가 서비스와 통신하고, Lambda 함수의 사용자 정의 로직을 포함하며, RESTful 인터페이스를 통해 함수에 대한 통일된 접근을 제공하게 하는 것이다.

1장에서는 서버리스 아키텍처의 원칙을 설명했다. 그 중에서 더 두터운 프런트엔드(원칙 4)를 언급하고 서드파티 서비스의 사용(원칙 5)을 권장했다. 이 두 가지 원칙은 이벤트 주도 파이프 라인보다는 서버리스 백엔드를 구축할 때 특히 적합하다. 좋은 서버리스 시스템은 Lambda 함수의 범위와 크기를 최소화하려 하고, 이 함수들은 최소한의 것만 하고(원한다면 나노 함수라고 부름) 개인 정보 보호 또는 보안 문제로 인해 프런트엔드에서 하면 안되는 일에 주로 집중한다. 그럼에도 불구하고 함수에 대한 적절한 세분화 수준을 찾는 것은 어려운 작업이 될 수 있다.

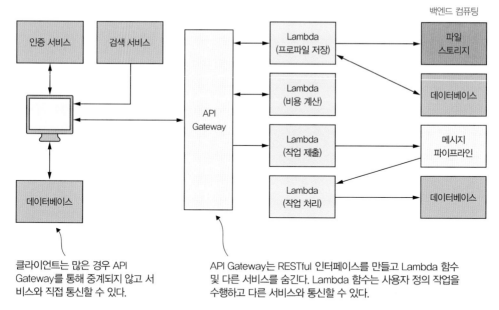

백엔드 컴퓨팅

클라이언트는 많은 경우 API
Gateway를 통해 중계되지 않고 서
비스와 직접 통신할 수 있다.

API Gateway는 RESTful 인터페이스를 만들고 Lambda 함수
및 다른 서비스를 숨긴다. Lambda 함수는 사용자 정의 작업을
수행하고 다른 서비스와 통신할 수 있다.

그림 2.1 데이터 저장, 계산 및 검색을 위한 다소 간단한 백엔드 아키텍처이다. 프런트엔드는 데이터베이스에서 직접 읽을 수 있으며 다른 서비스와 안전하게 통신할 수 있다. 또한 API Gateway를 통해 Lambda 함수를 호출할 수 있다.

함수를 너무 세부적으로 만들면 나중에 디버그하고 유지보수하기가 힘들 수 있다. 세분성을 무시하면 아무도 필요로 하지 않는 작은 단일구조<sup>monolith</sup>가 생성될 위험이 있다(학습한 한 가지 교훈은 복잡성을 제어하기 위해 한 Lambda 함수안에서 데이터 변환 횟수를 최소화 하는 것이다).

## 클라우드 그루

클라우드 그루<sup>A Cloud Guru</sup>(https://acloud.guru)는 솔루션 아키텍트, 시스템 관리자 및 아마존 웹 서비스를 배우려는 개발자를 위한 온라인 교육 플랫폼이다. 플랫폼의 핵심 기능으로는(스트리밍) 비디오 강좌, 실습 시험 및 퀴즈, 실시간 토론 포럼 등이 있다. 또한 클라우드 그루의 전자상거래 플랫폼을 이용하면 학생들은 교육 과정을 구입해 바쁘지 않은 시간에 시청할 수 있다. 클라우드 그루의 강좌를 만드는 강사는 S3 버킷에 직접 비디오를 업로드할 수 있고, 그러면 즉시 비디오가 여러 가지 형식(1080p, 720p, HLS, WebM 등)으로 변환되어 학생들이 볼 수 있게 제공된다. 클라우드 그루 플랫폼은 Firebase를 기본 클라이언트 연결 데이터베이스로 사용해 클라이언트가 새로 고침이나 폴링<sup>polling</sup> 없이 실시간에 가깝게 업데이트를 받을 수 있게 한다(Firebase는 웹 소켓을 사용해 연결된 모든 장치에 업데이트를 동시에 푸시). 그림 2.2는 클라우드 그루가 사용하는 아키텍처의 축소 버전을 보여준다.

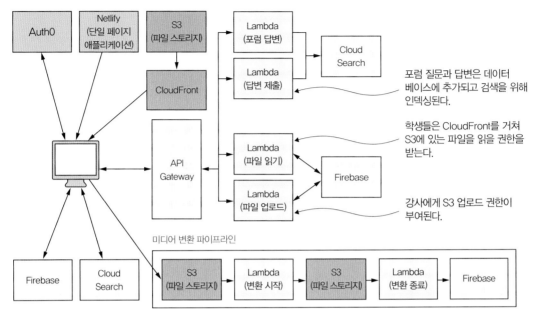

그림 2.2 이것이 클라우드 그루 아키텍처의 간소화 버전이다. 현재 운영 아키텍처에는 지불, 관리, 게임화, 보고 및 분석을 위한 추가적인 Lambda 함수와 서비스가 있다.

## 그림 2.2에 있는 클라우드 그루 아키텍처에 대해 다음 사항에 유의한다.

- 프런트엔드는 AngularJS를 사용해 구축되었으며 Netlify(https://netlify.com)에서 호스팅한다. 원한다면 Netlify대신 S3와 CloudFront(AWS가 제공하는 글로벌 콘텐츠 제공 네트워크)를 사용할 수 있다.

- Auth0는 등록 및 인증 기능을 제공하는 데 사용된다. 프런트엔드가 Firebase와 같은 다른 서비스와 안전하게 직접 통신할 수 있게 하는 위임 토큰을 만든다.

- Firebase는 클라우드 그루에서 사용하는 실시간 데이터베이스다. 모든 클라이언트는 웹 소켓을 사용해 Firebase에 연결하고 실시간에 가깝게 업데이트를 수신한다. 즉, 클라이언트는 폴링하지 않고 업데이트를 수신한다.

- 플랫폼 콘텐츠를 만드는 강사는 브라우저를 통해 S3 버킷에 직접 파일(일반적으로 비디오이지만 다른 유형일 수도 있음)을 업로드할 수 있다. 이를 위해 웹 애플리케이션은 먼저 필요한 업로드 자격 증명을 요청하기 위해(API Gateway를 통해) Lambda 함수를 호출한다. 자격 증명이 조회되는 즉시, 클라이언트 웹 애플리케이션은 HTTP로 S3에 파일 업로드를 시작한다. 이 모든 일은 이면에서 발생하며 사용자에게 드러나지 않는다.

- 일단 파일이 S3에 업로드가 되면 비디오를 트랜스코딩하고, 새 파일을 다른 버킷에 저장하고, 데이터베이스를 업데이트하고, 즉시 트랜스코딩된 비디오를 다른 사람이 사용할 수 있도록 만드는 일련의 이벤트(이벤트 주도 파이프라인)를 자동으로 시작한다. 이 책 전체에서 유사한 시스템을 작성하고 이것이 어떻게 작동하는지 자세히 볼 수 있다.

- 비디오를 보려면 사용자는 다른 Lambda 함수를 통해 권한을 받는다. 권한은 24시간 동안 유효하며, 이후에는 갱신해야 한다. 파일은 CloudFront를 통해 접근할 수 있다.

- 사용자는 포럼에 질문과 답변을 올릴 수 있다. 질문, 답변 및 의견은 데이터베이스에 기록된다. 이 데이터는 AWS의 관리형 검색 및 인덱싱 서비스인 Amazon CloudSearch로 인덱싱을 위해 전송된다. 이를 통해 사용자는 다른 사람들이 작성한 질문, 답변 및 의견을 검색하고 볼 수 있다.

## 인스턴트

인스턴트[Instant](http://instant.cm)[3]는 웹 사이트 소유자가 정적인 웹 사이트에 인라인 텍스트 편집 및 현지화를 비롯한 콘텐츠 관리 기능을 추가할 수 있게 도와주는 스타트업이다. 창업자인 마셀 판스[Marcel Panse]와 손더 나프터할[Sander Nagtegaal]은 이 서비스를 Instant라는 콘텐츠 관리 시스템으로 설명한다. Instant는 웹 사이트에 작은 자바스크립트 라이브러리를 추가하고 HTML을 일부 변경하면 된다. 이를 통해 개발자와 관리자는 웹 사이트의 사용자 인터페이스를 통해 텍스트 요소를 직접 편집할 수 있다. 텍스트에 대한 초안 편집 내용은 DynamoDB에 저장된다(DynamoDB의 부록 A 참조). 최종 사용자가 본 텍스트의 마지막 운영 버전은 Amazon CloudFront(그림 2.3)를 통해 S3 버킷에서 JSON 파일로 제공된다.

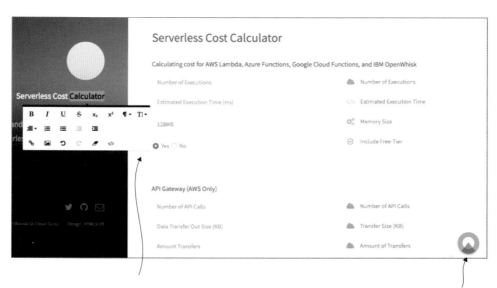

Instant를 사용하면 웹 사이트의 텍스트를 편집한 다음 다른 사람들이 볼 수 있도록 웹 사이트의 텍스트를 게시할 수 있다.

Instant가 제공하는 자바스크립트 위젯을 사용하면 계정에 로그인하거나 현재 편집을 취소하거나 게시할 수 있다.

그림 2.3 Instant를 사용해 여러 언어에 대한 지원을 추가할 수 있으므로 웹 사이트 현지화가 필요하고 콘텐츠 관리 시스템이 없는 경우 강력한 서비스가 된다.

---

3  Instant(instance.cm)가 Unless(unless.com)로 브랜드를 개명

Instant 아키텍처의 단순화된 버전이 그림 2.4에 나와 있다. Instant 아키텍처에 대해 다음 사항들을 유의하라.

- (이것은 다이어그램에 표시되지 않는다.) Instant를 사용하려는 웹 사이트에 자바스크립트 라이브러리를 추가해야 한다. 인증은 웹 사이트의 특별한 URL(예: yourwebsite.com/#edit)에서 나타나는 위젯을 클릭해 구글을 통해(사용자의 구글 계정으로) 수행된다. 구글과의 인증에 성공한 Instant의 자바스크립트 위젯은 AWS Cognito로 인증되며, 임시 AWS IAM 자격 증명을 제공한다(AWS Cognito에 대한 정보는 부록 A 참조).

- 아마존의 도메인 이름 시스템(DNS) 웹 서비스인 Route 53는 요청을 CloudFront 또는 API Gateway로 라우팅하는 데 사용된다(Route 53에 대한 자세한 내용은 부록 A를 참조).

- 사용자가 자신의 웹 사이트에서 텍스트를 편집하면 Instant 위젯이 API Gateway에 변경 사항을 전송해 Lambda 함수를 호출한다. 이 Lambda 함수는 관련 메타 데이터와 함께 초안을 DynamoDB에 저장한다.

- 사용자가(Instant 위젯에서 옵션을 선택하여) 편집 내용을 게시하기로 결정하면 S3에서 DynamoDB의 데이터를 읽고 정적인 JSON 파일로 저장한다. 이 파일은 CloudFront를 통해 S3에서 제공된다. Instant 위젯은 CloudFront에서 받은 JSON 파일을 구문 분석하고 최종 사용자가 볼 수 있게 웹 사이트의 텍스트를 업데이트한다.

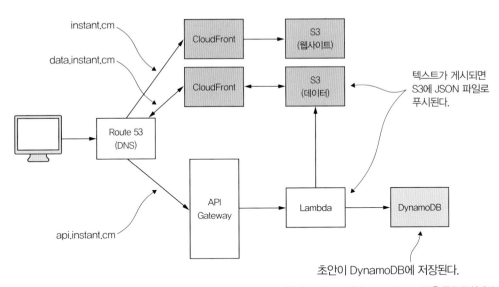

그림 2.4 Instant 시스템은 AWS Lambda, API Gateway, DynamoDB, S3, CloudFront 및 Amazon Route 53을 주요 구성 요소로 사용한다. 이 시스템은 많은 클라이언트를 지원하도록 확장된다.

마셀과 손더는 그들의 시스템에 대해 몇 가지 언급을 한다.

*Lambda 함수의 사용은 마이크로 서비스의 아키텍처를 아주 자연스럽게 유도한다. 모든 함수는 나머지 코드로부터 완전히 보호된다. 더 좋아지는 것: 동일한 Lambda 함수가 거의 무한한 숫자로 병렬로 실행될 수 있으며 완전히 자동화된다.*

비용 측면에서 마셀과 손더는 다음을 공유한다.

> 서버리스 설정의 경우 *CloudFront*를 통한 데이터 전송, 아주 적은 스토리지 및 *Lambda* 함수가
> 실행되는 개별 밀리초에 대해 기본적으로 비용을 지불한다. 신규 고객의 평균 사용량을 알기 때
> 문에 고객당 비용을 정확하게 계산할 수 있다. 이는 여러 사용자가 동일한 인프라를 공유하던 과
> 거에는 할 수 없었던 일이다.

전반적으로 마셀과 손더는 완전히 서버리스 방식을 채택하는 것이 주로 운영, 성능 및 비용 측면에서
우위에 있다는 것을 알았다.

## 2.2.2 레거시 API 프록시

레거시 API 프록시 아키텍처는 서버리스 기술이 어떻게 문제를 해결할 수 있는지에 대한 혁신적인 예
다. 2.1.4항에서 언급했듯이, 오래된 서비스와 API를 가진 시스템은 현대적인 환경에서 사용하기가 어
려울 수 있다. 현재 프로토콜이나 표준을 따르지 않을 수 있으며 이로 인해 현재 시스템과의 상호 운용
성이 더 어려워질 수 있다. 이 문제를 완화하는 한 가지 방법은 해당 레거시 서비스 앞에 API Gateway
와 Lambda를 사용하는 것이다. API Gateway와 Lambda 함수는 그림 2.5와 같이 클라이언트가 만
든 요청을 변환하고 레거시 서비스를 직접 호출할 수 있다.

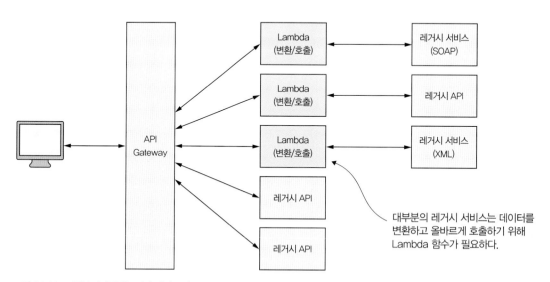

그림 2.5 API 프록시 아키텍처는 이전 서비스 및 API에 대한 최신 API 인터페이스를 작성하는 데 사용된다.

API Gateway는 요청을(어떤 범위까지) 변환하고 다른 HTTP 엔드포인트로 전송할 수 있다(7장 참조). 하지만 JSON 변환만 필요한 상당히 기본적인(제한된) 사용 사례에서만 작동한다. 그러나 더욱 복잡한 시나리오에서는 데이터 변환, 요청 전송 및 응답 처리에 Lambda 함수가 필요하다. 간단한 SOAP^Simple Object Access Protocol 서비스를 예로 들어 보자. SOAP 서비스에 연결하고 응답을 JSON에 매핑하려면 Lambda 함수를 작성해야 한다. 고맙게도 Lambda 함수에서 그런 번거로운 일을 처리할 수 있는 라이브러리가 있다(예를 들면, 이런 목적으로 npm 레지스트리에서 다운로드할 수 있는 SOAP 클라이언트가 있다(https://www.npmjs.com/package/soap).

### 2.2.3 하이브리드

1장에서 언급했듯이 서버리스 기술과 아키텍처는 양자택일^all-or-nothing 제안이 아니다. 그것들은 전통적인 시스템과 함께 채택되고 사용될 수 있다. 하이브리드 접근법은 기존 인프라의 일부가 이미 AWS에 있는 경우 특히 유용할 수 있다. 또한 개발자가 초기에 독립형 구성 요소(종종 추가적인 데이터 처리, 데이터베이스 백업 및 기본 경보 알림)를 작성하고 시간이 지나면서 주요 시스템에 이들 구성 요소를 통합해 서버리스 기술 및 아키텍처를 채택하는 것을 봐왔다(그림 2.6을 참조).

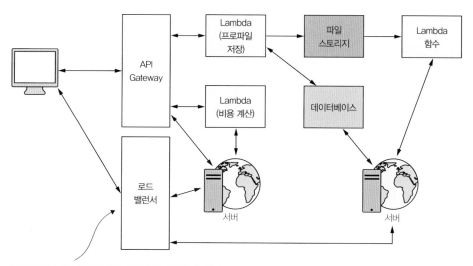

어떤 레거시 시스템도 함수와 서비스를 사용할 수 있다.
이런 방식으로 기존 시스템의 질서를 많이 흐트리지 않고
천천히 서버리스 기술을 도입할 수 있다.

그림 2.6 하이브리드 방식은 서버를 사용하는 레거시가 있는 경우에 유용하다.

## 효율적인 하이브리드 서버리스 작업 처리 시스템

EPX Labs(http://epxlabs.com)는 "IT 운영과 애플리케이션 개발의 미래는 적은 서버와 많은 서비스"라고 자랑스럽게 얘기한다. 그들은 아마존의 Elastic Compute Cloude[EC2] 상에서 동작하는 분산 서버 기반 인프라에서 유지보수와 작업 관리를 수행하도록 설계된 하이브리드 서버리스 아키텍처에 전문성이 있다(그림 2.7).

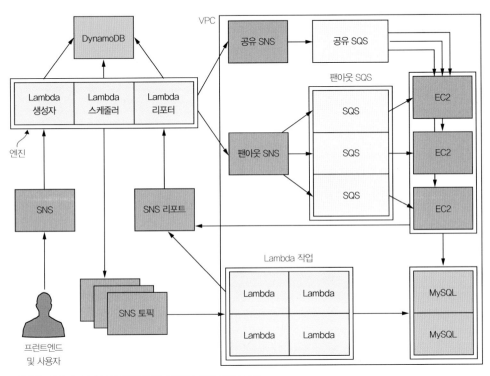

그림 2.7 EPX Labs가 설계한 하이브리드 서버리스 작업 처리 시스템

EPX Labs의 Evan Sinicin와 Prachetas Prabhu는 그들이 다루는 시스템을 "복수 개의 프런트엔드 서버에서 실행되는 멀티 테넌트 마젠토[Magento](https://magento.com) 애플리케이션으로 설명했다. 마젠토는 캐시 클리어링과 유지보수 작업과 같은 서버에서 실행되는 어떤 처리를 요구했다. 추가적으로 빌드, 삭제 및 수정과 같은 모든 사이트의 관리 작업은 데이터베이스 작업(신규 데이터베이스 생성, 데이터베이스 파일 수정 등)뿐만 아니라 서로 엮여 있는 서버상의 작업(디렉터리 구조 구성, 구성 파일 수정 등)을 요구한다"고 서술한다. Evan과 Prachetas는 이러한 작업을 지원하기 위해 확장 가능한 서버리스 시스템을 만들었다. 다음은 시스템 구축 방법과 작동 방식을 설명하는 방법이다.

- 시스템은 두 부분으로 나뉜다: 작업을 생성, 전달, 관리하는 엔진과 작업 프로세서.

- 엔진은 Simple Notification Service[SNS](더 자세한 정보는 부록 A에서 참조) 뒤에 있는 여러 Lambda 함수로 구성되어 있다. 작업 처리자는 Lambda와 파이썬 프로세스가 섞여 있다.

- 작업은 SNS 토픽을 통해 JSON 데이터를 생성자(엔진의 부분)에게 전송해 생성된다. 각 작업은 일련의 개별 작업으로 나뉜다. 작업은 세 가지 범주로 나뉜다:

  − 개별 서버 작업: 모든 서버에서 실행해야 함

  − 공유 서버 작업: 한 서버에서 실행해야 함

  − Lambda 작업: Lambda 함수에서 실행해야 함

- DynamoDB에서 생성된 작업은 스케줄러로 전송되며, 스케줄러는 실행할 다음 작업을 식별하고 작업을 전달한다. 스케줄러는 작업 유형에 따라 SNS를 통해 Lambda 작업을 호출하거나 공유 또는 팬아웃[fan-out] Simple Queue Service 대기열에 메시지를 배치하는 형태로 작업을 전달한다(이러한 패턴에 대한 자세한 내용은 2.3 절 참조).

- 서버에서의 작업 실행은 사용자가 작성한 파이썬 서비스에 의해 처리된다. 두 개의 서비스가 각 서버에서 실행된다. 하나는 공유 서버 작업을 위해 공유 SQS 대기열을 폴링하고 다른 하나는 개별 서버 대기열(EC2 인스턴스에 지정된)을 폴링한다. 이런 서비스들은 유입되는 작업 메시지를 위한 SQS 대기열을 지속적으로 폴링하고 포함된 정보를 기반으로 작업 메시지를 실행한다. 이 서비스를 상태 없이 유지하기 위해 처리에 필요한 모든 데이터가 암호화된 메시지로 캡슐화된다.

- 각 Lambda 작업은 앞에 위치한 SNS 토픽과 연결된 개별 Lambda 함수에 해당한다. 일반적으로 Lambda 작업은 Magento를 뒷받침하는 MySQL 데이터베이스에서 동작하므로, 가상 사설 클라우드[virtual private cloud, VPC]에서 실행된다. 이런 Lambda 함수를 상태 없이 유지하기 위해 처리에 필요한 모든 데이터가 암호화된 메시지로 캡슐화된다.

- 작업 완료 또는 실패 시, 작업 프로세서는 SNS를 통해 보고용 Lambda를 호출해 엔진에 성공 또는 실패를 보고한다. 보고용 Lambda는 DynamoDB에 작업을 업데이트하고 스케줄러를 호출해 모든 작업 정리(실패의 경우)를 수행하거나 다음 작업을 전달한다.

## 2.2.4 GraphQL

GraphQL[그래프큐엘](http://graphql.org)은 2012년에 페이스북에서 개발하고 2015년에 공개된 인기 있는 데이터 쿼리 언어다. GraphQL은 REST의 약점(다중 라운드 트립, 오버 페칭 및 버전 관리 문제)으로 인해 REST(Representational State Transfer)의 대안으로 설계됐다. GraphQL은 단일 엔드포인트(예: api나 graphql)에서 쿼리를 수행하는 계층적, 선언적 방법을 제공해 이러한 문제를 해결하려고 시도한다(그림 2.8을 참조).

GraphQL은 클라이언트에게 힘을 실어준다. 서버에서 응답의 구조를 지정하는 대신 클라이언트에서 정의한다(http://bit.ly/2aTjlh5). 클라이언트는 응답으로 받을 속성 및 관계를 지정할 수 있다.

GraphQL은 여러 소스의 데이터를 집계해 한번의 왕복으로 클라이언트에 결과를 반환하므로 데이터 검색을 위한 효율적인 시스템을 만든다.

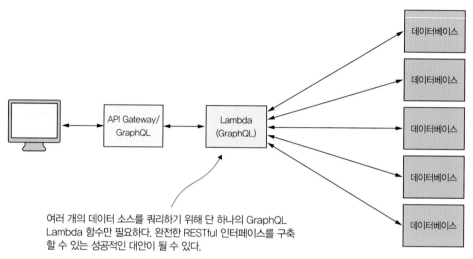

여러 개의 데이터 소스를 쿼리하기 위해 단 하나의 GraphQL Lambda 함수만 필요하다. 완전한 RESTful 인터페이스를 구축할 수 있는 성공적인 대안이 될 수 있다.

그림 2.8 GraphQL 및 Lambda 아키텍처는 서버리스 커뮤니티에서 널리 사용되고 있다.

페이스북에 따르면 GraphQL은 거의 1,000가지 버전의 애플리케이션에서 초당 수백만 건의 요청을 처리한다.

서버리스 아키텍처에서 GraphQL은 일반적으로 API Gateway(scaphold.io와 같은 GraphQL의 호스팅 솔루션도 있음)에 연결할 수 있는 단일 Lambda 함수에서 호스팅되고 실행된다. GraphQL은 DynamoDB 테이블과 같은 복수의 데이터 소스에 쿼리하고 쓸 수 있으며 요청과 일치하는 응답을 조합할 수 있다. 서버리스 GraphQL은 API 및 쿼리 데이터를 위한 인터페이스를 설계하고자 할 때 원할 수도 있는 다소 흥미로운 접근 방식이다. 서버리스 아키텍처에서 GraphQL을 구현하고 싶다면 다음 기사를 확인한다.

- "GraphQL을 활용해 1개 엔드포인트로 REST API를 제공하는 서버리스 블로그"(https://github.com/serverless/serverless-graphql-blog)

- "서버리스 GraphQL(Serverless GraphQL)"(http://bit.ly/2aN7Pc2)

- "포켓몬 고와 AWS Lambda를 사용한 GraphQL"(http://bit.ly/2aIhCud)

## 2.2.5 연결형 컴퓨팅

그림 2.9에서 연결형 컴퓨팅<sup>compute-as-glue</sup> 아키텍처는 Lambda 함수를 사용해 강력한 실행 파이프 라인과 워크플로우를 생성할 수 있다는 아이디어를 설명한다. 이 아키텍처는 종종 Lambda 함수를 사용해 서로 다른 서비스들 사이를 연결하고, 조정하고 호출하는 것을 포함한다. 이 아키텍처 스타일의 개발자는 파이프라인, 조정 및 데이터 흐름을 설계하는 데 집중한다. Lambda 같은 서버리스 컴퓨팅 서비스의 병렬성은 이러한 아키텍처를 매력적으로 만드는 데 도움이 된다. 이 책에서 구축할 예제는 이 패턴을 사용해 비디오를 변환하는 이벤트 주도 파이프라인을 만든다(특히 3장은 파이프라인을 작성하고 복잡한 패턴을 적용해 복잡한 작업을 다소 쉽게 해결하는 데 중점을 둔다).

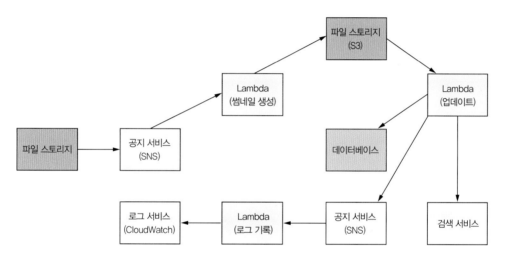

그림 2.9 연결형 아키텍처는 Lambda 함수를 사용해 다양한 서비스와 API를 연결해 작업을 수행한다. 이 파이프라인에서는 간단한 이미지 변환으로 새로운 파일, 데이터베이스 업데이트, 검색 서비스 업데이트 및 로그 서비스에 대한 새 항목을 만든다.

### LISTHUB 처리 엔진

EPX Labs는 대형 부동산 XML 피드를 처리하는 시스템을 구축했다(그림 2.10). Evan Sinicin과 Prachetas Prabhu는 이 시스템의 목표는 "피드를 가져와 큰 파일을 단일 XML 문서로 분리해 병렬로 처리하는 것이다. 처리에는 구문 분석, 유효성 검사, 데이터 수화<sup>(hydration)</sup> 및 저장이 포함된다"고 말한다.

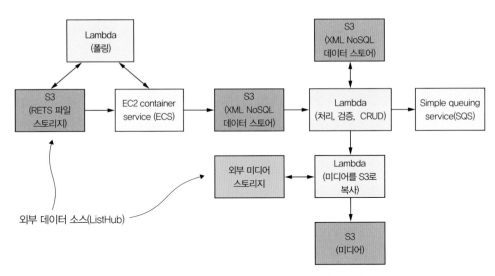

그림 2.10 EPX Labs는 대형(10GB 이상) XML 문서를 손쉽게 처리할 수 있는 시스템을 구축했다.

## 그들은 시스템이 어떻게 작동하는지를 자세히 설명한다.

- 이 시스템은 부동산 목록 XML 피드를 처리하도록 설계되었다. 피드는 ListHub에서 수백만 개의 중첩된 목록을 가진 방대한 (10GB 이상) XML 문서로 제공된다. 이 파일은 직접 다운로드 및 처리를 위해 S3로 제공된다. 목록은 부동산 표준원[Real Estate] Standards Organization, RETS 표준을 준수한다.

- ListHub에는 푸시 기능이 없으므로, 폴링을 위한 Lambda는 S3 객체의 마지막으로 수정된 메타 데이터를 확인해 새 피드가 게시되었는지 확인한다. 보통 12시간마다 발생한다.

- 새 피드가 게시되면 폴링을 위한 Lambda는 EC2 Container Service[ECS] 컨테이너를 구성해 대용량 파일의 구문 분석을 수행한다. ECS는 이 과정이 오래 걸릴 수 있기 때문에 사용된다(Lambda는 최대 5분 동안 실행할 수 있음). ECS 컨테이너에는 비동기로 피드 파일을 처리하고 구문 분석된 정보를 S3에 저장하는 클로저[Clojure] 프로그램이 있다.

- EPX Labs는 S3를 NoSQL 저장소로 사용한다. S3 PutObject 이벤트 트리거를 사용해 S3에 배치된 각각의 새 XML 목록은 유효성 검사 및 데이터 수화 프로세스를 수행하는 Lambda를 트리거한다. 다른 S3 버킷은 처리된 목록 ID를 객체 키로 저장한다. 유효성 검사 Lambda는 ID/키가 이미 있는지 여부를 확인해 목록이 이전 실행에서 처리되지 않았음을 빠르게 확인할 수 있다.

- 유효성 검사 Lambda는 또한 데이터를 조율하고 결합하는 Lambda("미디어를 S3로 복사")를 트리거한다. 이 Lambda는 사진 및 비디오와 같은 자산을 S3 버킷에 복사해 프런트엔드에 표시할 수 있게 한다.

- 마지막 단계는 프런트엔드 및 기타 시스템에 서비스를 제공하는 최종 데이터 저장소에 관련 정규화된 목록 데이터를 저장하는 것이다. 쓰기로 데이터 저장소를 압도하지 않기 위해 목록 데이터를 SQS 대기열에 저장해 최종 데이터 저장소에서 처리할 수 있는 속도로 처리할 수 있다.

- Evan과 Prachetas는 저렴하고 고성능이며 확장 가능한 NoSQL 데이터 저장소로 S3를 사용할 수 있으며 Lambda를 사용해 대규모 동시 처리를 수행할 수 있다는 점을 포함해 여러 가지 이점을 얻을 수 있다고 말한다.

## 2.2.6 실시간 처리

2.1.3항에서 설명했듯이 Amazon Kinesis Streams는 대량의 스트리밍 데이터를 처리하고 분석하는 데 도움이 되는 기술이다. 이 데이터는 그림 2.11과 같이 로그, 이벤트, 트랜잭션, 소셜 미디어 피드(사실상 생각할 수 있는 모든 것)가 포함될 수 있다. 시간에 따라 변경될 수 있는 데이터를 지속적으로 수집하는 좋은 방법이다. Lambda는 처리할 데이터의 양에 따라 자동으로 크기가 조정되므로 Kinesis Streams에 대한 완벽한 도구다.

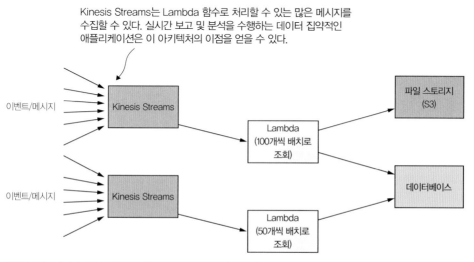

그림 2.11 Lambda는 준 실시간으로 데이터를 처리할 완벽한 도구다.

Kinesis Streams를 사용하면 다음을 수행할 수 있다.

- Lambda 함수가 호출되기 전에 Kinesis 스트림으로 전달되는 데이터의 양과 처음에 Kinesis로 데이터가 전달되는 방식을 제어

- API Gateway뒤에 Kinesis스트림 배치

- 클라이언트에서 데이터를 직접 스트림으로 푸시하거나 Lambda 함수에서 레코드를 추가

## 2.3 패턴

패턴은 소프트웨어 설계 문제에 대한 아키텍처적인 솔루션이다. 패턴은 소프트웨어 개발에서 발견되는 공통적인 문제를 해결하도록 설계되었다. 또한 솔루션을 함께 개발하는 개발자를 위한 훌륭한 커뮤니케이션 도구다. 방에 있는 모든 사람들이 어떤 패턴이 적용 가능한지, 어떻게 작동하는지, 장점 및 단

점을 이해한다면 문제에 대한 답을 찾기가 훨씬 쉽다. 이번 절에 제시된 패턴들은 서버리스 아키텍처의 설계 문제를 해결하는 데 유용하다. 그러나 이러한 패턴들은 서버리스에 배타적이지 않다. 이 패턴들은 서버리스 기술이 실행되기 오래전부터 분산 시스템에 사용되었다. 이번 장에서 제시한 패턴 외에도 인증과 관련된 패턴(연동 자격증명 패턴에 대한 설명은 4장 참조), 데이터 관리(CQRS, 이벤트 소싱, 구체화된 뷰, 샤딩) 및 오류 처리(재시도 패턴)를 잘 알고 있는 것이 좋다. 이런 패턴들을 학습하고 적용하면 사용하려는 플랫폼에 관계 없이 더 나은 소프트웨어 엔지니어가 될 것이다.

## 2.3.1 명령 패턴

GraphQL 아키텍처(2.2.4 절)로 단일 엔드포인트를 사용해 다른 데이터로 여러 요청을 처리할 수 있다는 사실을 논의했다(단일 GraphQL 엔드포인트는 클라이언트의 필드 조합을 허용하고 그 요청에 일치하는 응답을 생성할 수 있다). 동일한 아이디어가 더 일반적으로 적용될 수 있다. 특정 Lambda 함수가 다른 함수를 제어하고 호출하는 시스템을 설계할 수 있다. API Gateway에 연결하거나 수동으로 호출하고 메시지를 전달해 다른 Lambda 함수를 호출할 수 있다.

소프트웨어 엔지니어링에서 명령 패턴command pattern(그림 2.12)은 "요청되는 작업 또는 요청의 수신자에 대해 알지 못해도 객체에 요청할 필요"가 있기 때문에 "요청을 객체로 캡슐화해 여러 다른 요청을 가진 클라이언트를 매개 변수화하고, 요청을 큐에 넣거나 로그로 남기고, 실행 취소 가능한 작업을 지원할 수 있다"(http://bit.ly/29ZaoWt). 명령 패턴은 필요한 처리를 수행하는 엔티티에서 호출자를 분리할 수 있다.

실제로 이 패턴은 모든 유형의 요청에 대해 RESTful URI를 만들고 싶지 않거나 필요하지 않을 수 있기 때문에 API Gateway 구현을 단순화할 수 있다. 또한 버전 관리를 더 단순화할 수 있다. 명령 Lambda 함수는 다른 버전의 클라이언트에서 작동하고 클라이언트가 필요로 하는 올바른 Lambda 함수를 호출할 수 있다.

### 언제 사용하는가

이 패턴은 발신자와 수신자를 분리하려는 경우에 유용하다. 인수를 객체로 전달하고 클라이언트가 여러 다른 요청으로 매개 변수화될 수 있게 해 구성 요소 간의 결합을 줄이고 시스템을 더욱 확장 가능하게 만들 수 있다. API Gateway로 응답을 돌려줘야 하는 경우라면 이 접근 방법을 사용한다. 다른 함수를 추가하면 대기 시간이 늘어난다.

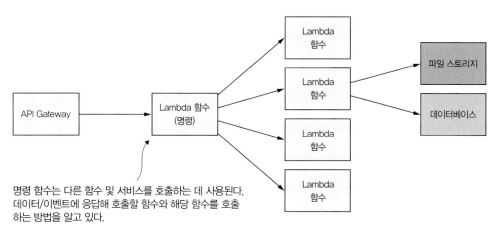

명령 함수는 다른 함수 및 서비스를 호출하는 데 사용된다.
데이터/이벤트에 응답해 호출할 함수와 해당 함수를 호출
하는 방법을 알고 있다.

그림 2.12 명령 패턴은 단일 함수에서 여러 함수와 서비스를 호출하고 제어하는 데 사용된다.

## 2.3.2 메시징 패턴

그림 2.13에서 메시징 패턴messaging pattern은 개발자가 함수 및 서비스 사이에 직접적인 의존성을 분리하고 큐에 이벤트/레코드/요청을 저장할 수 있게 해 확장 가능하고 견고한 시스템을 구축할 수 있게 했으므로 분산 시스템에서 널리 사용된다. 큐에 있는 메시지를 처리하는 서비스가 오프라인 상태가 되면 메시지는 큐에 보관되어 나중에 처리될 수 있기 때문에 신뢰성이 제공된다.

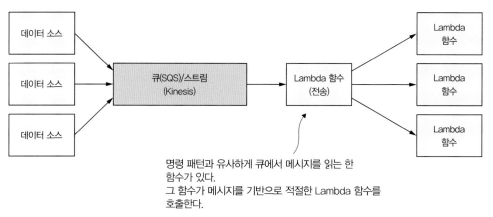

명령 패턴과 유사하게 큐에서 메시지를 읽는 한
함수가 있다.
그 함수가 메시지를 기반으로 적절한 Lambda 함수를
호출한다.

그림 2.13 메시징 패턴과 그에 대한 다양한 변형은 분산 환경에서 널리 사용된다.

이 패턴에는 큐에 게시할 수 있는 발신자와 큐에서 메시지를 읽을 수 있는 수신자가 있는 메시지 큐가 있다. AWS에서 구현하는 측면에서 Simple Queue ServiceSQS로 이 패턴을 구현할 수 있다. 안타깝게

도 현 시점에는 Lambda가 SQS와 직접 통합되지 않았으므로 이 문제를 해결하는 한 가지 방법은 주기적인 일정으로 Lambda 함수를 실행하고 큐를 자주 확인하는 것이다.

시스템 설계 방법에 따라, 메시지 큐는 단일 발신자/수신자 또는 다중 발신자/수신자를 가질 수 있다. SQS 큐는 대개 큐당 하나의 수신자를 가진다. 여러 소비자를 필요로 한다면 간단하게 시스템에 여러 개의 큐를 도입하는 방법이 있다(그림 2.14). 적용할 수 있는 전략은 Amazon SNS를 SQS와 결합하는 것이다. SQS 큐는 SNS 토픽에 연결할 수 있다. 토픽에 메시지를 넣으면 메시지가 자동으로 연결된 모든 큐로 전송된다. Kinesis Streams은 SQS의 대안이지만, 메시지에 대한 데드−레터 큐[dead lettering of messages](http://amzn.to/2a3HJzH)와 같은 일부 기능이 없다. Kinesis Streams은 Lambda와 통합되어 순서가 지정된 레코드를 제공하며 여러 소비자를 지원한다.

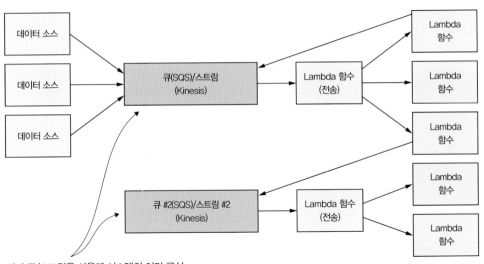

여러 큐/스트림을 사용해 시스템의 여러 구성
요소를 분리한다.

그림 2.14 시스템에는 들어오는 모든 데이터를 처리할 수 있는 여러 큐/스트림과 Lambda 함수가 있을 수 있다.

## 언제 사용하는가

이 패턴은 워크로드 및 데이터 처리를 다루는 데 사용되는 인기 있는 패턴이다. 큐는 버퍼 역할을 하므로 메시지를 처리하는 서비스가 중단되더라도 데이터가 손실되지 않는다. 메시지는 서비스가 다시 시작되고 처리되기 전까지 큐에 남아 있다. 메시지 큐는 함수 간의 결합도를 낮춰 주기 때문에 향후 변경 작업을 쉽게 할 수 있다. 데이터 처리, 메시지 및 요청이 많은 환경에서는 다른 함수에 직접 종속되는 함수의 수를 최소화하고 메시징 패턴을 사용한다.

### 2.3.3 우선 순위 큐 패턴

AWS 및 서버리스 아키텍처와 같은 플랫폼 사용의 큰 이점은 용량 계획 및 확장성이 사용자가 아닌 아마존 엔지니어에게 더 큰 관심사라는 것이다. 하지만, 어떤 경우에는 시스템에서 메시지가 처리되는 방법과 시기를 제어하고 싶을 수도 있다. 이런 경우에 메시지를 함수에 전달하기 위해 다른 큐, 토픽 또는 스트림이 필요할 수 있다. 시스템은 한 단계 더 나아가고 다른 우선 순위의 메시지에 대해 완전히 다른 워크플로우를 가질 수도 있다. 즉각적인 주의가 필요한 메시지는 용량이 더 많은 비싼 서비스 및 API를 사용해 신속하게 처리하는 워크플로우로 보낼 수도 있다. 신속하게 처리할 필요가 없는 메시지는 그림 2.15와 같이 다른 워크플로우를 거칠 수 있다.

이 패턴에는 완전히 다른 SNS 토픽, Kinesis 스트림, SQS 큐, Lambda 함수 및 타사 서비스의 작성 및 사용이 포함될 수 있다. 추가 구성 요소, 종속성 및 워크플로우가 더 복잡해지기 때문에 이 패턴은 신중하게 사용한다.

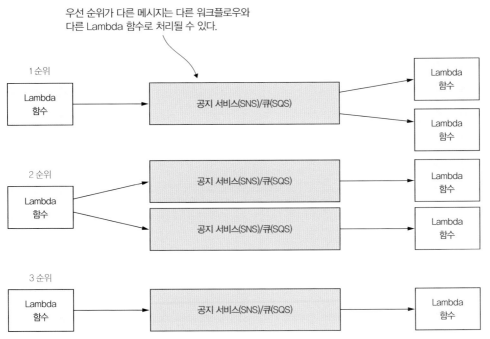

그림 2.15 우선 순위 큐 패턴은 진화된 메시징 패턴이다.

## 언제 사용하는가

이 패턴은 메시지 처리 시 다른 우선 순위가 필요할 때 사용한다. 시스템은 워크플로우를 구현하고 다양한 서비스 및 API를 사용해 다양한 유형의 요구 사항과 사용자를 지원할 수 있다(예, 유료 사용자와 무료 사용자).

## 2.3.4 팬아웃 패턴

팬아웃$^{fan-out}$은 AWS의 많은 사용자에게 익숙한 유형의 메시징 패턴이다. 일반적으로 팬아웃 패턴은 특정 큐 또는 메시지 파이프 라인의 모든 클라이언트에게 메시지를 전달하는 데 사용된다. AWS에서 이 패턴은 보통 SNS 주제를 사용해 새 메시지가 토픽에 추가될 때 여러 가입자를 호출할 수 있게 구현된다. S3을 예로 들어 보겠다. 새 파일이 버킷에 추가되면 S3는 파일에 대한 정보를 가지고 단일 Lambda 함수를 호출할 수 있다. 하지만 동시에 두 개, 세 개 또는 그 이상의 Lambda 함수를 호출해야 한다면? 원본 함수는 다른 함수를 호출하도록 수정될 수 있지만(명령 패턴처럼), 여기서는 필요한 것은 병렬로 함수를 실행하는 것이다. 답은 SNS로 팬아웃 패턴을 사용하는 것이다(그림 2.16 참조).

SNS 토픽에 추가된 메시지는 여러 개의
Lambda 함수를 동시에 호출할 수 있다.

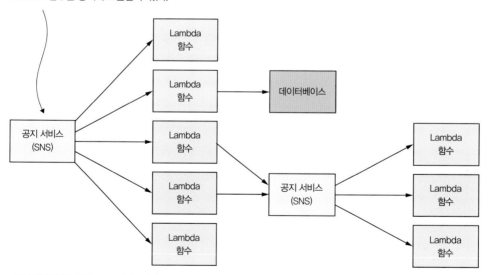

그림 2.16 S3같은 많은 AWS 서비스에서 이벤트가 발생할 때 둘 이상의 Lambda 함수를 호출할 수 없기 때문에 팬아웃 패턴이 유용하다.

SNS 토픽은 여러 게시자 및 가입자(Lambda 함수 포함)를 가질 수 있는 통신/메시지 채널이다. 새로운 메시지가 토픽에 추가되면 모든 가입자가 병렬로 호출되기 때문에 이벤트가 모든 가입자에게 전달된다. 앞에서 설명한 S3 예로 돌아가면, 단일 메시지 Lambda 함수를 호출하는 대신 S3에서 메시지를 SNS 토픽으로 전달해 가입된 모든 함수를 동시에 호출할 수 있다. 이벤트 주도 아키텍처를 만들고 작업을 병렬로 수행하는 효과적인 방법이다. 3장에서 직접 구현한다.

## 언제 사용하는가

이 패턴은 여러 Lambda 함수를 동시에 호출해야 하는 경우에 유용하다. SNS 토픽은 메시지를 전달하지 못하거나 함수가 실행되지 않는 경우 Lambda 함수를 호출하고 재시도한다. 게다가 팬아웃 패턴은 여러 개의 Lambda 함수를 호출하는 것 이상의 기능을 수행할 수 있다. SNS 토픽은 이메일 및 SQS 큐와 같은 다른 가입자를 지원한다. 토픽에 새 메시지를 추가하면 Lambda 함수를 호출하거나 이메일을 보내거나 SQS 큐에 메시지를 전달하는 모든 것을 동시에 할 수 있다.

## 2.3.5 파이프 및 필터 패턴

파이프 및 필터 패턴의 목적은 복잡한 처리 작업을 파이프라인으로 구성된 일련의 관리 가능한 개별 서비스로 분해하는 것이다(그림 2.17). 데이터를 변환하도록 설계된 구성 요소를 일반적으로 **필터**filters라고 하며, 한 구성 요소에서 다음 구성 요소로 데이터를 전달하는 커넥터를 **파이프**pipes라고 한다. 서버리스 아키텍처는 이러한 종류의 패턴에 적합하다. 이 패턴은 결과를 얻기 위해 여러 단계가 필요한 모든 종류의 작업에 유용하다.

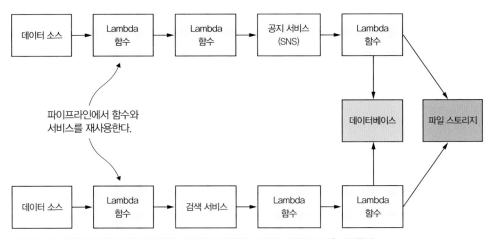

그림 2.17 이 패턴은 목적지(싱크)에서 데이터를 전달하고 변환하는 파이프 라인의 구성을 권장한다.

모든 Lambda 함수는 단일 책임 원칙<sup>single responsibility principle</sup>을 염두에 두고 세분화된 서비스 또는 작업으로 작성하는 것이 좋다. 입력 및 출력은 명확하게 정의되어야 하고(즉, 명확한 인터페이스가 있어야 한다) 부작용은 최소화되어야 한다. 이 조언을 따르면 파이프라인에서 재사용할 수 있고 서버리스 시스템에서 더 광범위하게 재사용할 수 있는 함수를 만들 수 있다. 이 패턴은 앞에서 설명한 연결형<sup>compute-as-glue</sup> 아키텍처와 유사하다. 연결형 아키텍처는 이 패턴에 깊은 영감을 받았다.

### 언제 사용하는가

복잡한 작업을 할 때마다 일련의 함수(파이프 라인)로 나누고 다음 규칙을 적용한다.

- 함수가 단일 책임 원칙을 따르는지 확인한다.
- 함수를 멱등적<sup>idempotent</sup>으로 작성한다. 즉, 함수는 항상 주어진 입력에 대해 동일한 출력을 생성해야 한다.
- 함수에 대한 인터페이스를 명확하게 정의한다. 입력과 출력을 명확하게 기술했는지 확인한다.
- 일종의 블랙 박스를 만든다. 사용자는 함수가 어떻게 동작하는지를 알 필요는 없지만, 사용하는 방법과 호출될 때마다 기대되는 출력을 알아야 한다.

## 2.4 요약

이번 장에서는 사용 사례, 아키텍처 및 패턴에 중점을 뒀다. 이는 시스템을 구축하기위한 여정을 시작하기 전에 이해하고 고려해야 할 중요한 사항이다. 우리가 논의한 아키텍처는 다음과 같다.

- 백엔드 컴퓨팅
- 연결형 컴퓨팅
- 레거시 API 레퍼
- 하이브리드
- GraphQL
- 실시간 처리

패턴 측면에서 다음을 다뤘다.

- 명령 패턴

- 메시징 패턴

- 우선 순위 큐 패턴

- 팬아웃 패턴

- 파이프 및 필터 패턴

이 책의 나머지 부분에서는 이번 장에서 살펴본 요소를 적용하고, 특히 백엔드 컴퓨팅 및 연결형 컴퓨팅 아키텍처를 만드는 데 중점을 둔다. 다음 장에서는 연결형 아키텍처를 구현하고 팬아웃 패턴을 시도해 서버리스 애플리케이션의 구축을 시작한다.

# 서버리스 애플리케이션 구축 | **3**장

이번 장에서는 다음을 설명한다.

- Lambda 함수 작성, 테스팅 및 배포
- 비디오 트랜스코딩을 위한 기본적인 이벤트 주도 시스템 생성
- Simple Storage Service, Simple Notification Service 및 Elastic Transcoder와 같은 AWS 서비스 사용

서버리스 아키텍처를 더 잘 이해할 수 있게 서버리스 애플리케이션을 만들어 볼 것이다. 특히, 24-Hour Video<sup>24시간 영상 서비스</sup>라 부를, 유튜브<sup>YouTube</sup> 미니 복제본인 비디오 공유 웹 사이트를 구축한다. 이 애플리케이션에는 사용자 등록 및 인증 기능이 있는 웹 사이트가 있다. 사용자는 동영상을 보고 업로드할 수 있다. 시스템에 업로드된 모든 비디오는 여러 다른 해상도와 비트 전송률로 트랜스코딩되어 서로 다른 연결과 장치를 가진 사람들이 볼 수 있게 된다. AWS Lambda, S3, Elastic Transcoder, SNS를 포함한 여러 AWS 서비스 및 Auth0 및 Firebase와 같은 비AWS 서비스를 사용해 애플리케이션을 구축한다. 이번 장에서는 업로드된 비디오를 트랜스코딩을 하기 위한 서버리스 파이프라인 구축에 중점을 둔다.

## 3.1 24-Hour Video

우리가 이번 장의 핵심으로 들어가기 전에, 마지막 장으로 갈 때까지 무엇을 달성할 것인지 미리 살펴보자. 그림 3.1은 개발할 주요 구성요소를 아주 높은 곳에서 조망하듯이 표현한 것이다. 여기에는 트랜스코딩 파이프라인, 웹 사이트 및 사용자 정의 API가 포함된다. 마지막에는 데이터베이스와 사용자 시스템이 있는 완전한 시스템을 갖추게 될 것이다.

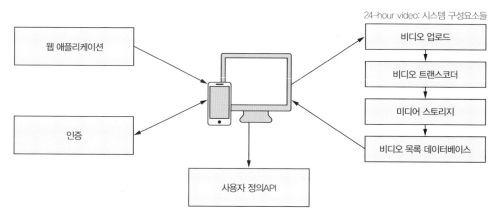

그림 3.1 이 책을 통해 작성할 주요 구성요소들이다.

구축할 웹 사이트는 그림 3.2와 같다. 사용자가 업로드한 동영상은 기본 페이지에 표시된다. 사용자는 비디오를 클릭해 재생할 수 있다.

그림 3.2 24-Hour Video를 구축할 웹 사이트

이 책 전체에 걸쳐 24-Hour Video를 구축하는 전반적인 목적은 다음 세 가지다.

- AWS Lambda 및 기타 서비스를 사용해 서버리스 백엔드를 만드는 것이 얼마나 쉬운지 보여준다. 각 장은 24-Hour Video에 새로운 기능을 추가한다.

- 다양한 서버리스 아키텍처 및 패턴을 구현하고 알아본다. 또한 유용한 조언과 요령을 보여준다.

- 모든 장의 끝 부분에서 연습 문제를 찾을 수 있다. 몇 가지 연습 문제를 통해 24-Hour Video를 구축했다고 가정하고 추가 기능을 구현하거나 변경하도록 요청한다. 이 연습 문제는 새로운 개념을 이해하는지 테스트하는 데 좋고 재미도 있다!

하지만, 출발하기 전에 시스템을 설정하고 필요한 도구들을 설치하고 AWS에서 몇 가지 서비스를 구성해야 한다. 그 과정에 대한 자세한 내용은 부록 B, '설치 및 설정'을 참조한다. 부록 B를 먼저 읽고 여기로 돌아와서 모험을 시작하라!

## 3.1.1 일반적인 요구사항

이번 장에서는 시스템에서 중요한 부분을 구성하게 된다. 이벤트 주도 파이프 라인은 업로드된 비디오를 가져 와서 형식과 비트전송률을 다르게 하여 인코딩한다. 24-Hour Video는 이벤트 주도, 푸시 기반 시스템으로 S3 버킷에 업로드해 비디오를 인코딩하는 워크플로우가 자동으로 호출된다. 그림 3.3은 작업할 두 가지 주요 구성요소를 보여준다.

### AWS 비용에 대한 간단한 참고 사항

대부분의 AWS 서비스에는 무료 티어free tier[1]가 있다. 24-Hour Video의 예를 따르면 대부분의 서비스가 무료 티어를 벗어나지 말아야 한다. 하지만, Elastic Transcoder는 약간의 비용이 발생할 수도 있다. 이 무료 티어에는 20분의 SD 출력과 10분의 HD(720p 이상) 출력이 포함된다(1분은 트랜스코딩 실행 시간이 아닌 소스 비디오의 길이를 나타낸다). 일반적으로 비용은 Elastic Transcoder가 사용되는 지역에 따라 달라진다. 예를 들면, 미국 동부 지역의 HD 출력은 1분당 $0.03이다. 그러므로 10분짜리 소스 파일의 인코딩 비용은 30센트다. 다른 지역의 Elastic Transcode 가격은 https://aws.amazon.com/elastictranscoder/pricing/에서 확인할 수 있다.

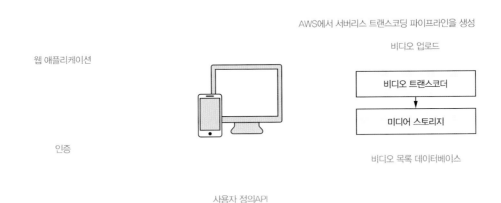

그림 3.3 서버리스 트랜스코딩 파이프 라인이 첫 번째 과제다.

---

1   (옮긴이) 사용자가 아마존 웹 서비스를 무료로 사용할 수 있는 한계 수준.

S3 무료 티어 사용자는 표준 스토리지로 5GB 데이터를 저장하고 2만 건의 GET 요청 및 2,000 건의 PUT 요청을 발송하고 매월 15GB 데이터를 전송할 수 있다. Lambda는 1M의 무료 요청과 40만 기가바이트-초에 해당하는 계산 시간을 무료 티어로 제공한다. 그러므로 이런 서비스의 무료 티어 안에서 기본적인 시스템을 잘 유지해야 한다.

다음은 24-Hour Video의 상위 수준에서 요구 사항이다.

- 트랜스코딩 프로세스는 업로드된 소스 비디오를 세 가지 해상도와 비트전송률로 트랜스코딩한다. 일반 720p, 일반 1080p, 더 낮은 비트전송률을 가진 웹/유튜브/페이스북 친화적인 720p가 그것이다.

- 두 개의 S3 버킷이 있다. 소스 파일은 업로드 버킷으로 이동한다. 새로 트랜스코딩된 파일은 트랜스코딩된 비디오 S3 버킷에 저장된다.

- 트랜스코딩된 개별 파일의 권한이 수정되어 공개적으로 볼 수 있고 다운로드할 수 있게 된다.

- 트랜스코딩이 성공적으로 끝나면, 해당 파일에 대한 정보가 포함된 이메일 알림이 전송된다. 이것은 SNS를 사용해 수행된다.

- 비디오 메타데이터가 있는 작은 JSON 파일이 생성되어 각 트랜스코딩된 비디오와 함께 배치된다. 이 메타데이터에는 파일의 크기, 스트림 수 및 실행 시간과 같은 파일에 대한 기본 정보가 포함된다.

개발을 더 쉽게 관리하기 위해서 노드 패키지 관리자<sup>Node Package Manager, npm</sup>를 사용해 빌드 및 배포 시스템을 설정한다. 테스팅, Lambda 함수 패키징 및 그 함수들을 AWS로 배포하기 위한 자동화된 프로세스를 가능한 빨리 갖기를 원할 것이다. 하지만, 버전 관리 또는 배포와 같은 다른 개발적이고 운영적인 측면을 일시적으로 제쳐 두고 나중에 다시 돌아온다.

## 3.1.2 아마존 웹 서비스

서버리스 백엔드를 만들려면 AWS에서 제공하는 서비스를 여러 개 사용해야 할 것이다. 여기에는 파일 저장을 위한 S3, 비디오 트랜스코딩을 위한 Elastic Transcoder, 알림을 위한 SNS, 사용자 정의 코드를 실행하고 시스템의 핵심 부분을 조정하는 Lambda가 포함된다. 이러한 서비스에 대한 간략한 개요는 부록 A를 참조한다. 대체로 다음과 같은 AWS 서비스를 사용한다.

- Lambda는 조정이 필요하거나 다른 서비스에서 직접 할 수 없는 부분을 처리한다. 여러분은 세 가지 Lambda 함수를 작성하게 될 것이다.

- 첫 번째로 작성할 Lambda 함수는 Elastic Transcoder 작업을 생성하고 제출한다. 파일이 업로드 버킷에 업로드될 때마다 자동으로 실행된다.

- 트랜스코딩된 비디오 버킷에 새롭게 트랜스코딩된 비디오가 나타날 때마다 두 번째 함수가 실행된다. 이 함수는 공개적으로 액세스할 수 있도록 파일 권한을 변경할 것이다. 이렇게 해서 사용자가 새 파일을 보고 다운로드할 수 있다.

- 세 번째 함수는 새로 트랜스코딩된 파일의 생성에 대한 응답으로 실행된다. 비디오를 분석하고 메타데이터 파일을 생성한 다음 S3에 저장한다.

- Elastic Transcoder는 비디오를 여러 다른 해상도와 비트전송률로 인코딩한다. 기본 인코딩 프리셋[presets 2]을 사용하면 트랜스코더용 사용자 정의 프로파일을 작성할 필요가 없다.

- 트랜스코딩된 파일이 트랜스코딩된 비디오 버킷에 배치되면 SNS에서 알림을 보낸다. 이 알림은 파일에 대한 정보가 포함된 이메일을 보내고 마지막 두 개의 Lambda 함수를 호출하는 데 사용된다.

그림 3.4는 제안된 접근 방식의 구체적인 흐름을 보여준다. 사용자가 시스템과 상호 작용이 필요한 유일한 지점은 초기 업로드 단계다. 이 그림과 아키텍처는 복잡해 보일 수 있지만, 시스템을 관리 가능한 부분으로 나눠서 하나씩 처리할 것이다.

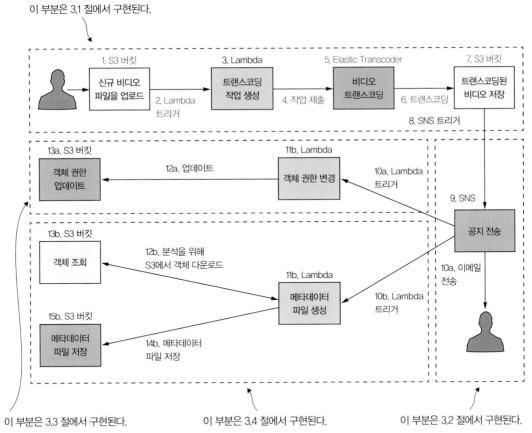

그림 3.4 이 백엔드는 S3, SNS, Elastic Transcoder 및 Lambda로 구축된다. 이 그림은 처음에는 복잡해 보일지 모르지만, 이 그림을 잘 나누면 확장 가능한 서버리스 시스템을 금방 구축하게 된다.

2    (옮긴이) 미리 설치되어 있는 프로그램 또는 미리 설정된 내역

### 3.1.3 첫 번째 Lambda함수 작성

이제 부록 B의 설정 및 구성 세부 사항을 살펴보았으므로, 첫 번째 Lambda 함수를 작성할 시간이다. 설치 중에 작성한 package.json과 같은 디렉터리에서 index.js라는 새 파일을 만들고 원하는 텍스트 편집기에서 그 파일을 연다. 이 파일에 첫 번째 함수가 포함된다. 중요한 것은 Lambda 런타임이 호출할 함수 핸들러를 정의해야 한다는 것이다. 이 핸들러는 세 가지 매개변수인 event$^{이벤트}$, context$^{컨텍스트}$ 및 callback$^{콜백}$을 사용하며 다음과 같이 정의된다.

```
exports.handler = function(event, context, callback){}
```

새 파일이 버킷에 배치되면 바로 Lambda 함수가 S3에서 호출된다. 업로드된 비디오에 대한 정보는 이벤트 객체를 통해 Lambda 함수에 전달된다. 이벤트 객체는 버킷 이름과 업로드된 파일의 키가 포함된다. 그리고 나면 이 함수는 Elastic Transcoder에 대한 작업을 준비하는데, 입력 파일과 가능한 모든 출력을 지정한다. 마지막으로 작업을 제출하고 Amazon CloudWatch Log 스트림에 메시지를 작성한다. 그림 3.5는 프로세스의 이 부분을 보여준다.

그림 3.5 첫 번째 Lambda 함수는 S3의 이벤트에 응답해 Elastic Transcoder 작업을 만든다.

목록 3.1에서는 이 함수의 구현을 보여준다. 그러므로 이 목록을 index.js에 복사한다. 앞서 생성한 해당 Elastic Transcoder 파이프 라인에 PipelineId를 설정하는 것을 잊지 말아야 한다. 부록 B에서 생성한 파이프라인 옆에 있는 돋보기 버튼을 클릭해 Elastic Transcoder 콘솔에서 파이프라인 아이디(그림 3.6)를 찾을 수 있다.

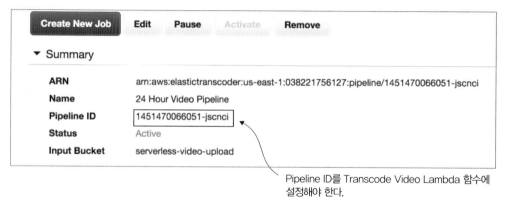

그림 3.6 작업을 만들고 실행하려면 첫 번째 Lambda 함수에 올바른 파이프라인 ID를 설정해야 한다.

### 편리하게 소스 코드 얻기

https://github.com/sbarski/serverless-architectures-aws의 GitHub 저장소에는 이 책에서 필요한 모든 코드 스니펫과 목록이 있다. 따라서 정말로 원하지 않는 한 수동으로 어떤 것도 입력할 필요가 없다.

**목록 3.1 비디오 트랜스코딩 Lambda**

```
'use strict';

var AWS = require('aws-sdk');

var elasticTranscoder = new AWS.ElasticTranscoder({
region: 'us-east-1'
});

exports.handler = function(event, context, callback){
    var key = event.Records[0].s3.object.key;

    var sourceKey = decodeURIComponent(key.replace(/\+/g, " "));

    var outputKey = sourceKey.split('.')[0];

    console.log('key:', key, sourceKey, outputKey);

    var params = {
        PipelineId: '1451470066051-jscnci',
        OutputKeyPrefix: outputKey + '/',
        Input: {
            Key: sourceKey
        },
        Outputs: [
        {
            Key: outputKey + '-1080p' + '.mp4',
            PresetId: '1351620000001-000001'
        },
        {
            Key: outputKey + '-720p' + '.mp4',
            PresetId: '1351620000001-000010'
        },
        {
```

S3 키 이름은 URL로 인코딩된다. 파일 이름 "My Birthday Video.mp4"는 "My+Birthday+Video.mp4"로 표시된다. 원래 파일 이름을 공백으로 가져오려면 키 이름을 디코딩해야 한다.

키는 버킷의 객체를 고유하게 식별한다. 원래 파일 이름과 추가적인 키 이름 접두어로 구성된다. 이 코드는 특별히 안전하지 않다. 정상적으로 오류나 예기치 않은 문제를 처리하지 않는다. 개선할 수 있을까?

신규 변환에는 원본 키의 확장이 필요하지 않다. 키 이름은 출력 비디오의 이름을 지정하는 데 계속 사용할 수 있다.

Elastic Transcoder 파이프라인의 파이프라인 ID와 일치하도록 PipelineId를 변경해야 한다.

출력 키 접두사는 파일의 논리적 계층 구조 (폴더)를 변환된 비디오 버킷에 작성한다.

시스템 사전 설정은 Elastic Transcoder의 출력을 지정하는 데 사용된다. 직접 만들거나 다른 사전 설정을 선택할 수 있다. https://docs.aws.amazon.com/elastictranscoder/latest/developerguide/system-presets.html을 방문해 사용 가능한 미리 제작된 사전 설정 목록을 본다.

일반 1080p Elastic Transcoder 사전 설정

일반 720p Elastic Transcoder 사전 설정

```
            Key: outputKey + '-web-720p' + '.mp4',
            PresetId: '1351620000001-100070'    ◄──── 웹에 적합한 720p Elastic Transcoder 사전 설정
        }
    ]};
    elasticTranscoder.createJob(params, function(error, data){
        if (error){
            callback(error);    ◄────┐ Elastic Transcoder에서 작업을 만들지 못하면,
        }                            │ 콜백 함수를 통해 CloudWatch에 오류를 기록한다.
    });
};
```

### 3.1.4 Lambda 함수 이름 지정

Lambda 함수를 포함하는 파일의 이름을 index.js가 아닌 다른 이름으로 지정할 수 있다. 그렇게 한다면 AWS의 Lambda 구성 패널에서 핸들러 값을 수정해 파일의 새 이름을 반영해야 한다. 예를 들면, index.js 대신 TranscodeVideo.js로 파일의 이름을 지정하려는 경우에 AWS 콘솔에서 핸들러를 TranscodeVideo.handler로 수정해야 한다(그림 3.7).

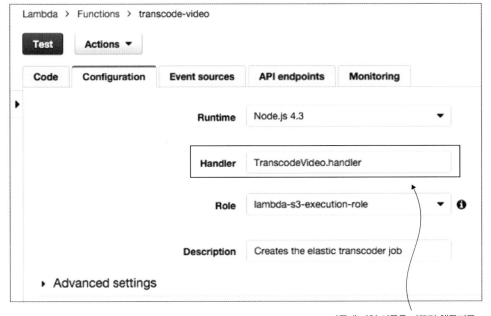

그림 3.7 Lambda 런타임은 코드를 수행하기 위해 핸들러 함수를 알아야 한다.

## 3.1.5 로컬에서 하는 테스트

목록 3.1의 함수를 index.js에 복사하고 사용자 컴퓨터에서 로컬로 테스트하는 방법을 생각해 볼 수 있다. 이를 수행하는 방법은 이벤트를 시뮬레이션 하는 함수가 해당 이벤트에 반응하도록 하는 것이다. 이것은 함수를 호출하고 컨텍스트, 이벤트 및 콜백 객체를 나타내는 세 개의 매개변수를 전달해야 하는 것을 말한다. 이 함수는 마치 Lambda에서 실행중인 것처럼 실행되며, 배포하지 않고도 결과를 볼 수 있다.

run-local-lambda라는 npm 모듈을 사용해 Lambda 함수를 로컬로 실행할 수 있다. 이 모듈을 설치하려면 터미널 창에서 npm install run-local-lambda --save-dev 명령을 실행한다(함수가 있는 디렉터리에 있는지 확인).

> 참고
>
> 이 모듈을 사용하면 Lambda 함수를 호출할 수 있지만, Lambda 환경을 모방하지는 않는다. 이 모듈은 AWS에 있는 메모리 크기 또는 CPU, 임시 로컬 디스크 스토리지 또는 실제 Lambda의 운영 체제를 준수하지 않는다.

테스트 스크립트를 변경하려면 다음 목록처럼 package.json을 수정한다. 테스트 스크립트는 함수를 호출하고 생성하려는 파일인 event.json의 내용을 이벤트 객체로 전달한다. 추가 매개변수 및 예제를 포함해 이 npm 모듈에 대한 자세한 내용은 https://www.npmjs.com/package/run-local-lambda를 참조한다.

**목록 3.2 테스트 스크립트**

```
"scripts": {
    "test": "run-local-lambda --file index.js --event tests/event.json"
}
```

테스트 스크립트는 run-local-lambda npm 모듈을 사용해 Lambda 함수를 실행한다. 선택적인 파라미터로는 --file, --event, --handler 및 --timeout 의 네 가지가 있다.

테스트 스크립트에는 event.json 파일이 작동해야 한다. 이 파일에는 run-local-lambda가 Lambda 함수에 전달할 이벤트 객체의 명세가 포함되어야 한다. index.js와 같은 디렉터리에 tests라는 하위 디렉터리를 만들고 그 디렉터리 안에 event.json이라는 파일을 만든다. event.json에 다음의 목록을 복사하고 저장한다.

**목록 3.3 이벤트 객체 시뮬레이션**

```json
{
    "Records":[
    {
        "eventVersion":"2.0",
        "eventSource":"aws:s3",
        "awsRegion":"us-east-1",
        "eventTime":"2016-12-11T00:00:00.000Z",
        "eventName":"ObjectCreated:Put",
        "userIdentity":{
            "principalId":"A3MCB9FEJCFJSY"
        },
        "requestParameters":{
            "sourceIPAddress":"127.0.0.1"
        },
        "responseElements":{
            "x-amz-request-id":"3966C864F562A6A0",
            "x-amz-id-2":"2radsa8X4nKpba7KbgVurmc7rwe/"
        },
        "s3":{
            "s3SchemaVersion":"1.0",
            "configurationId":"Video Upload",
            "bucket":{
                "name":"serverless-video-upload",
                "ownerIdentity":{
                    "principalId":"A3MCB9FEJCFJSY"
                },
                "arn":"arn:aws:s3:::serverless-video-upload"
            },
            "object":{
                "key":"my video.mp4",
                "size":2236480,
                "eTag":"ddb7a52094d2079a27ac44f83ca669e9",
                "sequencer": "005686091F4FFF1565"
            }
        }
    }
    ]
}
```

S3 선언은 이 파일에서 가장 중요한 부분이다. 이것은 S3가 Lambda 함수를 트리거할 때 이벤트 객체 구조가 어떻게 생겼는지를 나타낸다.

AWS에서 이러한 파라미터는 버킷 이름과 업로드된 객체의 키가 된다. 로컬 테스트를 위해 이 파라미터를 원하는 값으로 설정할 수 있다.

키는 파일의 이름이다. 테스트를 위해 원하는 대로 설정할 수 있다.

테스트를 실행하려면 함수의 디렉터리가 있는 터미널 창에서 npm test를 실행한다. 명령이 작동하면 터미널에 key, sourceKey 및 outputKey 값이 표시되어야 한다.

테스트 스크립트를 실행하면 AccessDeniedException가 있는 오류 메시지를 볼 수 있다. 이 오류는 lambda-upload가 새로운 Elastic Transcoder 작업을 만들 권한이 없기 때문에 정상이다. 일단 AWS로 업로드되면, 함수는 부록 B에 정의된 자격증명 및 접근 관리 서비스[IAM] 역할을 맡을 것이므로 올바르게 실행된다. 이번 장의 끝에 있는 연습문제 중 하나는 IAM 사용자에게 정책을 추가해 (lambda-upload) 로컬 시스템에서 Elastic Transcoder 작업을 만드는 것이다.

## 3.1.6 AWS에 배포

이제 AWS에 함수를 배포할 준비가 되었다. 이를 수행하려면 package.json을 수정해 사전 배포를 만들고 스크립트를 배포해야 한다. 사전 배포 스크립트는 함수를 포함한 zip 파일을 만든다. 배포 스크립트는 zip 파일을 AWS에 배포한다. 윈도우 사용자인 경우, 사전 배포 스크립트에 필요한 zip 실행 파일이 기본적으로 설치되지 않는다. 자세한 내용은 부록 B 및 사이드바[sidebar] "Zip 및 Windows"를 참조한다. 다음의 목록과 같이 package.json을 업데이트해 배포 및 사전 배포 스크립트를 포함시킨다.

**목록 3.4 사전 배포 및 배포 스크립트**

```
"scripts": {
    "test": "run-local-lambda --file index.js  - -event tests/event.json",
    "deploy": "aws lambda update-function-code --function-name
      arn:aws:lambda:us-east-1:038221756127:function:transcode-video
      --zip-file fileb://Lambda-Deployment.zip",
        "predeploy": "zip -r Lambda-Deployment.zip * -x *.zip *.json *.log"
}
```

AWS CLI는 함수 코드를 배포한다. 두 가지 주요 파라미터가 있다. ―function-name 파라미터는 함수 또는 해당 ARN(굵게 표시되어 있음)의 이름이 필요하다. ―zip-file 파라미터는 함수가 포함된 zip 파일의 이름이 필요하다. zip 파일은 사전 배포 스크립트에 의해 생성된다.

npm은 배포 스크립트를 실행하기 전에 사전 배포를 실행한다. 사전 배포 스크립트는 함수, 로컬 노드 모듈 및 현재 디렉터리에 있는 다른 파일의 zip을 작성한다. zip, json 및 로그 파일이 필요하지 않기 때문에 배포 파일로 압축되지 않도록 특별히 지정됐다.

배포를 실행하려면 --function-name 매개변수가 함수 이름 또는 ARN과 일치해야 한다. ARN을 사용하려면 다음 단계를 따른다.

- AWS 콘솔에서 Lambda를 클릭한다.
- transcode-video를 클릭하고 함수의 ARN을 복사한다(그림3.8).
- package.json을 열고 배포 스크립트의 ARN 값을 AWS 콘솔에서 복사한 값으로 변경한다.

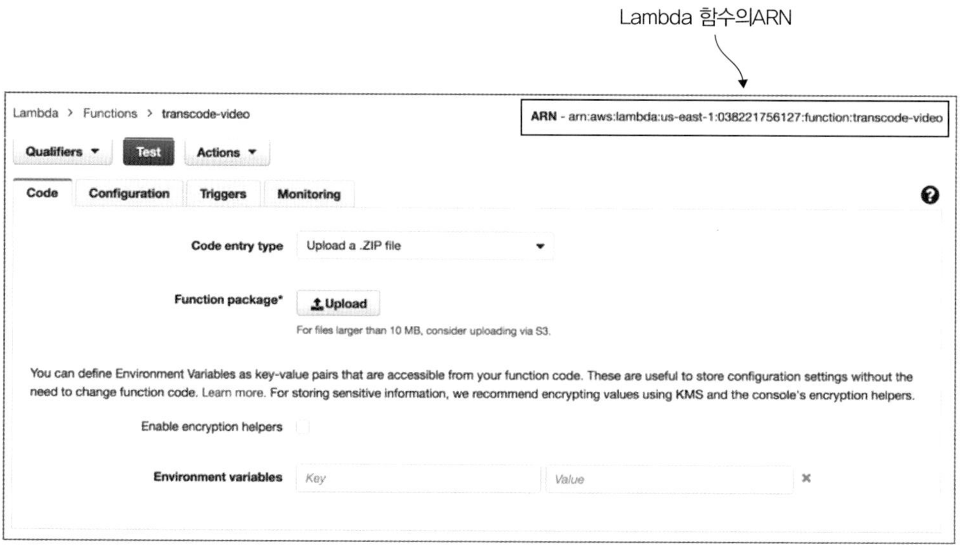

Lambda 함수의ARN

Lambda > Functions > transcode-video

| Qualifiers ▼ | **Test** | Actions ▼ |

**Code**   Configuration   Triggers   Monitoring

ARN - arn:aws:lambda:us-east-1:038221756127:function:transcode-video

Code entry type    Upload a .ZIP file ▼

Function package*   ⬆ Upload

For files larger than 10 MB, consider uploading via S3.

You can define Environment Variables as key-value pairs that are accessible from your function code. These are useful to store configuration settings without the need to change function code. Learn more. For storing sensitive information, we recommend encrypting values using KMS and the console's encryption helpers.

Enable encryption helpers

Environment variables   Key    Value    ✕

그림 3.8 배포하려면 Lambda 함수의 ARN을 package.json으로 복사해야 한다.

배포 스크립트에서 ARN 값을 업데이트하고, 터미널에서 npm run deploy를 실행한다. 그러면 함수가 압축되어 AWS로 배포된다. 배포가 성공하면 시간 만료 및 메모리 크기를 포함한 현재 함수 구성이 터미널에 인쇄된 것을 볼 수 있다(6장에서는 좀 더 자세한 함수 구성 옵션과 그 모든 옵션이 나타내는 것을 살펴본다).

### 3.1.7 S3을 Lambda에 연결

AWS에서 함수를 테스트할 수 있게 만드는 마지막 단계는 S3를 Lambda에 연결하는 것이다. 새 파일이 업로드 버킷에 추가될 때마다 이벤트를 발생시키고 Lambda 함수를 호출하도록 S3를 구성해야 한다(그림 3.9).

| 신규 비디오<br>파일을 업로드 | → 2. Lambda 트리거 → | 트랜스코딩<br>작업 생성 |

1. S3 버킷                                    3. Lambda

그림 3.9 버킷에 새 파일을 추가하면 S3에서 Lambda를 호출한다.

S3를 구성하려면 다음 단계를 따른다.

1. AWS 콘솔에서 업로드 버킷(serverless-video-upload)을 열고 Properties속성을 선택하고 Events이벤트를 클릭한 다음에 Add Notification알림 추가를 클릭한다.

2. 이벤트에 Video Upload<sup>동영상 올리기</sup>와 같은 이름을 지정하고, Events에서 ObjectCreate (All)를 선택한다.

3. Send To<sup>보내기</sup> 드롭 다운 메뉴에서 Lambda Function을 선택한다. 마지막으로 Lambda 드롭 다운 메뉴에서 transcode-video<sup>비디오</sup> 트랜스코딩 함수를 선택하고 저장을 클릭한다(그림 3.10).

그림 3.10 새 객체를 버킷에 추가할 때 올바른 Lambda 함수를 호출하도록 S3를 구성해야 한다.

## 권한 오류

S3를 Lambda에 처음 연결하는 경우에 권한 오류가 표시 될 수 있다. 그런 경우, 대신 Lambda의 콘솔을 사용해 이벤트를 설정해야 한다.

- AWS 콘솔에서 Lambda를 클릭한다.
- transcode-video 함수를 선택한다.
- Triggers 탭을 선택한다.
- Add trigger를 선택한다.
- 팝업 상자를 클릭하고 S3을 선택한다.
- 업로드 버킷을 선택하고 이벤트 유형을 Object Created (All)로 설정한다.
- Submit를 선택해서 완료한다.

### 3.1.8 AWS에서 테스트

AWS에서 함수를 테스트하려면 업로드 버킷에 비디오를 업로드한다. 다음 단계를 따른다.

1. 동영상 업로드 버킷을 클릭한 다음 Upload<sup>올려 놓기</sup>를 선택한다(그림 3.11).

2. 화면에 업로드 대화 상자가 나타난다. Add Files<sup>파일 추가</sup>를 클릭하고, 컴퓨터에서 파일을 선택한 다음, Upload 버튼을 클릭한다. 다른 모든 설정은 그대로 둬도 된다.

Upload를 클릭하면 대화 상자가 나타난다.
여러 파일을 끌어 놓을 수 있다.

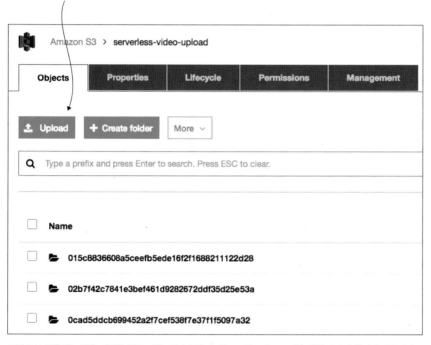

그림 3.11 처음에는 작은 파일을 업로드하는 것이 좋은데, 업로드와 트랜스코딩을 훨씬 빨리 수행하기 때문이다.

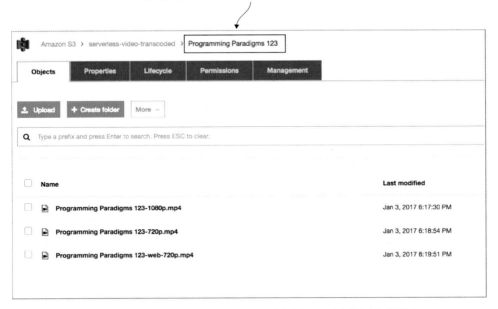

변환된 파일에 대해 출력 폴더가 자동으로 만들어진다.[3]

그림 3.12 Elastic Transcoder는 세 개의 새 파일을 생성해 트랜스코딩된 비디오 S3 버킷의 폴더에 저장한다.

잠시 후, 트랜스코딩된 비디오 버킷에서 세 개의 새 비디오를 볼 수 있다. 이 파일들은 버킷의 루트가 아니라 폴더에 있어야 한다(그림 3.12).

## 3.1.9 로그 확인

이전 절에서 테스트를 수행하면 트랜스코딩된 비디오 버킷에서 세 개의 새 파일을 볼 수 있다. 하지만, 일이 항상 매끄럽게 진행되는 것은 아니다. 새 파일이 나타나지 않는 등의 문제가 발생할 경우, 두 개의 로그에서 오류를 확인할 수 있다. 첫 번째는 CloudWatch의 Lambda 로그다. 로그를 보려면 다음을 수행한다.

1.  AWS 콘솔에서 Lambda를 선택하고 함수 이름을 클릭한다.
2.  Choose the Monitoring<sup>모니터링 선택</sup> 탭을 선택하고 View Logs in CloudWatch<sup>클라우드워치에서 로그 보기</sup>를 클릭한다(그림 3.13).

최신 로그 스트림은 상단에 있어야 하지만, 그렇지 않은 경우 Last Event Time<sup>최근 이벤트 시간</sup> 열의 머리글을 클릭해 날짜 별로 로그 스트림을 정렬할 수 있다. 로그 스트림을 클릭하면 더 자세한 로그 항목을 볼

3    현재 깃허브에 있는 코드에는 폴더를 만드는 부분이 빠져있다. 목록 3.1의 코드와 비교하여 prefix를 넣는 부분을 추가하면, 출력 폴더가 만들어진다

수 있다. 가끔 오류가 발생하면 이러한 로그를 통해 어떤 일이 발생했는지 알 수 있다. CloudWatch 및 로깅에 대한 자세한 내용은 4장을 참조한다.

로그를 보려면 링크를 클릭한다. CloudWatch를 통해 이러한 로그를 탐색할 수도 있다.

그림 3.13 Lambda 콘솔에 있는 각 함수의 Monitoring 탭에서 로그와 지표에 접근할 수 있다.

Lambda 로그에 특별한 내용이 없다면, Elastic Transcoder 로그를 살펴본다.

1. AWS 콘솔에서 Elastic Transcoder를 클릭한 다음에 Jobs를 클릭하고 파이프라인을 선택한다.

2. 최근 작업 목록을 보려면 Search<sup>검색</sup>를 클릭한다(그림 3.14). Status<sup>상태</sup> 열은 작업이 성공적으로 완료되었는지 또는 오류가 있었는지를 보여준다. 더 많은 정보를 보려면 해당 작업을 클릭한다.

작업에 대한 세부 정보를 보려면 클릭한다.

작업 목록에는 어느 Elastic Transcoder 작업이 성공하고 어떤 작업이 실패했는지 표시된다.

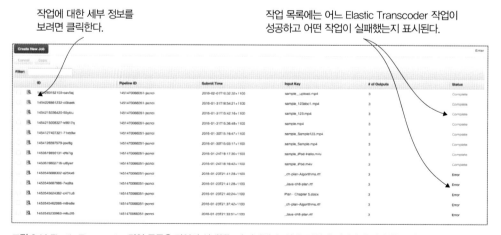

그림 3.14 Elastic Transcoder 작업 목록은 작업이 실패했는지 나타낼 수 있다. 작업이 시작되기 전에 원본 파일이 삭제된 경우 또는 대상 버킷에 이미 같은 이름의 파일이 존재하는 경우를 포함해 여러 이유로 실패가 발생할 수 있다.

## 3.2 SNS 구성

다음 작업 단계는 transcoded videos<sup>트랜스코딩된 비디오</sup> 버킷에 SNS<sup>Simple Notification Service</sup>를 연결하는 것이다. Elastic Transcoder가 새 파일을 이 버킷에 저장한 후, 이메일을 보내고 새 파일을 공개적으로 접근할 수 있게 만들고 메타데이터가 포함된 JSON 파일을 만드는 두 개의 다른 Lambda 함수를 호출해야 한다.

SNS 토픽과 세 가지 구독<sup>subscriptions</sup>을 만든다. 하나의 구독은 이메일에 사용되며 다른 두 개는 Lambda 함수를 호출한다(2장에서 설명한 팬-아웃 패턴을 구현하고 있다). transcoded videos 버킷은 새 비디오가 나타나면 즉시 자동으로 이벤트 알림을 만들고 SNS 토픽에 알림을 보내 이 부분의 워크플로우를 시작할 수 있다. 그림 3.15는 SNS 토픽이 중간에 있고 세 구독자가 새로운 알림을 사용하는 시스템의 부분을 보여준다.

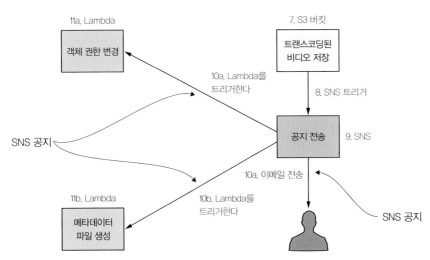

그림 3.15 여러 알림을 만들려면 SNS를 사용해야 한다. 여러 구독자를 추가하고 작업을 병렬로 수행할 수 있다.

### 3.2.1 S3에 SNS 연결

AWS 콘솔에서 SNS를 클릭하고 Create Topic<sup>토픽 생성</sup>을 선택해 새 SNS 토픽을 만든다. 토픽에 transcoded-video-notifications와 같은 이름을 지정한다.

S3를 SNS에 연결해야 새 객체가 transcoded videos 버킷에 추가될 때 이벤트가 SNS로 푸시된다. 이를 위해 S3와 통신을 허용하도록 SNS 보안 정책을 수정해야 한다.

1. SNS 콘솔에서 Topics를 클릭하고 토픽(transcoded-video-notifications)의 ARN을 클릭한다. Topic Details<sup>토픽 상세</sup>가 나타난다.

2. Other Topic Actions<sup>그 밖의 토픽 행동</sup> 드롭다운 메뉴를 클릭하고, Edit Topic Policy<sup>토픽 정책 편집</sup>를 선택하고, Advanced View<sup>더 보기</sup> 탭을 클릭한다.

3. Condition<sup>조건</sup> 선언이 보일 때까지 정책의 맨 아래로 스크롤한다. 목록 3.5에 보이는 것처럼 새로운 조건으로 교체한다. Update Policy<sup>정책 갱신</sup>를 클릭해서 저장한다.

그림 3.16은 업데이트된 정책이 어떻게 생겼는지 보여준다. 버킷 이름을 반영하도록 소스ARN<sup>SourceArn</sup>을 수정한다. 다음의 형식이어야 한다. arn:aws:s3:*:*:⟨버킷 이름⟩.

---

**목록3.5 SNS 조건**

```
"Condition": {
    "ArnLike": {
        "aws:SourceArn": "arn:aws:s3:*:*:serverless-video-transcoded"     ◀──
    }
}
```

접근 정책이 제대로 작동하려면 serverless-video-transcoded를 변환된 비디오 버킷의 이름으로 변경한다.

이 조건은 S3 버킷(serverless-video-transcoded)이
이 SNS 토픽과 상호 작용할 수 있게 한다.

그림 3.16 S3와 함께 작동하려면 SNS 토픽에 대한 자원 정책을 업데이트해야 한다. 보안, 정책 및 권한에 대한 자세한 내용은 4장을 참조한다.

마지막으로, S3를 SNS에 연결한다.

1. AWS 콘솔에서 S3를 클릭하고 transcoded videos 버킷을 연다.

2. Properties<sup>속성</sup>를 클릭하고 Events를 선택한다.

3. Add Notification<sup>알림 추가</sup> 버튼을 클릭한다.

4. "Transcoded Video"와 같이 이벤트의 이름을 설정한다.

5. ObjectCreate (All)<sup>객체생성 (전체)</sup> 체크 박스를 활성화한다.

6. Send To 드롭박스에서 SNS Topic을 선택한다.

7. SNS 드롭박스에서 생성한 SNS 토픽(transcoded-video-notification)을 선택한다.

8. 선택적으로 mp4와 같은 접미사를 설정할 수 있다. 그렇게 하면, 확장자가 mp4를 갖는 파일에 대해서만 새 이벤트 알림이 생성된다. 3.4 절을 다루기로 했다면, 반드시 뒤로 돌아가서 mp4로 접미사를 설정해야 한다(그림 3.17).

9. Save를 클릭한다.

저장하려고 할 때, "대상 토픽에 대한 권한으로 인해 S3가 이 버킷에서 알림을 게시할 수 없다(Permissions on the destination topic do not allow S3 to publish notifications from this bucket)"와 같은 오류 메시지가 표시되면, 목록 3.5를 알맞게 복사했는지 다시 확인한다. 막힌 경우, http://amzn.to/1pgkl4X에서 보다 유용한 정보를 찾는다.

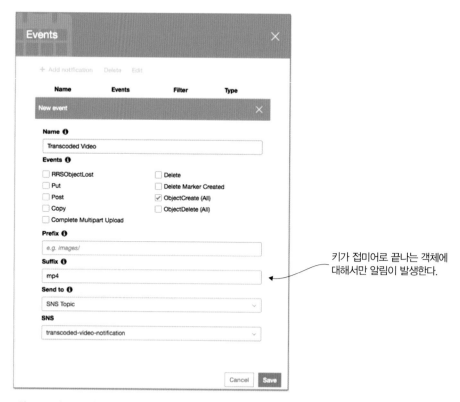

키가 접미어로 끝나는 객체에
대해서만 알림이 발생한다.

그림 3.17 S3는 SNS에 이벤트를 게시할 수 있으며, 여러 구독자에게 알림을 보낼 수 있다.

## 3.2.2 SNS로부터 이메일 수신

요구 사항 중 하나는 각 트랜스코딩된 파일에 대한 이메일을 받는 것이다. 새 트랜스코딩된 파일이 저장될 때마다 S3 버킷의 이벤트를 받는 SNS 토픽이 있다. 이메일 수신을 시작할 수 있도록 해당 토픽에 대한 새 이메일 구독을 만들어야 한다. SNS 콘솔에서 다음 단계를 따른다.

1. Topics를 클릭하고 SNS 토픽의 이름(transcoded-video-notifications)을 클릭한다. 토픽에 체크 박스를 선택해야 한다.
2. Actions를 클릭하고 Subscribe to Topic<sup>토픽으로 구독</sup>을 선택한다. Create Subscription 대화상자가 나타난다.
3. 대화상자에서 프로토콜로 Email을 선택하고 엔드포인트에 이메일 주소를 넣는다.
4. Create Subscription을 클릭해서 저장하고 대화상자를 종료한다.

SNS는 확인 이메일을 즉시 전송하며, 계속 알림을 받으려면 전송된 이메일을 확인해서 활성화해야 한다. 앞으로 버킷에 파일이 추가될 때마다 이메일을 받게 된다.

### 3.2.3 SNS 테스트

SNS가 작동하는지 시험해 보려면 비디오 파일을 업로드 버킷에 업로드한다. 버킷에 있는 기존 파일의 이름을 바꿔서 워크플로우를 호출할 수도 있다. 트랜스코딩된 각 파일에 대한 이메일을 받아야 한다.

## 3.3 비디오 권한 설정

두 번째로 생성한 Lambda 함수는 새로 트랜스코딩된 파일을 공개적으로 접근할 수 있게 해준다. 그림 3.18은 워크플로우의 일부를 보여 준다. 8장에서는 서명된 URL을 사용해 파일에 대한 접근을 보호하는 방법을 살펴보겠지만, 현재 트랜스코딩된 비디오는 누구나 재생하고 다운로드할 수 있다.

그림 3.18 워크플로우의 이 부분은 새로 트랜스코딩된 비디오 파일의 접근 제어 목록을 수정해 공개적으로 접근할 수 있게 한다.

### 3.3.1 두 번째 함수 작성

먼저, 첫 번째 Lambda 함수를 생성한 방식으로 AWS에서 두 번째 Lambda 함수를 만든다. 이번에는 set-permissions라는 이름으로 함수를 만든다. 부록 B의 지침을 다시 따라서 해도 된다. 그런 다음, 시스템에서 첫 번째 Lambda 함수가 있던 디렉터리의 복사본을 만든다. 이 복사본을 두 번째 함수의 기초로 사용한다. package.json을 열고 transcode-video를 참조한 부분을 set-permissions로 모두 변경한다.

또한, AWS에서 생성된 새 함수의 ARN을 반영하도록 배포 스크립트에서 ARN을 변경한다.

두 번째 Lambda 함수에서는 두 가지 작업을 수행해야 한다.

1. 이벤트 객체에서 새 비디오의 버킷과 키를 추출한다.
2. 비디오의 접근 제어 목록[ACL] 속성을 public-read로 설정해 공개적으로 접근할 수 있게 한다.

다음 목록은 두 번째 함수에 대한 참조 구현을 보여준다. 해당 구현을 index.js에 복사해 이미 있는 내용을 대체한다.

**목록 3.6 S3 객체의 ACL 변경**

```
"use strict";
var AWS = require('aws-sdk');
var s3 = new AWS.S3();
exports.handler = function(event, context, callback){
    var message = JSON.parse(event.Records[0].Sns.Message);

    var sourceBucket = message.Records[0].s3.bucket.name;
    var sourceKey = decodeURIComponent(message.Records[0].s3.object.key.replace(/\+/g, " "));

    var params = {
        Bucket: sourceBucket,
        Key: sourceKey,
        ACL: 'public-read'
    };

    s3.putObjectAcl(params, function(err, data){
        if (err){
            callback(err);
        }
    });
};
```

> 버킷 이름과 키는 첫 번째 함수와 약간 다른 방식으로 추출된다. 그 이유는 이벤트가 S3에서 직접 발생하지 않고 SNS에서 발생하기 때문이다.

> 이 함수의 목표는 올바른 ACL을 설정하는 것이다. 'public-read'는 파일을 공개적으로 접근할 수 있게 한다.

## 3.3.2 구성 및 보안

두 번째 Lambda 함수를 index.js로 복사하고, npm run deploy로 배포를 수행한다. 마지막으로 SNS에 Lambda를 연결해야 한다.

1. AWS 콘솔에서 SNS를 클릭하고 Topics를 선택한 다음 토픽(transcoded-video-notifications)의 ARN을 클릭한다.

2. Create Subscription 버튼을 클릭하고 AWS Lambda를 선택한다.

3. Endpoint 드롭다운 메뉴에서 set-permissions<sup>권한 설정</sup> Lambda 함수를 선택하고 Create Subscription을 클릭한다.

여전히 보안 문제가 하나 더 있다. Lambda 함수가 실행되는 역할에 새 객체를 버킷에 다운로드하거나 업로드할 수 있는 권한만 있다. 하지만, 이 역할에는 객체 ACL을 변경할 수 있는 권한이 없다. 사용하고 있는 역할(lambda-s3-execution-role)에 대한 새로운 인라인 정책을 생성해 이 문제를 해결할 수 있다.

1. AWS 콘솔에서 IAM을 클릭하고 Roles를 선택한 다음 lambda-s3-execute-role을 클릭한다.

2. Inline Policies<sup>인라인 정책</sup>를 펼쳐서 Click Here 링크를 클릭하고, Policy Generator<sup>정책 생성기</sup>를 선택한다.

3. AWS Service 드롭다운 메뉴에서, select Amazon S3를 선택하고 Actions에서 PutObjectAcl를 선택한다.

4. ARN 텍스트박스에서 arn:aws:s3:::⟨버킷 이름⟩/*를 입력하는데, ⟨버킷 이름⟩은 트랜스코딩된 비디오 버킷 이름이다.

5. Add Statement를 클릭하고 Next Step을 클릭한 후, Apply Policy<sup>정책 적용</sup>를 클릭해서 저장한다.

보안 및 역할 운영환경에서 Lambda 함수가 특히 다른 리소스를 사용하고 다른 권한이 필요한 경우라면 Lambda 함수에 대해 별도의 역할을 만들어야 한다.

## 3.3.3 두 번째 함수 테스트

역할 권한을 구성했으면 업로드 버킷에 비디오를 업로드하거나 이름을 변경해 두 번째 Lambda 함수를 테스트할 수 있다. 해당 함수가 작동했는지 확인하려면 trancoded videos 버킷에서 새로 생성된 파일을 찾아 선택하고 Permissions를 클릭한다. 두 번째 Grantee 설정이 Everyone에 대해 Open/Download 체크 박스가 선택된 상태로 구성되어 있어야 한다(그림 3.19). 이제 같은 페이지의 위쪽에 있는 URL을 복사해 다른 사용자와 공유할 수 있다.

 Lambda 함수에 문제가 있으면 CloudWatch Logs에서 해당 함수에 대한 로그를 찾는다. 그 로그에서 일어난 일에 대한 단서를 찾을 수 있다.

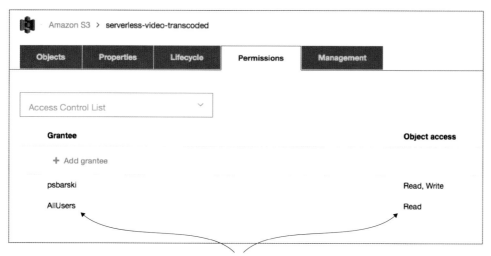

Grantee<sup>피부여자</sup>가 AllUsers<sup>모든 사용자</sup>로 설정되고 Object access<sup>객체 접근</sup>가 Read로 설정되어야 한다.

그림 3.19 S3 콘솔에서 권한을 보고 Lambda 함수가 객체 ACL을 성공적으로 업데이트했는지 확인한다.

## 3.4 메타데이터 생성

세 번째 Lambda 함수에서는 비디오에 대한 메타데이터가 있는 JSON 파일을 만들어야 한다. 또한 메타데이터 파일을 비디오 옆에 저장해야 한다. 이 Lambda 함수는 앞에 함수처럼 SNS를 통해 호출된다. 이 함수의 문제는 비디오를 분석하고 필요한 메타데이터를 얻는 방법이다.

 FFmpeg는 비디오 및 오디오를 기록하고 변환하는 명령행 유틸리티다. 미디어 정보를 추출하는 데 사용할 수 있는 우수한 FFprobe를 비롯한 여러 구성요소가 있다. FFprobe를 사용해 메타데이터를 추출하고 파일에 저장한다. 이번 절 주제가 다른 절들보다 약간은 더 고급 주제이기는 하지만 선택 사항이기도 하다. 작업 과정 중에 많은 것을 배울 수 있지만, 다른 장들에서 수행하는 작업에 영향을 주지 않은 채로 건너 뛸 수 있다.

### 3.4.1 세 번째 함수와 FFprobe 생성

FFprobe를 얻는 방법은 두 가지다. 첫 번째 방법은 아마존 리눅스<sup>Amazon Linux</sup>로 EC2 복사본을 만들고, FFmpeg 소스 코드를 가져 와서 FFprobe를 빌드하는 것이다. 그렇게 하려면 그 유틸리티의 정적 빌드를 만들어야 한다. 두 번째 방법은 신뢰할 수 있는 소스나 배포판에서 리눅스용 FFmpeg(예, https://www.johnvansickle.com/ffmpeg/)의 정적 빌드를 찾는 것이다. 자신만의 바이너리를 컴파일하려는 경우라면, "AWS Lambda에서 임의 실행 파일 실행"(http://amzn.to/29yhvpD) 기사에 따라 아마존 리눅스의 해당 버전에 맞게 정적으로 링크되거나 빌드되었는지 확인한다. AWS Lambda에서 사용 중인 아마존 리눅스의 현재 버전은 Lambda 문서의 Supported Versions 페이지(http://amzn.to/29w0c6W)에서 항상 찾을 수 있다.

FFprobe의 정적 복사본을 얻고, AWS 콘솔에서 세 번째 Lambda 함수를 만들고, 이름을 extract-metadata<sup>메타데이터 추출</sup>로 지정한다. 이 함수의 역할은 lambda-s3-execution-role로 지정하고, 타임아웃은 2분으로, 메모리는 256MB로 설정한다. 모든 것이 잘 동작하면 나중에 메모리 할당 및 시간 만료는 줄일 수 있다. 시스템에서 두 번째 함수와 관련된 파일을 새 디렉터리로 복사해 세 번째 함수를 작성한다. package.json을 열고 이전 함수 이름(set-permissions)이 발견되는 모든 항목을 새 함수 이름(extract-metadata)으로 변경한다. package.json의 ARN을 업데이트하고 새 함수의 ARN을 반영한다.

함수 디렉터리에 bin이라는 새 하위 디렉터리를 생성한다. 이 디렉터리에 FFprobe의 정적 빌드 버전을 복사한다. 이 함수가 Lambda의 크기 용량을 최대값으로 올리므로 다른 구성요소가 아닌 FFprobe

만 포함한다. Lambda의 최대 배포 패키지 크기는 50MB이므로 너무 많은 불필요한 파일을 포함하면 배포가 실패할 수 있다.

세 번째 Lambda 함수는 S3로부터 비디오를 로컬 파일시스템의 /tmp 디렉터리에 복사해 작동한다. 그런 다음 FFprobe를 실행하고 필요한 정보를 수집한다. 마지막으로 필요한 데이터를 가진 JSON 파일을 만들어 파일 옆의 버킷에 저장한다(그림 3.20). Lambda의 최대 디스크 용량이 512MB이므로 비디오가 더 커질 경우에 이 함수가 작동하지 않는다.

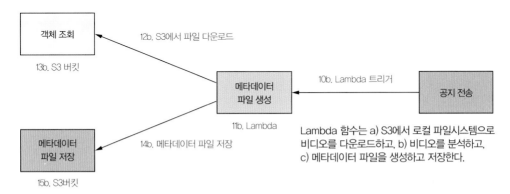

그림 3.20 세 번째 Lambda 함수는 S3에서 객체를 조회하고 FFprobe를 실행하고 메타데이터를 버킷에 다시 저장한다.

목록 3.7은 세 번째 Lambda 함수의 구현을 보여준다. index.js의 내용을 목록의 코드로 바꾼다. 작업이 끝나면 AWS에 세 번째 함수를 배포한다.

파일 권한

Lambda에서 실행하고 싶은 스크립트나 프로그램은 올바른(실행 가능한) 파일 권한이 있어야 한다. 안타깝게도 Lambda에서 파일 권한을 직접 변경할 수 없으므로, 함수를 배포하기 전에 컴퓨터에서 완료해야 한다. 리눅스 또는 맥을 사용하는 경우는 쉽다. 터미널 명령행에서 chmod + x bin/ffprobe를 실행한다(Lambda 함수의 디렉터리에 있어야 한다). 그리고 함수를 배포하면 FFprobe가 작동한다. 윈도우의 경우는 chmod 명령이 제공되지 않으므로 처리가 까다롭다. 이 문제를 해결할 수 있는 한 가지 방법은 AWS에서 Amazon Linux 머신을 만들어서 FFprobe를 복사하고 권한을 변경한 다음 파일을 다시 복사하는 것이다.

**목록 3.7 메타데이터 추출**

```
"use strict";

var AWS = require('aws-sdk');
```

```
var exec = require('child_process').exec;
var fs = require('fs');

process.env['PATH'] = process.env['PATH'] + ':' + process.env['LAMBDA_TASK_ROOT'];

var s3 = new AWS.S3();

function saveMetadataToS3(body, bucket, key, callback){
    console.log('Saving metadata to s3');
    s3.putObject({
        Bucket: bucket,
        Key: key,
        Body: body
    }, function(error, data){
        if (error){
            callback(error);
        }
    });
}

function extractMetadata(sourceBucket, sourceKey, localFilename, callback){
    console.log('Extracting metadata');

    var cmd = 'bin/ffprobe -v quiet -print_format json
    ↳ -show_format "/tmp/' + localFilename + '"';    ◄─────

    exec(cmd, function(error, stdout, stderr){
        if (error == null){
            var metadataKey = sourceKey.split('.')[0] + '.json';
            saveMetadataToS3(stdout, sourceBucket, metadataKey, callback);
        } else {
            console.log(stderr);
            callback(error);
        }
    });
}

function saveFileToFilesystem(sourceBucket, sourceKey, callback){
    console.log('Saving to filesystem');
```

명령을 실행하려면 FFprobe를 bin 디렉터리에 복사해야 한다. FFprobe에 올바른 권한(chmod +x)이 있는지 확인한다.

```
    var localFilename = sourceKey.split('/').pop();
    var file = fs.createWriteStream('/tmp/' + localFilename);

    var stream = s3.getObject({Bucket: sourceBucket, Key:
    ↳ sourceKey}).createReadStream().pipe(file);  ◀

    stream.on('error', function(error){
        callback(error);
    });

    stream.on('close', function(){
        extractMetadata(sourceBucket, sourceKey, localFilename, callback);
    });
}

exports.handler = function(event, context, callback){
    var message = JSON.parse(event.Records[0].Sns.Message);

    var sourceBucket = message.Records[0].s3.bucket.name;
    var sourceKey =
    ↳ decodeURIComponent(message.Records[0].s3.object.key.replace(/\+/g, " "));

    saveFileToFilesystem(sourceBucket, sourceKey, callback);  ◀
};
```

> 읽기 스트림을 열려면 createReadStream 메소드에 파일의 경로가 필요하다. 그 다음 이 스트림을 createWriteStream에 연결해 로컬 파일 시스템에 파일을 만드는 데 사용할 수 있다.

> 이 함수는 세 단계를 갖는다. S3에서 로컬 파일 시스템(saveFileToFilesystem)으로 객체를 복사하고, 파일에서 메타 데이터를 추출하고(extractMetadata) S3의 새 파일에 메타데이터를 저장한다(saveMetadataToS3).

목록 3.7에 있는 함수에는 많은 콜백[callbacks]이 있다. 근본적으로 순차적인 연산을 수행하는 함수에 수많은 콜백이 있는 것은 코드를 읽고 이해하는 것을 더 어렵게 한다. 6장에서는 비동기 작업 구성을 더 쉽게 관리할 수 있게 하는 async waterfall이라는 패턴을 소개한다.

## 3.5 깔끔하게 마무리하기

세 번째 Lambda 함수는 SNS 토픽에 가입해야 한다. 두 번째 Lambda 함수와 마찬가지로 새 구독을 만든다.

1. AWS 콘솔에서 SNS를 클릭하고 토픽을 선택하고 토픽(transcoded-video-notifications)의 ARN을 클릭한다.

2. Create Subscription 버튼을 클릭하고 AWS Lambda를 선택한다.

3. Endpoint 드롭다운 메뉴에서 extract-metadata라는 Lambda 함수를 선택하고 Create Subscription을 클릭한다.

AWS에 세 번째 함수를 배포하면, 이제 전체 프로세스를 처음부터 끝까지 실행할 준비가 된 것이다. 업로드 버킷에 비디오를 업로드한다. 트랜스코딩된 비디오 버킷에 있는 비디오 파일 옆에 JSON 파일이 만들어져 있어야 한다(그림 3.21).

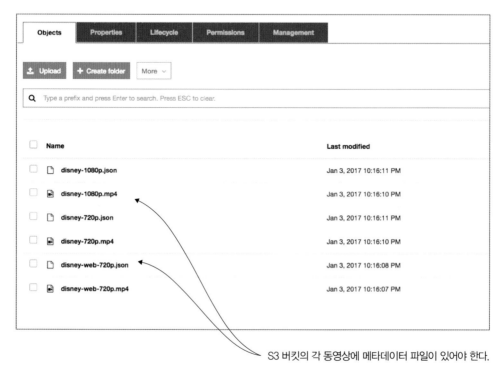

S3 버킷의 각 동영상에 메타데이터 파일이 있어야 한다.

그림 3.21 이제 전체 워크플로우가 작동해야 한다. 무엇인가 문제가 있다면, CloudWatch Logs에서 문제가 무엇인지에 대한 단서를 확인한다.

3.2.1항의 S3 이벤트 구성에서 mp4 접미사를 설정하지 않은 경우 CloudWatch에서 몇 가지 오류가 표시될 수도 있다. 접미사를 설정하지 않았다면, 새로운 객체가 transcoded videos 버킷에 저장될 때마다 워크플로우가 자동으로 호출된다. JSON 파일이 저장되고 워크플로우가 다시 실행되면, extract-metadata 함수를 제외하고는 JSON 파일을 처리하는 방법을 알지 못하기 때문에 오류가 발생한다.

이 문제를 해결하려면 S3에서 mp4로 끝나는 객체에 대해서만 알림을 만들어야 JSON을 비롯한 다른 유형의 파일이 워크플로우를 호출하지 않는다.

1. S3에서 transcoded videos 버킷을 열고, Properties를 클릭한 다음, Events를 클릭하고 이벤트 알림을 편집한다.

2. Suffix 텍스트박스에서 mp4를 입력하고 저장한다.

물론 3.2.1 절에서 이 작업을 수행했다면 다시 할 필요가 없다.

# 3.6 연습문제

현재 24-Hour Video는 동작하지만, 연습문제로 해결해야할 여러 가지 제한 사항이 있다. 다음 문제에 대한 솔루션을 구현할 수 있는지 확인한다.

1. 이름에 마침표가 두 개 이상 있는 파일(예, Lecture 1.1 – Programming Paradigms.mp4)은 이름이 잘린 트랜스코딩된 파일을 생성한다. 여러 개의 마침표가 있는 파일 이름이 작동하도록 수정된 프로그램을 구현한다.

2. 현재 업로드 버킷에 업로드된 모든 파일은 워크플로우를 호출한다. 그러나 Elastic Transcoder는 잘못된 입력(예, 비디오가 아닌 파일)이 주어지면 실패한다. 첫 번째 Lambda 함수를 수정해 업로드된 파일의 확장자를 확인하고 avi, mp4 또는 mov 파일만 Elastic Transcoder에 제출한다. 잘못된 파일은 버킷에서 삭제해야 한다.

3. 작성한 함수는 다소 안전하지 않다. 오류나 잘못된 입력을 적절하게 처리하지는 못한다. 각 함수를 검토해 적합하다고 판단되는 부분에서 추가 오류 검사를 수행하고 처리하도록 수정한다.

4. JSON 메타데이터 파일은 공개적으로 접근이 안된다. 버킷의 비디오와 마찬가지로 그 파일을 공개적으로 볼 수 있도록 세 번째 Lambda 함수를 수정한다.

5. 현재 시스템은 세 개의 유사한 트랜스코딩된 비디오를 생성한다. 그 비디오 사이의 주요 차이점은 해상도와 비트전송률이다. 시스템에 더 많은 다양성을 주기 위해 HLS 및 webm 형식에 대한 지원을 추가한다.

6. 업로드 버킷의 파일은 삭제할 때까지 남아있다. 24 시간 후에 버킷을 자동으로 정리하는 방법을 생각해본다. 아이디어를 얻으려면 S3의 Lifecycle<sup>수명주기</sup> 옵션을 살펴보는 것이 좋다.

7. 비디오의 길이와 같은 변경이 없는 정보에만 관심이 있다면 트랜스코딩된 파일마다 메타데이터 파일을 생성하기 위해 Lambda 함수를 실행하는 것은 불필요하다. 원본 업로드에서 메타데이터 파일을 만들고, 트랜스코딩된 비디오 버킷의 트랜스코딩된 파일 옆에 그 파일을 저장하게 시스템을 수정한다.

8. 시스템이 올바르게 작동하려면 업로드 버킷에 업로드된 비디오는 고유한 파일 이름을 가져야 한다. 같은 이름의 다른 파일이 이미 트랜스코딩된 비디오 버킷에 있는 경우 Elastic Transcoder에서 새 파일을 만들지 않는다. 첫 번째 Lambda 함수를 수정해 고유한 파일 이름으로 트랜스코딩된 비디오를 만든다.

9. IAM 사용자(lambda-upload)가 Elastic Transcoder 작업을 만들 수 있는 권한이 없으므로 첫 번째 Lambda 함수에 대해 작성한 테스트가 작동하지 않는다. 6장에서 Lambda 함수를 테스트하는 보다 강력한 방법을 살펴보겠지만, 지금은 로컬에서 테스트를 실행해 새로운 작업을 생성할 수 있도록 IAM 사용자에게 올바른 권한을 추가한다.

## 3.7 요약

이번 장에서는 다음 사항들을 포함해 서버리스 백엔드를 생성의 기본 사항에 대해 다뤘다.

- IAM 사용자 및 역할

- S3의 저장 및 이벤트 알림

- Elastic Transcoder의 구성 및 사용법

- 사용자 정의 Lambda 함수의 구현

- npm을 이용한 테스팅 및 배포

- SNS 및 다중 구독자 워크플로우

다음 장에서는 AWS 보안, 로깅, 경고 및 결제에 대해 자세히 살펴본다. 이 정보는 안전한 서버리스 아키텍처를 만들고, 문제가 생겼을 때 답을 찾을 위치를 파악하고 월간 청구서에 예기치 않고 반갑지 않은 놀라움을 피하는 데 중요하다.

이번 장에서는 다음을 설명한다.

- AWS의 보안 모델 및 자격 증명 관리
- 로깅, 경고 및 사용자 정의 지표
- AWS 비용 모니터링 및 추정

이 책에서 설명하는 대부분의 아키텍처는 AWS 위에 구축되었다. 다시 말하면 보안, 로깅, 경고 및 비용 측면에서 명확하게 AWS를 이해해야 한다. Lambda만을 사용하든 여러 서비스를 사용하든 상관없다. 보안을 올바르게 구성하고 로그를 찾을 위치를 알고 비용을 제어하는 것이 중요하다. 이번 장은 이런 사항을 이해하고 AWS에서 중요한 정보를 찾는 위치를 배울 수 있게 만들어졌다.

AWS 보안은 복잡한 주제이긴 하지만, 이번 장에서는 사용자와 역할의 차이점에 대한 개요와 정책을 작성하는 방법을 보여준다. 이 정보는 서비스가 효과적이고 안전하게 통신할 수 있는 시스템을 구성하는 데 필요하다.

로깅 및 경고는 서버리스 또는 전통적인 모든 시스템에서 중요한 구성요소다. 그 구성요소들은 서비스 실패 또는 급격한 비용 상승과 같은 심각한 사건을 드러내는 데 도움을 줄 수 있다. 문제가 좋아지지 않는 상황에서 강력한 로깅 및 경고 프레임워크가 제대로 동작한다는 것에 감사하게 될 것이다.

비용은 AWS와 같은 플랫폼을 사용하고 서버리스 아키텍처를 구현할 때 중요한 고려사항이다. 사용하려는 서비스의 비용 계산을 이해하는 것은 중요하다. 이것은 청구에 대한 충격을 피할 뿐 아니라 다음 달 비용을 예측하는 데 유용하다. 여기에서 서비스 비용을 추정하고 비용 추적 및 통제에 대한 전략을 논의한다.

이번 장은 AWS 보안, 로깅 및 비용에 대한 포괄적인 안내서는 아니다. 이번 장을 읽은 후에 추가 질문이 있다면, AWS 공식 문서(https://aws.amazon.com/documentation) 및 Andreas Wittig과

Michael Wittig이 집필한 ≪Amazon Web Services in Action(2016년 매닝 출판사)≫과 같은 책을 살펴본다.

## 4.1 보안 모델 및 자격 증명 관리

3장과 부록 B에서는 Lambda, S3, SNS 및 Elastic Transcoder를 사용하고 로컬 시스템에서 AWS로 배포하기 위해 IAM 사용자와 여러 역할을 만들었다. 또한 SNS에서 자원 기반 정책을 수정하고 S3 버킷에 있는 객체의 접근 제어 목록$^{ACL}$을 변경했다. 이 모든 작업은 AWS의 보안 요구 사항을 충족시키는 데 필요하다. 이번 절에서는 사용자, 그룹, 역할 및 정책에 대해 자세히 설명한다.

### 4.1.1 IAM 사용자 생성 및 관리

기억을 떠올려보면 IAM 사용자는 사용자, 애플리케이션 또는 서비스를 식별하는 AWS의 개체다. 일반적으로 사용자는 AWS에서 자원 및 서비스에 접근하는 데 사용할 수 있는 인증서 및 권한 집합을 갖고 있다. 예를 들면, 부록 B에서 Lambda 함수를 업로드할 수 있도록 lambda-upload라는 사용자를 만들었다.

IAM 사용자는 일반적으로 사용자를 확인하는 데 도움을 주는 친숙한 이름과 AWS에서 그 사용자를 고유하게 식별하는 아마존 리소스 네임$^{Amazon\ Resource\ Name,\ ARN}$을 갖는다. 그림 4.1은 알프레드$^{Alfred}$라는 가상의 사용자에 대한 요약 페이지와 ARN을 보여준다. AWS 콘솔에서 IAM을 클릭하고 탐색 창에서 Users를 클릭한 후 보려는 사용자의 이름을 클릭하면 이 요약을 볼 수 있다.

사용자, 애플리케이션 또는 서비스를 나타내는 IAM 사용자를 만들 수 있다. 애플리케이션 또는 서비스를 대신해 작업하도록 만든 IAM 사용자를 때때로 서비스 계정$^{service\ accounts}$이라 한다. 이런 유형의 IAM 사용자는 액세스 키를 사용해 AWS 서비스 API에 접근할 수 있다. IAM 사용자의 액세스 키는 사용자가 처음 생성될 때 만들거나 나중에 IAM 콘솔에서 Users를 클릭하고 필요한 사용자 이름을 클릭하고 Security Credential$^{보안\ 증명}$을 선택하고 Create Access Key$^{액세스\ 키\ 작성}$ 버튼을 클릭해 만들 수 있다.

액세스 키의 두 가지 구성 요소는 액세스 키 ID$^{Access\ Key\ ID}$와 비밀 액세스 키$^{Secret\ Access\ Key}$다. 액세스 키 ID는 공개적으로 공유할 수 있지만 비밀 액세스 키는 숨겨져 있어야 한다. 비밀 액세스 키가 노출되면 즉시 전체 키를 무효화하고 다시 만들어야 한다. IAM 사용자는 최대 두 개의 활성화된 액세스 키를 가질 수 있다.

실제 사용자에 대해 IAM 사용자를 만든 경우 해당 사용자에게 암호를 할당해야 한다. 이 암호를 사용하면 사용자가 AWS 콘솔에 로그인해 서비스 및 API를 직접 사용할 수 있다.

사용자 알프레드의 Amazon Resource Name[ARN]

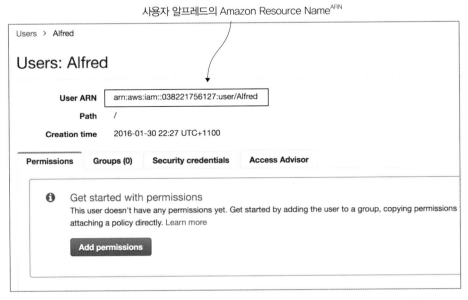

그림 4.1 IAM 콘솔에는 계정의 모든 IAM 사용자에 대한 ARN, 그룹 및 생성 시간과 같은 메타데이터가 표시된다.

IAM 사용자는 암호 관리 옵션을 사용할 수 있다.
비밀번호가 있는 사용자는 AWS 콘솔에 로그인할 수 있다.

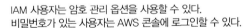

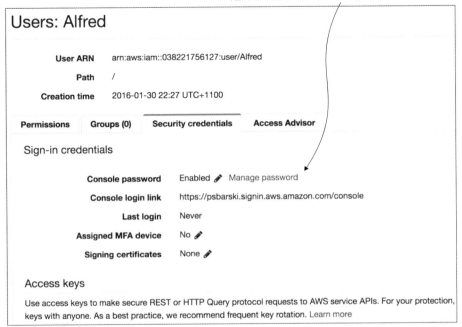

그림 4.2 IAM 사용자는 암호 설정, 액세스 키 변경, 다중 요소 인증 사용 등 여러 가지 옵션을 갖는다.

IAM 사용자의 암호를 만들려면 다음의 단계를 따른다:

1. IAM 콘솔에서 탐색 창에 있는 Users를 클릭한다.

2. 필요한 사용자 이름을 클릭해 사용자 설정을 연다.

3. Security Credentials 탭을 클릭한 후, Manage Password를 클릭한다(그림 4.2).

4. 팝업에서 콘솔 액세스를 활성화 또는 비활성화할지, 새 사용자 정의 암호를 입력할지 또는 시스템에서 자동으로 생성할지를 선택한다. 또한 사용자가 다음 로그인 시 새 비밀번호를 만들게 강제할 수 있다(그림 4.3).

사용자에게 비밀번호가 할당되면 https://〈계정 ID〉.signin.aws.amazon.com/console로 이동해 AWS 콘솔에 로그인할 수 있다. 계정 ID를 얻으려면 오른쪽 상단 탐색 바에서 Support를 클릭하고 Support Center를 클릭한다. 계정 ID(또는 계정 번호)는 콘솔의 오른쪽 상단에 표시된다. 사용자가 계정 ID를 기억할 필요가 없도록 계정 ID의 별칭[aliases]을 설정할 수도 있다(별칭에 대한 자세한 내용은 http://amzn.to/1MgvWvf를 참조한다).

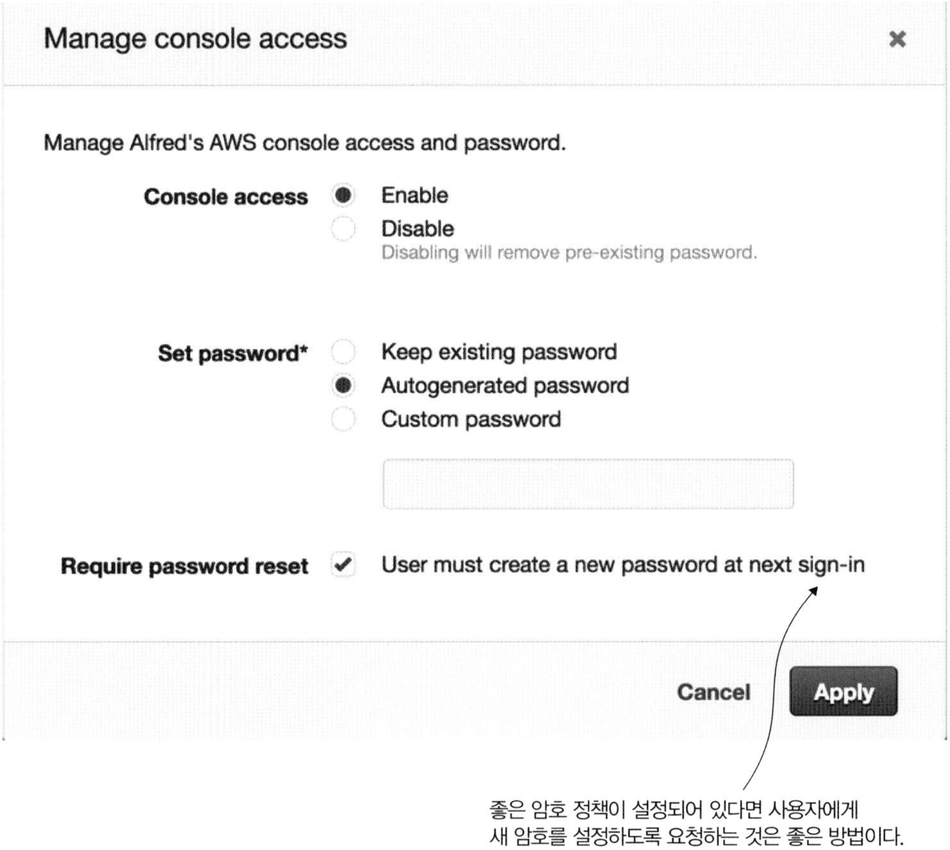

좋은 암호 정책이 설정되어 있다면 사용자에게
새 암호를 설정하도록 요청하는 것은 좋은 방법이다.

그림 4.3 사용자가 AWS 콘솔에 로그인할 수 있게 한다면, 암호 정책을 복잡하게 만들어야 한다. 암호 정책은 IAM 콘솔의 Account Settings에서 설정할 수 있다.

### 다중 요소 인증<sup>multi-factor authentication, MFA</sup>

다중 요소 인증은 콘솔에 로그인하려고 할 때 사용자에게 MFA 기기의 인증 코드를 입력하라고 메시지를 표시해 다른 보안 계층을 추가한다(보통 사용자 이름과 암호에 덧붙여진다). 이는 공격자가 계정을 손상시키는 것을 더 어렵게 만든다. 최신 스마트폰은 Google Authenticator 또는 AWS Virtual MFA와 같은 애플리케이션을 사용해 가상 MFA 어플라이언스로 작동할 수 있다. AWS 콘솔을 사용할 수 있는 모든 사용자에게 MFA를 사용하게 하는 것을 추천한다. 콘솔에서 IAM 사용자를 클릭하면 Security Credentials 탭에서 Assign MFA Device 옵션을 찾을 수 있다.

### 임시 보안 자격 증명<sup>temporary security credentials</sup>

현재 AWS 계정당 사용자 수는 5,000명이지만 필요한 경우 한도를 높일 수 있다. 사용자 수를 늘리는 대신 임시 자격 증명을 사용하는 방법도 있다. 이 방법은 IAM 사용자와 유사하게 작동하지만, 사전에 설정한 시간 후에 만료되도록 만들 수 있으며 동적으로 생성될 수 있다. 임시 보안 자격 증명에 대한 자세한 내용은 아마존의 온라인 문서 http://docs.aws.amazon.com/IAM/latest/UserGuide/id_credentials_temp.html에서 참조한다. IAM 사용자에 대한 자세한 내용은 http://docs.aws.amazon.com/IAM/latest/UserGuide/id_users.html을 참조한다.

## 4.1.2 그룹 생성

그룹은 IAM 사용자 모음을 나타낸다. 여러 사용자에 대한 사용 권한을 한꺼번에 지정할 수 있는 쉬운 방법을 제공한다. 예를 들면, 조직의 개발자 또는 테스터를 위한 그룹을 만들거나 Lambda라는 그룹을 만들어 해당 그룹의 모든 구성원이 Lambda 함수를 실행할 수 있도록 할 수 있다. 아마존에서는 개별적으로 권한을 정의하는 대신 그룹을 사용해 IAM 사용자에게 권한을 할당할 것을 권장한다.

그룹에 참여하는 모든 사용자는 그룹에 할당된 권한을 상속받는다. 마찬가지로 사용자가 그룹을 탈퇴하면 그룹의 권한이 사용자에게서 제거된다. 또한 그룹은 사용자만 포함할 수 있으며 다른 그룹이나 역할과 같은 엔터티는 포함할 수 없다.

AWS는 기본 그룹을 제공하지 않지만 필요에 따라 그룹을 쉽게 만들 수 있다. 예를 들면, 여러 IAM 사용자가 Lambda 함수를 업로드할 수 있도록 그룹을 생성한다. 이 그룹은 애플리케이션을 배포하기 위해 지속적인 배포 파이프 라인을 설정하려는 경우 유용할 수 있다. 모범 사례는 다른 환경(스테이징, 운영 등)에 대해 IAM 사용자를 만드는 것이다. 이 사용자들을 그룹에 추가하면 배포할 수 있는 올바른 권한이 부여된다.

1. IAM 콘솔에서Groups을 클릭한 후, Create New Group<sup>새 그룹 형성</sup>을 클릭해 그룹을 생성한다.
2. 그룹에 Lambda-DevOps와 같은 이름을 지정하고 Next Step<sup>다음 단계</sup>을 클릭한다.

3. 그룹에 정책을 첨부하지 않는다. Next Step을 클릭하고 Create Group을 클릭해 저장하고 종료한다.

4. 처음 세 단계를 수행하면, Groups페이지로 돌아간다.

5. Lambda–DevOps를 클릭하고 Permissions<sup>권한</sup> 탭이 선택되어 있는지 확인한 후, Inline Policies<sup>인라인 정책</sup> 부분을 펼친다. Inline Policy 부분에서 Click Here link<sup>이 링크를 클릭</sup>를 클릭하고 Custom Policy<sup>고유 정책</sup>를 선택한다.

6. Lambda–Upload–Policy와 같은 정책의 이름을 설정하고 다음의 목록에 있는 코드를 정책 문서 본문에 복사한다.

**목록 4.1 Lambda 업로드 정책**

```
{
    "Version": "2012-10-17",
    "Statement": [
        {
            "Sid": "Stmt1451465505000",         ◀── Statement ID^Sid는 설정할 수 있는 선택적인 정책 식별자다.
                                                      이 아이디는 정책 내에서 고유해야 하고 만들 수도 있다.
            "Effect": "Allow",
            "Action": [
                "lambda:GetFunction",                필요한 Lambda 함수를 얻고, 함수 코드를
                "lambda:UpdateFunctionCode",         업데이트하고, 설정을 업데이트할 수 있는
                "lambda:UpdateFunctionConfiguration" 세 가지 동작을 허용한다.
            ],
            "Resource": [
                "arn:aws:lambda:*"          ◀── 이 정책은 모든 Lambda 함수에 적용되며
            ]                                    와일드 카드로 표시된다.
        }
    ]
}
```

7. Apply Policy<sup>정책 적용</sup>를 클릭해 저장하고 종료한다. 그룹을 검토하면 그림 4.4와 비슷해야 한다.

8. lambda–upload 사용자를 찾아서 할당된 인라인 정책을 제거한다.

9. Groups 탭을 클릭하고 Add User to Groups<sup>사용자를 그룹에 추가</sup>를 클릭한다. 목록에서 lambda–upload 사용자를 선택하고 Add to Groups<sup>그룹에 추가</sup>를 클릭한다.

10. Permissions 탭을 클릭한다. Lambda–Upload–Policy라는 새로운 인라인 정책을 볼 수 있다. 나중에 정책을 제거하기로 했다면, 그 그룹에서 사용자를 삭제하면 된다. 그림 4.5에서 Groups 탭에서 이를 수행하는 방법을 보여준다.

11. 3장에서 배운 것처럼 함수 중 하나를 배포해본다.

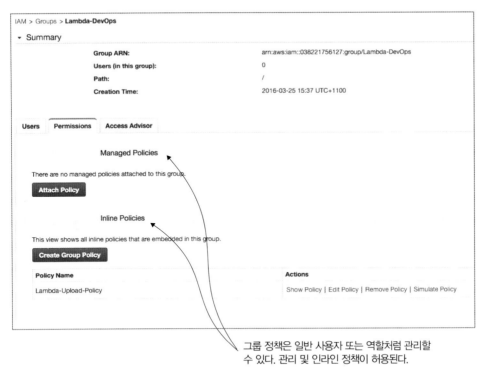

그룹 정책은 일반 사용자 또는 역할처럼 관리할 수 있다. 관리 및 인라인 정책이 허용된다.

그림 4.4 이 그룹에 인라인 정책이 하나 있어야 한다. 나중에 이 그룹에 관리형 또는 인라인 정책을 추가할 수 있다.

그룹에서 사용자 삭제

그림 4.5 이 사용자는 인라인 또는 관리형 정책이 없다. 하지만, 하나의 그룹 정책이 적용된다.

### 4.1.3 역할 생성

역할은 일정 기간 동안 사용자, 애플리케이션 또는 서비스가 맡을 수 있는 권한 집합이다. 역할은 특정 사용자에게 유일하게 결합되지 않고, 암호나 액세스 키와 같은 자격 증명도 없다. 일반적으로 필요한 리소스에 접근할 수 없는 사용자 또는 서비스에 권한을 부여하도록 설계되었다. 3장에서는 Lambda 함수가 S3에 접근할 수 있도록 역할을 만들었다. 이런 형태가 AWS의 일반적인 사용 사례다.

위임은 역할과 관련된 중요한 개념이다. 간단히 말하면, 위임은 특정 자원에 대한 접근을 허용하기 위한 제3자에 대한 권한 부여와 관련이 있다. 여기에는 자원을 소유하는 신뢰를 부여하는 계정과 자원에 접근이 필요한 사용자 또는 애플리케이션을 포함한 신뢰를 얻은 계정 간에 신뢰 관계를 설정하는 작업이 포함된다. 그림 4.6은 CloudCheckr라는 서비스에 대한 신뢰 관계가 설정된 역할을 보여주며, 이에 대해서는 4.3.2항에서 자세히 설명한다.

연동은 역할과 관련해 자주 논의되는 또 다른 개념이다. 연동은 페이스북, 구글과 같은 외부 자격 증명 공급자 또는 SAML<sup>Security Assertion Markup Language</sup> 2.0 및 AWS를 지원하는 기업용 자격 증명 시스템 간에 신뢰 관계를 생성하는 프로세스다. 사용자는 외부 자격 증명 공급자를 통해 로그인하고 임시 자격 증명을 갖는 IAM 역할을 맡을 수 있다.

신뢰할 수 있는 엔터티는 역할을 맡을 수 있는 엔터티를 정의한다.

외부 ID는 권한 승격의 한 형태인 혼란스러운 대리 문제를 방지한다. 제 3자가 AWS 계정에 접근할 수 있도록 접근 권한을 구성한 경우 필요하다.

그림 4.6 이 역할은 AWS 계정에 CloudCheckr 접근 권한을 부여해 비용 분석을 수행하고 개선 사항을 권장한다.

## 4.1.4 자원

AWS의 권한은 자격 증명 기반 또는 자원 기반이다. 자격 증명 기반 권한은 IAM 사용자 또는 역할이 수행할 수 있는 것을 지정한다. 자원 기반 권한은 S3 버킷 또는 SNS 토픽과 같은 AWS 자원에서 수행할 수 있는 것 또는 누가 그 자원에 접근할 수 있는지 지정한다. 3장에서는 SNS 토픽이 S3와 통신할 수 있도록 SNS의 정책을 수정했다. 이는 요구 사항을 충족시키기 위해 변경해야 하는 자원 기반 정책의 예다.

자원 기반 정책은 종종 주어진 자원에 접근할 수 있는 사용자를 지정한다. 이를 통해 신뢰를 받는 사용자는 역할을 맡을 필요 없이 자원에 접근할 수 있다. AWS 사용자 안내서는 다음과 같이 말한다. "자원 기반 정책을 사용한 교차 계정 액세스는 역할보다 이점이 있다. 자원 기반 정책을 통해 접근되는 자원을 사용하는 사용자는 여전히 신뢰 받는 기존 계정에서 작업하므로 역할 권한을 맡는 대신 사용자 권한을 포기할 필요가 없다. 즉, 사용자는 신뢰 계정의 자원에 액세스할 때와 동시에 신뢰 계정의 리소스에 계속 접근할 수 있다"(http://docs.aws.amazon.com/IAM/latest/UserGuide/id_roles_compare-resource-policies.html). 그러나 모든 AWS 서비스가 자원 기반 정책을 지원하는 것은 아니다. 현재 S3 버킷, SNS 토픽, SQS 큐, Glacier 볼트, OpsWorks 스택 및 Lambda 함수 등의 서비스만 자원 기반 정책을 제공한다.

## 4.1.5 권한과 정책

처음에 IAM 사용자를 만들면 계정에 있는 어떤 자원에 접근하거나 작업을 수행할 수 없다. 사용자가 수행할 수 있는 작업을 기술하는 정책을 생성해 사용자 권한을 부여해야 한다. 새로운 그룹이나 역할도 마찬가지다. 새 그룹이나 역할에 어떤 영향을 주기 위해서는 정책을 할당해야 한다.

정책의 범위는 다양할 수 있다. 사용자 또는 역할에 전체 계정에 대한 관리자 권한을 부여하거나 개별 작업을 지정할 수 있다. 세분화되고 작업 완료에 필요한 권한만 지정하는 것이 좋다(최소 권한 접근). 최소 권한 집합으로 시작하고 필요한 경우에만 추가 권한을 부여한다.

정책에는 두 가지 유형이 있다: 관리형 및 인라인. 관리형 정책은 사용자, 그룹 및 역할에는 적용되지만 자원에는 적용되지 않는다. 관리형 정책은 독립형이다. 일부 관리형 정책은 AWS가 생성하고 관리한다. 사용자가 고객 관리형 정책을 작성하고 유지 관리할 수도 있다. 관리형 정책은 재사용 및 변경 관리에 좋다. 고객 관리형 정책을 사용해 정책을 수정하려는 경우, 모든 변경 사항은 정책이 붙어있는 모든 IAM 사용자, 역할 및 그룹에 자동으로 적용된다. 관리형 정책을 사용하면 버전 관리 및 롤백이 더 쉽다.

인라인 정책은 특정 사용자, 그룹 또는 역할에 직접 생성되고 붙는다. 엔터티가 삭제되면 엔터티 안에 포함된 인라인 정책도 삭제된다. 자원 기반 정책은 항상 인라인이다. 인라인 또는 관리형 정책을 추가하려면 필요한 사용자, 그룹 또는 역할을 클릭하고 Permissions 탭을 클릭한다. 관리형 정책을 첨부, 보기 또는 분리할 수 있으며 이와 유사하게 인라인 정책을 만들거나 보거나 제거할 수 있다.

정책은 JSON 표기법을 사용해 지정된다. 다음 목록은 관리형 AWSLambdaExecute 정책을 보여준다.

**목록 4.2 AWSLambdaExecute 정책**

```json
{
    "Version":"2012-10-17",
    "Statement":[
        {
            "Effect":"Allow",
            "Action": "logs:*",
            "Resource":"arn:aws:logs:*:*:*"
        },
        {
            "Effect":"Allow",
            "Action":[
                "s3:GetObject",
                "s3:PutObject"
            ],
            "Resource":"arn:aws:s3:::*"
        }
    ]
}
```

Version으로는 정책 언어 버전을 지정한다. 현재 버전은 2012-10-17이다. 사용자 정의 정책을 만드는 경우 버전을 포함하고 2012-10-17로 설정해야 한다.

구문 배열은 정책을 구성하는 실제 권한을 지정하는 하나 이상의 구문을 포함한다.

Effect 요소는 필수 요소이며 구문이 자원에 대한 접근을 허용하는지 거부하는지를 지정한다. 사용 가능한 두 가지 옵션은 허용 및 거부다.

Action 요소 또는 배열은 자원에 허용되거나 거부되어야 하는 특정 작업을 지정한다. 와일드 카드(*) 문자를 사용할 수 있다; 예, "Action": "s3 : *".

Resource 요소는 구문이 적용되는 객체를 식별한다. 특정 엔터티를 지정하거나 여러 엔터티를 참조하는 와일드 카드를 포함할 수 있다.

많은 IAM 정책은 Principal, Sid 및 Condition과 같은 추가 요소를 포함한다. Principal 요소는 자원에 대한 접근이 허용되거나 거부되는 IAM 사용자, 계정 또는 서비스를 지정한다. Principal 요소는 IAM 사용자 또는 그룹에 붙은 정책에서는 사용되지 않는다. 대신 역할에서 누가 역할을 맡을 수 있는지 지정하기 위해 역할에 사용된다. 또한 자원 기반 정책에 공통적이다. Statement ID[Sid]는 SNS와 같은 특정 AWS 서비스의 정책에 필요하다. Condition을 사용하면 언제 정책을 적용해야 하는지를 지정할 수 있다. Condition의 예가 다음 목록에 나와 있다.

**목록 4.3 정책 Condition**

```
"Condition": {
    "DateLessThan": {
        "aws:CurrentTime": "2016-10-12T12:00:00Z"
    },
    "IpAddress": {
        "aws:SourceIp": "127.0.0.1"
    }
}
```

여러 조건부 요소를 사용할 수 있다. 여기에는 DateEquals, DateLessThan, DateMoreThan, StringEquals, StringLike, StringNotEquals 및 ArnEquals가 포함된다.

조건 키는 사용자가 발행한 요청의 값을 나타낸다. 가능한 키에는 SourceIp, CurrentTime, Referer, SourceArn, userid 및 username이 있다. 값은 "127.0.0.1"과 같은 특정 리터럴 값 또는 정책 변수일 수 있다.

## 다중 조건

http://amzn.to/21UofNi에있는 AWS 문서에 따르면 "다중 조건 연산자가 있거나 단일 조건 연산자에 연결된 여러 키가 있는 경우, 조건은 논리 AND를 사용해 평가된다. 단일 조건 연산자가 하나의 키에 대해 여러 값을 포함하는 경우, 해당 조건 연산자는 논리 OR를 사용해 평가된다." 따라할 수 있는 훌륭한 예제와 많은 유용한 문서를 http://amzn.to/21UofNi에서 볼 수 있다.

아마존은 보안을 위해 실용적인 범위에서 조건을 사용할 것을 권장한다. 예를 들면, 다음 목록은 콘텐츠를 HTTPS/SSL을 통해서만 제공하도록 강제하는 S3 버킷 정책을 보여준다. 이 정책은 암호화되지 않은 HTTP를 통한 연결을 거부한다.

**목록 4.4 HTTPS/SSL을 강제하는 정책**

```
{
    "Version": "2012-10-17",
    "Id": "123",
    "Statement": [
        {
            "Effect": "Deny",
            "Principal": "*",
            "Action": "s3:*",
            "Resource": "arn:aws:s3:::my-bucket/*",
            "Condition": {
                "Bool": {
                    "aws:SecureTransport": false
                }
            }
        }
    ]
}
```

이 정책은 조건이 충족될 경우 s3에 대한 접근을 명시적으로 거부한다.

SSL을 사용해 요청을 보내지 않은 경우 조건이 충족된다. 이렇게 하면 일반 암호화되지 않은 HTTP를 통해 정책에 접근하려는 경우 정책에서 강제로 버킷에 대한 접근을 차단한다.

## 4.2 로깅 및 경고

CloudWatch는 AWS에서 실행되는 자원 및 서비스를 모니터링하고 다양한 지표를 기반으로 경보를 설정하며 자원 성능에 대한 통계를 볼 수 있는 AWS 구성요소다. 서버리스 시스템을 구축하기 시작할 때, CloudWatch의 다른 기능보다 로깅을 더 많이 사용하게 될 것이다. Lambda 함수에서 문제를 추적하고 디버깅하는 데 도움이 되어, 잠시 동안 이 서비스에 의지하게 될 것이다. 그러나 다른 기능은 시스템이 성숙되고 운영 단계로 넘어가면서 중요해질 것이다. CloudWatch를 사용해 지표를 추적하고 예기치 않은 이벤트에 대한 경보를 설정한다.

대부분의 서비스와 마찬가지로 AWS에서는 CloudWatch의 가격 모델이 지역에 따라 다르다. 미국 동부(북부 버지니아)에서 CloudWatch를 사용하고 있다고 가정하면, 가격은 수집된 로그의 기가바이트당 $0.50이며 매월 보관된 로그의 기가바이트당 $0.03이다. 경보는 매월 경보당 $0.10이며, 사용자 정의 지표는 지표당 $0.50이다. CloudWatch의 무료 티어는 10개 사용자 정의 지표, 10개 경보, 고객당 1,000개 SNS 이메일 알림, 5GB의 데이터 처리 및 월 5GB의 보관용 저장 공간으로 구성된다.

CloudTrail은 API 호출을 기록하는 AWS 서비스다. API 호출자의 신원, 소스 IP 주소 및 이벤트와 같은 정보를 기록한다. 이 데이터는 S3 버킷에 있는 로그 파일에 저장된다. CloudTrail은 로그를 생성하고 AWS 서비스가 무엇을 수행하고 누가 그 서비스를 호출하는지에 대한 정보를 수집하는 효과적인 방법이다. 예를 들면, Elastic Transcoder가 새로운 작업을 시작할 때 사용한 이벤트를 보거나 누가 유용한 S3 버킷을 언제 삭제했는지 찾을 때 CloudTrail을 사용할 수 있다. CloudTrail은 CloudSearch, DynamoDB, Kinesis, API Gateway 및 Lambda를 포함한 여러 AWS 서비스를 지원하며, 로그를 CloudWatch 로그 그룹으로 직접 푸시하도록 구성할 수 있다. CloudTrail의 무료 티어를 사용하면 지역별로 한 개의 무료 트레일을 만들 수 있다. 그러나 추가 트레일의 경우 기록된 이벤트 10만 건당 $2.00이다.

### 4.2.1 로깅 설정

CloudWatch의 로그 부분은 AWS 콘솔에서 CloudWatch를 클릭한 다음, 탐색 창에서 Logs를 클릭해서 접근한다. 3장에서 개발한 세 함수에 해당하는 로그 그룹 집합이 이미 생성된 것을 볼 수 있다. 로그 그룹 중 하나를 클릭하면 로그 스트림 목록이 표시된다. 로그 스트림에는 발생한 이벤트의 원시 레코드인 로그 이벤트가 있다. 모든 로그 이벤트에는 타임스탬프와 이벤트 메시지가 있다. 오른쪽에 있는 톱니 바퀴를 사용하면 기본적인 두 개의 열에 더 많은 열을 추가할 수 있다. 생성 시간, 마지막 이벤트 시간, 첫 번째 이벤트 시간 및 ARN을 갖는 열이 보이게 선택할 수 있다. 그림 4.7은 주요 로그 뷰를 보여준다. 전통적인 아키텍처에서는 개발자 또는 솔루션 아키텍트가 일반적으로 EC2(Elastic Compute Cloud) 인스턴스에 로그 에이전트를 설치하고 이를 사용해 CloudWatch에 로그를 남긴다. 서버리스 아키텍처를 사용하면, EC2 인스턴스를 생성하고 에이전트를 설치하는 것에 대해 걱정할 필요가 없다. Lambda는 CloudWatch에 자동으로 로그를 남기고 실제로 잘 작동하며, 특히 좋은 로깅 프레임워크가 있다면 더욱 그렇다(6장에서 더 자세히 알아본다).

Actions 메뉴에는 로그 그룹을 만들고 삭제하고 데이터를 내보내고 구독을 만드는 옵션이 있다.

Actions 메뉴를 사용해 지표 필터를 만들 수 있으며, 필터를 사용해 사용자 정의 경고를 만들 수 있다.

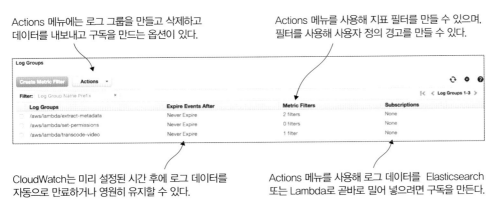

CloudWatch는 미리 설정된 시간 후에 로그 데이터를 자동으로 만료하거나 영원히 유지할 수 있다.

Actions 메뉴를 사용해 로그 데이터를 Elasticsearch 또는 Lambda로 곧바로 밀어 넣으려면 구독을 만든다.

그림 4.7 앞에서 생성했던 세 Lambda 함수에 대한 세 개의 로그 그룹이 보여야 한다.

## 4.2.2 로그 보존

CloudWatch 로그 데이터는 무기한 저장된다. 이 데이터는 만료되지 않는다. 설정한 기간 후에 CloudWatch에서 자동으로 로그를 삭제하려면 CloudWatch 콘솔에서 로그를 구성할 수 있다.

1. CloudWatch 콘솔에서 Log 페이지를 클릭하고, Expire Events After 열에서 Never Expires를 클릭해 보존 기간을 변경한다.
2. Edit Retention 대화 상자에서 원하는 기간을 선택한다. 기간은 1일에서 10년까지, 또한 Never Expire[기간 제한 없음]에 이르기까지 다양하다.

## 4.2.3 필터, 지표, 경보

지표 필터는 들어오는 로그 이벤트에 대해 실행되는 패턴을 지정한다. 일치하는 항목이 있으면 CloudWatch 지표가 업데이트되어 그래프를 생성하거나 경보를 생성하는 데 사용할 수 있다.

지표 필터에는 다음과 같은 중요한 구성 요소가 들어있다.

- 패턴: 로그에서 찾을 용어나 표현을 지정하는 데 사용.

- 값: 지표에 게시할 값. 로그에서 추출한 수치나 특정 용어일 수 있다.

- 지표 이름: 값으로 지정된 결과가 포함될 CloudWatch 지표의 이름.

- 네임스페이스: 관련 지표의 그룹.

- 필터 이름: 필터의 이름.

지표 필터, 지표 및 경보를 만들어 Lambda 함수가 오류로 인해 비정상적으로 종료된 횟수를 추적한다.

1. CloudWatch 콘솔에서 탐색 창에서 Log를 클릭하고 /aws/lambda/transcode-video 로그 그룹 옆의 체크 박스를 선택한다(이는 3장의 첫 번째 Lambda 함수에 대해 생성된 로그 그룹이다).

2. 계속하려면 Create Metric Filter<sup>지표 필터 작성</sup> 버튼을 클릭한다. 필터 패턴 텍스트 상자에 요청을 완료하기 전에 종료된 프로세스를 입력한다. Filter Pattern 입력란에 Process exited before completing request<sup>완성 요청 전에 종료한 프로세스</sup>를 입력한다.

3. 이전에 이 오류 메시지가 표시된 로그 이벤트가 있다면, 이 패턴을 테스트할 수 있다. 패턴을 입력한 위치 바로 아래의 드롭다운을 사용하고 Test Pattern 버튼을 클릭해 기존 로그 스트림을 살펴볼 수 있다. 예제는 그림 4.8을 참조한다. "필터는 소급해 데이터를 필터링하지 않는다. 필터는 필터를 만든 후에 발생하는 이벤트에 대한 지표 데이터 포인트만 게시한다."(http://amzn.to/1RFsxDo).

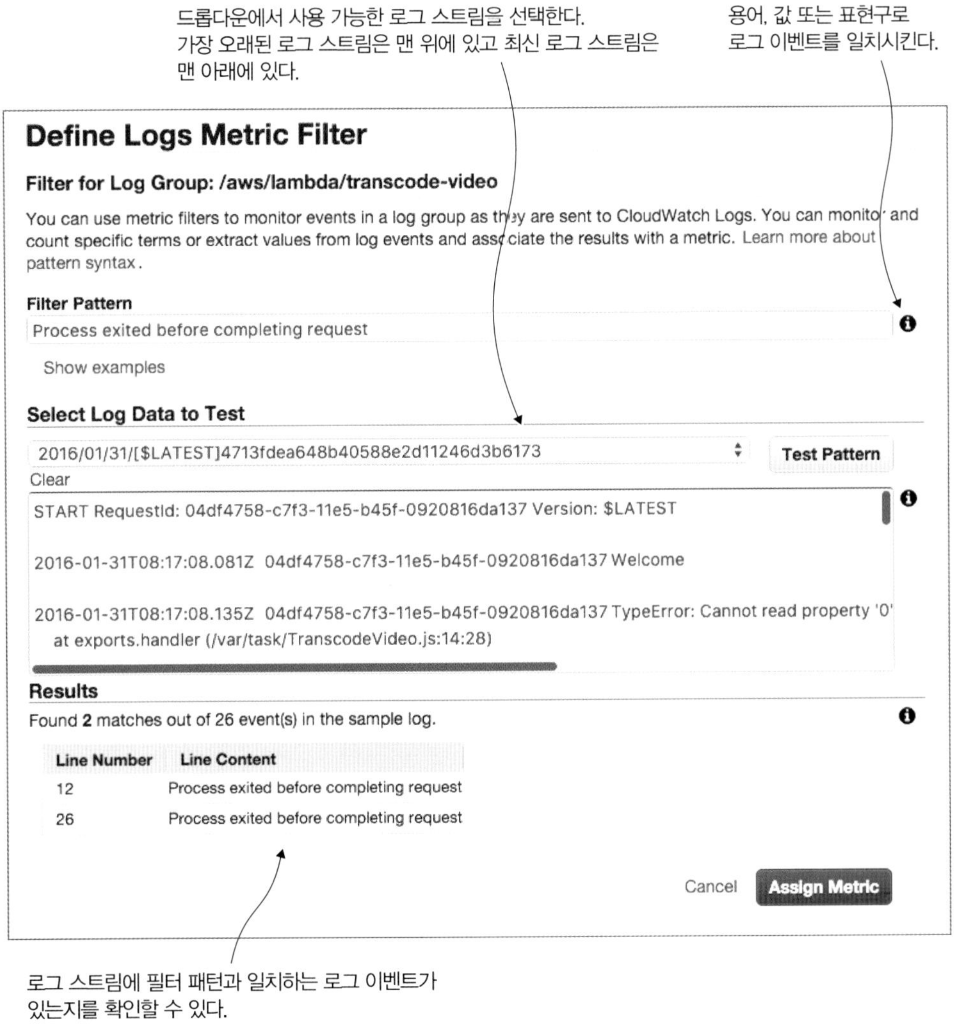

드롭다운에서 사용 가능한 로그 스트림을 선택한다.
가장 오래된 로그 스트림은 맨 위에 있고 최신 로그 스트림은
맨 아래에 있다.

용어, 값 또는 표현구로
로그 이벤트를 일치시킨다.

## Define Logs Metric Filter

**Filter for Log Group: /aws/lambda/transcode-video**

You can use metric filters to monitor events in a log group as they are sent to CloudWatch Logs. You can monitor and count specific terms or extract values from log events and associate the results with a metric. Learn more about pattern syntax.

**Filter Pattern**

Process exited before completing request

Show examples

**Select Log Data to Test**

2016/01/31/[$LATEST]4713fdea648b40588e2d11246d3b6173   **Test Pattern**

Clear

START RequestId: 04df4758-c7f3-11e5-b45f-0920816da137 Version: $LATEST

2016-01-31T08:17:08.081Z  04df4758-c7f3-11e5-b45f-0920816da137 Welcome

2016-01-31T08:17:08.135Z  04df4758-c7f3-11e5-b45f-0920816da137 TypeError: Cannot read property '0' at exports.handler (/var/task/TranscodeVideo.js:14:28)

**Results**

Found **2** matches out of 26 event(s) in the sample log.

| Line Number | Line Content |
|---|---|
| 12 | Process exited before completing request |
| 26 | Process exited before completing request |

Cancel   **Assign Metric**

로그 스트림에 필터 패턴과 일치하는 로그 이벤트가
있는지를 확인할 수 있다.

그림 4.8 필터 패턴은 와일드카드[wildcards] 및 조건을 지원한다. 필터 및 패턴 구문에 대한 자세한 내용은 AWS 설명서 http://amzn.to/1QLF8WW 를 참조한다.

4. Assign Metric을 클릭하고 필터에 이름을 지정하고 지표에 대한 세부사항을 설정한다. 지표 네임스페이스를 사용하면 관련 지표를 그룹화할 수 있으므로 LambdaErrors와 같은 것을 네임스페이스로 사용하고 새 지표 이름으로 LambdaProcessExitErrorCount를 지정한다(그림 4.9).

5. Create Filter를 클릭해 지표 필터를 생성한다.

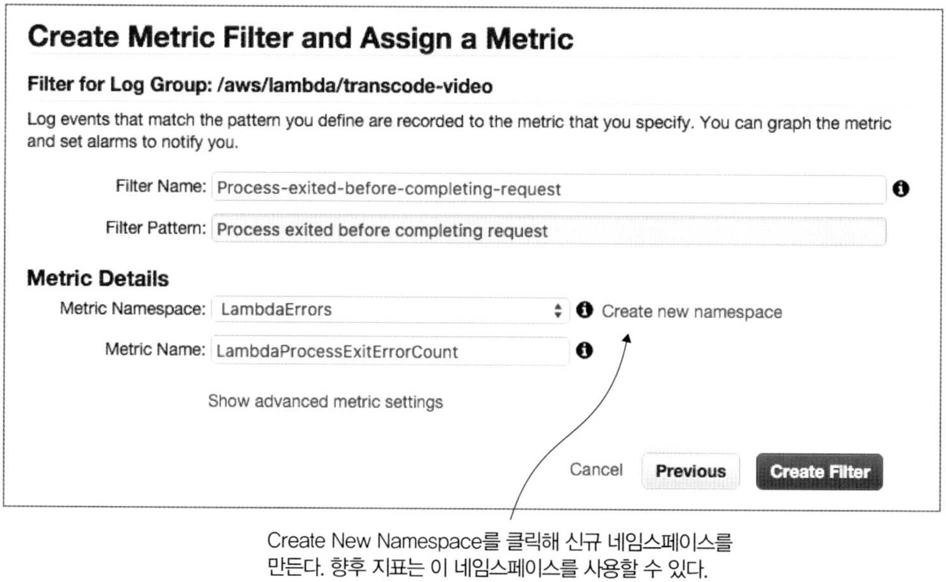

Create New Namespace를 클릭해 신규 네임스페이스를
만든다. 향후 지표는 이 네임스페이스를 사용할 수 있다.

그림 4.9 네임스페이스로 지표를 그룹화하면 지표의 그룹을 쉽게 구성할 수 있다. 네임스페이스에 접근해 CloudWatch의 탐색 창에서 관련 지
표를 볼 수 있다.

지표를 생성하면 그 지표에 대한 경보를 생성할 수 있다. 4.2.6항에서는 지표를 기반으로 경보를 생성
하는 방법에 대해 설명한다.

## 4.2.4 로그 데이터 검색

또한 지표 필터 패턴 구문을 사용해 CloudWatch에서 로그 데이터를 검색할 수 있다. 기존 로그 데이
터를 검색하려면 Logs 페이지로 이동해 원하는 로그 그룹을 클릭한다. Search Log Group<sup>로그 그룹 검색</sup>
버튼을 클릭하고 Filter 텍스트 상자에 패턴을 입력한다. 선택적으로 날짜 및 시간을 설정해 검색 범위
를 제한할 수 있다. 특정 로그 스트림 안에서 검색을 수행하려면, 먼저 로그 스트림을 클릭하고 패턴을
입력한다. 필터 및 패턴 구문에 대한 자세한 내용은 http://amzn.to/1miUFTd를 참조한다.

## 4.2.5 S3와 로깅

S3는 CloudWatch와 별도로 접근 요청 및 로그 정보를 추적할 수 있다. 이 로그는 누가 또는 어떤 서
비스가 버킷에 접근하는지에 대한 감사를 하고 추가 정보를 얻는 데 유용하다. S3 로그는 버킷 이름,
요청 시간 및 동작, 응답 상태와 같은 정보를 저장한다.

24-Hour Video는 비디오 파일의 저장을 위해 S3에 의존하며 서버리스 아키텍처를 사용하는 많은 시스템에서도 S3을 사용할 가능성이 많다. 따라서 S3 로깅을 활성화하고 사용하는 방법을 배우려면 3장에서 생성한 첫 번째 버킷에 대해 로깅을 활성화해야 한다.

1. S3 콘솔에서 로그 파일을 저장할 새 버킷을 만든다. 이 버킷의 이름을 serverless-video-logs로 지정한다.

2. 3장에서 생성한 첫번째 버킷인 serverless-video-upload를 클릭한 다음 Properties를 선택한다.

3. Click Logging을 클릭하고 버킷의 로깅 기능을 활성화한다.

4. Target Bucket 드롭다운에서 1단계에서 생성한 버킷을 선택한다.

5. Target prefix에 upload/를 입력하고 저장한다. 그림 4.10이 이 예를 보여준다.

6. 시스템을 테스트하려면 첫 번째 버킷에 객체를 업로드하거나 이름을 변경한다. 로그가 표시되는 데 몇 시간이 걸릴 수 있으므로 시간을 준다.

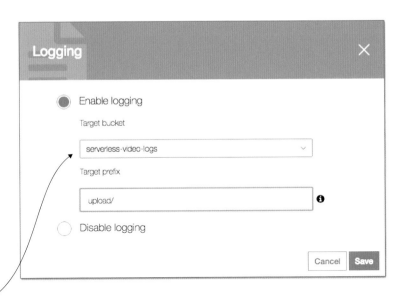

대상 접두사를 설정하면 S3 버킷에 가상 폴더가 생성된다.
이렇게 하면 같은 버킷에 여러 로그를 구성하고 저장하는 데 도움이 된다.

그림 4.10 S3 버킷의 로깅은 언제든지 활성화 및 비활성화할 수 있다. 이 옵션을 활성화하면 대상 버킷의 ACL이 수정되어 Log Delivery 그룹에 그 버킷에 쓸 수 있는 권한이 부여된다.

## 4.2.6 경보에 대한 추가 정보

CloudWatch 경보는 지속 시간, 오류, 호출 또는 성능 제한과 같은 지표를 모니터링하고 주어진 시간 내에 이벤트 수가 설정된 임곗값을 초과하면 SNS에 메시지를 보내는 등의 작업을 수행한다. 경보는 세 가지 상태를 갖는다.

- OK: 모니터링된 지표가 정의된 임곗값 내에 있다.

- Insufficient Data: 상태를 결정할 수 있는 충분한 데이터가 없다.

- Alarm: 지표가 정의된 임곗값의 범위를 벗어나서 정해진 액션을 취한다.

Lambda 에러에 대한 알림을 발생하는 경보를 생성해보자. 경보는 일분 간격으로 세 개 이상의 Lambda 오류가 발생하면 이메일을 발송한다.

1. lambda-error-notifications이라는 SNS 토픽을 생성하고 이메일 주소로 구독한다.

2. AWS 콘솔에서 SNS를 클릭한다. 탐색 창에서 Topics를 선택하고 Create New Topic 버튼을 클릭한다.

3. 토픽에 대한 정보를 묻는 대화 상자가 화면에 나타난다. lambda-error-notifications으로 토픽과 표시 이름을 설정한다. Create Topic을 클릭해 저장한다.

4. 토픽을 만든 후에 Topics 목록이 나타나고 새 주제가 목록에 나타난다. 옆에 있는 체크 박스를 선택하고 Actions를 클릭한다.

그림 4.11 경보 생성 과정은 간단하다. http://docs.aws.amazon.com/AmazonCloudWatch/latest/monitoring /ConsoleAlarms.html에서 확인할 수 있다.

5. Actions 메뉴에서 Subscribe to Topic을 선택한다. Create Subscription라는 다른 대화 상자가 나타난다.

6. 대화 상자에서 Protocol을 Email로 설정하고 엔드포인트[endpoint] 텍스트 박스에 이메일 주소를 입력한다.

7. Create Subscription를 클릭해 저장하고 대화 상자를 닫는다.

8. 이메일을 확인하고 구독 확정하는 것을 기억한다.

9. CloudWatch 콘솔에서 Alarms을 클릭하고 Create Alarm을 클릭한다.

10. Alarm 대화 상자에서 Lambda Metric[람다 지표]을 클릭하고 Lambda 〉 Across All Functions의 제목 아래에서 Errors 체크 박스를 선택한다. 그림 4.11은 이 페이지를 자세히 보여준다. Click Next를 클릭해서 두 번째 페이지로 이동한다.

**11.** 이 대화 상자의 두 번째 페이지는 임곗값, 기간 및 동작을 구성하는 곳이다(그림 4.12).

**12.** lambda-errors와 같은 경보의 이름을 입력하고 한 번에 3 개 이상의 오류로 임곗값을 설정한다.

**13.** Period<sup>주기</sup>를 1분으로 Statistic<sup>통계</sup>를 Sum<sup>합산</sup>으로 변경한다.

**14.** Actions에서 앞서 생성한 SNS 토픽을 두 번째 드롭다운 상자에서 선택한다.

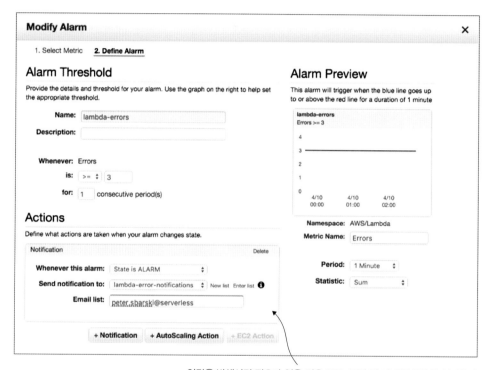

알람을 발생시킬 필요가 있을 경우 SNS 토픽 및 이메일 목록을 설정한다.

그림 4.12 경보 생성을 완료하려면, 경보를 발생하고 결과 동작을 지정하기 위한 연속 기간에 발생 횟수를 설정한다.

**15.** Click Create Alarm을 클릭하고 경보 생성을 완료한다.

**16.** 이제 경보가 제대로 설정되었는지 테스트해야 한다.

**17.** AWS 콘솔에서 Lambda를 열고 3장에서 생성한 함수 옆에 있는 라디오 버튼을 클릭한다.

**18.** Actions 드롭다운에서 Test Function을 선택한다(그림 4.13).

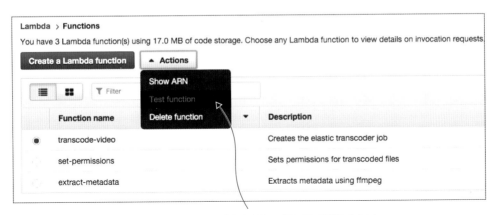

테스트 함수를 선택하면 다양한 이벤트 템플릿을 선택할 수 있다.

그림 4.13 Test Function 기능을 사용해 AWS 콘솔에서 직접 Lambda 함수를 테스트할 수 있다.

19. 선택할 수 있는 테스트 이벤트 목록이 표시된다. 첫 번째 Hello World 테스트로 오류를 발생시킬 수 있으므로 선택하고 Save and Test를 클릭한다.

20. 테스트하면 즉시 오류가 발생한다. 실행 결과에 "Failed실패"가 보이고, 오류 메시지에 "Process exited before completing request요청을 완료하기 전에 프로세스가 종료되었다"라고 표시된다(그림 4.14).

함수가 오류를 일으키는 경우 실행 결과가
실패로 설정된다.

로그는 실패한 Lambda 함수를 진단하고
문제를 해결하는 데 도움을 준다.

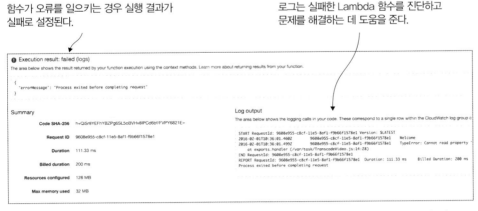

그림 4.14 Lambda 콘솔은 테스트가 성공했는지 실패했는지, 함수의 로그 출력 및 실행에 대한 유용한 요약을 보여준다.

21. Test 버튼을 세 번 이상 클릭해 경보를 위한 충분한 데이터가 있는지 확인한다.

22. CloudWatch에서 알림을 받아야 하므로 이메일을 확인한다.

## 4.2.7 CloudTrail

CloudTrail은 계정 전반에 걸쳐 사용자 또는 사용자를 대신해 서비스가 호출한 API를 기록한다. API 호출을 감사하고 문제를 진단하고 해결하는 데 도움을 주는 편리한 방법을 제공한다. CloudTrail은 트레일이라는 개념을 소개하며, 이것은 API 로깅을 활성화하는 구성이다. 트레일에는 두 가지 유형이 있다. 하나는 모든 리전에 적용되고 다른 하나는 특정 리전에 적용된다. 문제가 있을 때, 시스템 내에서 일어나는 일을 이해하는 데 도움이 되므로 CloudTrail을 활성화해야 한다. 해당 리전의 트레일을 만드는 단계를 수행해보자.

1. AWS 콘솔에서 CloudTrail을 클릭하고, Get Started Now<sup>지금 시작하기</sup>를 클릭한다.

2. 트레일에 24-Hour-Video 같은 이름을 지정하고, Apply Trail to All Regions<sup>트레일을 모든 지역에 적용</sup>을 No로 설정한다.

3. Create a New S3 Bucket을 No로 설정하고, S3 Bucket 드롭다운 목록에서 4.2.5항에서 생성한 로그를 위한 버킷 (serverless-video-logs)을 선택한다.

4. 추가 옵션을 보려면 Advanced를 클릭한다. 아무것도 설정할 필요는 없지만, 원한다면 SNS 알림 및 로그 파일 유효성 검사를 활성화할 수 있다(그림 4.15).

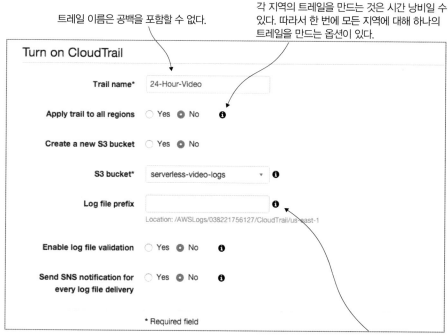

그림 4.15 신규 트레일 만들기는 오래 걸리지 않는다. 필수적인 두 가지 필드는 이름과 S3 버킷이다.

5. Turn On을 클릭해 트레일을 저장하고 구성을 완료한다.

6. 트레일이 생성되면 계정에 대해 모든 지역에 있는 트레일의 목록을 보여준다. 하나의 트레일만 작성했으므로, 그 트레일을 클릭해 옵션을 검사하고 구성한다.

7. 구성해야 할 한 가지는 CloudWatch와 통합하는 것이므로 지금 구성한다.

8. Trail Configuration트레일 구성 페이지에서 CloudWatch Logs의 아래 부분에 Configure를 클릭한다.

9. 새 로그 그룹을 지정하거나 텍스트 상자에 있는 기본값을 그대로 둔다(그림 4.16).

10. Continue을 클릭하고 Allow를 클릭한다. 이렇게 하면 CloudTrail이 필요한 CloudWatch API 호출을 만들 수 있는 새로운 역할이 생성된다.[1]

트레일을 수정해 모든 지역에 적용할 수 있다.

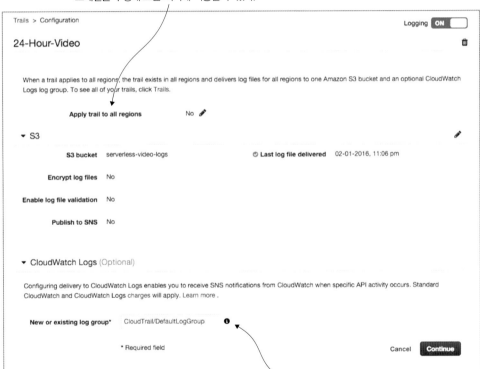

새 로그 그룹을 작성하면 트레일 로그를 다른
로그 스트림에서 분리하는 데 도움이 된다.

그림 4.16 CloudTrail과 CloudWatch 통합 구성. 이를 통해 유입되는 트레일 로그 데이터에 대한 지표와 경보를 생성할 수 있다.

---

1 생성된 역할이 CloudTrail과 연결되는데 지연이 발생하여 설정이 완료되지 않는다면, 한번 더 시도하여 연결한다.

CloudTrail의 API Activity History API 활동 내역 페이지는 지난 7일 동안 실행된 생성, 수정, 삭제에 대한 API 호출을 보여준다. 각 이벤트를 확장한 다음 View Event 이벤트 보기 버튼을 클릭해 자세한 정보를 볼 수 있다. 이벤트는 표시되는 데 최대 15분이 걸릴 수 있다. 또는 S3 버킷을 검사해 API 작업의 전체 로그를 보거나 CloudWatch에서 생성된 해당 로그 그룹을 볼 수 있다.

## 4.3 비용

월말에 금액이 많이 나온 청구서로 불쾌하게 놀라는 것은 기분도 나쁘면서 스트레스를 받게 한다. CloudWatch를 사용해, 월 총청구액이 지정된 기준을 초과하는 경우 알림을 보내는, 결제 경보를 생성할 수 있다. 이는 예기치 않은 많은 금액의 청구서를 피할 뿐만 아니라 시스템의 잠재적인 구성 오류를 포착하는 데도 유용하다. 예를 들어, Lambda 함수를 잘못 구성하고 실수로 1.5GB의 RAM을 할당하기 쉽다. 이 함수는 데이터베이스에서 응답을 받기 위해 15초 동안 기다리는 것을 제외하고는 특별히 유용하지 않을 수 있다. 매우 과중한 환경에서 이 시스템은 한 달에 200만 건의 호출을 수행할 수 있으며 743.00달러가 조금 넘는다. 128MB의 RAM을 사용하는 동일한 함수의 경우 약 56.00달러가 든다. 비용 계산을 미리 수행하고 합리적인 청구서 경보를 갖는다면 청구서 경보가 시작될 때 어떤 일이 벌어지고 있다는 것을 빨리 알 수 있다.

### 4.3.1 결제 경보 생성

결제 경보를 생성하려면 다음 단계를 따른다.

1. Billing and Cost Management청구서 및 비용 관리 콘솔에서 청구 경보를 활성화한다(그림 4.17).
2. AWS 콘솔에서 사용자의 이름(또는 사용자를 나타내는 IAM 사용자의 이름)을 클릭하고 My Billing Dashboard를 클릭한다.
3. 탐색 영역에서 Preferences을 클릭하고 Receive Billing Alerts 옆의 체크 박스를 선택한다.
4. Save Preferences를 클릭한다.

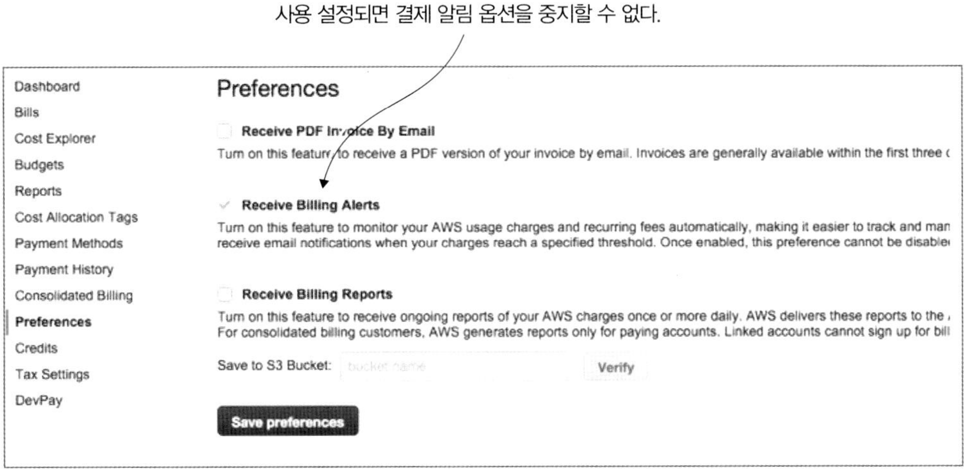

사용 설정되면 결제 알림 옵션을 중지할 수 없다.

그림 4.17 Preferences 페이지에서는 송장 및 청구서 수신 방법을 관리할 수 있다.

5. CloudWatch 콘솔을 열고 탐색 창에서 Billing을 선택한다.

6. Create Alarm 버튼을 클릭하고 Billing Metrics 하위 머리글을 클릭한다.

7. Under Billing 〉 Total Estimated Charge 밑에 있는 첫번째 체크 박스를 선택한다(이것이 Estimated Charges 지표다). 이 옵션을 선택하면 모든 AWS 서비스에서 예상 금액이 수집된다. 그러나 세분화된 특정 서비스를 선택할 수 있다.

8. 오른쪽 아래에 있는 Create Alarm 버튼을 클릭해 Create Alarm 대화 상자를 연다.

9. 이 대화 상자는 4.2.6절에서 사용한 대화 상자와 유사하다. 지출 임곗값을 설정하고 공지 전달을 위한 SNS 토픽을 선택한다. 선택적으로 New list를 클릭하고 직접 이메일 주소를 입력할 수 있다(그림 4.18).

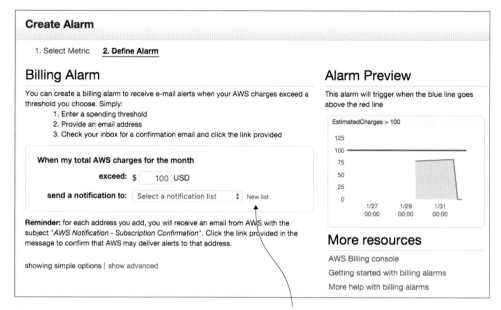

New List를 클릭하면 SNS 토픽을 선택하지 않고
이메일 주소를 직접 입력할 수 있다.

그림 4.18 지속적인 비용에 대한 정보를 얻기 위해 여러 비용 경보를 작성하는 것이 좋다.

## 4.3.2 비용 모니터링 및 최적화

CloudCheckr(http://cloudcheckr.com)와 같은 서비스는 사용중인 서비스와 리소스를 분석해 비용을 추적하고, 경보를 보내며, 비용 절감을 도울 수 있다. CloudCheckr는 S3, CloudSearch, SES, SNS 및 DynamoDB를 포함한 여러 다른 AWS 서비스로 구성된다. 기능이 풍부하고 일부 표준 AWS 기능보다 사용하기 쉽다. 추천 사항과 일일 공지에 대해서는 고려해 볼 만하다.

또한 AWS에는 성능, 내결함성, 보안 및 비용 최적화에 대한 개선을 제안하는 Trusted Advisor라는 서비스가 있다. 안타깝게 Trusted Advisor의 무료 버전은 제한적이므로 제공하는 모든 기능과 추천 사항을 살펴보려면 유료 월간 요금제로 업그레이드하여 AWS 비즈니스 또는 엔터프라이즈 계정을 통해 접근해야 한다.

Cost Explorer(그림 4.19)는 AWS에 내장된 고수준이면서도 유용한 보고 및 분석 도구다. 먼저 AWS 콘솔의 오른쪽 상단에서 이름(또는 IAM 사용자 이름)을 클릭하고 My Billing Dashboard를 선택하고 나서 탐색 창에서 Cost Explorer를 클릭하고 활성화해 작동시킨다. Cost Explorer는 당월 및 지난 4개월에 대한 비용을 분석한다. 그리고 나서 향후 3개월 동안의 예측을 생성한다. 처음에는 AWS에서 당월 데이터를 처리하는 데 24시간이 걸리기 때문에 정보가 표시되지 않을 수 있다. 지난 달에 대한 데이터 처리는 시간이 더 오래 걸린다. Cost Explorer에 대해서는 http://amzn.to/1KvN0g2에서 자세히 확인할 수 있다.

선택할 수 있는 네 가지 표준 보고서가 있지만, 자신만의 보고서를 만들 수도 있다.

예측을 통해 향후 가능한 비용을 추측하고 평가할 수 있다.

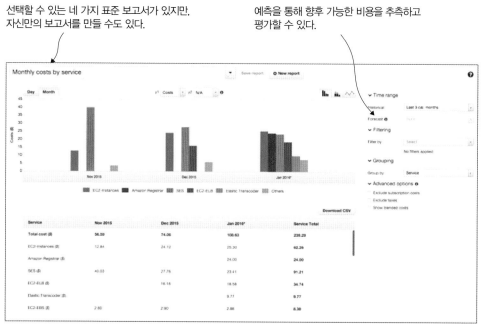

그림 4.19 Cost Explorer 도구를 사용하면 과거의 비용을 검토하고 미래의 비용을 예측할 수 있다.

## 4.3.3 Simple Monthly Calculator 사용

Simple Monthly Calculator<sup>간이 월 사용량 계산기</sup>(http://calculator.s3.amazonaws.com/index.html)는 아마존에서 제공하는 웹 애플리케이션으로 여러 AWS 서비스의 비용을 모델링하는 데 도움을 준다. 이 도구를 사용하면 콘솔의 왼쪽에 있는 서비스를 선택한 다음 특정 자원의 사용량과 관련된 정보를 입력해 예측되는 비용을 얻을 수 있다. 그림 4.20은 월별 예상 비용이 $650.00인 Simple Monthly Calculator의 일부를 보여준다. 이 추정치는 주로 S3, CloudFront 및 AWS 기술지원 요금제의 비용이다. 다소 복잡해 사용에 힘든 부분이 없지만 않지만, 견적을 도울 수 있다.

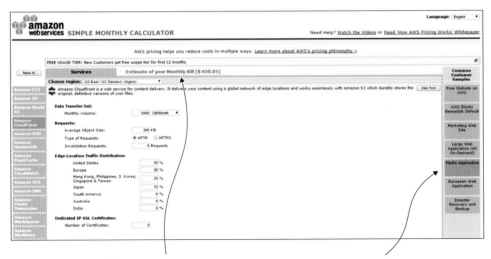

월별 청구액 견적은 개별 서비스 견적을 합산해 최종 수치가 어떻게 보이는지 보여준다.

여러 일반 고객 샘플 중에서 선택해 계산기가 작동하는 방식과 비용을 확인한다.

그림 4.20 Simple Monthly Calculator는 예상 비용을 미리 계산할 수 있는 훌륭한 도구다. 이 추정치를 사용해 나중에 결제 경보를 생성할 수 있다.

콘솔 오른쪽에 있는 Common Customer Samples<sup>일반적인 고객 사례</sup>를 클릭하거나 직접 값을 입력해 예상치를 볼 수 있다. 24-Hour Video의 모델이 될 수 있는 Media Application 고객 샘플을 살펴보면 다음과 같이 분류된다:

- S3 추정 비용은 $9.01다. 여기에는 300GB 스토리지, 200회에 이르는 PUT/COPY/POST/LIST 요청, 100회에 이르는 GET 및 기타 요청, 2GB 데이터 송신 및 10GB 데이터 수신이 포함된다.

- CloudFront의 예상 비용은 $549.96다. 여기에는 평균 객체 크기가 300KB인 5000GB의 데이터 송신이 포함된다. 에지 로케이션 트래픽 분포는 미국과 유럽에서 30%, 일본에서 15%, 홍콩, 필리핀, 한국, 싱가포르 및 대만에서 25%다.

- AWS 비즈니스 기술지원 요금제는 $100.00다.


### 4.3.4 Lambda 및 API Gateway 비용 계산

서버리스 아키텍처를 실행하는 비용은 종종 전통적인 인프라를 실행하는 것보다 훨씬 적다. 당연히 사용하는 각 서비스의 비용은 다를 수 있지만 Lambda 및 API Gateway를 사용하는 서버리스 시스템을 실행하는 데 드는 비용을 살펴볼 수 있다.

아마존의 Lambda 가격 정책(https://aws.amazon.com/lambda/pricing/)은 요청 횟수, 실행 기간 및 함수에 할당된 메모리 양에 따라 결정된다. 월간 100만 건의 요청은 무료이며, 추가적인 100만 건

단위의 요청은 $0.20다. 기간은 함수가 실행되는 데 소요된 시간이 기준이며 다음 100ms로 올림 처리된다. 아마존은 함수에 할당된 메모리 양을 고려해 100ms 단위로 비용을 청구한다.

1GB 메모리로 생성된 함수의 실행 시간은 100ms당 $0.000001667이며, 128MB 메모리로 생성된 함수는 100ms당 0.000000208이다. 아마존의 가격은 지역에 따라 다를 수 있으며 언제든지 변경될 수 있다.

아마존은 월간 100만 건의 무료 요청과 한 달에 40만 기가바이트의 컴퓨팅 시간을 갖는 영구적인 무료 티어를 제공한다. 즉, 사용자는 비용을 지불하기 전에 백만 건의 요청을 수행하고 1GB 메모리로 작성된 함수를 실행하는 데 40만 초를 쓸 수 있다.

예를 들어, 한 달에 500만 번 256MB를 갖는 함수를 실행하는 시나리오를 생각해보자. 이 함수는 매번 2초 동안 실행된다. 비용 계산은 다음과 같다:

월 요청 비용은 다음과 같다.

- 무료 티어는 100만 건의 요청을 제공하며, 400만 건만 비용 청구된다(5M 요청 – 1M 무료 요청 = 4M 요청).

- 각 100만 건은 $0.20이며, 비용은 $0.80이다(4M 요청 * $0.2 / M = $0.80).

월간 컴퓨팅 비용은 다음과 같다.

- GB-초당 함수의 컴퓨팅 가격은 $0.000001667이다. 무료 티어는 40만 GB-초를 제공한다.

- 이 시나리오에서 이 함수는 10ms(5M * 2초) 동안 실행된다.

- 256MB 메모리에서 10M-초는 250만GB-초(10,000,000 * 256MB / 1024 = 2,500,000)와 같다.

- 월 총청구 금액에 대한 GB-초는 210만(2,500,000GB-초 – 무료 400,000GB-초 = 2,100,000)이다.

- 따라서 컴퓨팅 요금은 $35,007(2,100,000GB-초 * $0.00001667 = $35,007)이다.

이 예제에서 Lambda를 실행하는 데 드는 총비용은 $35,807이다. API Gateway 가격은 받은 API 호출 횟수와 AWS에서 송신된 데이터의 양에 따라 결정된다. 미국 동부 지역에서 아마존은 수신된 백만 건의 API 호출당 $3.50, 송신한 처음 10TB의 데이터에 대해 $0.09/GB를 청구한다. 앞의 예에서 월별 송신하는 데이터 전송이 100GB라고 가정하면, API Gateway 가격은 다음과 같다:

월간 API 비용은 다음과 같다.

- 무료 티어에는 월 100만 건의 API 호출이 포함되지만, 처음 12개월만 유효하다. 영구적인 무료 계층이 아닌 걸로 고려해 이 계산에 포함하지 않는다.

- 총API비용은 $17.50(5M 요청 * $3.50 / M = $17.50)이다.

월간 데이터 비용은 다음과 같다.

- 데이터 요금은 $9.00(100GB * $0.09/GB = $9)이다.

이 예에서 API Gateway 비용은 $26.50이다. Lambda 및 API Gateway의 총비용은 한 달에 $62.307이다. 지속적으로 처리해야 할 요청 및 작업의 수로 모델링하는 것이 좋다. 128MB 메모리만 사용하고 1초 동안 실행되는 Lambda 함수의 2M 호출을 예상하면 약 $0.20의 비용을 지불한다. 512MB 메모리로 5초 동안 실행되는 함수를 2M 호출한다고 하면 $75.00보다 조금 더 지불하게 된다. Lambda를 사용하면 비용을 평가하고 계획을 세우며 실제로 사용하는 것에 대해서만 비용을 지불할 수 있는 기회를 갖는다. 마지막으로 S3 또는 SNS와 같은 다른 서비스가 비용에 있어서 아주 중요하지 않더라도 꼭 고려해본다.

### 서버리스 계산기

온라인 서버리스 계산기(http://serverlesscalc.com)는 Lambda 비용의 모델링을 돕기 위해 구축된 사용하기 쉬운 도구다. 매달 Lambda 실행 횟수, 예상 실행 시간, 함수의 크기(메모리)를 지정하면 된다. 계산기는 요청 및 계산 비용 내역을 포함해 월간 Lambda 요금을 즉시 보여준다. 또한 이 도구를 사용하면 Lambda 비용을 Azure Functions 및 IBM OpenWhisk와 같은 다른 서버리스 컴퓨팅 기술과 비교할 수 있다.

## 4.4 연습문제

3장에서 AWS IAM, 모니터링, 로깅 및 경보에 대해 읽고 24-Hour Video를 구현한 후, 다음 연습을 완성하라.

1. 이번 장의 앞 부분에서 설명한 대로 Lambda-DevOps 그룹을 만든다. 현재 IAM 사용자인 Lambda-Upload를 그 그룹에 할당한다. 그러고 나서 두 명의 사용자인 LambdaUpload-Staging과 Lambda-Upload-Production을 만들고 두 사용자를 Lambda-DevOps에 할당한다. 새로운 두 사용자의 액세스 키는 안전한 장소에 저장해야 한다.

2. 24-Hour Video에 있는 두 번째 버킷인 video-transcoded-bucket의 버킷 정책을 수정해 SSL 연결만 수락한다. 정책은 SSL이 아닌 모든 연결을 거부해야 한다. 참조를 위해 목록 4.4를 살펴본다.

3. CloudWatch에서 모든 로그 그룹의 보존 기간을 6개월로 설정한다.

4. 3장에서 생성한 두 번째 버킷에 대한 로깅을 설정한다. 대상 접두사를 transcoded/으로 변경한다.

5. 한 달에 $100이상 지출했을 때 알려주는 결제 경보와 $500.00 이상을 지출했음을 알리는 또 다른 알람을 설정한다.

6. CloudTrail에서 24-Hour Video를 호스팅하는 계정을 모니터링하는 트레일을 생성한다.

## 4.5 요약

이번 장에서는 AWS로 서버리스 아키텍처를 효과적으로 구축하기 위해 알아야 하는 몇 가지 핵심 개념을 다뤘다. 보안, 로깅, 경보 및 비용 제어는 항상 흥미로운 것은 아니지만 시스템의 성공에 거의 항상 중요한 요소다. 그리고 다음과 같은 내용을 배웠다.

- 사용자, 그룹, 역할, 정책 및 권한을 포함하는 AWS IAM
- CloudWatch를 사용해 로그 검토 및 사용자 정의 지표 기반의 경보 생성
- S3에서 로깅 활성화
- CloudCheckr 및 Trusted Advisor와 같은 자체 경보 및 서비스를 사용해 지속적인 비용 모니터링
- AWS 서비스의 API 호출을 모니터링하도록 CloudTrail 설정
- Lambda 및 API Gateway에 대한 비용 산정 및 Simple Monthly Calculator사용

다음 장에서는 서버리스 아키텍처의 인증 및 권한에 대해 배운다. Auth0를 사용해 이 기능을 구축하고 안전한 사용자 시스템을 만든다. API Gateway를 소개하고 24-Hour Video에 대한 사용자 인터페이스를 작성하기 시작한다.

# 02 부

## 핵심 아이디어

1부를 읽고 이제 어느 정도 서버리스 아키텍처의 핵심 개념과 원칙에 익숙해졌을 것이다. 이제 AWS Lambda및 API Gateway와 마찬가지로 인증 및 권한에 대한 원칙을 자세히 살펴볼 시간이다. 다음 장에서는 Lambda 함수를 작성하고, RESTful API를 구성하며, 사용자 인증이 있는 웹 사이트를 설정한다. 단 한 명의 개발자가 얼마나 빨리 서버리스 백엔드를 구성하고 서버리스 기술이 얼마나 강력한지 알게 될 것이다.

이번 장에서는 다음을 설명한다.

- 서버리스 아키텍처에서의 인증과 권한
- 인증을 위한 중앙 서비스 역할을 하는 Auth0
- JSON Web Tokens 및 위임 토큰
- AWS API Gateway 및 사용자 정의 승인 모듈

우리가 받는 첫 번째 질문 중 하나는 보통 서버리스 환경에서의 인증 및 권한에 관한 것이다. 서버가 없으면 어떻게 사용자를 인증하고 자원에 대한 접근을 보호하는가? 이 질문에 답변하기 위해 Cognito라는 AWS 서비스와 Auth0^오쓰제로라는 AWS가 아닌 다른 서비스를 소개한다. 또한 Amazon API Gateway를 소개하고 이를 사용해 API를 만드는 방법을 보여 준다. 사용자 정의 승인 모듈을 사용해 이 API를 보호하고 이를 Lambda 함수에 연결하는 방법을 보여 준다. 마지막으로 로그인, 로그아웃 및 사용자 프로필 기능을 제공하기 위해 Auth0, API Gateway 및 Lambda의 기능을 결합해 24-Hour Video를 확장하는 방법을 보여 준다.

## 5.1 서버리스 환경에서의 인증

현대의 웹 및 모바일 애플리케이션에서 인증 및 권한은 여러 가지 형태를 취할 수 있다. 사용자가 애플리케이션에 직접 가입하거나 기업용 디렉터리를 통해 로그인할 수 있는 것은 중요하다. 사용자가 구글, 페이스북 또는 트위터와 같은 타사 자격증명 제공업체^Identity Provider, IdP로 인증하게 하는 것도 마찬가지로 중요할 수 있다. 서버 없이 모든 필수 인증, 권한, 사용자 등록 및 사용자 유효성 검증 관련 사항을 구현하고 관리하는 방법을 묻는다. 대답은 Amazon Cognito 및 Auth0와 같은 서비스와 위임 토큰과 같

은 기술을 사용하는 것이다. 이러한 서비스 및 기술에 대해 더 자세히 논의하기 전에 부록 C를 참조한다. 이 부록은 인증 및 권한, OpenID 및 OAuth 2.0 주제를 잘 기억나게 하는 역할을 담당한다.

## 5.1.1 서버리스 방식

사용자를 인증하고 필요한 서비스에 대한 접근을 부여하는 것은 서버가 없다면 어려울 수도 있지만, 가능한 것이 무엇인지 이해하면 어렵지 않다.

- 인증 시스템 구현을 돕기 위해 Cognito(https://aws.amazon.com/cognito)나 Auth0(https://auth0.com)와 같은 서비스를 사용할 수 있다.

- 서비스 간에 사용자 정보를 교환하고 확인하기 위해 토큰을 사용할 수 있다. 이번 장에서는 JSON 웹 토큰JSON Web Token, JWT을 사용한다. 이런 토큰은 사용자에 대한 필수 정보(클레임)를 캡슐화할 수 있다. Lambda 함수는 토큰이 합법적인지 확인한 다음 모든 것이 정상이면 실행을 계속할 수 있다. 관련 Lambda 함수가 실행되기 전에 API Gateway에서 토큰의 유효성을 검사할 수도 있다(5.3절 참조).

- Lambda 함수 또는 Auth0를 사용하여 위임 토큰을 만들 수 있다. 위임 토큰을 사용해 프런트엔드에서 서비스에 대한 직접 접근 권한을 부여할 수 있다.

그림 5.1은 서버리스 애플리케이션에서 가능한 인증 및 권한 부여 아키텍처를 보여 준다. 인증 프로세스는 다른 서비스와의 직접 인증에 필요한 위임 토큰의 인증 및 생성을 담당하는 Auth0를 사용해 관리된다. 그림에서 볼 수 있듯이 클라이언트는 데이터베이스에 직접 접근하거나 자체 자격 증명을 사용해 데이터베이스에 접근할 수 있는 Lambda 함수에 요청을 보낸다. 시스템에 가장 적합한 방법을 선택할 때 융통성이 있다.

### JSON 웹 토큰JSON Web Tokens

이번 장에서는 JWTJSON Web Token를 살펴본다. IETFInternet Engineering Task Force는 JWT를 "양측간에 전송되는 클레임을 표현하는 간편하고 안전한 URL 방식"이라고 설명한다. JWT의 클레임은 JWSJSON Web Signature 구조의 페이로드 또는 JWEJSON Web Encryption 구조의 일반 텍스트로 사용되는 JSON 객체로 인코딩되고, 클레임을 MACMessage Authentication Code으로 디지털 서명을 하거나 무결성을 보호하거나 암호화할 수 있다"(http://bit.ly/1Spxog6). 자세한 내용은 부록 C의 JWT 부분을 참조한다.

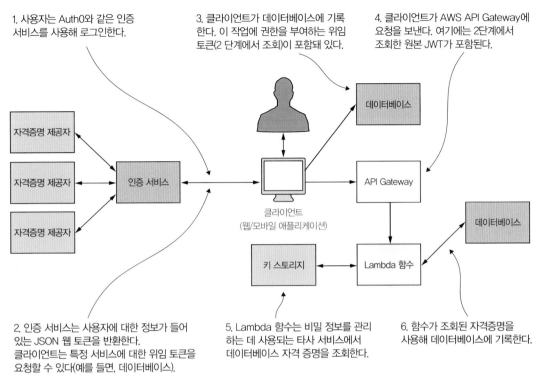

1. 사용자는 Auth0와 같은 인증 서비스를 사용해 로그인한다.

3. 클라이언트가 데이터베이스에 기록한다. 이 작업에 권한을 부여하는 위임 토큰(2 단계에서 조회)이 포함돼 있다.

4. 클라이언트가 AWS API Gateway에 요청을 보낸다. 여기에는 2단계에서 조회한 원본 JWT가 포함된다.

2. 인증 서비스는 사용자에 대한 정보가 들어 있는 JSON 웹 토큰을 반환한다. 클라이언트는 특정 서비스에 대한 위임 토큰을 요청할 수 있다(예를 들면, 데이터베이스).

5. Lambda 함수는 비밀 정보를 관리하는 데 사용되는 타사 서비스에서 데이터베이스 자격 증명을 조회한다.

6. 함수가 조회된 자격증명을 사용해 데이터베이스에 기록한다.

그림 5.1 서버리스 아키텍처에서는 클라이언트가 의미있는 위치에서 직접 서비스와 상호 작용해야 한다.

1장, '서버리스 아키텍처'에서 "애플리케이션의 프레젠테이션 계층은 API Gateway를 통해 서비스, 데이터베이스 또는 컴퓨팅 기능과 직접 통신한다. 프런트엔드에서 많은 서비스에 직접 접근할 수 있다. 일부 서비스는 추가 보안 조치 및 유효성 확인이 가능한 컴퓨팅 서비스 기능에 숨겨져 있어야 한다." 라고 했다. 이 설명은 통신이 데이터베이스 및 서비스에 대한 접근을 조정하는 백엔드를 통하는 많은 전통적인 시스템과 대조적이다. 따라서 인증 및 권한을 위한 서버리스 시스템을 설계할 때 다음 사항을 기억한다.

- OpenID Connect 및 JWT와 같은 인증 및 권한을 위해 업계에서 지원하는 안정된 방법을 사용한다.
- 위임 토큰을 사용하고 프런트엔드가 서비스(및 데이터베이스)와 직접적으로 통신할 수 있도록 한다(즉, 클라이언트 중단으로 인해 시스템이 일관성 없는 상태가 되지 않고 안전한 경우에만 이 방식을 수행한다).

### 위임 토큰

9장에서 JWT 기반 위임 토큰을 사용해 데이터베이스 및 다른 서비스에 대한 접근을 허가하는 방법을 보여 준다. JWT는 훌륭하지만, 모든 서비스를 지원하지는 않는다. 대신 서명이나 임시 자격 증명을 사용해야 하는 경우가 있다. 이번 장(및 이후)에서는 위임 토큰이 JSON 웹 토큰이라고 가정한다. 그러나 서비스에 대한 임시 액세스 권한을 부여하는 다른 방법을 사용하는 경우에는 이를 분명히 언급할 것이다.

장기적으로 일을 쉽게 만들기

서버리스 아키텍처를 구축할 때 조치를 수행하기 위해 시스템이 해야 하는 단계의 수를 줄인다. 안전하고 적절한 상황이라면 프런트엔드가 서비스와 직접 통신할 수 있게 한다. 이렇게 하면 응답 시간이 줄어들고 시스템을 더 쉽게 관리할 수 있다.

또한 인증 및 권한을 처리하는 자체 방식을 제시하지 않는다. 공통 프로토콜 및 명세를 채택한다. 여러 가지 서드파티 서비스 및 이를 구현하는 API와 통합할 가능성이 크다. 보안은 어렵기 때문에 인증과 권한에 대해 검증된 모델을 따르면 성공할 가능성이 크다.

## 5.1.2 Amazon Cognito

개발자는 원한다면 자신만의 인증 및 권한 시스템을 구축할 수 있다. OpenID Connect 및 OAuth 2.0을 사용하면 외부 자격증명 제공 업체를 지원할 수 있다. Lambda 함수, 데이터베이스, 등록/로그인 페이지를 추가하면, 사용자를 인증할 수 있다. 하지만, 다른 사람이 이미 그 일을 했을 텐데 왜 또 구축하는가? 평소에 해야 할 작업량을 줄일 수 있는지 알아보기 위해 기존 서비스를 살펴보자.

Amazon Cognito(https://aws.amazon.com/cognito)는 인증을 도와주는 아마존 서비스다. 이 서비스를 사용해 전체 등록 및 로그인 시스템을 구축할 수 있으며, 공개 자격증명 공급자 또는 자신(기존)의 인증 프로세스와 통합할 수 있다.

Cognito를 통해 인증된 사용자와 인증되지 않은 사용자에게는 IAM 역할/임시 자격증명이 할당된다. 이를 통해 사용자는 AWS에서 자원과 서비스에 접근할 수 있다. 또한 Cognito는 최종 사용자 데이터를 저장할 수 있다. 이 데이터는 여러 장치에서 동기화되고 접근할 수 있다. 그림 5.2는 사용자가 자격증명 공급자로 인증하고 AWS의 데이터베이스에 접근하는 것을 보여 준다. Cognito는 중개자 역할을 한다(Cognito 인증 흐름에 대한 자세한 내용은 http://amzn.to/1SmsmPt 참조).

Cognito는 훌륭한 서비스이지만 많은 제한이 있다. 비밀번호 재설정과 같은 유용한 기능은 약간의 수동적인 구현이 필요하며 TouchID를 통한 로그온과 같은 고급 기능 중 일부는 제공하지 않는다. Cognito는 훌륭한 시스템이지만 다른 대안인 Auth0라는 서비스가 있다.

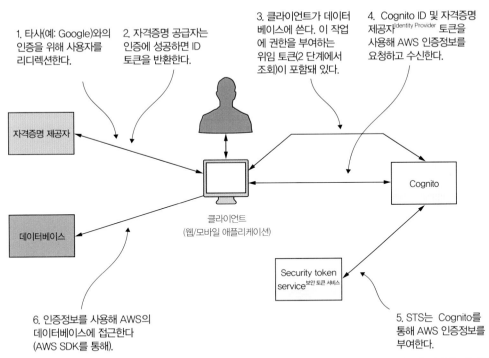

1. 타사(예: Google)와의 인증을 위해 사용자를 리디렉션한다.

2. 자격증명 공급자는 인증에 성공하면 ID 토큰을 반환한다.

3. 클라이언트가 데이터 베이스에 쓴다. 이 작업 에 권한을 부여하는 위임 토큰(2 단계에서 조회)이 포함돼 있다.

4. Cognito ID 및 자격증명 제공자Identity Provider 토큰을 사용해 AWS 인증정보를 요청하고 수신한다.

자격증명 제공자

데이터베이스

클라이언트
(웹/모바일 애플리케이션)

Cognito

Security token service보안 토큰 서비스

6. 인증정보를 사용해 AWS의 데이터베이스에 접근한다 (AWS SDK를 통해).

5. STS는 Cognito를 통해 AWS 인증정보를 부여한다.

그림 5.2 Cognito와 (향상된) 인증 흐름 및 임시 AWS 자격증명을 부여하는 Security Token Service(STS). 여기서는 클라이언트가 AWS SDK를 사용해 자원(즉, 이 그림에서는 데이터베이스)을 직접 호출한다고 가정한다.

## 5.1.3 Auth0

Auth0(https://auth0.com)는 범용 자격증명 플랫폼으로 분류될 수 있다. 사용자 이름과 비밀번호로 사용자가 정의한 사용자에 대해 등록 및 로그인을 지원하고, OAuth 2.0 및 OAuth 1.0을 사용하는 자격증명 제공자와 통합하고 기업용 디렉터리에 연결한다. 또한 다중 요소 인증Multi-Factor Authentication, MFA 및 TouchID 지원과 같은 고급 기능을 제공한다.

 Auth0로 사용자를 인증하면 클라이언트 애플리케이션이 JSON 웹 토큰을 받는다. 이 토큰은 사용자의 식별이 필요하거나 다른 서비스에 대한 위임 토큰(Auth0에서)을 요청하는 데 사용할 수 있는 경우라면 Lambda 함수에서 사용될 수 있다. Auth0는 AWS와 잘 통합된다. AWS 자원에 안전하게 접근하기 위해 임시 AWS 자격 증명을 얻을 수 있으므로 Cognito 대신 Auth0를 사용하더라도 큰 문제는 없다. https://auth0.com/docs/integrations/aws에서 AWS와의 통합에 대한 자세한 내용을 참조한다.

Cognito와 Auth0는 모두 충분한 기능을 갖춘 시스템이다. 그 시스템들이 제공하는 고유한 기능을 탐색하고 프로젝트의 요구 사항을 기반으로 평가해야 한다. 다음 절에서는 Auth0와 JWT를 사용하는 서버리스 애플리케이션에서 사용자 인증을 다루는 방법을 살펴본다.

## 5.2 24-Hour Video에 인증 추가

이번 절에서는 24-Hour Video에 로그인/로그아웃 및 사용자 프로필 기능을 추가한다. Auth0를 사용해 사용자 등록 및 인증을 처리하고 Lambda 함수에 안전하게 접근하는 방법을 보여 준다. 지금까지 24-Hour Video 백엔드 제작에만 중점을 두고 프런트엔드는 무시했다. 이제 사용자가 시스템과 상호 작용할 수 있는 인터페이스를 만든다(그림 5.3).

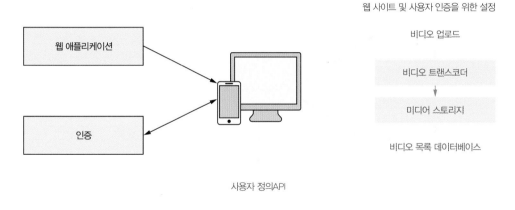

그림 5.3 이번 장에서는 인증을 추가하고 웹 사이트 구축을 시작한다.

또한 Amazon API Gateway를 더 자세히 소개한다. 이 AWS 서비스를 사용해 백엔드 서비스와 프런트엔드 간의 API를 만들 수 있다. API Gateway는 7장에 자세히 설명하므로 예제를 보는 동안 자세한 정보나 설명이 필요하면 자유롭게 이동할 수 있다.

### 5.2.1 계획

24-Hour Video에 인증/권한 시스템의 추가를 위한 계획은 다음과 같다.

1. 사용자 인터페이스로 제공할 기본 웹 사이트를 생성한다. 웹 사이트에는 로그인, 로그아웃 및 사용자 프로필 버튼이 있다. 다음 장에서는 비디오 재생과 같은 추가 기능을 이 웹 사이트에 추가한다.

2. Auth0로 애플리케이션을 등록하고 웹 사이트에 통합한다. 사용자는 Auth0를 통해 로그인하고 이를 식별하는 JSON Web Token을 받을 수 있어야 한다.

3. API Gateway를 추가해 웹 사이트에서 Lambda 함수를 호출할 수 있게 한다.

4. user-profile Lambda 함수를 만든다. 이 함수는 사용자의 JWT를 디코딩하고 Auth0 엔드 포인트를 호출해 사용자에 대한 자세한 정보를 얻는다. 그런 다음 API Gateway를 통해 이 정보를 웹 사이트에 반환한다. 현재 데이터베이스가 없으므로 사용자에 대해 저장할 수 있는 추가 정보는 없다. 그러나 9장 이후에는 추가적인 사용자 정보를 저장할 수 있는 데이터베이스를 갖게 된다.

5. HTTP GET 요청을 사용해서 user-profile Lambda 함수를 호출하도록 API Gateway를 구성한다.

6. 요청이 통합 엔드포인트에 도달하기 전에(즉, 요청이 Lambda 함수에 도달하기 전에) JWT 유효성 검사를 수행하도록 API Gateway를 수정한다. JWT의 유효성을 검사하고 모든 요청에 대해 실행할 수 있는 사용자 정의 권한 모듈로서 API Gateway에 연결하는 특수한 Lambda 함수를 만든다.

그림 5.4는 1~5 단계에서 구축할 인증/권한 아키텍처를 보여 준다. 6단계는 5.3.5항에서 자세히 설명한다.

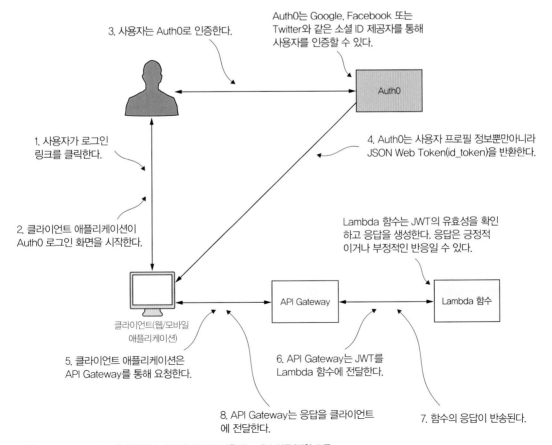

그림 5.4 24-Hour Video에 구현할 Auth0 및 JWT를 사용하는 기본 인증/권한 흐름

## 5.2.2 Lambda를 직접 호출

이번 단계에서는 왜 AWS 자격증명을 임시로 가져와서 24-Hour Video 웹 사이트에서 직접 Lambda 를 호출할 수 없는지를 물어 볼 수 있을 것이다. '왜 API Gateway가 필요합니까?'라는 식으로 말이다. 합당한 질문이다. Lambda 함수를 호출하는 두 가지 방법이 있다.

한 가지 방법은 SDK를 사용하는 것이다. 다른 하나는 API Gateway에서 생성된 인터페이스를 통과하 는 것이다. SDK 방식을 사용하면 다음과 같은 의미가 있다.

- 사용자는 AWS SDK의 일부를 다운로드해야 한다.

- 24-Hour Video는 특정 Lambda 함수와 결합된다. 이러한 함수를 나중에 변경하면 고통스러울 수 있으며 웹 사이트를 재배포 해야 할 수도 있다.

- 악의적인 사용자가 시스템을 악용하거나 Lambda를 수천 번 호출하는 것을 방지하는 것이 더 어려울 것이다. API Gateway를 사용하면 요청을 제한하고, 요청을 승인하고, 응답을 캐시할 수 있다.

- API Gateway를 사용하면 다른 클라이언트가 간단한 HTTP 요청 및 표준 HTTP 동사를 사용해 상호 작용할 수 있는 일관된 RESTful 인터페이스를 설계하고 구축할 수 있다.

Lambda와 웹 애플리케이션의 경우, API Gateway를 사용해 RESTful 인터페이스를 만들고 그 뒤에 함수를 배치하는 것이 답이다.

## 5.2.3 24-Hour Video 웹 사이트

현재 대형 웹 애플리케이션을 구축하는 경우 앵귤라[Angular] 또는 리액트[React]와 같은 사용 가능한 단일 페 이지 애플리케이션[SPA] 프레임워크 중 하나를 선택할 수 있다. 이 예제의 목적을 위해 부트스트랩[Bootstrap] 과 제이쿼리[jQuery]를 사용해 웹 사이트를 만든다. 그렇게 하는 이유는 SPA 프레임워크의 구성 및 관리보 다는 시스템의 서버리스 측면에 집중할 수 있게 하기 위함이다. 바닐라 자바스크립트 및 제이쿼리 대신 원하는 SPA를 사용하고 싶다면 그렇게 해도 좋다. 일부 변경으로 예제를 따라 할 수 있다. 그림 5.5는 이 기본 웹 사이트가 처음에 어떻게 생겼는지 보여 준다.

웹 사이트의 골격을 빠르게 만드는 방법은 http://initializr.com에서 이니셜라이저[Initializr] 템플릿의 부 트스트랩 버전을 다운로드하는 것이다(다운로드할 때 모든 기본 설정을 수락한다). 24-hour-video 와 같은 새 디렉터리로 다운로드한다. 이 웹 사이트를 변경하고 추가 패키지를 설치한다. 종속성을 관 리하고 나중에 배포를 수행하는 데 도움이 되도록 3장의 Lambda 함수에서 사용한 것처럼 npm을 사 용한다. 터미널 창을 열고 다음을 수행한다.

1. 웹 사이트 디렉터리로 변경하고 npm init을 실행한다. npm의 질문에 답해 package.json 파일을 만든다.

2. 웹 사이트를 호스팅하려면 웹 서버가 필요하다. 사용할 수 있는 괜찮은 모듈은 local-web-server다. 터미널에서 다음 명령을 실행해 설치한다.

```
npm install local-web-server --save-dev
```

3. package.json을 다음 목록과 같이 수정한다. npm start를 실행하면 웹 서버를 시작하고 웹 사이트를 호스팅한다.

Sign In 버튼은 인증되지 않은 모든 사용자에게 표시
된다. 사용자가 로그인하면 버튼은 Log Out및 User
Profile 버튼으로 바뀐다.

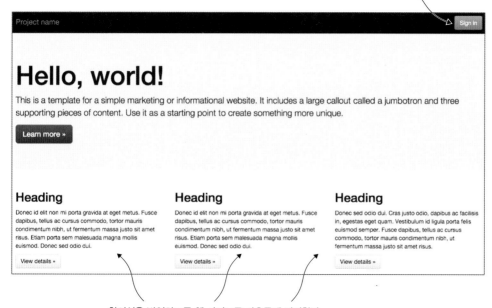

창의성을 반영하도록 웹 사이트를 자유롭게 변경한다.

그림 5.5 이니셜라이저 부트스트랩 템플릿은 추가된 Sign In 버튼과 같이 보인다.

**목록 5.1 웹 사이트용 package.json**

```
{
    "name": "24-hour-video",
    "version": "1.0.0",
    "description": "The 24 Hour Video Website",
    "local-web-server": {
        "port": 8100,
        "forbid": "*.json"
```

8100 포트는 시스템의 다른 열린 포트와 충돌하지는
않지만, 원하는 포트로 변경할 수 있다.

```
    },
    "scripts": {
        "start": "ws",          ◄────────── npm start를 실행하면 웹 서버가 시작된다.
        "test": "echo \"Error: no test specified\" && exit 1"
    },
    "author": "Peter Sbarski",
    "license": "BSD-2-Clause",
    "devDependencies": {                        버전 번호는 다를 수 있지만 괜찮다. 모든 것이
        "local-web-server": "^1.2.6"   ◄────── 여전히 작동해야 한다.
    }
}
```

## 5.2.4 Auth0 구성

이제 Auth0를 웹 사이트에 통합할 수 있다. https://auth0.com에 새 계정을 등록한다. 원하는 Auth0 계정 이름(예: 조직 또는 웹 사이트 이름)을 입력하고 지역을 선택한다(미국 서부 선택). 계정을 만든 후 Authentication Providers<sup>인증 제공자</sup> 팝업이 표시될 수 있다. 이 팝업에서 사용자에게 제공할 인증 유형을 선택할 수 있다. 그 유형에는 표준적인 사용자 이름 및 암호 인증은 물론 페이스북, 구글, 트위터 및 윈도우 라이브<sup>Windows Live</sup>와 통합이 포함된다. 추가 연결을 구성하거나 나중에 선택한 연결을 제거할 수 있다.

24-Hour Video의 기반으로 Auth0의 기본 앱을 사용할 수 있다. 애플리케이션 유형을 선택할 수 있는 옵션이 제공된다(그림 5.6). Single Page App<sup>단일 페이지 애플리케이션</sup>을 선택하고 jQuery를 선택한다. 웹 사이트에 맞게 Auth0를 구성하는 방법을 설명하는 문서 페이지로 이동한다. Auth0 문서가 뛰어나기 때문에 항상 이 페이지에서 추가 정보를 참조할 수 있다. 하지만, 지금은 Default App<sup>기본 앱</sup> 제목 아래에 있는 Settings<sup>설정</sup> 탭을 클릭한다. Settings를 선택해 애플리케이션의 핵심 설정을 구성한다.

Settings를 선택해 애플리케이션의 핵심 설정을 구성한다.

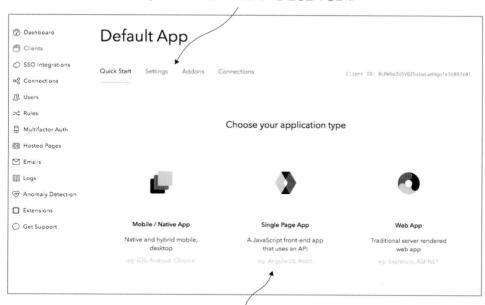

Single Page App을 선택한 다음 jQuery를
선택하면 훌륭한 설명서를 볼 수 있다.

그림 5.6 Auth0는 여유롭고 사용하기 쉬운 대시보드를 갖고 있다.

Settings 탭에서 몇 가지 옵션을 구성해야 한다(그림 5.7).

1. 클라이언트 유형 드롭 다운에서 Single Page Application을 선택한다(아직 선택하지 않은 경우).

2. Allowed Callback URLs<sup>허용된 콜백 URL</sup>에 http://127.0.0.1:8100을 입력한다.

3. 하단의 Save Changes<sup>변경 저장</sup>를 클릭한다.

Auth0는 Allowed Callback URL에 설정된 URL에만 응답을 보낸다. 웹 사이트 URL을 지정하지 않
았다면 로그인할 때 Auth0에 오류가 표시된다.

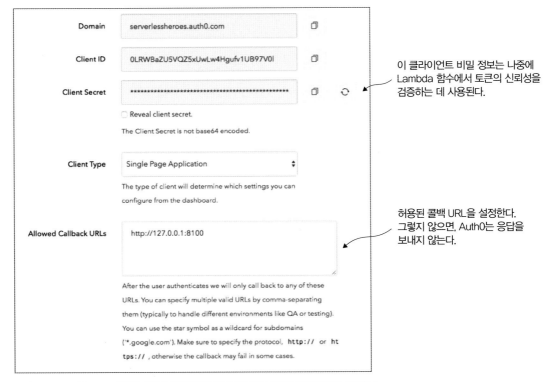

이 클라이언트 비밀 정보는 나중에
Lambda 함수에서 토큰의 신뢰성을
검증하는 데 사용된다.

허용된 콜백 URL을 설정한다.
그렇지 않으면, Auth0는 응답을
보내지 않는다.

그림 5.7 Auth0의 Settings화면을 사용해 클라이언트 비밀키를 얻고 허용된 콜백 URL을 설정한다.

또한 Connections(왼쪽 메뉴에 있음)를 보고 데이터베이스 기반, 소셜, 기업용 또는 암호 없는 유형과 같은 통합 형태를 확인한다. Connections<sup>연결</sup>에서 Social을 클릭하면 웹 애플리케이션에 사용할 수 있는 타사 인증 공급자의 목록을 볼 수 있다(그림 5.8).

대부분의 애플리케이션에서는 보통 두세 개의 소셜 연결이 활성화되어 있으면 충분하다. 활성화된 계정이 너무 많으면 사용자는 혼란에 빠지며 시스템에 로그인하기 위해 여러 계정을 사용해야 한다. 그런 일이 발생하면 사람들의 계정이 다른 이유 또는 계정이 누락된 이유를 묻는 질문을 받게 된다. 계정을 서로 연결할 수는 있지만 이번 장의 범위를 벗어나므로, 계정 연결에 대한 더 많은 정보가 필요하면 http://bit.ly/1PRKiRe를 살펴본다.

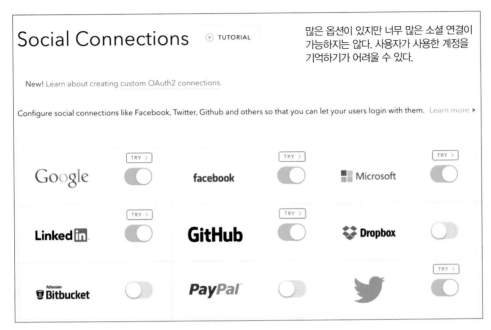

그림 5.8 Auth0는 소셜, 데이터베이스 및 기업용 연결을 지원한다.

무료 Auth0 계정은 두 개의 소셜 아이디 공급자만 지원한다. 더 많이 사용하려면 유료 요금제로 가야한다. 구글 또는 깃허브와 같은 타사 자격증명 제공자와 통합을 사용하려면 약간의 구성 작업이 필요하다. Auth0에서 자격증명 제공자를 클릭하면 API 키와 같은 정보를 입력해야 한다. Auth0는 항상 필요한 키, 클라이언트 ID 및 비밀 정보를 얻는 방법을 설명하는 페이지의 링크를 제공한다(그림 5.9). 24-Hour Video의 경우 구글 또는 깃허브와 같은 자격증명 제공자를 최소한 한 개 활성화해 설정하고 동작하는지 확인한다. 이번 장의 끝 부분에 있는 연습문제를 통해서 이 작업을 수행할 것을 요청할 것이다.

## 5.2.5 웹 사이트에 Auth0 추가

이번 절에서는 웹 사이트를 Auth0에 연결한다. 사용자는 Auth0에 등록하고 로그인해 을 받을 수 있게된다. 이 토큰은 브라우저의 로컬 저장소에 저장되며 API 에 대한 모든 후속 요청에 포함된다. 사용자는 로그 아웃해 로컬 저장소에서 토큰을 제거할 수도 있다. 그림 5.10은 워크플로우에서 이 부분을 보여 준다. 실제 시스템에서는 모든 요청에 이 토큰을 포함하는 것이 가장 좋은 방법은 아니라는 점에 유의한다. 토큰이 전송되는 위치를 제어해 제 3자가 뜻하지 않게 토큰을 가로채지 않도록 한다. 이번 장의 끝에 있는 연습문제에서 이 문제를 해결하도록 요청한다.

Auth0 Lock은 멋진 모양의 로그인/가입 대화 상자를 제공하는 Auth0의 무료 위젯이다. 이 위젯은 인증 흐름을 단순화하고 몇 가지 흥미로운 기능을 제공한다(예를 들어, 사용자가 이전 세션에서 사용한 자격증명 공급자를 기억할 수 있다).

관련 구성 정보를 얻는 방법을 보여주는
모든 자격증명 제공자를 위한 유용한
페이지가 있다.

Clients 탭에서는 이 자격증명 공급자를 사용할 수
있는 클라이언트(예: 24-Hour Video)를 선택할 수
있다.

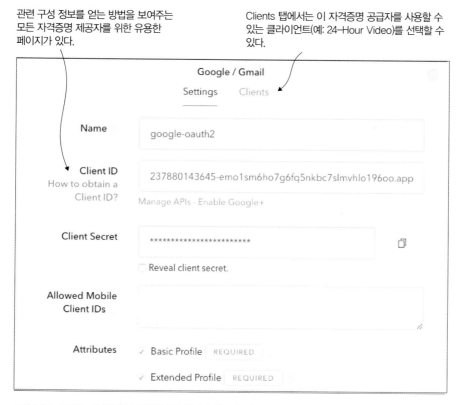

그림 5.9 Auth0에는 타사 인증 공급자의 주요 정보를 찾는 데 도움이 되는 안내서가 있다.

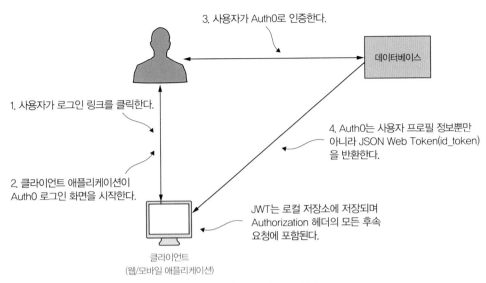

3. 사용자가 Auth0로 인증한다.

데이터베이스

1. 사용자가 로그인 링크를 클릭한다.

4. Auth0는 사용자 프로필 정보뿐만 아니라 JSON Web Token(id_token)을 반환한다.

2. 클라이언트 애플리케이션이 Auth0 로그인 화면을 시작한다.

JWT는 로컬 저장소에 저장되며 Authorization 헤더의 모든 후속 요청에 포함된다.

클라이언트
(웹/모바일 애플리케이션)

그림 5.10 이번 절을 끝내면, 사용자는 웹 사이트에 로그인하고 로그아웃할 수 있다.

이 위젯을 사용할 것이므로 다음으로 살펴봐야 할 내용은 아래와 같다.

- 웹 사이트에 Auth0 Lock 추가
- 로그인, 로그아웃 및 사용자 프로필 버튼 추가
- 로그인 대화상자를 표시하고 사용자 인증한 후 로컬 저장소에 JWT 토큰을 저장하기 위해 약간의 자바스크립트 추가

Auth0 Lock을 웹 사이트에 추가하려면 다음 단계를 따른다.

1. 즐겨 사용하는 HTML 편집기에서 index.html을 연다.

2. ⟨script src="https://cdn.auth0.com/js/lock-9.min.js"⟩⟨/script⟩를 파일 가장 아래에 있는 ⟨script src="js/main.js"⟩ ⟨/script⟩ 위에 추가한다.

3. 버튼을 추가하려면 ⟨form class = "navbar-form navbar-right"role = "form"⟩ 줄로 시작하는 로그인 폼 태그를 제거하고 다음 목록의 코드로 바꾼다.

**목록 5.2 index.html에 버튼 추가**

```
<div class="navbar-form navbar-right">
    <button id="user-profile" class="btn btn-default">
        <img id="profilepicture" /> <span id="profilename"></span>
    </button>
    <button id="auth0-login" class="btn btn-success">Sign in</button>
    <button id="auth0-logout" class="btn btn-success">Sign Out</button>
</div>
```

프로필 사진은 Auth0를 통해 조회된다.

이 버튼은 user-controller.js에서 클릭 이벤트를 트리거한다.

버튼을 연결하려면 JavaScript를 추가해야 한다. 웹 사이트의 js 디렉터리에 다음 두 개의 파일을 만든다.

- user-controller.js

- config.js

index.html에서 〈script src="js/main.js"〉〈/script〉 위와 〈script src="https://cdn.auth0.com/js/lock-9.min.js"〉〈/script〉 아래에 다음 행을 추가한다.

```
<script src="js/user-controller.js"></script>
<script src="js/config.js"></script>
```

user-controller.js에 다음 목록을 복사한다. 이 코드는 Auth0 Lock 초기화, 버튼에 클릭 이벤트 연결, 로컬 저장소에 JWT 저장하고 Authorization 헤더의 모든 후속 요청에 포함하는 내용을 담고 있다.

**목록 5.3 user-controller.js의 내용**

```
var userController = {
    data: {
        auth0Lock: null,
        config: null
    },
    uiElements: {
        loginButton: null,
        logoutButton: null,
        profileButton: null,
        profileNameLabel: null,
        profileImage: null
    },
    init: function(config) {
        var that = this;

        this.uiElements.loginButton = $('#auth0-login');
        this.uiElements.logoutButton = $('#auth0-logout');
        this.uiElements.profileButton = $('#user-profile');
        this.uiElements.profileNameLabel = $('#profilename');
        this.uiElements.profileImage = $('#profilepicture');
```

```
    this.data.config = config;
    this.data.auth0Lock =
    ↳ new Auth0Lock(config.auth0.clientId, config.auth0.domain);
```
←  Auth0 클라이언트 ID 및 도메인은
   config.js 파일에서 설정된다.

```
    var idToken = localStorage.getItem('userToken');


    if (idToken) {
        this.configureAuthenticatedRequests();
        this.data.auth0Lock.getProfile(idToken, function(err, profile) {
```
←  사용자 토큰이 이미 있는
   경우, Auth0에서 프로필을
   조회할 수 있다.

```
            if (err) {
                return alert('There was an error getting the profile: ' + err.message);
            }
            that.showUserAuthenticationDetails(profile);
        });
    }


    this.wireEvents();
},
configureAuthenticatedRequests: function() {
```
←  이 토큰은 이후의 모든 요청에서 Authorization 헤더로
   전송된다. 이렇게 하는 것은 안전하지 않을 수 있으므로,
   5.5절에서 수정하도록 요청한다.

```
    $.ajaxSetup({
        'beforeSend': function(xhr) {
            xhr.setRequestHeader('Authorization',
            ↳ 'Bearer ' + localStorage.getItem('userToken'));
        }
    });
},
showUserAuthenticationDetails: function(profile) {
    var showAuthenticationElements = !!profile;

    if (showAuthenticationElements) {
        this.uiElements.profileNameLabel.text(profile.nickname);
        this.uiElements.profileImage.attr('src', profile.picture);
    }
    this.uiElements.loginButton.toggle(!showAuthenticationElements);
    this.uiElements.logoutButton.toggle(showAuthenticationElements);
    this.uiElements.profileButton.toggle(showAuthenticationElements);
},
wireEvents: function() {
    var that = this;
```

```
        this.uiElements.loginButton.click(function(e) {
            var params = {
                authParams: {
                    scope: 'openid email user_metadata picture'
                }
            };

            that.data.auth0Lock.show(params, function(err, profile, token) {
                if (err) {
                    alert('There was an error');
                } else {
                    localStorage.setItem('userToken', token);
                    that.configureAuthenticatedRequests();
                    that.showUserAuthenticationDetails(profile);
                }
            });
        });

        this.uiElements.logoutButton.click(function(e) {
            localStorage.removeItem('userToken');
            that.uiElements.logoutButton.hide();
            that.uiElements.profileButton.hide();
            that.uiElements.loginButton.show();
        });
    }
}
```

Auth0 Lock은 대화상자를
표시하고 사용자가 등록하고
로그인할 수 있게 한다.

JWT 토큰을 브라우저의 로컬 저장소에
저장한다.

Logout을 클릭하면 로컬 저장소에서 사용자의
토큰이 제거되고 Login 버튼이 표시되며 Profile
및 Logout 버튼이 숨겨진다.

다음 코드를 config.js에 복사한다. 알맞은 클라이언트 ID 및 Auth0 도메인을 설정한다.

**목록 5.4 config.js의 내용**

```
var configConstants = {
    auth0: {
        domain: 'AUTH0-DOMAIN',
        clientId: 'AUTH0-CLIENTID'
    }
};
```

Auth0 도메인과 클라이언트 ID는 Auth0
대시보드에서 얻을 수 있다(그림 5.7).

main.js에 다음 목록의 코드를 복사한다.

**목록 5.5 main.js의 내용**

```
(function(){
    $(document).ready(function(){
        userController.init(configConstants);    ◄─── userController.init 함수를
    });                                                실행해 이벤트를 연결하고
}());                                                  Auth0를 설정한다.
```

마지막으로 main.css(웹 사이트의 css 디렉터리에 있음)를 수정해 다음 목록에 나와있는 스타일을 지정한다.

**목록 5.6 main.css의 내용**

```
#auth0-logout {
    display: none;
}
#user-profile {
    display: none;
}
#profilepicture {
    height: 20px;
    width: 20px;
}
```

## 5.2.6 Auth0 통합 테스트

Auth0 통합을 테스트하려면 웹 서버가 터미널에서 실행 중인지 확인한다. 실행 중이 아니면 npm start를 실행해 웹 서버를 실행한다. 브라우저에서 페이지를 열고 Sign In 버튼을 클릭한다. Auth0 Lock 대화 상자가 나타난다(그림 5.11). 지금 가입하면(여러분은 지금 24-Hour Video 앱에 대한 새 사용자를 만드는 중인데, 이 사용자는 처음으로 Auth0에 가입할 때 쓰인 사용자가 아니다), Auth0는 가입한 사용자를 웹 사이트에 즉시 로그인시킨다. JWT는 브라우저의 로컬 저장소에 전송되고 저장되어야 한다(크롬을 사용한다면 Developer Tools<sup>개발자 도구</sup>를 열고 Storage를 선택한 후, Local Storage를 클릭하고 http://127.0.0.1:8100을 클릭하면 userToken을 볼 수 있다). Sign Out 버튼을 클릭해 로그아웃하고 로컬 스토리지에서 JWT를 삭제한다.

소셜 공급자를 구성하지 않은 경우,
Auth0의 소셜 연결에서 API 키를
설정하라는 팝업이 표시된다.

Auth0는 비밀번호 재설정 이메일
및 계정 활성화를 수행한다.

그림 5.11 Auth0 Lock은 사용자가 쉽게 등록할 수 있게 하는 대화상자를 제공한다.

Auth0 대시보드로 돌아가서 Users를 클릭한다. 사이트에 등록된 모든 사용자를 볼 수 있다. 다른 사용자와 연락, 차단, 삭제, 위치보기 또는 로그인을 할 수 있다. 이전에 성공적으로 로그인한 경우 사용자 세부 정보가 목록에 표시된다.

무언가가 작동하지 않고 로그인할 수 없다면 브라우저의 개발자 도구를 열고 Console and Network 탭에서 Auth0의 모든 메시지를 확인한다. Auth0의 Allowed Callback URL에 웹 사이트의 URL이 설정됐는지 다시 확인하고, 올바른 클라이언트 ID와 도메인을 갖고 있는지 확인한다.

## 5.3 AWS와 통합

이제 웹 사이트에서 JWT를 승인하고 유효성을 검사하고 Auth0에서 사용자에 대한 추가 정보를 요청하는 Lambda 함수를 만든다. 브라우저에서 바로 Auth0에 요청을 보내고 사용자에 대한 정보를 그 방식으로 얻을 수 있게 된다. 이를 수행하기 위해 Lambda 함수가 필요하지 않지만, 이 예는 Lambda에서 JWT를 다루는 방법을 보여주려고 설계된 것으로, 나중에 이 코드의 일부가 사용자 정의 권한 모듈의 기반이 된다.

이전에 언급했듯이 Lambda 함수를 호출하는 두 가지 방법이 있다. AWS SDK를 사용하는 방법과 API Gateway를 경유하는 방법이 그것이다. 여기서는 두 번째 옵션을 사용할 것이므로 API Gateway를 만들어야 한다. 웹 사이트는 API Gateway 자원에 요청을 보내고 JWT를 요청의 Authorization 헤더에 포함시킨다. API Gateway는 요청을 수신해 Lambda 함수에 전달하고, 그러고 나서 Lambda 응답을 클라이언트에 다시 보낸다. 그림 5.12는 워크플로우의 이 부분을 보여 준다.

이제 사용자 정의 API로 작업한다(그림 5.13).

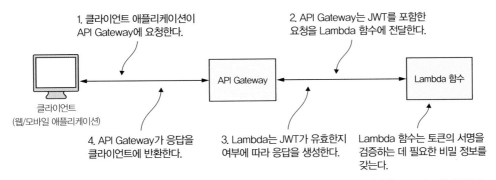

그림 5.12 웹 사이트는 API Gateway를 통해 Lambda 함수를 호출한다. 요청의 Authorization 헤더에는 JWT가 포함되어 있다.

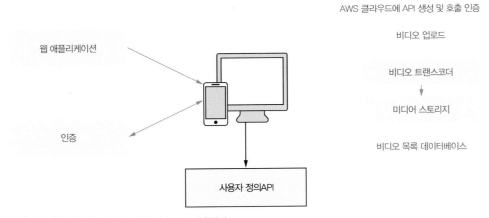

그림 5.13 다음 장에서 사용자 정의 API를 만들고 사용한다.

### 5.3.1 사용자 프로필 Lambda

사용자 프로필 Lambda 함수를 구현하기 전에 그 함수에 대한 새 IAM 역할을 만들어야 한다. 이전에 만든 역할(lambda-s3-execution-role)을 재사용할 수는 있지만, 필요하지 않은 권한이 너무 많다. 그럼 적은 권한을 가진 새로운 역할을 만드는 방법을 살펴보자.

1. IAM 콘솔에서 새 역할을 만든다.

2. 역할 이름을 api-gateway-lambda-exec-role로 지정한다.

3. 역할 생성 프로세스의 2단계에서 AWS Lambda를 선택한다.

4. 정책 목록에서 AWSLambdaBasicExecutionRole을 선택한다.

5. Create Role을 클릭해 저장한다.

새로운 역할을 만들었으므로 Lambda 함수에 집중할 수 있다. 이 함수는 다음을 수행한다.

1. JSON Web Tokens를 검증한다.

2. Auth0 엔드포인트를 호출해 사용자에 대한 정보를 조회한다.

3. 웹 사이트에 응답을 보낸다.

바로 AWS에서 함수를 만든다.

1. AWS 콘솔에서 Lambda를 클릭한다.

2. Create a Lambda Function<sup>람다 함수 생성</sup> 버튼을 클릭하고 Blank Function<sup>빈 함수</sup> 블루프린트를 선택한다.

3. Triggers 화면에서 Next를 클릭한다.

4. 함수 이름을 user-profile로 지정한다.

5. Existing Role<sup>기존 역할</sup> 드롭 다운에서 api-gateway-lambda-exec-role을 선택한다.

6. 다른 모든 설정은 그대로 함수를 저장하고 생성한다.

컴퓨터에서 함수를 설정한다.

1. 3장에서 작업한 Lambda 함수 중 하나의 복사본을 만든다.

2. package.json에서 함수 이름과 관련된 메타데이터를 변경한다(배포 스크립트에서 함수 이름이나 ARN을 업데이트할 것을 기억한다).

3. package.json의 종속성 목록에 AWS SDK가 있는 경우, 이 함수에 필요하지 않으므로 AWS SDK를 제거할 수 있다.

이제 jsonwebtoken이라는 npm 모듈을 추가해야 한다. 이 모듈은 토큰의 무결성을 확인하고 디코딩하는 데 도움이 된다.

터미널 창에서 함수가 있는 디렉터리로 변경하고 다음 명령을 실행한다.

```
npm install jsonwebtoken --save
```

또한 Auth0에 사용자 정보를 검색하도록 요청하려면 request라는 라이브러리를 사용해야 한다. 터미널에서 npm install request --save를 실행해 request을 설치한다. package.json은 다음 목록과 비슷해야 한다.

**목록 5.7 user-profile Lambda 함수에 대한 package.json**

```
{
    "name": "user-profile",
    "version": "1.0.0",
    "description": "This Lambda function returns the current user-profile",
    "main": "index.js",
    "scripts": {                                          이 함수에서 사용되지 않는 스크립트(예: 테스트
        "deploy": "aws lambda update-function-code    ◄   스크립트) 및 종속성을 삭제할 수 있다.
        └ --function-name user-profile --zip-file fileb://Lambda-Deployment.zip",
        "predeploy": "zip -r Lambda-Deployment.zip * -x *.zip *.json *.log"
    },
    "dependencies": {
        "jsonwebtoken": "^5.7.0",        │ 버전 번호는 다를 수 있다.
        "request": "^2.69.0"             │
    },
    "author": "Peter Sbarski",
    "license": "BSD-2-Clause",
}
```

index.js를 열고 그 내용을 다음 목록의 코드로 바꾼다. 이 코드는 토큰의 유효성을 검사하고 디코딩하는 역할을 한다. 성공하면 Auth0가 제공하는 tokeninfo 엔드포인트로 요청을 전송한다. JWT는 Auth0에 대한 요청 본문에 포함된다. tokeninfo 엔드포인트는 사용자에 대한 정보를 웹 사이트로 다시 보낸다.

**목록 5.8 user-profile Lambda 함수의 내용**

```
'use strict';

var jwt = require('jsonwebtoken');
var request = require('request');

exports.handler = function(event, context, callback){
    if (!event.authToken) {
        callback('Could not find authToken');
        return;
    }

    var token = event.authToken.split(' ')[1];

    var secretBuffer =
  └ new Buffer(process.env.AUTH0_SECRET);
    jwt.verify(token, secretBuffer, function(err, decoded){
        if(err){
            console.log('Failed jwt verification: ', err,
          └ 'auth: ', event.authToken);
            callback('Authorization Failed');
        } else {

            var body = {
                'id_token': token
            };

            var options = {
                url: 'https://'+ process.env.DOMAIN + '/tokeninfo',
                method: 'POST',
                json: true,
                body: body
            };

            request(options, function(error, response, body){
                if (!error && response.statusCode === 200) {
                    callback(null, body);
                } else {
                    callback(error);
                }
```

event.authToken은 토큰 앞에 Bearer라는 단어가 포함되어 있기 때문에 분리되어야 한다.

AUTH0_SECRET 및 DOMAIN은 Lambda의 환경 변수다. Lambda의 콘솔에서 이를 설정하고 수정할 수 있다.

jsonwebtoken 모듈은 동시에 검증 및 디코딩할 수 있다. 토큰의 무결성을 검사하고 클레임을 추출해야 하는 경우 유용한 유틸리티다.

request 모듈은 모든 종류의 요청을 수행하는 데 훌륭한 유틸리티다. 오류 객체가 null이 아닌 경우, 요청이 성공했다고 가정해 API Gateway를 통해 본문을 반환할 수 있다.

```
            });
        }
    })
};
```

### 환경 변수

환경 변수Environment variables는 Lambda가 구성 설정, 데이터베이스 연결 문자열 및 기타 유용한 정보를 함수에 포함하지 않고 저장하는 방법이다. 환경 변수에 설정을 저장하는 것은 개발자가 함수를 다시 배포하지 않고 해당 설정을 업데이트할 수 있기 때문에 매우 권장된다. 환경 변수는 독립적으로 함수와 분리해 변경할 수 있다. Node.js의 경우에는 process.env를 통해 함수에서 환경 변수를 사용할 수 있다. 또한 중요한 비밀정보를 저장하는 좋은 방식을 제공하는 KMS를 통해 환경 변수를 암호화할 수 있다. 6장에서는 이 유용한 기능에 대해 자세히 다룬다.

터미널에서 npm run deploy를 실행해 AWS에 함수를 배포한다. 마지막으로, Lambda 함수가 Auth0 도메인과 Auth0 비밀정보를 저장하기 위한 두 개의 환경 변수를 생성해야 한다(그림 5.14). 목록 5.8은 이 두 변수를 사용해 토큰을 확인하고 Auth0에 요청을 보낸다. 이 두 변수를 추가하려면 다음을 수행한다.

1. AWS 콘솔에서 Lambda를 열고 user-profile 함수를 클릭한다.

2. Code 탭의 맨 아래에 환경 변수에 대한 부분이 표시된다.

3. DOMAIN이라는 변수에 Auth0 도메인을 값으로 추가한다.

4. Auth0_SECRET이라는 변수에 Auth0 비밀정보를 추가한다. Auth0에서 도메인과 비밀정보를 복사할 수 있다(그림 5.7). Auth0 클라이언트 ID와 비밀정보를 쉽게 섞으면 되므로 올바른 값을 복사했는지 다시 확인한다.

5. 상단의 Save 버튼을 클릭해 설정을 저장한다.

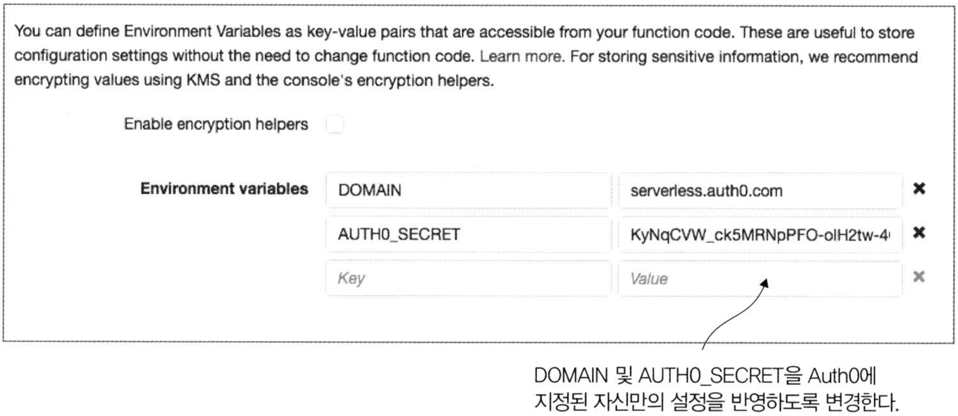

DOMAIN 및 AUTH0_SECRET을 Auth0에 지정된 자신만의 설정을 반영하도록 변경한다.

그림 5.14 Lambda 함수가 올바르게 실행되도록 DOMAIN 및 AUTH0_SECRET를 설정해야 한다.

## 5.3.2 API Gateway

웹 사이트의 요청을 받아들이고 user-profile Lambda 함수를 호출하기 위해 API Gateway를 설정해야 한다. 또한 자원을 만들고 GET 메소드를 추가하고 CORS[Cross-Origin Resource Sharing]를 활성화해야 한다.

1. AWS 콘솔에서 API Gateway를 클릭한다.

2. 24-hour-video와 같은 API 이름과 선택적으로 설명을 입력한다.

3. Create API를 클릭해 첫 번째 API를 작성한다.

API Gateway의 API는 자원을 중심으로 구축된다. 모든 자원은 HEAD, GET, POST, PUT, OPTIONS, PATCH 또는 DELETE와 같은 HTTP 메소드와 결합될 수 있다. user-profile이라는 자원을 만들고 이를 GET 메소드와 결합한다. 방금 생성한 API에서 다음 단계를 수행한다.

1. Actions를 클릭하고 Create Resource를 선택한다.

2. Resource Name[리소스 이름] 필드에 User Profile이라고 입력한다. Resource Path[리소스 경로] 필드가 자동으로 채워져야 한다(그림 5.15).

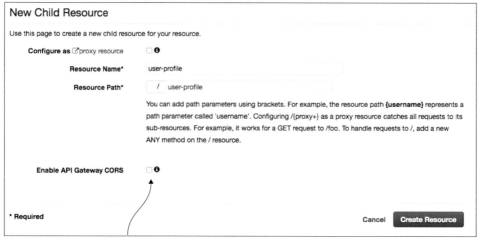

> CORS를 활성화해야 하지만, 지금은 하지 않는다.
> 이 자원에 대해 GET 메소드를 만들고 이를 수행한다.

그림 5.15 API Gateway에서 자원은 몇 초 만에 생성된다.

3. Create Resource 버튼을 클릭해 자원을 생성하고 저장한다.

4. 왼쪽 목록에 /user-profile 자원이 표시된다.

5. 자원이 선택되어 있는지 확인하고 Actions을 다시 클릭한다.

6. Create Method를 클릭해 새로운 GET 메소드를 생성한다.

7. /user-profile 자원에서 드롭다운을 클릭하고 GET을 선택한다(그림 5.16).

8. 확인 표시 버튼을 클릭해 저장한다.

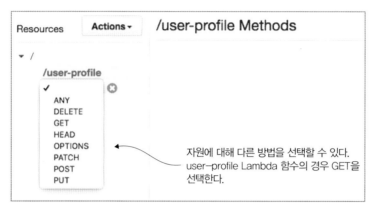

그림 5.16 /user-profile 자원에 대한 GET 메소드를 선택한다. 이 메소드를 사용해 사용자에 대한 정보를 조회한다.

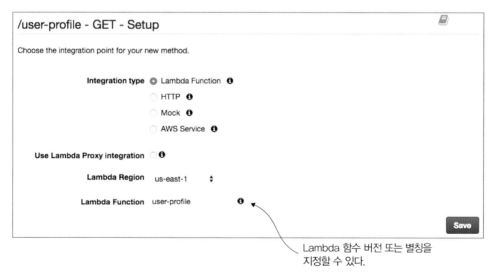

그림 5.17 CORS를 활성화하기 전에 먼저 이 통합 요청을 설정해야 한다.

GET 메소드를 저장하면 Integration Request 화면을 즉시 볼 수 있다(그림 5.17).

1. Lambda Function 라디오 버튼을 클릭한다.

2. Lambda Region<sup>람다 지역</sup> 드롭박스 메뉴에서 지역(예: us-east-1)을 선택한다.

3. Lambda Function<sup>람다 함수</sup> 텍스트 상자에 user-profile을 입력한다.

4. Save를 클릭한다.

5. Lambda 함수에 권한을 추가해도 괜찮으냐고 물으면 OK를 클릭한다.

다음으로 CORS를 활성화하도록 설정해야 한다.

1. /user-profile 자원을 클릭한다.

2. Actions를 클릭한다.

3. Enable CORS를 선택한다.

4. CORS 구성 화면은 기본값으로 남겨둘 수 있다. Access-Control-Allow-Origin 필드는 와일드카드로 설정되어 임의의 다른 도메인/엔드포인트에서 해당 엔드포인트로 요청을 보낼 수 있다. 이 설정은 지금은 괜찮지만, 특히 스테이징 및 실운영 환경으로 출시할 준비를 할 때는 이를 제한해야 한다(그림 5.18).

5. Enable CORS and replace existing CORS headers<sup>CORS 활성 및 기존 CORS 헤더들을 대체</sup>를 클릭해 구성을 저장한다.

6. Yes를 클릭하고 팝업 확인 상자에서 기존 값을 대체한다.

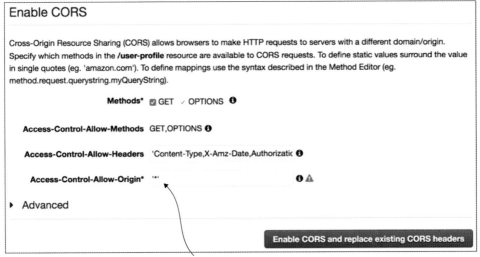

이 헤더를 *로 설정하면 어디에서든지 자원에
접근할 수 있다.

그림 5.18 CORS를 사용하면 웹 사이트에서 이 API에 접근할 수 있다.

## 5.3.3 매핑

목록 5.8을 보면 event.authToken을 참조하는 코드를 볼 수 있다. 이 코드는 웹 사이트의 Authorization 헤더를 통해 전달된 JWT 토큰이다. 이 토큰을 Lambda 함수에서 사용할 수 있게 하려면 API Gateway에서 매핑Mappings을 만들어야 한다.

### 매핑 템플릿

목록 5.9에서는 벨로시티 템플릿 언어Velocity Template Language, VTL를 사용해 매핑을 생성하고 있다. 이 매핑은 HTTP(메소드) 요청에서 값을 추출해 이벤트 객체의 authToken이라는 속성을 통해 Lambda 함수에서 사용할 수 있게 한다. 매핑 템플릿Mapping templates은 한 형식에서 다른 형식으로 데이터를 변환한다. 매핑 템플릿에 대한 자세한 내용은 7장을 참조한다.

이 매핑은 Authorization 헤더를 추출해 이벤트 객체에 authToken으로 추가한다.

1. /user-profile 자원에서 GET 메소드를 클릭한다.

2. Integration Request통합 요청을 클릭한다.

3. Body Mapping Templates바디 매핑 템플릿을 확장한다.

4. Add Mapping Template매핑 템플릿 추가을 클릭한다.

5. application/json을 입력하고 확인 표시 버튼을 클릭한다.

6. Change Passthrough Behavior창구 행태 변경라고 표시된 대화 상자가 표시되면 Yes, Secure This Integration예, 이 통합을 보호를 선택한다.

7. 템플릿 상자에 다음 목록의 코드를 입력한다.

8. 완료되면 Save를 클릭한다(그림 5.19).

---

**목록 5.9 토큰에 대한 매핑 템플릿**

```
{
    "authToken" : "$input.params('Authorization')"     ←──  매핑은 요청에서 요소를 가져와 이벤트 객체의
}                                                             속성으로 사용할 수 있게 한다.
```

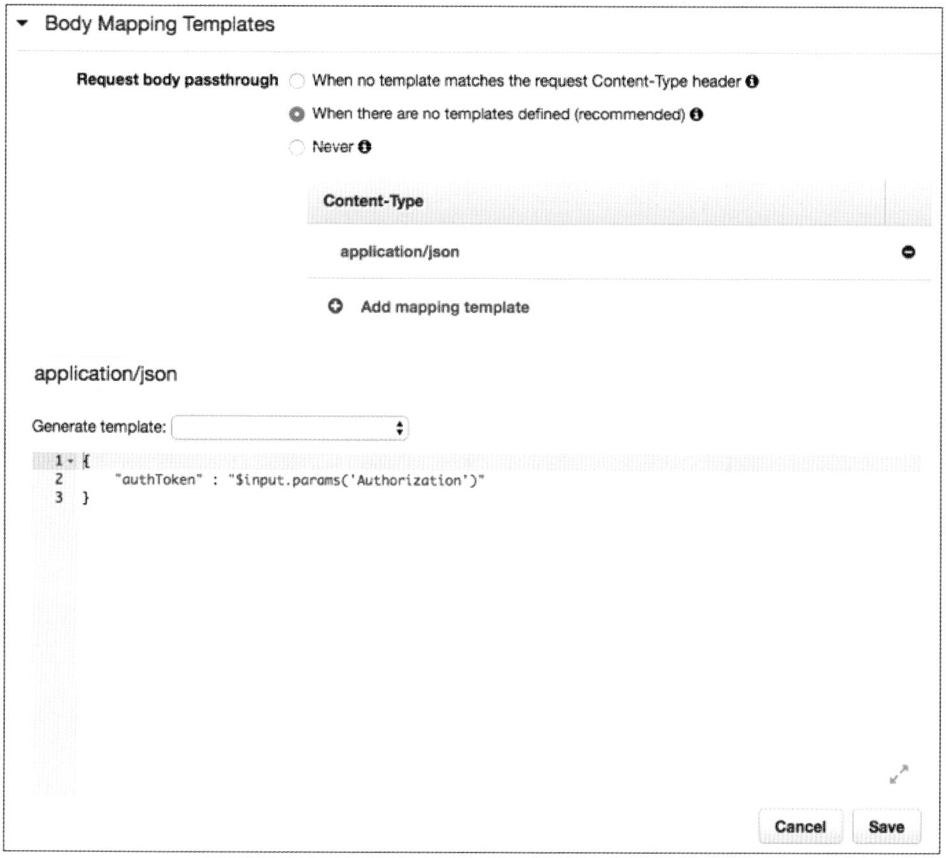

그림 5.19 매핑 템플릿은 요청 요소를 Lambda함수에서 이벤트 객체를 통해 접근할 수 있는 속성으로 변환할 수 있다.

### Lambda 프록시 통합

그림 5.17에서 Use Lambda Proxy Integration라는 체크 박스를 봤을 것이다. 이 체크 박스를 활성화했다면 모든 헤더, 쿼리 문자열 파라미터 및 본문을 포함한 HTTP 요청이 매핑되어 이벤트 객체를 통해 함수에서 자동으로 사용할 수 있게 된다. 즉, 목록 5.9처럼 매핑 템플릿을 만들지 않아도 된다(파일 이름과 같은 정보도 이벤트 객체의 queryStringParameters를 통해서 접근할 수 있다.). 이렇게 하지 않은 이유는 전체 HTTP 요청을 함수로 전달하지 않고 사용자 정의 매핑 템플릿을 만들어서 필요한 파라미터만 추출하는 방법을 보여주고 싶었기 때문이다. 대부분의 경우 프록시 통합은 매우 유용하며 앞으로 내용을 진행하면서 확실히 사용할 것이다. 프록시 통합 대 수동 매핑에 대한 더 깊은 내용은 7장을 참조한다.

마지막으로 API를 배포하고 웹 사이트에서 호출할 URL을 가져온다.

1. API Gateway에서 API가 선택되었는지 확인한다.

2. Actions를 클릭한다.

3. Deploy API를 선택한다.

4. 팝업에서 [New Stage]를 선택한다.

5. Stage Name으로 dev를 입력한다.

6. Click Deploy를 클릭해 API를 제공한다(그림 5.20).

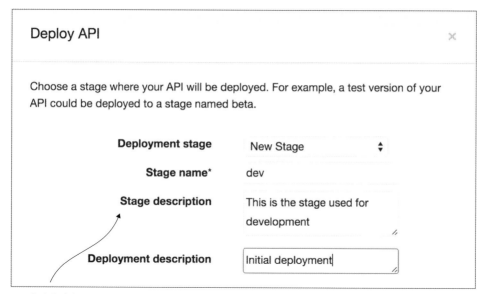

API에 대해 개발, 테스트 및 운영과
같은 다양한 단계를 생성한다.

그림 5.20 API를 변경할 때마다 Deploy API 버튼을 사용해 배포하는 것을 꼭 기억한다. 기존 스테이지에 배치하거나 새 스테이지를 만들 수 있다.

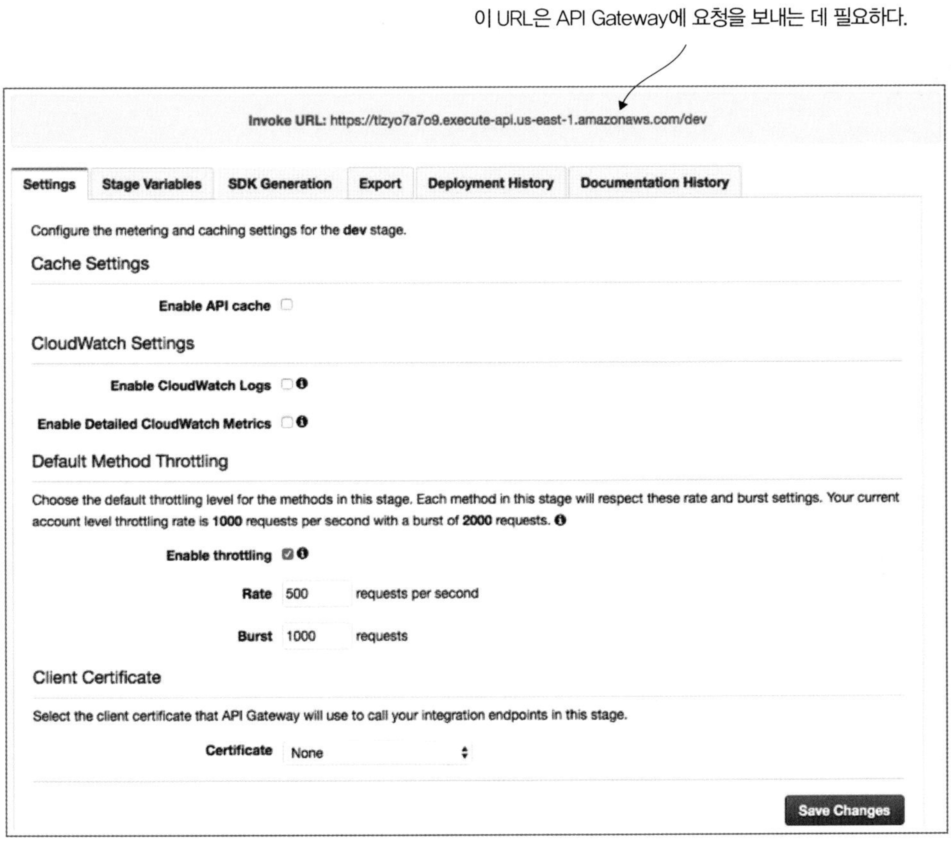

이 URL은 API Gateway에 요청을 보내는 데 필요하다.

그림 5.21 스테이지 설정 페이지를 사용해 다른 설정들을 조정할 수 있다. 이에 대해서는 7장에서 자세히 다룬다.

다음에 표시되는 페이지에는 Invoke URL과 여러 옵션이 표시된다(그림 5.21). User Profile 버튼에 이 URL이 필요하므로 URL을 복사한다.

## 5.3.4 API Gateway를 통한 Lambda 호출

마지막 두 단계는 Show Profile<sup>프로필 보이기</sup> 클릭 핸들러와 config.js를 업데이트해 API Gateway를 통해 Show Profile Lambda 함수를 호출하는 것이다. 24-Hour Video 웹 사이트의 js 폴더에서 user-controller.js를 열고 다음 목록에 표시된 코드를 로그아웃 클릭 핸들러를 정의한 바로 뒤에 추가한다.

**목록 5.10 Show Profile 클릭 이벤트 핸들러**

```
this.uiElements.profileButton.click(function (e) {
    var url = that.data.config.apiBaseUrl + '/user-profile';
```

```
    $.get(url, function (data, status) {
        alert(JSON.stringify(data));  ◀─────────   API Gateway에서 조회된 응답은 경고로
    })                                              표시되도록 문자열로 묶어야 한다.
});
```

마지막으로 다음 목록과 일치하도록 config.js의 내용을 업데이트한다. 그렇게 하면 전체 시스템을 테스트할 수 있다.

**목록 5.11 config.js 수정**

```
var configConstants = {
    auth0: {
        domain: 'AUTH0-DOMAIN',         │   Auth0 설정과 일치하도록 도메인 및
        clientId: 'AUTH0-CLIENTID'      │   클라이언트 ID를 업데이트한다(그림 5.7).
    },
    apiBaseUrl: 'https://API-GATEWAY-URL/dev'  ◀───   apiBaseUrl을 업데이트해 API Gateway에
};                                                     지정된 URL과 일치시킨다.
```

24-Hour Video 웹 사이트가 실행 중인지 확인한다. 그렇지 않으면 터미널에서 npm start를 실행하고(웹 사이트 디렉터리에 있는지 확인) Auth0를 통해 로그인한다. User Profile 버튼을 클릭한다. Auth0에서 사용자 프로필의 내용이 있는 경보가 표시된다.

## 5.3.5 사용자 정의 권한 모듈

API Gateway는 사용자 정의 요청 권한 모듈을 지원한다. 이 모듈은 API Gateway가 요청의 권한을 확인하는 데 사용할 수 있는 Lambda 함수다. 사용자 정의 권한 모듈은 메소드 요청 단계에서 실행된다. 즉, 요청이 목표 백엔드에 도달하기 전에 실행된다. 사용자 정의 권한 모듈은 전달 토큰의 유효성을 검사하고 요청의 권한을 확인하는 유효한 IAM 정책을 반환할 수 있다. 반환된 정책이 유효하지 않다면 요청은 허용되지 않는다. 사용자 정의 권한 모듈의 거듭되는 호출을 방지하기 위해 유입되는 토큰과 함께 정책이 1시간 동안 캐시된다.

사용자 정의 권한 모듈을 사용하면 JWT를 검증하는 전용 Lambda 함수를 작성할 수 있다는 이점이 있다(호출하려는 모든 함수에서 이를 수행하는 대신). 그림 5.22는 사용자 정의 권한 모듈이 도입되었을 때 수정된 요청 흐름을 보여 준다.

사용자 정의 권한 모듈을 구현해 작동 방식을 확인한다. 다음의 세 단계가 있다.

1. AWS에서 새 Lambda 함수 만든다.

2. 사용자 정의 권한 모듈 함수를 작성하고 배치한다.

3. API Gateway에서 메소드 요청 설정을 변경해 사용자 정의 권한 모듈을 사용한다.

첫 번째 단계는 이전과 마찬가지로 일반적인 Lambda 함수를 만드는 것이다.

1. Lambda의 콘솔에서 함수를 만든다.

2. 이 함수의 이름을 custom-authorizer로 지정한다.

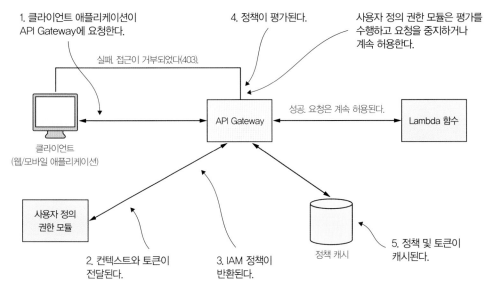

그림 5.22 사용자 정의 권한 모듈은 안전할 것을 기대하는 모든 Lambda 함수에 대해 JWT를 검증하는 수단으로 유용하다.

3. api-gateway-lambda-exec-role을 할당하고 저장한다.

4. 로컬 컴퓨터에서 user-profile Lambda 함수의 복사본을 만들어 custom-authorizer로 이름을 바꾼다.

5. package.json의 배포 스크립트에서 함수 이름 또는 ARN을 업데이트한다.

6. index.js를 열고 목록 5.12의 코드로 대체한다(이 함수는 http://amzn.to/24Dli80에 있는 아마존 문서를 참고한다). 보이는 것처럼 이 Lambda 함수의 코드는 user-profile 함수의 코드와 유사하다. 가장 큰 차이점은 generatePolicy라는 새로운 함수가 실행을 계속할 수 있는 IAM 정책을 반환한다는 것이다.

**목록 5.12 사용자 정의 권한 모듈**

```
'use strict';
```

```
var jwt = require('jsonwebtoken');

var generatePolicy = function(principalId, effect, resource) {
    var authResponse = {};
    authResponse.principalId = principalId;
    if (effect && resource) {
        var policyDocument = {};
        policyDocument.Version = '2012-10-17';
        policyDocument.Statement = [];
        var statementOne = {};
        statementOne.Action = 'execute-api:Invoke';
        statementOne.Effect = effect;
        statementOne.Resource = resource;
        policyDocument.Statement[0] = statementOne;
        authResponse.policyDocument = policyDocument;
    }
    return authResponse;
}


exports.handler = function(event, context, callback){
    if (!event.authorizationToken) {
        callback('Could not find authToken');
        return;
    }

    var token = event.authorizationToken.split(' ')[1];

    var secretBuffer = new Buffer(process.env.AUTH0_SECRET);
    jwt.verify(token, secretBuffer, function(err, decoded){
        if(err){
            console.log('Failed jwt verification: ', err, 'auth: ', event.authorizationToken);

            callback('Authorization Failed');
        } else {
            callback(null,
            ↳ generatePolicy('user', 'allow', event.methodArn));
        }
    })
}
```

이 정책은 API Gateway가 필요한 자원을
호출할 수 있도록 규정한다.

auth0 secret는 Lambda의 콘솔에서
설정할 수 있는 환경 변수를 통해 접근된다.

토큰의 유효성이 검사되면 함수는 API
호출을 허용하는 사용자 정책을 반환한다.

이것을 구현한 후에 AWS에 함수를 배포한다. 함수에 환경 변수로 AUTH0_SECRET을 추가해야 한다.

1. AWS 콘솔에서 Lambda를 선택한 후, custom-authorizer 함수를 선택한다.

2. Code 탭에서 Environment Variable<sup>환경 변수</sup> 부분을 찾는다.

3. AUTH0_SECRET을 키로 추가하고 Auth0 암호를 값으로 추가한다.

4. 설정을 저장하려면 페이지 상단의 Save을 클릭한다.

마지막 단계는 API Gateway에 사용자 정의 권한 모듈을 생성하고 이전에 만든 GET 메소드에 연결하는 것이다.

1. API Gateway 에서 24-Hour Video API를 선택한다.

2. 왼쪽의 메뉴에서 Authorizers를 선택한다.

3. 오른쪽에 New Custom Authorizer 폼이 표시된다. 표시되지 않으면 Create 드롭 다운을 클릭하고 Custom authorizer를 선택한다.

4. 사용자 정의 권한 모듈 폼을 작성한다(그림 5.23).

   – Lambda 리전을 선택한다(us-east-1).

   – Lambda 함수 이름을 custom-authorizer로 설정한다.

   – 권한 모듈의 이름을 설정한다. custom-authorizer 또는 authorization-check과 같이 원하는 대로 설정할 수 있다.

   – Identity 토큰 소스가 method.request.header.Authorization로 설정되어 있는지 확인한다.

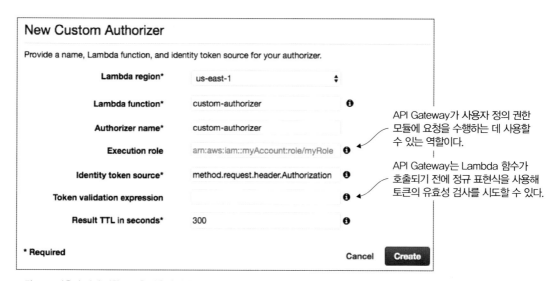

그림 5.23 사용자 정의 권한 모듈을 사용해 다양한 권한 전략을 구현할 수 있다. 여러 권한 모듈을 작성해 API Gateway에 연결할 수 있다.

5. Create를 클릭해 사용자 정의 권한 모듈을 생성한다.

6. API Gateway가 custom-authorizer 함수를 호출하도록 허용하는지 확인한다.

이제 /user-profile에 대한 GET 요청이 발생할 때마다 자동으로 호출하도록 사용자 정의 권한 모듈을 설정할 수 있다.

1. API Gateway에서 24-hour-video밑에 있는 Resources(왼쪽의 세로 막대)를 클릭한다.

2. /user-profile에서 GET을 클릭한다.

3. Method Request를 클릭한다.

4. Authorization 옆에 있는 연필 단추를 클릭한다.

5. 드롭 다운에서 사용자 정의 권한 모듈을 선택하고 저장한다(그림 5.24).

6. API를 다시 배포한다.

   – Actions를 클릭한다.

   – Deploy API를 선택한다.

   – Deployment Stage로 dev를 선택한다.

   – Deploy를 선택한다.

사용자 정의 권한 모듈을 테스트하려면 사용자가 로그인하지 않은 상태에서 User Profile 버튼을 표시하게 한다. 이를 수행하려면 main.css를 열고 #user-profile의 스타일을 제거한다. 또한 로컬 저장소에서 JWT를 삭제하고 사이트를 '새로 고침'한다. User Profile 버튼을 클릭한다. 사용자 정의 권한 모듈은 프로그램은 요청을 거부해야 한다. 이 사용자 정의 권한 모듈을 앞으로 모든 Lambda 함수에 대해 사용할 수 있다.

모든 메소드에 대해 다른 권한 모듈을 작성하고 설정
할 수 있지만 대부분의 경우 단일 사용자 정의 권한
모듈이 수행한다.

그림 5.24 사용자 정의 권한 모듈은 API Gateway를 통해 들어오는 요청의 권한을 확인하는 좋은 방법이다.

### 401 Unauthorized(권한 없음)

24-Hour Video 웹 사이트에 성공적으로 로그인한 다음 오랜 기간 후에 새로 고침을 하면 "프로필을 가져오는 중에 오류가 발생했다:401:Unauthorized <sup>권한없음</sup>."이라는 오류 메시지를 볼 수 있다. 브라우저에 캐싱된 JWT가 만료되었기 때문이다. 웹 사이트에 다시 로그인하면 다시 작동한다(메시지가 더 이상 표시되지 않음). 기본 JWT 만료는 36,000 초(10시간)이지만, Auth0에서 재정의하거나 도전 과제를 원한다면 새로 고침 토큰을 구현할 수도 있다(http://bit. ly/2jxbjPg).

## 5.4 위임 토큰

위임 토큰<sup>delegation tokens</sup>은 서비스 간의 통합을 쉽게 하기 위해 설계됐다. 지금까지 Auth0에서 제공한 JSON Web Token을 AWS로 보냈고, Lambda 함수가 이 토큰을 검증하고 디코딩했다. 그렇게 하려 면 약간의 코드를 작성해야 했다. 위임 토큰은 이러한 토큰을 디코딩하고 클레임 또는 정보를 추출하 는 방법을 알고 있는 특정 서비스에 대해 작성된다. 실제로 위임 토큰은 한 서비스가 다른 서비스 또는 API를 호출하기 위해 작성한 토큰이다.

## 5.4.1 실제 사례

Firebase는 9장에서 살펴볼 실시간 스트리밍 데이터베이스로 위임 토큰을 지원한다. 클라이언트의 요청에 위임 토큰이 포함되어 있는 경우, Firebase는 사용자가 아무 것도 하지 않아도(또는 코드 작성 없이도) 토큰을 확인하는 방법을 알고 있다.

Firebase 위임 토큰에 대한 지원을 추가하려면 Firebase에서 비밀 키를 생성하고 이를 Auth0에 추가해야 한다. 그러면 Firebase의 비밀 키로 서명된 Auth0에서 위임 토큰을 요청할 수 있다. Firebase에 대한 후속 요청은 위임 토큰과 함께 보내질 수 있으며, Firebase는 비밀 키를 제공했기 때문에 복호화를 하는 방법을 알고 있다. 9장에서는 Firebase에 대한 위임 토큰을 더 자세히 제공하는 방법을 설명한다. 마찬가지로 Auth0를 설정해 SAML 공급자를 설정하고 하나 이상의 역할을 구성해 AWS에서 위임된 인증을 사용할 수 있다.

## 5.4.2 위임 토큰 프로비저닝

Auth0의 경우 위임 토큰을 얻으려면 사용할 서비스의 추가 기능<sup>add-on</sup>을 구성한 다음, 위임 엔드포인트를 통해 토큰을 요청해야 한다. Firebase와 같은 서비스와 통합하거나 AWS와 함께 위임 토큰을 사용하려면 Auth0에서 적절한 추가 기능을 활성화해야 한다(그림 5.25).

모든 추가 기능에는 서로 다른 구성 요구 사항이 있으므로 필요한 Auth0 설명서를 참조해 필요한 사항을 찾아야 한다. Auth0와 AWS간에 위임된 인증을 설정하려면 https://auth0.com/docs/aws-api-setup을 참조한다. 다른 좋은 예가 https://auth0.com/docs/integrations/aws-api-gateway에 설명되어 있다.

# 5.5 연습문제

이번 장에서 나온 개념에 대한 이해를 확인하기 위해 다음 연습 문제를 시도해 보라.

1. 사용자의 개인 프로파일을 업데이트하는 Lambda 함수(user-profile-update)를 만든다. 이벤트 개체에서 이름, 성, 이메일 주소 및 userId에 접근할 수 있다고 가정한다. 아직 데이터베이스가 없으므로 이 함수는 이 정보를 유지할 필요는 없지만 CloudWatch에 그 내용을 로깅할 수 있다.

2. API Gateway에서 /user-profile 자원에 대한 POST 메소드를 작성한다. 이 메소드는 user-profile-update 함수를 호출하고 사용자 정보를 전달해야 한다. 5.3.5항에서 개발한 사용자 정의 권한 모듈을 사용해야 한다.

3. 로그인한 사용자가 이름, 성 및 이메일 주소를 업데이트할 수 있도록 24-Hour Video 웹 사이트에 페이지를 만든다. 이 정보는 API Gateway를 통해 user-profile-update 함수로 전달되어야 한다.

4. 목록 5.3에서 $.ajaxSetup을 사용해 모든 요청에 포함될 토큰을 설정한다. 웹 사이트가 외부로 요청을 하면 토큰을 도난당할 수도 있다. 웹 사이트가 API Gateway에 대한 요청을 전송할 때만 토큰을 포함시켜 시스템의 보안을 강화하는 방법을 생각해 본다.

추가 기능<sup>addons</sup>을 사용해 지원되는 서비스 및 API에 대한 위임 토큰을 공급한다.

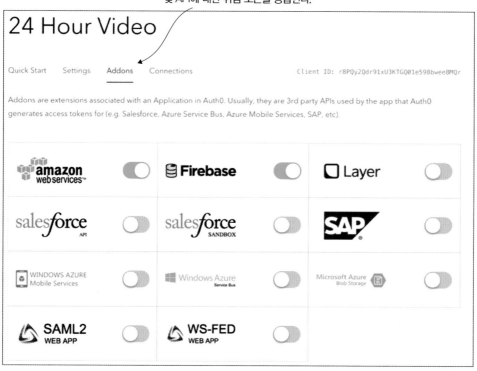

그림 5.25 위임 토큰을 사용해 더 많은 Lambda 함수에 대한 필요성을 줄인다.

5. user-profile Lambda 함수를 수정해 더 이상 JSON 웹 토큰의 유효성을 검사하지 않는다. 이 유효성 검증은 사용자 정의 권한 모듈로 인해 필요하지 않다. 함수는 여전히 Auth0 tokeninfo 엔드포인트에서 사용자 정보를 요청해야 한다.

6. Yahoo, LinkedIn 또는 Windows Live와 같은 Auth0 앱에 추가적인 소셜 자격증명 공급자를 추가한다.

7. 브라우저의 로컬 스토리지에 저장된 Auth0 JWT 토큰은 일정 시간이 지나면 만료된다. 이로 인해 웹 사이트를 새로 고칠 때 사용자에게 오류 메시지가 표시 될 수 있다. 오류 메시지를 표시하지 않고 만료된 토큰을 자동으로 삭제하는 방법을 알아낸다.

## 5.6 요약

이번 장에서는 서버리스 애플리케이션에서 인증 및 권한을 활성화하는 방법에 대해 살펴봤다. 서비스가 클라이언트와 직접 통신하고 JSON Web Token을 확인하는 방법을 살펴봤다. 또한 인증 및 권한 문제를 다루는 서비스인 Auth0를 소개하고 여러 서비스에서 어떻게 위임 토큰을 사용하는지 설명했다. 마지막으로 다음을 수행한 예제를 다뤘다.

- 24-Hour Video를 위한 웹 사이트 개발

- Auth0 앱을 만들고 웹 사이트에 로그인/아웃 기능을 추가

- 사용자 프로필 정보를 반환하는 Lambda 함수를 개발

- API Gateway를 구현하고 JWT를 디코딩하는 사용자 정의 권한 모듈 작성

다음 장에서는 Lambda 함수를 자세히 살펴볼 것이다. 고급 사용 사례를 생각해보고 패턴을 사용해 많은 콜백callback 없이 간결한 기능을 구현하는 방법을 살펴보고 Lambda 기반 시스템의 성능을 향상시키는 방법을 논의할 것이다.

# 조율자 Lambda | **6**장

이번 장에서는 다음을 설명한다.

- 호출 유형 및 프로그래밍 모델
- 버전 관리, 별칭 및 환경 변수
- CLI 사용법
- 개발 사례
- Lambda 함수의 테스팅

이 책에서 얻는 한 가지가 있다면 Lambda와 같은 컴퓨팅 서비스가 서버리스 아키텍처의 핵심이라는 것을 이해하는 것이다. 3장과 5장에서 Lambda를 사용했으므로 이미 그런 느낌을 갖고 있을 것이다. 이번 장에서는 Lambda를 자세히 설명한다. 핵심 개념을 살펴보고 함수의 설계를 검토한다. 버전 관리 및 별칭과 같은 기능을 설명하고 비동기식 폭포$^{async\ waterfall}$ 방식과 같은 중요한 디자인 패턴을 살펴본다. 또한 24-Hour Video를 완전한 애플리케이션으로 전환하면서 기능을 계속 추가한다.

## 6.1 Lambda 내부

Lambda와 같은 서버리스 컴퓨팅 서비스는, S3가 클라우드 스토리지에 대한 큰 변화인 것만큼, 클라우드 컴퓨팅에 있어서 대단히 큰 변화다. 그렇게 생각한다면 두 서비스는 비슷하다. S3는 저장을 위해 객체를 처리한다. 사용자는 객체를 제공하고 S3는 저장한다. 사용자는 객체가 어떻게, 어디에 있는지 모르고, 신경 쓰지 않아도 된다. 신경을 써야 할 디스크 드라이브와 디스크 공간같은 것이 없다. S3에서 스토리지 용량을 과도하게 또는 부족하게 제공할 수 없다.

마찬가지로 Lambda에서는 사용자가 함수 코드를 제공하고, Lambda는 요구에 따라 그 함수를 실행한다. 사용자는 그 함수가 어떻게 그리고 어디서 실행되는지 모른다. 또한 걱정할 가상머신이 없으며 서버 팜$^{farm}$ 용량, 과다한 유휴 서버, 수요를 충족하는 서버가 충분하지 않거나 서버 그룹을 확장하는 것과 같은 일이 없다. Lambda에서는 실행 용량을 과다하게 또는 부족하게 제공할 수 없다. 이런 방식이 사용자가 원하는 것이며 아마존은 함수가 실행된 시간에 대한 요금을 부과한다.

이런 것들이 S3가 스토리지에서 큰 전환점인 것처럼 Lambda와 Azure Functions<sup>애저 평션</sup>, Google Cloud Functions<sup>구글 클라우드 평션</sup>, IBM OpenWhisk<sup>IBM 오픈휘스크</sup>와 같은 다른 서버리스 컴퓨팅 서비스들이 컴퓨팅에 있어서 큰 전환점인 이유다(http://bit.ly/2jQnlGB).

### 서비스형 함수<sup>Function as a Service</sup>

어떤 사람들은 Lambda와 같은 기술을 설명하기 위해 FaaS<sup>Function as a Service</sup>라는 약어를 사용하고 싶어한다. 실제로 그런 사람들은 서버리스라는 용어를 전혀 사용하지 않는 것을 좋아한다. 그들은 서버리스라는 용어가 충분히 정확하지 않으며 끊임없이 설명해야 한다고 생각한다. 이 책에서는 서버리스라는 용어를 Lambda의 동의어가 아닌 컴퓨팅 서비스를 사용하고 타사 서비스 및 API를 사용하며 강력한 패턴 및 아키텍처(예: 위임 토큰을 사용해 서비스와 직접 통신하는 두터운 프런트엔드)를 채택하도록 권장하는 방식을 설명하는 단어로 사용했다. 따라서 서버리스는 FaaS를 포함하는 포괄적인 용어이며 FaaS는 매우 중요한 측면이지만 서버리스 기술과 아키텍처가 제공해야 하는 것의 한 가지일 뿐이다.

### 6.1.1 이벤트 모델과 소스

Lambda는 다음의 방식에 대한 응답으로 코드를 실행할 수 있는 서버리스 컴퓨팅 서비스다.

- AWS에서 발생된 이벤트
- API Gateway를 통한 HTTP 요청
- AWS SDK를 사용해 작성된 API 호출
- AWS 콘솔을 통한 수동 사용자 호출

Lambda 함수는 또한 일정에 따라 실행될 수 있으므로 백업 또는 시스템 상태 검사와 같은 반복 작업에 적합하다. Lambda는 자바스크립트(Node.js), 파이썬, C# 및 자바라는 네 가지 언어로 작성된 함수를 지원한다. 여기서는 지금까지 자바스크립트를 사용해왔지만 다른 언어를 사용할 수 없는 이유는 없으며, 모두 1급 시민<sup>first-class citizens</sup>이다.

Lambda 함수를 호출하는 두 가지 방법

Lambda는 두 가지 호출 유형인 Event와 RequestResponse를 지원한다.

이벤트 호출은 이벤트(예: S3에서 생성된 파일)가 Lambda함수를 호출할 때 발생한다. 3장에서 S3 및 SNS를 사용해 Lambda를 호출했을 때 이벤트 호출 방식을 봤었다. 이벤트 호출은 비동기 방식이다. 이벤트로 실행되는 Lambda 함수는 응답을 이벤트 소스로 다시 보내지 않는다.

다른 모델은 RequestResponse다. Lambda가 API Gateway와 함께 사용되거나 AWS 콘솔을 통해 호출되거나 CLI를 사용해 호출되면 이 방식으로 작동한다. RequestResponse는 Lambda가 함수를 동기 방식으로 실행하고 호출자에게 응답을 반환하도록 한다. 5장에서 API Gateway에 user-profile Lambda 함수를 통합할 때 RequestResponse를 사용했다. SDK/CLI를 통해 함수를 호출한다면, Event 또는 RequestResponse 호출 사용 여부를 선택할 수 있다.

## 6.1.2 푸시와 풀 이벤트 모델

Lambda의 이벤트 기반 호출은 꽤 흥미롭다. 푸시$^{push}$와 풀$^{pull}$의 두 가지 방식이 있다. 푸시 모델에서 서비스(예: S3)는 이벤트를 Lambda에 게시하고 함수를 직접 호출한다. 그림 6.1은 이 방식이 어떻게 생겼는지 보여준다.

푸시 모델

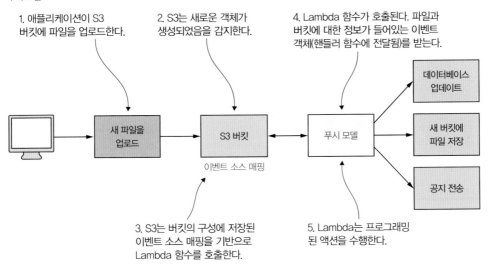

1. 애플리케이션이 S3 버킷에 파일을 업로드한다.

2. S3는 새로운 객체가 생성되었음을 감지한다.

4. Lambda 함수가 호출된다. 파일과 버킷에 대한 정보가 들어있는 이벤트 객체(핸들러 함수에 전달됨)를 받는다.

새 파일을 업로드

S3 버킷

푸시 모델

데이터베이스 업데이트

새 버킷에 파일 저장

공지 전송

이벤트 소스 매핑

3. S3는 버킷의 구성에 저장된 이벤트 소스 매핑을 기반으로 Lambda 함수를 호출한다.

5. Lambda는 프로그래밍 된 액션을 수행한다.

그림 6.1 스트림 기반 서비스인 Amazon Kinesis Streams 및 DynamoDB를 제외하고 다른 모든 AWS 서비스는 푸시 모델을 사용한다.

풀 모델

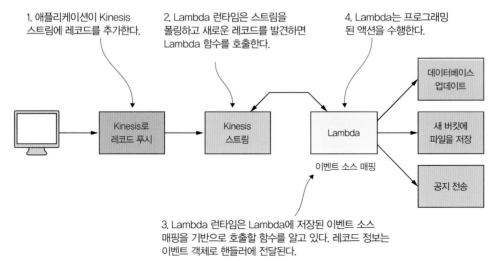

1. 애플리케이션이 Kinesis 스트림에 레코드를 추가한다.

2. Lambda 런타임은 스트림을 폴링하고 새로운 레코드를 발견하면 Lambda 함수를 호출한다.

4. Lambda는 프로그래밍 된 액션을 수행한다.

이벤트 소스 매핑

3. Lambda 런타임은 Lambda에 저장된 이벤트 소스 매핑을 기반으로 호출할 함수를 알고 있다. 레코드 정보는 이벤트 객체로 핸들러에 전달된다.

그림 6.2풀 모델은 Amazon Kinesis Streams 및 DynamoDB Streams에만 적용된다.

풀 모델에서 Lambda 런타임은 스트리밍 이벤트 소스(예: DynamoDB Streams 또는 Kinesis Streams)를 폴링하고 필요할 때 함수를 호출한다. 그림 6.2는 이 방식이 어떻게 생겼는지 보여준다.

두 모델 모두에서 이벤트 소스 매핑은 이벤트 소스가 Lambda 함수와 연관되는 방법을 설명한다. 푸시와 풀의 미묘한 차이점은 다음과 같다. "풀 모델을 사용하면 관련 AWS Lambda API를 사용해 이벤트 소스 매핑을 만들어 AWS Lambda에서 매핑을 유지 관리할 수 있다. 푸시 모델을 사용하면 이벤트 원본에서 매핑이 유지되고 이벤트 원본에서 제공하는 API를 사용해 매핑을 유지 관리할 수 있다"(http://amzn.to/1Xb78FV).

### 6.1.3 동시 실행

AWS는 계정당 한 리전 내의 모든 함수에 대해 100개로 동시 실행을 제한한다. 그러나 이 제한은 아마존에 요청해 상향 조정할 수 있다. 아마존은 이런 제한이 "초기 개발 및 테스트 중 잠재적인 폭주 또는 재귀 함수로 인한 비용"으로부터 개발자를 보호하기 위한 것이라고 말한다(http://amzn.to/29nORER). 동시 실행 수는 이벤트 원본이 스트림 기반인지 여부(즉, 이벤트 원본이 Kinesis Streams 또는 DynamoDB Streams인지)에 따라 다르게 계산된다.

## 스트림 기반 이벤트 소스

스트림 기반 이벤트 소스에서 함수 호출 동시성은 활성화된 샤드의 수와 같다. 예를 들어, 10개의 샤드가 있다면, 동시에 실행되는 10개의 Lambda 함수가 있을 것이다. Lambda 함수는 레코드가 도착한 순서대로 처리한다. 함수가 레코드 처리에서 오류를 발견하면 성공할 때까지 또는 레코드가 만료될 때까지 재시도하고 다음 레코드로 넘어간다.

## 비<sup>非</sup>스트림 기반 이벤트 소스

아마존은 비스트림 이벤트 소스에 대한 동시 호출 수를 추정하는 간단한 공식을 제안한다.

초당 이벤트(또는 요청) x 함수 실행 기간

간단한 예는 초당 10개의 이벤트를 게시하는 S3 버킷이다. 이 함수는 실행하는 데 평균 3초의 시간이 걸리므로 30개의 동시 실행과 같다(http://amzn.to/29nORER). Lambda 함수의 호출에 제한이 걸리고 동기 방식으로 계속 호출이 시도되면 Lambda는 429 오류로 응답한다. 그러고 나서 함수를 다시 호출하는 것은 이벤트 소스(예: 애플리케이션)에 달려있다. 함수가 비동기 방식으로 호출된 경우에 AWS는 모든 호출 사이의 지연을 포함해 최대 6시간 동안 호출이 제한된 이벤트를 자동으로 다시 시도한다(http://amzn.to/29c7Bar).

## 6.1.4 컨테이너 재사용

Lambda 함수는 컨테이너(샌드 박스)에서 실행되며, 이 컨테이너는 다른 함수와의 격리 및 메모리, 디스크 공간 및 CPU와 같은 자원 할당을 제공한다. 컨테이너 재사용은 Lambda의 고급 사용법을 이해하는 데 중요하다. 함수가 처음으로 인스턴스화되면 새 컨테이너가 초기화되고 함수에 대한 코드가 적재된다(함수가 처음 수행될 때는 함수가 '차갑다<sup>Cold</sup>'고 말한다). 함수가 특정 기간 내에 재실행되면, Lambda는 동일한 컨테이너를 재사용하고 초기화 프로세스를 건너뛸 수 있어서(이 상태를 함수가 이제 '따뜻해졌다<sup>Warm</sup>'고 말한다), 코드를 더 빨리 실행할 수 있다.

AWS에서 Lambda를 맡고 있는 팀 와그너<sup>Tim Wagner</sup>는 중요한 점을 지적했다(http://amzn.to/237CWCk). 새 컨테이너를 만드는 것은 Lambda가 결정하므로 사용자는 컨테이너가 재사용된다는 것에 의존할 수 없다는 것을 기억해야 한다". 함수를 실행할 때마다 컨테이너가 새로 생성된다고 가정해야 한다. 하지만, /tmp 폴더를 사용하거나 다른 방법으로 파일시스템을 건드린다면 파일 또는 이전 호출의 변경 사항이 여전히 있을 수 있다. 이런 상황을 여러 번 경험했으며, 이것이 문제가 된다면 수동으로 /tmp 디렉터리를 정리해야 한다.

또 다른 중요한 세부 사항은 와그너가 동결/해동$^{freeze/thaw}$ 사이클이라고 부르는 것이다. 함수를 실행해 백그라운드 스레드 또는 프로세스를 시작할 수 있다. 함수의 실행이 끝나면 백그라운드 프로세스가 동결(중지)된다. Lambda는 다음 번에 함수를 호출하고 백그라운드 프로세스를 해동(재개)할 때 컨테이너를 재사용할 수 있으므로 실행을 다시 시작한다. 아무 일도 없었던 것처럼 백그라운드 프로세스는 계속 실행된다. 백그라운드 프로세스를 실행하기로 했다면 이를 명심한다.

### 6.1.5 차가운 Lambda와 따뜻한 Lambda

실험을 한번 해 보자. AWS 콘솔에서 간단한 Hello World 함수를 생성하고 실행한다. hello-world 청사진을 사용하고 콘솔에서 Test 단추를 클릭하면 이 작업을 쉽게 수행할 수 있다. 하단 왼쪽 모서리에 있는 요약에서 실행 시간을 살펴본다(그림 6.3).

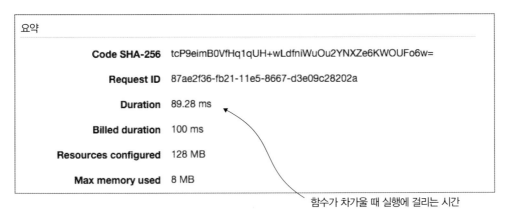

함수가 차가울 때 실행에 걸리는 시간

그림 6.3 차가운 함수를 실행하는 데 걸린 시간은 약 90ms다.

그런 다음 테스트를 다시 실행하고 요약에서 기간을 확인한다(그림 6.4).

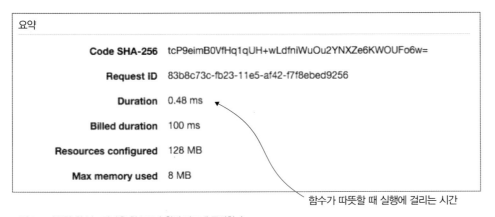

함수가 따뜻할 때 실행에 걸리는 시간

그림 6.4 따뜻한 함수는 차가운 함수보다 훨씬 빠르게 동작한다.

두 가지 실행 시간을 비교해 보면 처음 함수를 실행하는 데 걸린 시간이 두 번째 실행 시간보다 훨씬 길다는 것을 알 수 있다. 이것은 앞에서 설명한 컨테이너 재사용의 결과다. 처음으로 함수가 실행될 때 (차가운 함수) 컨테이너가 생성되어야 하고 환경을 초기화해야 한다. 초기화 시간이 오래 걸리는 것은 여러 종속성을 갖는 복잡한 함수에서 특히 두드러질 수 있다. 컨테이너를 재사용하고 함수를 다시 실행하는 것이 거의 언제나 훨씬 빠르다.

차가운 시작(함수가 오랫동안 실행되지 않았고 완전히 초기화해야 하는 경우)을 줄여 애플리케이션이 더 즉각적으로 반응하도록 해야 한다. 차가운 시작이 많이 발생한다면 성능을 향상시키기 위해 몇 가지 단계를 시도해 볼 수 있다.

1. 함수를 따뜻하게 유지하기 위해 일정이 있는 이벤트를 사용해 함수를 일정에 등록하고 주기적으로 함수를 실행한다(http://amzn.to/29AZsuX).

2. 초기화 및 설정 코드를 이벤트 핸들러 밖으로 옮긴다. 컨테이너가 존재하면 코드를 실행하지 않는다.

3. Lambda 함수에 할당된 메모리 양을 늘린다. CPU 할당량은 함수에 할당된 메모리 양을 기반으로 비례해 나온다. AWS는 예를 들어 "함수에 256MB를 할당하면 128MB를 할당한 것보다 두 배의 CPU 할당량을 받게 된다"라고 한다(http://amzn.to/23aFKif). 함수에 메모리와 CPU 할당량이 많을수록 함수는 더 빨리 초기화된다.

4. 가능한 많은 코드를 줄인다. 불필요한 모듈과 import문에서 requires()를 제거한다. 포함하고 초기화하는 모듈이 적어지면 시작 성능에 도움이 된다.

5. 여러 다른 언어로 실험해 본다. 자바는 가장 긴 초기화 시간을 가진다. 나중에 변경될 수 있지만, 자바를 사용해 긴 초기화를 경험했다면 다른 언어로 시도해 본다.

## 6.2 프로그래밍 모델

앞서 Lambda의 프로그래밍 모델을 3장에서 다뤘다. 여기서 사용하고 있는 Node.js 4.3 런타임의 관점에서 좀 더 자세히 살펴본다. 다음이 고려해야 할 중요한 요소들이다:

- 함수 핸들러
- 콜백 함수
- 컨텍스트 객체
- 이벤트 객체
- 로깅

## 6.2.1 함수 핸들러

함수 핸들러는 Lambda 런타임이 함수를 실행하기 위해 호출하는 것이며, 일종의 진입점이다. Lambda는 첫 번째 파라미터로 핸들러 함수에 이벤트 데이터를 전달하고, 두 번째 파라미터로 컨텍스트 객체를 전달하고, 세 번째 파라미터로 콜백 객체를 전달한다. 함수 핸들러의 구문은 다음과 같다.

```
exports.handler = function(event, context, callback) { //code }
```

콜백 객체는 선택적이며 함수의 호출자에게 정보를 반환하거나 오류를 기록하려는 경우에 사용된다. 다음 절에서 이벤트, 컨텍스트 및 콜백 파라미터를 자세히 설명한다.

## 6.2.2 이벤트 객체

이전 장에서 Lambda 함수를 호출했을 때 이벤트 객체가 실제로 작동하는 것을 봤다. 이벤트 객체에는 Lambda 함수를 호출한 이벤트 및 소스에 대한 정보가 들어있다. 이 객체는 단지 이벤트 소스에 의해 지정된 임의의 수의 속성을 가진 JSON 객체다.

이 프로세스를 따라 Lambda의 콘솔에서 샘플 이벤트 객체를 볼 수 있다.

1. Lambda 함수를 클릭한다.

2. Actions를 클릭한다.

3. Configure Test Event를 선택한다.

4. Sample Event Template 드롭박스에서 템플릿을 선택한다(그림 6.5).

AWS 콘솔, CLI 또는 API Gateway를 통해 Lambda 함수를 호출하면 자체 이벤트 객체를 만들고 구조화된 방식으로 사용자 정의할 수 있다.

사용 가능한 이벤트 템플릿 목록에서 선택해
Lambda가 다른 AWS 서비스에 의해 호출될 때
이벤트 객체가 어떻게 보이는지 확인할 수 있다.

그림 6.5 AWS 콘솔을 통해 제공되는 사용 가능한 이벤트 템플릿. 템플릿을 사용자 정의하거나 처음부터 직접 템플릿을 만들 수 있다.

## 6.2.3 컨텍스트 객체

컨텍스트 객체는 Lambda의 런타임에 대한 정보를 얻기 위한 많은 유용한 속성들을 제공한다. 사용자는 컨텍스트 객체에서 done(), succeed() 및 fail()과 같은 여러 메소드를 호출할 수 있다. 이 메소드는 Lambda 런타임의 Node.js 0.1 버전에서 중요했지만, Node.js 4.3 버전에서는 필요하지 않다. 이런 것이 무엇인지 알고 싶다면 부록 D를 검토한다. 유용하다고 생각되는 컨텍스트 객체의 다른 메소드는 getRemainingTimeInMillis()다. 이 메소드를 호출하면 남은 대략적인 실행 시간이 반환된다. 이 기능은 타임아웃 전에 남은 시간을 확인해야 할 때 유용하다(Lambda 함수는 최대 5분간 실행될 수 있다).

컨텍스트 객체에는 이러한 유용한 속성도 있다.

- functionName: 현재 실행 중인 Lambda 함수의 이름.
- functionVersion: 실행 중인 함수 버전.
- invokedFunctionArn: 함수를 호출하는 데 사용된 ARN.

- memoryLimitInMB: 함수의 구성된 메모리 제한.

- awsRequestId: AWS 요청 ID.

- logGroupName: 함수가 쓸 CloudWatch 로그 그룹.

- logStreamName: 함수가 쓸 CloudWatch 로그 스트림.

- identity: 사용 가능한 경우 Amazon Cognito 자격증명.

- clientContext: AWS Mobile SDK를 통해 호출될 때 클라이언트 애플리케이션 및 장치에 대한 정보. 플랫폼 버전, 제조사, 모델 및 로케일과 같은 추가 정보를 포함.

컨텍스트 객체를 통해 사용할 수 있는 메소드 및 속성에 대한 자세한 내용은 http://amzn. to/1UK9eib를 참조한다.

## 6.2.4 콜백 함수

콜백 함수는 핸들러 함수의 세 번째 파라미터로 선택적이다. 이 콜백 함수는 Lambda 함수가 API Gateway를 통해 호출될 때와 같이 RequestResponse 호출 유형으로 호출자에게 정보를 반환하는 데 사용된다. 콜백 객체를 사용하는 구문은 다음과 같다:

```
callback(Error error, Object result)
```

Error 파라미터는 선택적이며 실패한 실행에 대한 정보를 지정하려는 경우에 사용된다. 두 번째 파라미터도 선택적이며, 함수가 성공하면 호출자에게 정보를 제공하는 데 사용된다. 두 번째 파라미터를 지정하고 오류가 없는 경우에 첫 번째 파라미터에 null을 전달해야 한다. 다음은 콜백의 유효한 사용 예다.

- `callback(null, "Success");`

- `callback("Error");`

- `callback(); //This is the same as callback(null);`

호출자에게 정보를 반환하지 않으려면 콜백에 파라미터를 지정할 필요가 없다. 응답을 반환하거나 오류를 기록하지 않으려면 코드에 callback()을 추가할 필요조차 없다. 코드에 콜백을 포함시키지 않으면 Lambda가 암묵적으로 콜백을 호출한다. 콜백 함수 사용에 대한 자세한 내용은 http://amzn. to/1NeqXM5에서 "콜백 파라미터 사용"절을 참조한다.

## 6.2.5 로깅

CloudWatch에서 로깅은 console.log("message")를 사용해 수행할 수 있다. 다른 로깅 방식으로 console.error(), console.warn() 및 console.info()도 지원하지만, CloudWatch와 관련해서 실제 차이점이 없다. 프로그래밍 방식으로 Lambda 함수를 호출한다면(6.4절), LogType 파라미터를 추가해 마지막 4KB의 로그 데이터를 받을 수 있다(응답의 x-amz-logresults 헤더에 반환). 콜백 함수가 첫 번째 파라미터로 null이 아닌 값을 제공하면 CloudWatch 로그 스트림에도 기록된다. 가장 중요한 것은 경고 수준 및 로그 객체를 관리하는 적절한 로깅 프레임워크를 채택하는 것이다(예를 들면, http://bit.ly/1VHIxuA에서 로그를 확인한다).

## 6.3 버전 관리, 별칭 및 환경 변수

Lambda가 처음 출시됐을 때는 버전, 별칭 또는 환경 변수를 지원하지 않았다. 하지만, 지금은 그런 기능없이 실제 운영 시스템을 구축하고 운영하는 것을 상상하기 어렵다.

### 6.3.1 버전 관리

버전 관리를 통해 개발자는 이전 버전을 덮어 쓰지않고 함수의 새 버전을 생성할 수 있다. 함수의 새 버전이 게시되면 이전 버전에도 접근할 수 있지만 변경할 수는 없다. 중요한 것은 함수의 각 버전마다 고유한 ARN이 있으며 각 버전을 호출할 수 있다. 함수의 새 버전을 만들려면 다음을 수행한다.

1. AWS에서 Lambda 콘솔을 열고 해당 함수를 클릭한다.
2. Actions를 선택하고 Publish New Version<sup>새 버전 게시</sup>을 선택한다.
3. 대화상자에 설명을 입력한다. 이 설명은 만들려는 버전에 추가된다.
4. Publish를 선택해 대화상자를 닫는다.

Qualifiers 드롭다운을 클릭하고 Versions 탭을 선택하면, 그 함수의 모든 현재 버전을 볼 수 있다(그림 6.6). 가장 최신 버전은 항상 $LATEST로 식별된다. 함수를 호출할 때 버전 번호를 지정하지 않으면, 이 함수가 호출된다.

다음으로 나오는 질문은 함수의 특정 버전을 호출하는 방법일 것이다. 그것은 함수를 호출하려는 위치에 따라 달라진다. API Gateway에서 함수가 호출되는 경우는 그림 6.7에서 볼 수 있는 것처럼 콜론을 사용해 함수 이름과 버전을 지정할 수 있다(예: my-special-function:3).

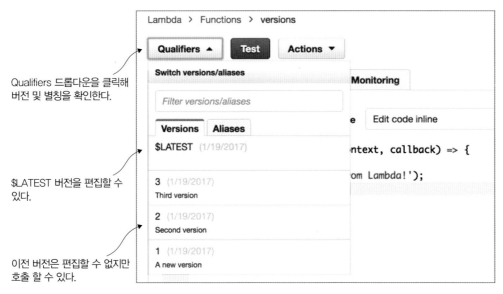

Qualifiers 드롭다운을 클릭해
버전 및 별칭을 확인한다.

$LATEST 버전을 편집할 수
있다.

이전 버전은 편집할 수 없지만
호출 할 수 있다.

그림 6.6 버전은 콘솔과 CLI를 통해 쉽게 생성하고 호출할 수 있다.

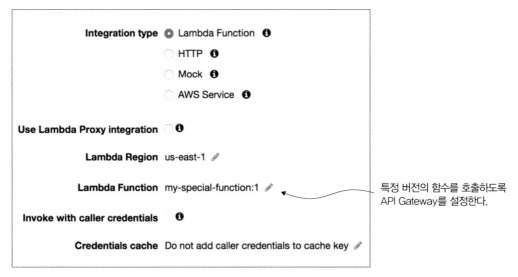

특정 버전의 함수를 호출하도록
API Gateway를 설정한다.

그림 6.7 API Gateway에서 호출할 Lambda 함수의 올바른 버전을 설정하는 것은 매우 간단하다. 버전을 지정하지 않으면 API Gateway가
$LATEST 버전을 호출한다.

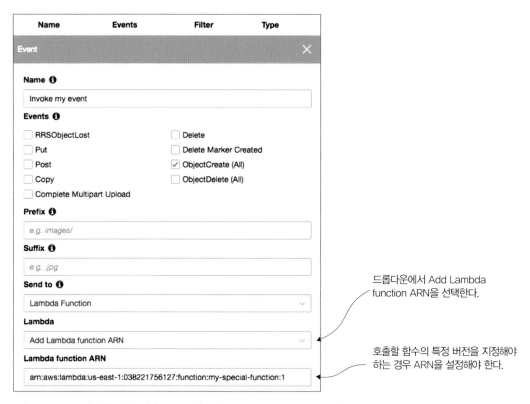

그림 6.8 S3는 ARN을 사용해 함수의 올바른 버전을 호출한다. Lambda 콘솔에서 ARN을 조회할 수 있다.

S3에서 호출된다면 앞서 언급했듯이 함수의 모든 버전에 대해 고유한 함수 ARN을 지정할 수 있다(그림 6.8).

## 6.3.2 별칭

별칭은 Lambda 함수의 특정 버전에 대한 포인터 또는 바로가기(shortcut)다. 별칭은 함수처럼 ARN을 가지며, 다른 별칭이 아닌 모든 함수(또는 버전)를 가리키도록 매핑될 수 있다. 함수의 한 버전에서 다른 버전으로 전환해야 할 때 별칭을 사용하면 더 쉽게 작업할 수 있다. 다음 시나리오를 상상해보자.

- 함수의 세 가지 버전이 있다.

- 버전 1은 운영용이다.

- 버전 2는 스테이징/UAT 환경에서 테스트 중이다.

- $LATEST는 현재 개발 버전이다.

- 버전 2에 대한 테스트를 완료하고 운영용으로 승격하려고 한다.

- 버전 1(현재 운영용)을 참조하는 모든 이벤트 소스를 버전 2를 참조하도록 업데이트해야 한다. 이것은 시스템 전체에 코드 및 여러 업데이트를 재배포할 수 있으므로 이상적이지 않다.

별칭을 사용하면 이 시나리오를 더욱 쉽게 관리할 수 있다.

1. dev, staging 및 production이라는 별칭을 세 개 만든다.

2. 함수의 올바른 버전에 올바른 별칭을 할당한다.

   − production 별칭은 버전 1을 가리킨다.

   − staging 별칭은 버전 2를 가리킨다.

   − dev 별칭은 $LATEST를 가리킨다.

3. 함수의 특정 버전이 아닌 별칭을 가리키도록 이벤트 소스를 구성한다.

함수의 새로운 버전을 사용하도록 시스템을 업데이트해야 할 때마다 새 버전을 가리키도록 별칭을 대신 변경한다(그림 6.9). 이벤트 소스는 별칭이 함수의 새 버전을 가리키고 있다는 사실을 모르고 정상적으로 계속 작동한다.

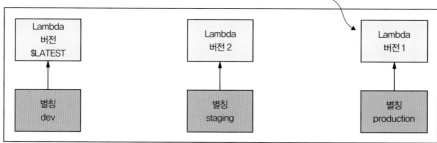

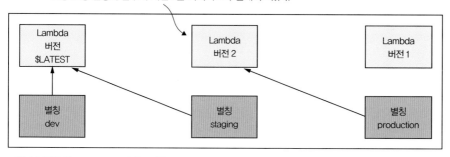

그림 6.9 처음에는 production이라는 별칭이 Lambda 함수의 버전 1을 가리킨다. 업데이트 후에 버전 2를 가리키도록 다시 매핑된다. staging 별칭은 함수의 $LATEST 버전을 가리키도록 다시 매핑된다.

함수의 별칭을 만들려면 다음 단계를 수행한다.

1. AWS 콘솔에서 Lambda를 선택하고 함수를 선택한다.

2. Actions를 선택한다.

3. Create alias를 선택한다.

4. 대화상자에서 dev 또는 production 같은 별칭에 대한 이름과 설명을 입력하고 별칭이 가리켜야 할 버전을 선택한다.

5. Submit을 선택해 별칭을 만들고 대화상자를 닫는다.

함수의 별칭을 보려면 버전에서 그랬던 것처럼 Qualifiers 드롭다운을 사용한다(그림 6.10). 드롭다운의 탭을 사용하면 버전과 별칭 사이의 보기를 전환할 수 있다. 별칭을 삭제하려면 Actions를 선택하고 Delete Alias를 선택한다. 이 작업을 수행하면 별칭 및 이 별칭을 가리키는 관련된 이벤트 소스 매핑이 삭제된다. 함수 버전을 포함한 다른 모든 것은 그대로 유지된다.

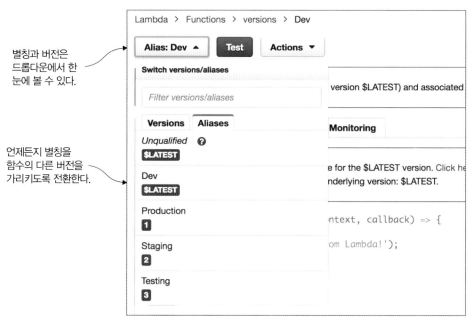

그림 6.10 사이드바에서 별칭과 버전을 전환할 수 있다.

## 6.3.3 환경 변수

5장에서 user-profile Lambda 함수를 만들 때 이미 환경 변수를 봤다. 환경 변수는 키-값 쌍이며, 이 값은 Lambda 콘솔, CLI 또는 SDK를 사용해 설정할 수 있다. 이 환경 변수들은 함수의 소스 코드에서 참조될 수 있고 함수 실행 중에 접근될 수 있다.

설정과 암호에 환경 변수를 사용하면 이 정보를 함수의 코드에 넣어둘 필요가 없다. 또한 함수를 수정하고 다시 배포하지 않고도 변수를 변경할 수 있다. 환경 변수는 이번 절에서 논의한 함수 버전 관리와 함께 작동한다. 함수의 개발 버전은 개발 데이터베이스의 연결 문자열을 가리키는 변수를 사용할 수 있다. 동일한 환경 변수는 함수의 운영 버전에 대한 데이터베이스의 운영 버전을 가리킬 수 있다.

## 기본 사용법

그림 6.11은 환경 변수를 설정할 수 있는 Lambda 콘솔(Code 탭)의 일부를 보여준다. 이 책에서는 환경 변수의 이름(키)를 대문자로 했으며(예: UPLOAD_BUCKET), 이 방식을 따르기로 했다. 이 방식이 마음에 들지 않으면 환경 변수 이름을 대문자로 쓰지 않아도 된다.

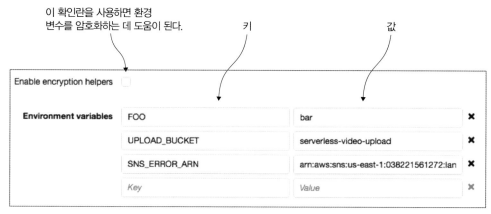

그림 6.11키는 문자로 시작해야 하며 문자, 숫자 및 밑줄만 포함해야 한다. 값에는 이러한 제한이 없지만, 이 글을 쓰는 시점에서는 쉼표의 사용이 안됐다. 다른 구분 기호를 사용하거나 값을 암호화해야 한다.

AWS CLI를 사용해 환경 변수를 설정할 수 있다. CreateFunction 및 UpdateFunctionConfiguration API를 사용하면 이 작업을 수행할 수 있다(다음 절의 이 API에 대한 추가 정보가 있다).

### 참고사항

일부 환경 변수 키 이름은 예약되어 있다. 예를 들어, AWS_REGION 또는 AWS_ACCESS_KEY라는 키를 설정할 수 없다. 예약된 변수의 전체 목록을 보려면 http://amzn.to/2jDCgBa 페이지를 보라.

Node.js 함수의 경우에 환경 변수는 process.env를 통해 접근할 수 있다. 그림 6.11에 있는 UPLOAD_BUCKET 변수의 값을 출력하려면 함수에 다음 행을 추가한다.

```
console.log(process.env.UPLOAD_BUCKET);
```

## 암호화

민감한 데이터의 경우에 환경 변수를 암호화하도록 선택할 수 있다. Enable Encryption Helpers<sup>암호화</sup>

도우미 허용 확인란을 활성화해 콘솔에서 이 작업을 수행할 수 있다(그림 6.12). 처음으로 활성화하면 AWS Key Management Service<sup>KMS</sup>를 사용해 암호화 키를 생성할 수 있다. 그러고 나면 해당 리전에 있는 모든 Lambda 함수의 암호화에 이 키를 사용할 수 있다. 물론 여러 개의 키를 만들 수도 있다.

키를 생성하면 모든 변수 또는 일부 변수를 암호화할 수 있다. 콘솔에는 각 환경 변수 옆에 Encrypt라는 버튼이 있다. 이 버튼을 사용해 변수를 암호화한다. 이 값은 즉시 암호화된 문자열로 바뀐다. Code라는 버튼도 표시된다. 이 버튼을 클릭하면 함수내에서 변수를 복호화하는 방법을 보여주는 코드 부분을 얻을 수 있다.

그림 6.12 민감한 데이터를 다룰 때마다 암호화를 사용한다.

가능한 한 설정과 암호에 환경 변수를 사용하는 것이 좋다. 이런 정보를 함수에 집어넣지 않는다. 플랫폼이 제공하는 것을 사용하면 훨씬 편하다.

## 6.4 CLI 사용

지금까지 AWS 콘솔을 주로 사용해 Lambda 함수를 생성하고 구성했다. 그러나 특히 자동화에 대해 생각하기 시작하면 CLI를 사용해 함수를 생성, 업데이트, 구성 및 삭제해야 한다.

## 6.4.1 호출 명령어

3장을 읽고 따랐다면 AWS CLI를 설치했을 것이다(http://amzn.to/1XCoTOC). CLI를 사용하면 다음과 같은 형식으로 명령을 실행할 수 있다.

```
aws lambda <함수 이름> <명령 옵션>
```

https://docs.aws.amazon.com/cli/latest/reference/lambda/index.html 페이지에서 사용 가능한 CLI 명령을 설명한다. 별칭을 삭제(delete-alias)하는 것을 예로 들어보자. 몇 가지 선택적인 파라미터가 있지만 핵심은 다음을 실행하는 것만큼 간단하다(여기서 -name 플래그는 별칭 이름이다).

```
aws lambda delete-alias --function-name return-response --name production
```

CLI 명령을 호출할 경우, 올바른 IAM 보안을 구성해야 한다. 별칭 삭제 명령을 바로 실행하려고 하면 면 DeleteAlias 작업을 호출할 때 클라이언트 오류(AccessDeniedException)가 발생했다"와 같은 오류 메시지가 나타난다. 명령을 작동하려면 사용자의 권한 목록에 DeleteAlias 권한을 추가해야 한다.

## 6.4.2 함수 생성 및 배포

3장과 5장에서 UpdateFunctionCode API를 사용해 AWS에 함수를 배포했다. package.json에 다음 스크립트를 추가해 이 작업을 수행했다.

```
aws lambda update-function-code \
    └ --function-name arn:aws:lambda:us-east-1:038221756127:function:transcode-video \
    └ --zip-file fileb://Lambda-Deployment.zip
```

하지만 update-function-code를 사용하려면 먼저 AWS 콘솔에서 함수를 만들어야 했다. 이는 수동 단계이며 완벽한 자동화의 정신에 맞지않는다. 어떻게 전적으로 명령줄에서 함수를 만들고 배포해야 하는가? 그렇게 하려면 어떻게 해야 하는지 연습을 진행해 보자.

먼저, 함수를 만들 수 있도록 IAM 사용자에서 lambda-upload 사용자를 업데이트해야 한다. 4장에서 Lambda-DevOps라는 그룹을 생성하고 lambda-upload 사용자를 그 그룹에 할당했다. 이제 그룹 정책을 편집하고 새 권한을 추가해야 한다.

1. IAM 콘솔에서 Groups를 연다.
2. Lambda-Upload-Policy 그룹을 클릭한다.

3. 아직 선택하지 않았다면 Permissions 탭을 선택한다.

4. Inline Policies에서 정책 이름의 오른쪽에 있는 Edit Policy를 클릭한다.

5. lambda:CreateFunction을 Action 배열에 추가한다(그림 6.13).

6. Apply Policy을 클릭해 저장한다.

또한 lambda-upload 사용자가 Lambda-UploadPolicy 그룹에 있는지 다시 확인해야 한다.

1. Lambda-Upload-Policy 그룹에서 Users 탭을 클릭한다.

2. lambda-upload 사용자가 표에 나열되어 있는지 확인한다.

3. 사용자가 목록에 없으면 Add Users to Group 버튼을 클릭하고 목록에서 lambda-upload를 찾아 사용자 옆에 확인 표시하고 Add Users 버튼을 클릭한다.

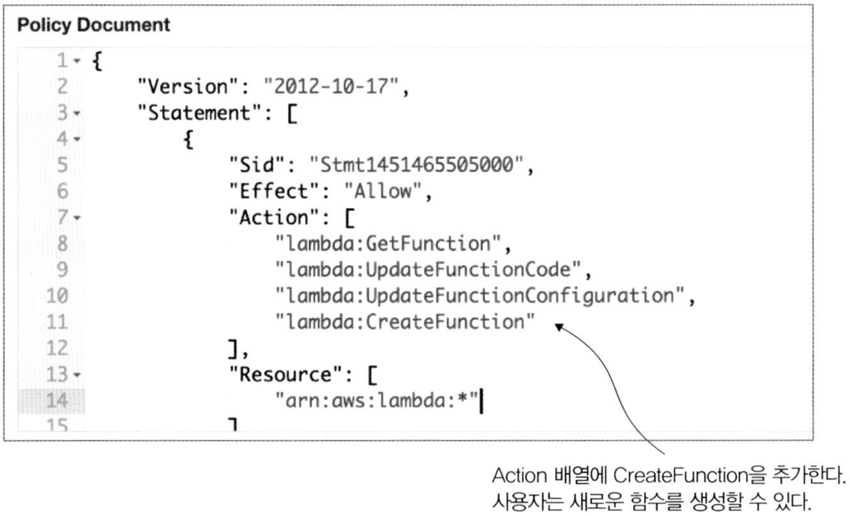

```
Policy Document
 1 {
 2      "Version": "2012-10-17",
 3      "Statement": [
 4          {
 5              "Sid": "Stmt1451465505000",
 6              "Effect": "Allow",
 7              "Action": [
 8                  "lambda:GetFunction",
 9                  "lambda:UpdateFunctionCode",
10                  "lambda:UpdateFunctionConfiguration",
11                  "lambda:CreateFunction"
12              ],
13              "Resource": [
14                  "arn:aws:lambda:*"
15              ]
```

Action 배열에 CreateFunction을 추가한다.
사용자는 새로운 함수를 생성할 수 있다.

그림 6.13 정책을 간단히 업데이트하면 사용자가 함수를 만들 수 있다.

CLI를 사용해 함수를 만들려면 zip 파일로 함수의 소스를 제공하거나 소스가 있는 S3 버킷을 가리켜야 한다. 함수를 로컬에서 생성하고 압축하는 것은 쉽다.

1. index.js라는 파일을 만든다.

2. 다음 목록의 내용을 파일에 복사한다.

3. 파일을 압축해 index.zip을 만든다.

**목록 6.1 기본 함수**

```
'use strict';

exports.handler = function(event, context, callback) {
    callback(null, 'Serverless Architectures on AWS');
};
```
◄─── 이 함수는 유용하거나 흥미로운 것은 아무 것도 하지 않지만, 명령 행에서 함수를 작성할 수 있는지 테스트하는 것으로 충분하다.

함수의 zip 파일과 같은 디렉터리에서 다음 목록에 있는 명령을 실행한다(역할 ARN을 업데이트하는 것을 기억한다. 자신이 만든 lambda-s3-execution-role의 ARN이어야 한다). Lambda 콘솔을 보고 거기 있는지 확인한다.

**목록 6.2 create-function 명령의 실제 예제**

```
aws lambda create-function --function-name cli-function --handler
    index.handler --memory-size 128 --runtime nodejs4.3 --role
    arn:aws:iam::038221756127:role/lambda-s3-execution-role --timeout 3 --
    zip-file fileb://index.zip --publish
```

다음 목록은 create-function 명령에서 사용한 구문의 일부와 각 옵션에 대한 설명을 보여준다 (Lambda는 목록 6.3에서 보여준 것보다 더 많은 설정과 플래그를 지원한다. 모든 옵션을 보고 싶다면 http://amzn.to/2jeCOfR을 참조한다).

**목록 6.3 create-function 명령의 구문**

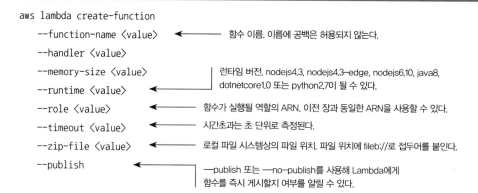

```
aws lambda create-function
    --function-name <value>     ◄──── 함수 이름. 이름에 공백은 허용되지 않는다.
    --handler <value>
    --memory-size <value>           런타임 버전. nodejs4.3, nodejs4.3-edge, nodejs6.10, java8,
    --runtime <value>       ◄──     dotnetcore1.0 또는 python2.7이 될 수 있다.
    --role <value>          ◄──── 함수가 실행될 역할의 ARN. 이전 장과 동일한 ARN을 사용할 수 있다.
    --timeout <value>       ◄──── 시간초과는 초 단위로 측정된다.
    --zip-file <value>      ◄──── 로컬 파일 시스템상의 파일 위치. 파일 위치에 fileb://로 접두어를 붙인다.
    --publish           ◄──         --publish 또는 --no-publish를 사용해 Lambda에게
                                    함수를 즉시 게시할지 여부를 알릴 수 있다.
```

당연히 다음을 비롯한 많은 유용한 함수가 호출된다.

- 함수를 삭제하는 delete-function(http://amzn.to/2jdefz4)

- 별칭을 생성하는 create-alias(http://amzn.to/2jde9rh)

- RequestResponse 또는 Event 호출 타입을 사용하는 함수를 호출하는 invoke(http://amzn.to/2jYhui7)

- 함수의 새 버전을 개시하는 publish-version(http://amzn.to/2jdsCDm)

- 각기 함수, 별칭 및 버전의 목록을 조회하는 list-functions, list-aliases, list-versions-by-function

## 6.5 Lambda 패턴

자바스크립트(Node.js)를 사용해 Lambda 함수를 작성하는 경우라면 비동기 콜백을 처리해야 한다. 이미 3장과, 3장에서 작성한 세번째 Lambda 함수에서 이 방식을 봤다. 다중 콜백은 프로그램의 흐름을 따라가기 어렵게 만들기 때문에 힘들고 복잡하다. 함수가 자연스럽게 일련의 순차적 단계로 이어진다면, 비동기 폭포수 패턴을 채택해 다중 비동기 콜백을 관리하는 복잡성을 줄일 수 있다.

유일한 놀잇감은 아니다

비동기 폭포는 좋은 패턴이지만 콜백 지옥을 다룰 수 있는 유일한 방법은 아니다. ES6는 Node.js 4.3 및 Lambda와 함께 사용할 수 있는 promises, generators 및 yields를 지원한다(http://bit.ly/ 2k70Zge). async/await와 promise chains로 코드를 보내는 등 ES7 기능을 사용해 볼 수도 있지만 디버깅을 더 어렵게 만들 수 있다. 그러므로, 다음 절을 읽고 비동기식 폭포 패턴이 자신에게 적합한지 생각해 본다. 많은 경우, 특히 Node.js 4 이상으로 포팅되지 않은 레거시 코드를 다루는 경우에는 이와 같은 패턴을 알고 적용하는 것이 좋은 생각이다.

### 6.5.1 비동기 폭포(Async waterfall)

Async(http://bit.ly/23RfWVe)는 npm 모듈로 설치할 수 있는 자바스크립트 라이브러리다. 이 라이브러리는 몇 가지 강력한 기능이 있으며 그 중 하나가 폭포<sup>waterfall</sup> 패턴의 지원이다. 이 패턴을 사용하면 콜백 함수를 사용해 한 함수의 결과를 다음 함수로 전달해 일련의 함수를 차례로 실행할 수 있다. 함수 중 하나가 콜백에 오류를 전달하면 폭포 실행이 중단되고 다음 작업이 호출되지 않는다(그림 6.14).

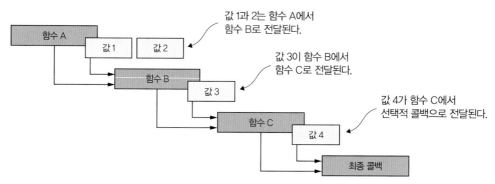

그림 6.14 비동기 폭포 패턴을 사용하면 한 함수에서 다른 함수로 결과를 호출하고 전달할 수 있다. 콜백을 사용하는 것보다 비동기 메소드를 쉽게 처리할 수 있다.

다음 목록은 비동기 폭포 패턴의 일반적인 예를 보여준다(이 목록은 http://bit.ly/1WaSNui에서 제공된 예제에서 채택됐다).

**목록 6.4 비동기 폭포 예제**

```
async.waterfall([
    function(callback) {
        callback(null, 'Peter', 'Sam');
    },
    function(arg1, arg2, callback) {         ←——— arg1은 'Peter'이고 arg2는 'Sam'과 같다.
        callback(null, 'Serverless');
    },
    function(arg1, callback) {               ←——— arg1은 'Serverless'와 같다.
        callback(null, 'Done');
    }
], function (err, result) {                  ←——— 이것은 선택적 콜백 함수 및 최종 콜백 함수다.
    if (err) {                                      여기서 결과는 'Done(완료)'이다.
        console.log(err);
    } else {
        console.log(result);
    }
});
```

목록 6.4에서 자주 사용된 콜백 함수에 주목하라. 이 함수는 각 작업이 완료될 때 호출되어야 한다. 콜백의 첫 번째 파라미터는 오류를 나타낸다. 오류가 없으면 null을 사용한다. 다른 파라미터는 원하는 것이 될 수 있다. 그들은 다음 작업으로 넘어간다.

이 콜백 함수는 Lambda에서 이미 본 콜백과 비슷하다. 그러나, 두 콜백 함수를 혼동해서는 안되므로 비동기 폭포에서 사용 된 콜백의 이름을 다른 것으로(next 등) 지정하는 것이 좋다.

## 24-HOUR VIDEO 목록

유튜브의 복제품인 24-Hour Video는 사용자가 클릭해 볼 수 있는 비디오를 나열해야 한다. 현재 비디오의 URL을 저장하는 데이터베이스가 없지만, S3 버킷에 있는 파일 목록을 만들기 위해 Lambda 함수를 만들 수 있다. 이 함수는 API Gateway를 통해 호출할 수 있으며 비디오의 URL 목록을 반환할 수 있다. 연속으로 몇 단계의 작업을 수행해야 하기 때문에 이 예제에서는 비동기 폭포를 사용할 수 있다.

## 기본 설정

시스템에 새로운 함수를 만들고 get-video-list로 이름을 지정한다. 방법은 다음과 같다.

1. transcode-video과 같은 이전 함수 중 하나를 새 폴더에 복사하고 get-video-list로 이름을 지정한다.

2. index.js의 모든 내용을 제거한다.

3. package.json을 업데이트해 다음 목록과 유사하게 만든다. 굵게 표시된 텍스트는 기존 파일에 추가하거나 수정해야 하는 텍스트다.

**목록 6.5 get-video-list 함수에 대한 package.json**

```
{
    "name": "get-video-list",
    "version": "1.0.0",
    "description": "This Lambda function will list
        ↳ videos available in an S3 bucket",
    "main": "index.js",
    "scripts": {
        "create": "aws lambda create-function --function-name get-video-list
        ↳ --handler index.handler --memory-size 128 --runtime nodejs4.3
        ↳ --role arn:aws:iam::038221756127:role/lambda-s3-execution-role
        ↳ --timeout 3 --publish --zip-file fileb://Lambda-Deployment.zip",
        "deploy": "aws lambda update-function-code --function-name get-video-list
        ↳ --zip-file fileb://Lambda-Deployment.zip",
        "precreate": "zip -r Lambda-Deployment.zip * -x *.zip *.json *.log",
        "predeploy": "zip -r Lambda-Deployment.zip * -x *.zip *.json *.log"
```

명령 행에서 직접 함수를 작성하기 위해 작성 스크립트를 추가했다. 역할의 ARN과 일치하도록 ARN을 업데이트해야 한다.

precreate 스크립트도 추가했다. zip 파일을 생성하는 create 함수 바로 전에 실행된다.

```
    },
    "dependencies": {
        "aws-sdk": "^2.3.2"
    },
    "author": "Peter Sbarski",
    "license": "BSD-2-Clause",
    "devDependencies": {
        "run-local-lambda": "^1.1.0"
    }
}
```

npm을 사용해 async 모듈을 추가한다. 터미널에서 함수의 디렉터리로 변경하고 다음을 실행한다.

```
npm install async --save
```

또한 npm install을 실행해 AWS SDK가 설치되어 있는지 확인해야 한다. package.json을 보면 async와 aws-sdk의 두 가지 종속성이 있어야 한다.

이제(6.4.2항을 따른 경우) npm run create 명령을 사용해 AWS에 필요한 Lambda 함수를 만들 수 있다. 6.4.2항을 건너뛰었다면 AWS 콘솔에서 직접 get-video-list 함수를 만들어야 한다.

## 구현

이 함수는 목록 6.6처럼 상당히 간단한 구현을 가진다. 특히, S3 버킷에 많은 파일이 있을 때 발생하는 상황과 같은 일부 시나리오는 고려하지 않는다(S3 listObjects 작업은 버킷에 최대 1000개의 객체를 반환한다). 이 함수는 또한 비효율적이다. 하지만, 이 방법은 적절한 데이터베이스를 소개할 때까지 임시 조치로 사용하는 것이 좋으며, 폭포수 패턴이 어떻게 사용되는지를 보여주는 좋은 방법이다.

**목록 6.6 get-video-list 함수**

```
'use strict';

var AWS = require('aws-sdk');
var async = require('async');

var s3 = new AWS.S3();
```

```
function createBucketParams(next) {
    var params = {
        Bucket: process.env.BUCKET,
        EncodingType: 'url'
    };
    next(null, params);
}
function getVideosFromBucket(params, next) {
    s3.listObjects(params, function(err, data){
        if (err) {
            next(err);
        } else {
            next(null, data);
        }
    });
}

function createList(data, next) {
    var urls = [];
    for (var i = 0; i < data.Contents.length; i++) {
        var file = data.Contents[i];
        if (file.Key && file.Key.substr(-3, 3) === 'mp4') {
            urls.push(file);
        }
    }

    var result = {
        baseUrl: process.env.BASE_URL,
        bucket: process.env.BUCKET,
        urls: urls
    }
    next(null, result);
}

exports.handler = function(event, context, callback){
    async.waterfall([createBucketParams, getVideosFromBucket, createList],
    function (err, result) {
        if (err) {
            callback(err);
```

createBucketParams 함수는 S3 listObjects 함수에 대한 구성을 만든다.

getVideosFromBucket 함수는 S3 SDK를 사용해 지정된 버킷에서 객체 목록을 가져온다.

createList 함수는 데이터를 반복하며 보기에 적합한 객체의 배열을 만든다.

확장자가 mp4인 객체만 url 배열에 추가된다(.json, .webm 또는 .hls 확장명의 객체는 무시된다).

```
        } else {
            callback(null, result);  ◀────── Lambda 콜백은 baseUrl 및 버킷 이름과
        }                                     함께 URL 목록을 반환한다.
    });
};
```

함수의 디렉터리에서 npm run deploy를 실행해 함수를 배포한다.

## 환경 변수

목록 6.6의 코드는 BUCKET과 BASE_URL이라는 두 환경 변수를 사용한다. BUCKET 변수는 트랜스코딩된 파일이 있는 두 번째 S3 버킷의 이름이다. BASE_URL은 S3 버킷의 기본 주소이며 https:// s3.amazonaws.com이다. 함수가 작동하려면 이 두 변수를 추가해야 한다. Lambda 콘솔에서 get- video-list 함수를 클릭하고 Code 탭의 아래쪽에 이 두 환경 변수를 추가한다(그림 6.15).

그림 6.15 함수를 실행하려면 BUCKET 및 BASE_URL 환경 변수를 추가해야 한다.

## 테스팅

이 함수를 테스트하는 가장 간단한 방법은 AWS 콘솔로 들어가서 Lambda를 클릭하고 get-video- list를 클릭하는 것이다. 거기에서 Test 버튼을 클릭한다. Input Test Event 대화상자가 나타나면 Save And Test를 클릭해 진행한다. 페이지 하단에 있는 Execution Result 제목 아래에 URL 목록(버킷에 mp4가 있는 경우)이 표시되어야 한다(그림 6.16).

버킷 이름과 URL은 응답에 제공되므로
클라이언트가 백엔드 설정을 알 필요가 없다.

```
Execution result: succeeded (logs)

The area below shows the result returned by your function execution using the context methods.

{
  "baseUrl": "https://s3.amazonaws.com",
  "bucket": "serverless-video-transcoded",
  "urls": [
    {
      "Key": "SampleVideo_1280x720_2mb/SampleVideo_1280x720_2mb-1080p.mp4",
      "LastModified": "2016-04-18T06:31:31.000Z",
      "ETag": "\"c829e67d0db8827369e35199af649504\"",
      "Size": 7396786,
      "StorageClass": "STANDARD"
```

그림 6.16 AWS 콘솔에서 응답을 간단하게 볼 수 있으며, Lambda 함수를 쉽게 테스트할 수 있다.

### 명령행에서 함수 호출

AWS CLI는 명령줄에서 Lambda 함수를 호출할 수 있다. RequestResponse 및 이벤트의 호출 유형을 모두 지원한다. 명령 구문은 http://amzn.to/269Z2U2에서 찾을 수 있다. 동기방식의 RequestResponse 호출을 시도하기로 했다면, 최소한 두 개의 파라미터인 함수의 응답에 포함될 함수 이름과 출력 파일을 제공해야 한다.

get-video-list 함수를 호출하려면 터미널에서 다음을 실행해야 한다.

```
aws lambda invoke --function-name get-video-list output.txt
```

이렇게 사용하기로 결정했다면 IAM 사용자에게 올바른 권한(lambda : InvokeFunction)을 부여하는 것을 기억한다.

## 6.5.2 직렬 및 병렬

폭포 패턴 외에도 비동기 라이브러리는 직렬 및 병렬 실행 패턴을 지원한다. 직렬 패턴은 일련의 함수를 하나씩 호출하는 폭포 패턴과 비슷하다. 값(결과)은 직렬 실행이 종료된 후에 선택적인 콜백 함수로 전달된다(그림 6.17).

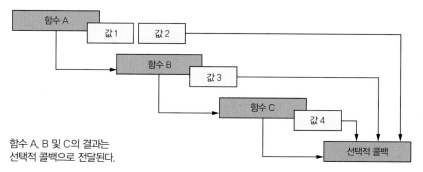

함수 A, B 및 C의 결과는
선택적 콜백으로 전달된다.

그림 6.17 일련의 독립적인 계산을 수행한 다음, 모든 결과를 최종적으로 얻는 경우 비동기 직렬 패턴이 도움이 될 수 있다.

병렬 패턴은 다른 함수들이 완료되기를 기다리지 않고 병렬로 함수를 실행하는 데 사용된다. 모든 함수가 완료되면 결과가 선택적인(최종적인) 콜백으로 전달된다(그림 6.18).

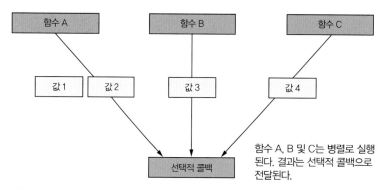

함수 A, B 및 C는 병렬로 실행
된다. 결과는 선택적 콜백으로
전달된다.

그림 6.18 병렬 패턴을 사용하면 함수가 동시에 실행되고 그 결과를 선택적인 콜백 함수에 전달할 수 있다.

### 6.5.3 라이브러리 사용

이 조언은 대부분의 개발자에게 해당한다. 여러 Lambda 함수에서 반복되는 코드를 구별해 낸 다음 다른 파일로 옮겨 두는 식으로, 해당 코드가 한 번만 작성되게 한다(반복하지 않기[Don't Repeat Yourself] 원칙). Node.js의 require()를 사용해 라이브러리를 가져올 수 있다.

여기서 설파하는 것을 실천하고 아마존의 Simple Email Service(SES)를 사용해 이메일을 발송하는 라이브러리를 만드는 방법을 살펴보자. 사용자가 새 비디오를 업로드하거나 사용자 간에 메시징을 활성화하는 방법으로 이메일을 보낼 때, 이 라이브러리를 사용할 수 있다. 다른 코드와 함께 이 라이브러리를 포함할 수 있는 두 가지 방법이 있다.

- 모듈을 빌드하고 npm에 배포하고 나서, npm install —save를 사용해 모듈을 추가할 수 있다. 약간 부담이 될 수는 있지만, 종속성 및 라이브러리를 관리하는 좋은 방법이다. 코드를 공개적으로 사용하는 것을 원하지 않는다면, 개인 npm 저장소를 설치하고 사용하는 방법이 있다(http://bit.ly/1MOsyIF를 참조한다).

- 다른 방법은 lib 디렉터리를 만들고 거기에 라이브러리를 배치하는 것이다. 모든 함수는 lib 디렉터리를 참조하고 필요한 것을 가져올 수 있다. 이 방식은 소규모 애플리케이션에서 완벽하게 작동하지만 큰 단점이 있다. 애플케이션이 커지기 시작하면 다른 버전의 라이브러리를 유지, 공유 및 사용하는 것이 어려워진다. 라이브러리의 버전이 두 개 이상이면 어느 버전이 어디에 있는지 기억하는 것이 어려울 수 있다. 그래서 이 방식은 실험이나 아주 간단한 시스템에 대해서만 사용한다. 상당한 시스템을 구축하기로 결정했다면 npm과 같은 적절한 패키지 관리 시스템을 사용한다.

이 예제에서는 두 번째 방법을 사용하겠지만 나중에 연습의 일환으로 라이브러리에 대한 npm 모듈을 만들어 npm 저장소에 배포하고 npm install을 사용해 설치하도록 요청할 것이다.

## 코드 받기

라이브러리를 위해 lib 디렉터리를 생성한다. 이 디렉터리에 email.js라는 파일을 만들고 다음 목록을 복사한다.

**목록 6.7 이메일 지원 추가**

```
'use strict';

var AWS = require('aws-sdk');
var async = require('async');          SES 서비스를 사용해 전자 메일을 보내려면
var SES = new AWS.SES();    ◀────────  라이브러리에 SES를 포함해야 한다.


function createMessage(toList, fromEmail, subject, message, next) {
    var params = ({
        Source: fromEmail,
        Destination: { ToAddresses: toList },
        Message: {
            Subject: {
                Data: subject
            },
            Body: {
                Text: {
                    Data: message
                }
            }
```

```
        }
    });

    next(null, params);
}


function dispatch(params, next) {
    SES.sendEmail(params, function(err, data){
        if (err) {
            next(err);
        } else {
            next(null, data);
        }
    })
}


function send(toList, fromEmail, subject, message) {
    async.waterfall([createMessage.bind(this, toList,
    └ fromEmail, subject, message), dispatch],
    function (err, result) {
        if (err) {
            console.log('Error sending email', err);
        } else {
            console.log('Email Sent Successfully', result);
        }
    });
};

module.exports = {
    send: send
};
```

> 이제 비동기식 폭포수 패턴에 익숙해졌으므로 적합한 경우에 그 패턴을 사용해야 한다. bind 메소드 호출을 사용하면 createMessage 함수에 인수를 전달하고 올바른 컨텍스트에서 이를 실행할 수 있다(async가 콜백 함수로 전달).

> module.exports는 require()를 사용할 때 반환되는 객체다. 이렇게하면 send 함수가 호출할 다른 함수에서 사용 가능하게 된다.

목록 6.7의 코드는 외부 코드가 호출할 수 있는 send라는 함수를 갖고 있다. 이 함수는 수신자 이메일의 배열, 보낸 사람 이메일, 제목 및 메시지의 네 개의 파라미터가 필요하다. Lambda 함수에서 이 라이브러리를 사용하려면 다음 단계를 따른다.

1. 파일(email.js)을 함수의 디렉터리로 복사한다.

2. 함수에 라이브러리를 적재하려면 require()를 사용한다.

```
var email = require('email');
```

3. send를 호출하고 필요한 파라미터를 전달한다.

```
email.send(['receiver@example.com'], 'sender@example.com', 'Subject','Body');
```

이 라이브러리에서 async를 가져왔지만 npm install을 실행하는 데 신경 쓰지 않았다는 것을 알았을 것이다. 이는 작성한 라이브러리가 async를 포함한 올바른 npm 모듈을 갖기 원하는 Lambda 함수와 함께 제공되기 때문이다. 그러나, 신중을 기하려면 이 라이브러리에 대한 package.json을 작성하고 npm install로 필요한 종속성을 설치한다. 실제로 라이브러리를 알맞게 구축하기로 결정했다면 이 방식으로 해야 한다.

다음은 SES를 사용해 이메일을 보내는 것에 대한 몇 가지 주의 사항이다.

- 함수를 실행하고 이메일을 보내는 데 사용되는 역할에 ses:SendEmail 권한이 있어야 한다.

- 새 역할을 만들거나 함수에 사용할 기존 역할을 수정한다.

- 새 인라인 정책을 추가하고 Policy Generator를 선택한다.

- AWS 서비스 드롭다운에서 Amazon SES를 선택한다.

- Action 드롭다운에서 SendEmail 및 SendRawEmail을 선택한다.

- Add Statement 버튼을 클릭한다.

- 그런 다음 정책을 적용하고 종료한다.

- 이메일을 보내기 전에 SES 콘솔에서 보낸 이메일 주소를 확인해야 한다(그림 6.19). 이를 수행하려면 AWS 콘솔에서 SES를 클릭하고 Email Addresses를 클릭하고 나서, Verify a New Email Address를 클릭한다. 화면을 따라 이메일을 확인한다.

발송 이메일 주소를 사용하려면 먼저 확인해야 한다.

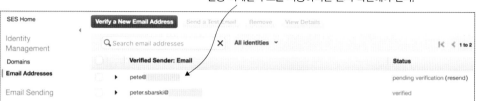

그림 6.19 SES를 거치면 기본 이메일 보내기가 쉬워진다. 이메일 발송과 같은 자주 사용되는 코드 및 기능을 라이브러리로 옮긴다.

### 6.5.4 로직을 다른 파일로 이동

이전의 조언을 바탕으로 모든 도메인/비즈니스 로직을 여러 다른 파일/라이브러리로 옮기는 것이 좋다. Lambda 핸들러는 다른 파일에 저장된 코드를 실행하는 얇은 래퍼$^{thin\ wrapper}$여야 한다. 대량의 로직을 별도의 파일에 저장하면 더 많은 테스트가 가능하고 Lambda에서 훨씬 더 분리될 수 있다. 언젠가 Lambda에서 떠나기로 결정했다면, 코드를 새로운 서버리스 서비스로 포팅하는 것이 더 쉽다는 것을 알게 될 것이다.

## 6.6 Lambda 함수 테스트

Lambda 함수를 테스트할 수 있는 두 가지 주요 방법이 있다. 테스트를 로컬에서(또는 지속적인 통합/배포동안) 실행할 수 있으며 AWS에 배포된 후에 테스트할 수 있다. 3장에서 run-local-lambda라는 npm 모듈을 설치했다. 이 패키지를 사용해 컴퓨터에서 로컬로 Lambda 함수를 호출하고 이벤트, 컨텍스트 및 콜백 함수를 전달할 수 있었다. 그러나 앞으로는 테스트를 실행하기 위해 훨씬 더 엄격하고 강력한 시스템을 설정해야 한다. 의존성을 모방하고, 변수와 기능을 추적하고, 설정과 해체 절차를 관리할 수 있는 방법이 필요하다. 이번 절에서는 테스트에 대한 좋은 접근 방법을 모으는 방법을 살펴본다.

### 6.6.1 로컬에서 테스트

컴퓨터에서 Lambda 함수를 테스트하는 방법을 살펴보겠다(나중에 이 테스트를 지속적인 통합/배포 파이프라인의 일부로 실행하게 된다). 이를 더욱 흥미롭게 하기위해, 6.5.3항에서 만든 get-video-list 함수에 대한 테스트를 작성한다. 테스트를 작성하고 실행하는 데 도움을 주는 Mocha, Chai, Sinon 및 rewire를 사용할 것이다.

터미널에서 6.5.3항에서 만든 함수의 디렉터리로 변경하고 필요한 구성 요소를 다운로드하기 위해 다음의 npm install 명령을 실행한다.

- `npm install mocha -g`
  Mocha(http://bit.ly/1VKV1IY)는 자바스크립트 테스트 프레임워크다.

- `npm install chai --save-dev`
  Chai(http://bit.ly/1pu2xmq)는 테스트 주도 개발/동작 주도 개발 어써션$^{assertion}$ 라이브러리다.

- npm install sinon --save-dev

  Sinon(http://bit.ly/1NlhN5q)는 모킹(mocking) 프레임워크이며, 스파이(spies), 스텁(stubs) 및 목(mocks)을 제공한다.

- npm install rewire --save-dev

  Rewire(http://bit.ly/1YNPj05)는 Node.js 유닛 테스트에 대한 멍키패치(monkey-patching) 및 종속성 재정의 프레임워크다.

Lambda 함수는 다른 일반 Node.js 애플리케이션과 다르지 않다. 원하는 경우 다른 자바스크립트 프레임워크 또는 단정 라이브러리를 사용할 수 있다.

## 6.6.2 테스트 작성

모듈을 설치한 후, test라는 새 하위 디렉터리를 생성한다. 이 하위 디렉터리에서 test.js라는 파일을 만들고 원하는 텍스트 편집기에서 연다. 다음 목록을 이 파일에 복사한다.

**목록 6.8 get-video-list 함수에 대한 테스트**

```
var chai = require('chai');
var sinon = require('sinon');
var rewire = require('rewire');
var expect = chai.expect;
var assert = chai.assert;

var sampleData = {          ← 이 데이터는 S3 listObjects() 함수가 호출될 때
    Contents: [                호출자에게 제공된다.
        {
            Key: 'file1.mp4',
            bucket: 'my-bucket'
        },
        {
            Key: 'file2.mp4',
            bucket: 'my-bucket'
        }
    ]
}

describe('LambdaFunction', function(){
    var listObjectsStub, callbackSpy, module;
    describe('#execute', function() {
```

```
before(function(done){
    listObjectsStub = sinon.stub().yields(null, sampleData);
    callbackSpy = sinon.spy();

    var callback = function(error, result) {
        callbackSpy.apply(null, arguments);
        done();
    }

    module = getModule(listObjectsStub);
    module.handler(null, null, callback);
})

it('should run our function once', function(){
    expect(callbackSpy).has.been.calledOnce;
})0

it('should have correct results', function(){
    var result = {
        "baseUrl": "https://s3.amazonaws.com",
        "bucket": "serverless-video-transcoded",
        "urls": [
            {
                "Key": sampleData.Contents[0].Key,
                "bucket": "my-bucket"
            },
            {
                "Key": sampleData.Contents[1].Key,
                "bucket": "my-bucket"
            }
        ]
    }

    assert.deepEqual(callbackSpy.args, [[null, result]]);
    })
  })
})

function getModule(listObjects) {
```

스파이가 함수나 변수를 보고 무엇을 하는지 보고한다.

이것이 Lambda 함수가 실행이 끝날 때 호출할 콜백 함수다.

Mocha에 테스트가 끝났음을 알리기 위해 done()을 호출해야 한다.

getModule() 호출은 Lambda 함수의 멍키패치된 버전을 얻는다.

Lambda 함수를 실행하기 위해 핸들러를 호출한다.

이 테스트는 스파이가 한 번만 호출되었음을 확인한다(따라서 콜백 함수가 한 번 호출됐다).

이것은 Lambda 함수의 결과가 일치할 것이라고 생각하는 추가적인 테스트 데이터이다.

Lambda 함수의 출력을 테스트 데이터와 비교해 일치하는지 확인한다.

Rewire는 Lambda 함수를 패치하는 데 사용되므로 S3 listObjects()가 호출될 때 이전에 준비된 스텁과 데이터를 반환한다.

```
    var rewired = rewire('../index.js');
    rewired.__set__({
        's3': { listObjects: listObjects }
    });


    return rewired;
}
```

목록 6.8을 구현한 후, 함수의 디렉터리에서 mocha를 실행한다. 그림 6.20과 비슷한 결과가 나타난다.

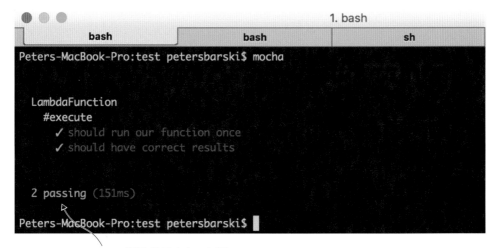

mocha를 실행한 후 통과하고 실패한
테스트의 수를 확인할 수 있다.

그림 6.20 로컬 및 지속적인 배포 파이프라인의 일부로 테스트를 실행할 수 있다.

테스트 파일에서 일어나는 일들을 간단히 살펴보자.

- Chai, Sinon 및 rewire를 가져오고 테스트 데이터를 가진 sampleData 데이터 객체를 생성한다.

- before 훅은 스텁과 스파이를 생성하고 getModule 함수를 호출해 Lambda 함수의 복사본을 가져온다. rewire를 사용해 Lambda 함수를 멍키패치(monkey-patch)하면 S3에 대한 요청이 발생하면(s3.listObjects()) 이전에 테스트 파일에 정의된 객체 목록을 반환한다.

- 두 가지 테스트를 선언한다. 두 테스트 모두 스파이를 확인한다. 첫 번째 테스트에서는 Lambda의 콜백 함수가 한 번만 호출되었는지 확인한다. 두 번째 테스트에서는 Lambda의 콜백 함수에 인수가 전달되었는지 확인한다. 두 번째 테스트는 Lambda 함수의 응답이 RequestResponse 호출에서 유효한지 확인하는 좋은 방법이다.

테스트는 익히고 올바른 결과를 얻는 데 시간이 걸리는 광범위하고 복잡한 주제다. 고맙게도 Lambda 함수의 테스트는 더 복잡한 Node.js 애플리케이션 보다 간단하다. 방금 마친 테스트와 비슷한 예제가 필요하다면 http://bit.ly/1MQc4zO를 살펴본다.

우리가 작성한 각 Lambda 함수에 대한 테스트를 작성하는 것이 좋다. 일단 종속 관계를 연결하고 모킹mocking하는 템플릿을 얻었으면(그리고 목록 6.8에서 시작해 필요에 맞게 다시 사용할 수 있다.) 새로운 테스트를 만드는 것은 상대적으로 쉽다.

### 6.6.3 AWS에서 테스트

시스템에 대한 여러 가지 훌륭한 테스트를 작성하고 AWS에 함수를 배포했다. AWS에서 함수를 테스트해 예상대로 작동하는지 확인하는 것이 좋다. 명확한 방법은 콘솔에서 Test 버튼을 클릭하고 함수가 사용할 이벤트를 제공하는 것이다. 다행히도 AWS에서 제공하는 유닛 및 부하 테스트 하네스(test harness) 청사진을 사용해 테스트하는 더 좋은 방법이 있다. 이 청사진은 테스트하고 원하는 결과를 DynamoDB 테이블에 기록할 Lambda 함수를 호출할 수 있는 Lambda 함수를 만든다.

팀 와그너Tim Wagner는 원래 "AWS Lambda를 사용한 간단한 서버리스 테스트 하네스"라는 제목의 이 기사를 작성해 블로그에 게시했다(http://amzn.to/1Nq37Nx). 다음과 같이 이 테스트 하네스를 구성할 수 있다.

1. lambda-dynamo라는 새 역할을 만들고 그 역할에 인라인 정책을 추가한다. 그 정책에 lambda:InvokeFunction 및 dynamodb:PutItem을 추가한다. lambda:InvokeFunction의 경우 ARN을 arn:aws:lambda:*:*:*로 설정한다.

2. DynamoDB에서 새 테이블을 만들고 unit-test-results 로 이름을 지정한다. Partition Key를 testId로 설정한다. 다른 모든 기본 설정을 수락한다.

3. Lambda의 콘솔에서 Create Lambda Function을 클릭하고 사용 가능한 청사진 중에서 lambda-test-harness를 찾는다(그림 6.21).

4. lambda-test-harness 청사진으로 새 함수를 생성한다.

5. 함수의 역할로 lambda-dynamo를 설정하고 만료시간을 1분으로 놔둔다.

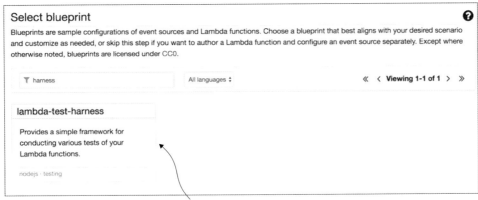

이 함수는 다른 함수를 테스트하는 데 필요한 청사진이다.

그림 6.21 제공되는 다양한 청사진을 살펴본다. 그들 중 일부는 아이디어를 줄 것이고 다른 것들은 시간을 절약해 줄지도 모른다.

lambda-test-harness 함수를 올바르게 실행하려면 테스트 구성을 설명하는 이벤트를 생성해서 테스트 하네스 함수에 전달해야 한다. 다음 목록은 이번 장의 앞 부분에서 개발한 get-video-list 함수의 테스트 구성 예제를 보여준다. get-video-list는 실행 중에 이벤트를 사용하지 않으므로 이벤트는 비어 있다.

**목록 6.9 단위 테스트 구성의 예**

```
{
    "operation": "unit",          ←———— 실행할 테스트 유형: 단위 또는 부하
    "function": "get-video-list",     ←———— 테스트하려는 함수
    "resultsTable": "unit-test-results",   ←———— 결과를 저장할 테이블
    "testId": "MyTestRun",          ←———— 데이터베이스에 저장될 테스트의 ID
    "event":{}
}
```

테스트 하네스 함수를 실행하려면 AWS 콘솔에서 Test 버튼을 클릭하고(함수가 열려 있다고 가정) 목록 6.9의 구성을 입력 테스트 이벤트 대화상자에 입력한다. 그리고 나서 Save and Test를 클릭한다.

함수를 실행한 후 결과를 보려면 정보를 위한 DynamoDB의 unit-test-results 테이블을 본다. 부하 테스트를 수행하려면 작업을 단위에서 로드로 변경하고 원하는 반복 횟수를 설정해 구성을 약간 수정한다. 다음 목록은 함수를 50회 실행하는 데 사용할 수 있는 구성을 보여준다.

**목록 6.10 부하 테스트 구성 예제**

```
{
    "operation": "load",          ◄─────── 이 경우 부하 테스트를 실행하려고 한다.
    "iterations": 50,             ◄─────── 함수를 실행하려는 횟수
    "function": "get-video-list",
    "resultsTable": "unit-test-results",
    "testId": "MyTestRun",
    "event":{}
}
```

로컬 환경과 AWS에서 여러 가지 테스트를 실행하면 변경 및 개선에 대한 확신을 얻게 된다. 테스트를 게을리하지 않고 시작부터 테스트를 한다.

## 6.7 연습문제

이번 장에서 Lambda 대해 많은 것을 배웠지만, 몇 가지 연습을 시도하는 것보다 지식을 테스트하는 더 좋은 방법은 없다. 다음 작업을 수행할 수 있는지 확인한다.

1. 주어진 문자열이 회문<sup>palindrome</sup>인지 확인하는 Lambda 함수를 만든다. 함수는 환경 변수를 통해 문자열을 가져와야 한다.

2. 6.5.3항에 주어진 이메일 발송 라이브러리를 구현하고 transcode-video라는 Lambda 함수에 포함시킨다. 새 트랜스코딩 작업이 생성될 때마다 이메일을 발송하도록 transcode-video 함수를 수정한다.

3. 이메일 발송 라이브러리를 npm 모듈로 패키징하고 npm 저장소에 배포한다(이 작업을 수행하는 방법에 대한 자세한 내용은 http://bit.ly/1r6heOf를 참조한다). 배포가 되면 npm install 〈모듈명〉 —save를 사용해 원하는 Lambda 함수에 설치한다. 이메일을 보내고 테스트할 수 있도록 Lambda 함수를 업데이트한다.

4. 24시간마다 이메일을 보내는 새로운 Lambda 함수를 만든다. 그것을 자동화할 수 있는가?

5. 6.6.2항에서 구현한 테스트에 파괴(breaking) 테스트를 추가하고 mocha를 실행해 테스트를 어떻게 나오는지 확인한다. 다음 질문으로 진행하기 전에 이 테스트를 수정하거나 제거한다.

6. 3장과 5장에서 생성한 각 Lambda 함수에 대한 테스트를 작성한다.

7. 기존 Lambda 함수를 테스트하기 위해 AWS에서 단위 및 부하 테스트 하네스를 생성한다. 새로운 DynamoDB 레코드가 삽입될 때 호출되는 새 Lambda 함수를 만들고 해당 레코드의 결과가 포함된 이메일을 보낸다.

## 6.8 요약

Lambda와 같은 컴퓨팅 서비스는 서버리스 아키텍처의 핵심이다. Lambda는 모든 것을 하나로 묶어주는 접착제다. 애플리케이션의 백엔드 역할을 하거나 시스템에 있는 다른 서비스 간의 조정자 역할을 할 수 있다. 이번 장에서는 다음을 살펴봤다.

- 호출 유형 및 이벤트 모델을 포함한 Lambda의 핵심 원칙

- 프로그래밍 모델

- 버전 관리, 별칭 및 환경 변수

- CLI 사용법

- 비동기 폭포와 같은 패턴 및 라이브러리 생성

- 로컬 및 AWS에서 하는 Lambda 함수 테스트

다음 장에서는 API Gateway를 살펴보고 웹 및 모바일 애플리케이션을 위한 강력한 백엔드 작성 방법을 설명한다.

# API Gateway | 7장

이번 장에서는 다음을 설명한다.

- API Gateway 리소스와 메소드의 생성과 관리
- Lambda 프록시 통합
- API Gateway 캐싱, 스로틀링, 로깅

서버리스 아키텍처는 다양하게 활용될 수 있다. 서버리스 아키텍처를 사용해 전체 백엔드를 구축할 수도 있고, 또는 특정 작업을 처리하기 위해 몇 가지 서비스들을 함께 묶는 데 사용할 수도 있다. 적절한 백엔드를 구축하려면 클라이언트와 백엔드 서비스 사이에 API(Application Programming Interface)가 필요하다. API Gateway는 개발자가 RESTful API를 만들 수 있게 해주는 AWS의 핵심 서비스다.

이번 장에서는 API Gateway를 살펴본다. API를 구축하고 관리하기 위한 스테이징 및 버전 관리뿐만 아니라 요청에 대한 캐싱과 로깅, 스로틀링에 대한 근본적인 사항들을 다룰 것이다. 또한 24-Hour Video 프로젝트에 API Gateway를 활용해 비디오들의 목록을 출력하는 새로운 기능을 추가해 볼 것이다. API Gateway는 많은 기능을 갖춘 서비스이기 때문에 이 책의 하나의 장에서 모두 다룰 수는 없다. 이번 장을 읽은 다음 공식 문서를 읽어 보고 다양한 기능을 활용해 샘플 API를 작성해보는 것을 추천한다. 대부분의 다른 AWS 서비스들과 마찬가지로 API Gateway는 급속하게 발전하는 서비스이므로 이번 장에서 다루지 않는 한두 가지의 새로운 기능이 있다고 하더라도 놀라지 않기를 바란다.

## 7.1 인터페이스 역할을 하는 API Gateway

API Gateway는 백엔드 서비스들과(Lambda를 포함하여) 클라이언트 애플리케이션(웹, 모바일 혹은 데스크톱)들 사이의 인터페이스처럼(그림 7.1) 생각할 수 있다. 앞서 언급한 것처럼 프런트엔드 애플리케이션은 서비스와 직접 통신해야 한다. 그러나 보안 혹은 개인 정보 보호 측면에서 이러한 방식이 가능하지 않거나 바람직하지 않은 경우도 많이 있다. 어떤 경우에는 오직 백엔드 서비스에서만 수행해야 하는 경우도 있다. 예를 들면, 모든 사용자들에게 이메일을 전송하려면 Lambda 함수를 통해서 완료되어야 한다. 이 작업을 프런트엔드에서 실행한다면 모든 사용자들의 이메일 주소를 다른 사용자의 브라우저에 로드해야 하는 일이 발생하기 때문에 프런트엔드에서 처리해서는 안된다. 이것은 심각한 보안 문제 및 개인 정보 보호 문제를 유발하며 고객을 잃을 수 있는 빠른 방법이다. 사용자의 브라우저를 신뢰해서는 안되며, 민감한 작업을 사용자 브라우저를 통해 실행하는 것은 좋지않다. 브라우저는 시스템을 나쁜 상태 그대로 놔둘 수 있는 작업을 수행하는 부적절한 환경이 되기도 한다. "작업이 끝날 때까지 이 창을 닫지 마십시오"라는 메시지를 보여주는 웹사이트를 본 적이 있는가? 이런 시스템을 피해야 한다. 이런 시스템들은 너무 취약하다. 이런 처리 방식 대신에 백엔드 람다 함수에서 작업을 실행하고 작업이 완료되면 작업이 완료되었음을 알리는 플래그를 지정할 수 있다. API Gateway는 기존의 서버 기반 환경에 대응해 서버리스 애플리케이션을 쉽게 구축하고 관리할 수 있게 해주는 기술의 한 예이다. 더 전통적인 시스템에서는 EC2 인스턴스들을 프로비저닝하고 ELB<sup>Elastic Load Balancer</sup>를 구성하고 각각의 서버들의 소프트웨어들을 관리해야 할 필요가 있을 것이다. API Gateway를 사용하면 이 모든 작업들을 더 이상 하지 않아도 된다. API Gateway를 통해 API를 정의하고 몇 분 안에 서비스에 연결할 수 있다.

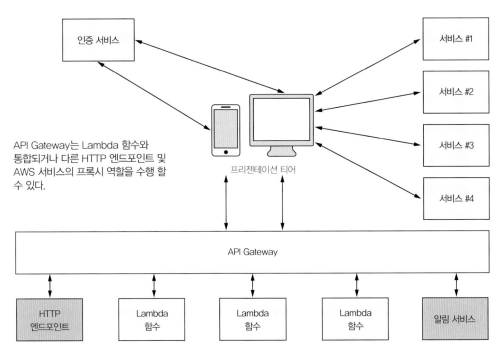

그림 7.1 API Gateway는 특히 웹 애플리케이션의 경우 백엔드 서비스를 위한 인터페이스를 구축하는 데 필요하다.

버지니아 리전(us-east-1)을 예로 들면, API Gateway의 비용은 백만 건의 API 호출당 3.50달러의 비용으로 많은 애플리케이션에서 사용할 수 있다. 이제 API Gateway의 몇 가지 중요한 기능들을 자세히 살펴보자.

## 7.1.1 AWS 서비스와의 통합

5장에서 API Gateway에 user-profile Lambda 함수를 연결했었다. 웹 사이트에서 사용자가 사용자의 정보를 Lambda 함수를 통해서 요청할 수 있도록 했다. 예리한 독자들은 Lambda 함수가 네 가지 옵션 사항 중 하나였다는 것을 눈치챘을 것이다. 나머지 세 가지인 HTTP 프록시, AWS 서비스 프록시, 목$^{Mock}$을 통합하는 일에 대해서는 여기에서 간단히 살펴보도록 하겠다.

### HTTP 프록시

HTTP 프록시는 요청을 다른 HTTP 엔드포인트로 전달할 수 있다. 표준 HTTP 메소드(HEAD, POST, PUT, GET, PATCH, DELETE, 그리고 OPTIONS)들을 지원한다. HTTP 프록시는 레거시 API 앞에 인터페이스를 만들거나 원하는 엔드포인트에 도달하기 전에 요청을 변경 및 수정해야 하는 경우에 특히 유용하다.

## AWS 서비스 프록시

AWS 서비스 프록시 기능은 Lambda 함수가 아닌 AWS 서비스로 직접 호출하는 것이 가능하다. 각 메소드(예를 들면, GET )는 원하는 AWS의 특정 작업 즉, DynamoDB 테이블에 직접 항목을 추가하는 작업 등에 매핑될 수 있다. DynamoDB 테이블에 항목을 추가하는 Lambda 함수를 직접 만드는 것보다 DynamoDB를 직접 프록시하는 방법이 훨씬 더 빠르다. AWS 서비스 프록시는 기본 사용 사례(목록 출력, 항목 추가, 혹은 제거)에 대한 훌륭한 옵션 사항이며 광범위한 AWS 서비스들에서 작동한다. 하지만, 고급 사용 사례에서는(특히 논리적인 연산이 필요한 경우) 함수를 작성해야 한다.

## 목 통합

목$^{Mock}$ 통합 옵션은 다른 서비스들과 통합없이 API Gateway에서 응답을 생성하는 데 사용된다. 예를 들면, CORS(Cross−Origin Resource Sharing)에 의한 사전 전달(preflight) 요청이 발생하고 해당 요청에 대한 응답이 API Gateway에서 미리 정의되는 경우에 사용된다.

## 7.1.2 캐싱, 스로틀링 그리고 로깅

API Gateway에 캐싱, 스로틀링, 암호화 및 로깅 기능이 없다면 유용한 서비스라고 이야기할 수 없을 것이다. 7.3 절에서는 이런 고민들을 더 상세히 다룬다. 캐싱은 이미 계산된 결과를 이용해 지연시간을 줄이고 백엔드의 부하를 줄이는 데 도움이 된다. 하지만 캐싱을 올바르게 관리하는 것은 쉽지 않다.

스로틀링은 토큰 버킷 알고리즘을 사용해 API 호출 횟수를 줄인다. 이 기능을 통해 백엔드가 과도한 요청에 부딪치는 상황을 초당 호출 횟수 제한으로 예방할 수 있다. 마지막으로 로깅을 이용해 CloudWatch가 API에 무슨 일이 일어나고 있는지 수집하고 분석하도록 할 수 있다. CloudWatch는 들어오는 모든 요청과 나가는 응답을 수집하고 캐시 히트 및 누락 등에 대한 정보를 추적할 수 있다.

## 7.1.3 스테이징과 버전 관리

스테이징과 버전 관리 기능은 이미 사용했던 기능이다. 스테이지는 사용자의 API를 위한 하나의 환경이다. 사용자는 API당 10개의 스테이지를 가질 수 있으며(그리고 계정당 60개의 API), 설정하는 방법은 전적으로 사용자에게 달려있다. 대개 개발을 위한 스테이지, 사용자 승인 테스트를 위한 스테이지, 운영 환경을 위한 스테이지 등을 만드는 것이 좋다. 경우에 따라 개별적인 개발자들을 위해서 스테이지를 만들기도 한다. 각각의 스테이지들은 독립적으로 구성될 수 있으며 스테이지 변수를 사용해 다른 엔드포인트를 호출할 수 있다(즉, 다른 스테이지를 구성해 다른 Lambda 함수들 또는 HTTP 엔드포인트들을 호출 가능).

API는 배포되는 매 시점마다 버전이 생성된다. 실수가 발생했다면, 예전 버전으로 쉽게 롤백할 수 있다. 서로 다른 스테이지들은 서로 다른 버전의 API를 참조할 수 있으므로, 애플리케이션의 여러 버전을 충분히 유연성을 가지고 지원할 수 있다.

### 7.1.4 스크립팅

API Gateway를(AWS 관리 콘솔을 사용하여) 수동으로 구성하는 것은 사용 방법을 배우는 좋은 방법이 될 것이다. 하지만 장기적으로 지속 가능하거나 강력한 방법은 아니다. 다행스럽게도 API 정의에 널리 사용되는 형식인 Swagger(http://swagger.io)를 사용해 전체 API를 스크립팅할 수 있다. 기존 API를 Swagger로 내보낼 수 있으며 Swagger 정의를 새 API로 가져올 수 있다.

## 7.2 API Gateway를 사용해 일하기

5장에서 24-Hour Video 사이트를 위한 새로운 API를 생성했었다. API는 리소스(사용자와 같은 엔티티)의 경로(예: /api/user)를 통해 접근할 수 있도록 만들어진다는 사실이 기억날 것이다. 각 리소스는 GET, DELETE 또는 POST(그림 7.2)와 같은 HTTP 요청으로 표시되는 하나 이상의 작업을 정의할 수 있다.

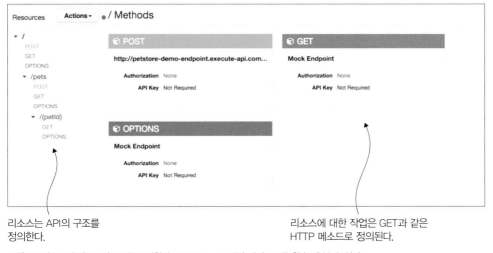

리소스는 API의 구조를 정의한다.

리소스에 대한 작업은 GET과 같은 HTTP 메소드로 정의된다.

그림 7.2 리소스와 메소드가 API를 구성한다. API Gateway 콘솔에서 API를 한 눈에 볼 수 있다.

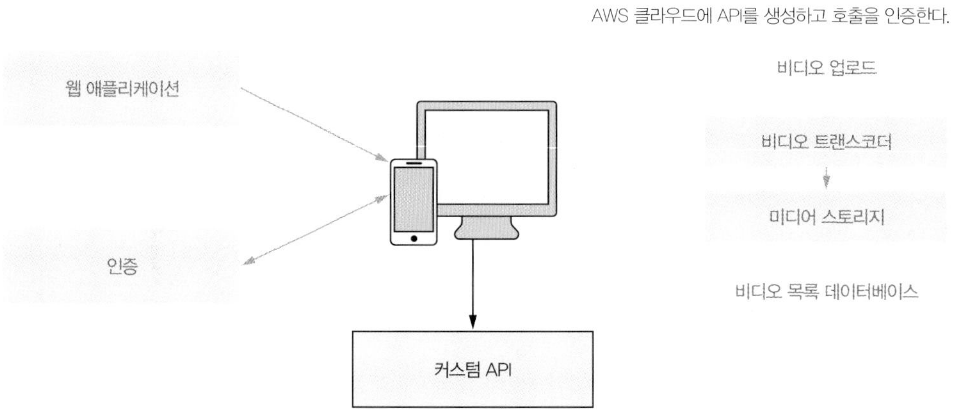

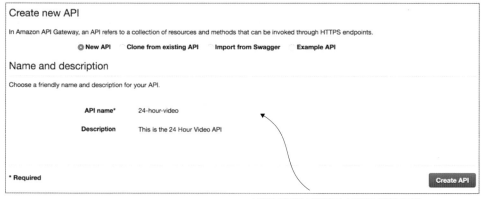

AWS 클라우드에 API를 생성하고 호출을 인증한다.

웹 애플리케이션

비디오 업로드

비디오 트랜스코더

↓

미디어 스토리지

인증

비디오 목록 데이터베이스

커스텀 API

그림 7.3 이번 장에서는 API의 대부분을 작성하고 API Gateway가 제공하는 기능을 살펴본다.

이번 절에서는 API Gateway에 새로운 리소스와 메서드를 추가하고 Lambda 함수에 연결한 다음 Lambda 프록시 통합 사용법을 다룬다. 그림 7.3은 이번 장에서 다루는 24-Hour Video 시스템의 구성 요소를 보여준다.

## 새로운 API 만들기

5장에서 API를 만들지 않았다면, 지금 만들어야 한다. API를 만들기 위해서 관리 콘솔에서 API Gateway를 선택한 다음, Create API 버튼을 누른다. New API 라디오 버튼이 선택된 상태로 두고 API 이름(예: 24-hour-video) 선택사항인 설명을 입력한다. Create API를 클릭해 선택사항을 완료한다(그림 7.4).

---

**Create new API**

In Amazon API Gateway, an API refers to a collection of resources and methods that can be invoked through HTTPS endpoints.

⦿ New API    ○ Clone from existing API    ○ Import from Swagger    ○ Example API

**Name and description**

Choose a friendly name and description for your API.

API name*        24-hour-video

Description       This is the 24 Hour Video API

* Required                                          **Create API**

---

API의 이름을 지정한다. 공백은 허용되지만
이름은 1,024자를 초과 할 수 없다.

그림 7.4 새로운 API를 만드는 데 30 초도 걸리지 않는다. AWS 계정당 API 수가 60개로 제한된다.

## 7.2.1 계획

6장에서 S3 버킷의 비디오 리스트를 출력하는 Lambda 함수를 생성했다. 이 비디오를 웹 사이트에 게시하는 것이 좋을 것이다. 유튜브와 마찬가지로 사용자가 사이트를 열고 재생할 수 있는 동영상 목록을 보여 주려 한다. 이 작업을 수행하려면 웹 사이트에서 API Gateway를 통해 get-video-list Lambda 함수에 요청해야 한다.

Videos라는 리소스를 생성하고 이 리소스에 GET 메소드를 추가해 비디오의 목록을 요청하고 받을 것이다. 이번 장을 끝마치면 24-Hour Video의 구현은 그림 7.5와 비슷하게 보일 것이다. 프로젝트를 좀 더 흥미롭게 만들기 위해 encoding이라는 선택적인 URL 쿼리 파라미터를 추가할 것이다. 이 파라미터를 사용해 특정 인코딩(예: 720p 또는 1080p)의 비디오를 반환한다.

알림: Lambda 함수와 API Gateway를 사용해 비디오 목록을 반환하는 작업은 아직 데이터베이스를 가지고 있지 않기 때문에 즉시 실행돼야 한다. 9 장에서는 API Gateway 또는 Lambda를 사용하지 않고도 데이터베이스에서 직접 비디오 URL을 검색하는 다른 방법을 살펴볼 것이다.

HTML5 Video 태그는 동영상 및 표시 컨트롤을 렌더링하는 데 사용된다.
최신 브라우저는 HTML5 Video 태그와 MPEG-4/H.264 비디오 형식을
지원하므로 비디오를 재생할 때 문제가 발생하지 않아야 한다.

그림 7.5 이번 절을 다 배우고 나면 24-Hour Video 웹 사이트에서 비디오를 재생할 수 있다.

## 7.2.2 리소스와 메소드 만들기

API Gateway에서 앞서 만든 24-Hour Video API를 선택한다. 그런 다음 아래의 단계를 따라서 Videos라는 리소스를 만든다(그림 7.6).

1. Actions 드롭다운 메뉴를 선택한다.

2. Create Resource를 선택한다.

3. Resource Name을 Videos로 입력한다. Resource Path는 반드시 /videos여야 한다. 리소스의 경로 값은 충돌이 나서는 안된다. 이 후에 /videos라는 리소스를 삭제하지 않는 한 같은 이름의 /videos라는 리소스는 만들 수 없다.

4. 이 단계에서 Proxy Resource 혹은 Enable API Gateway CORS 등은 선택하지 않는다.

5. Create Resource 버튼을 클릭한다.

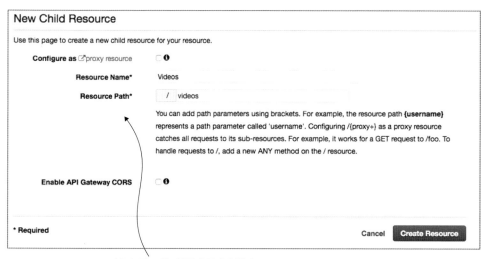

리소스 경로에는 공백이 없어야 한다.

그림 7.6 Actions 드롭 다운 메뉴를 통해 리소스를 생성한다. 리소스 경로가 충돌해서는 안된다.

### 프록시 리소스와 CORS

API Gateway에서 리소스를 만들 때 Configure as Proxy Resource(그림 7.6) 옵션을 볼 수 있다. 이 옵션을 사용하면 {proxy+}와 같은 "탐욕적greedy" 경로 변수가 함께 만들어진다. 탐욕적 경로 변수는 부모 리소스에 속해 있는 어떠한 자식 리소스라도 표현할 수 있다. 예를 들면, /video/{proxy+}라는 경로를 가지고 있다면, /video/abc, /video/xyz 혹은 /video/로 시작하는 다른 어떤 엔드포인트로도 요청을 보낼 수 있다. 이러한 요청은 모두 자동으로 {proxy+} 리소스로 라우팅된다(기본적으로 경로의 와일드 카드로 볼 수 있다). + 기호는 일치하는 리소스에 대한 모든 요청을 캡처하도록 API Gateway에 지시하는 기호다(https://docs.aws.amazon.com/apigateway/latest/developerguide/api-gateway-setup-up-simple-proxy.html#api-gateway-proxy-resource).

프록시 리소스 옵션으로 구성을 하게 되면 ANY 메소드도 함께 해당 자원아래에 생성된다. ANY 메소드를 사용하면 클라이언트는 어떠한 HTTP 메소드(GET, POST등)를 사용하든지 해당 리소스에 접근할 수 있다. 하지만 원하지 않는 경우 리소스에 대해서 ANY 메소드를 사용하지 않아도 된다. 또한 여전히 GET 및 POST와 같은 개별 메소드를 작성할 수 있다.

마지막으로 Lambda 함수 프록시 또는 HTTP 프록시를 통합 유형으로 선택할 수 있다. 곧 Lambda 프록시와 HTTP 프록시 통합에 대해 이야기 할 것이다. 프록시 리소스 구성 옵션을 언제 사용하면 좋을까? 이 질문의 답은 특정한 이유나 사용 사례가 있는 경우다. 가능한 한 성숙한 RESTful API를 구축(https://martinfowler.com/articles/richardsonMaturityModel.html) 하고 필요할 때만 프록시 리소스로 구성하는 방법을 사용하는 것이 좋다. 마지막으로, 탐욕적 경로 변수, ANY 메소드 및 프록시 통합은 별도의 기능이며 서로 독립적으로 사용할 수 있다. 이번 장에서는 Lambda 프록시 통합 방법을 사용할 예정 이지만, 탐욕적 경로 변수와 ANY 메소드를 사용해 실험한다.

리소스를 만들 때 사용할 수 있는 또 다른 옵션은 Enable API Gateway CORS이다. 이 옵션은 리소스를 생성하는 동안 활성화하는 것이 안전하다. Enable API Gateway CORS를 사용하면 CORS에 필요한 OPTIONS 메소드를 작성한다. 이번 장과 같이 Lambda 또는 HTTP 프록시 통합을 사용하면 모든 것이 자동으로 설정된다. 이 옵션은 OPTIONS 메소드를 생성하고 추가적으로 필요한 CORS 헤더는 Lambda 함수에서 설정할 수 있다(곧 살펴 볼 것이다).

하지만 요청/응답을 개별적으로 매핑하는 경우 새 메소드를 만들 때마다 Actions의 드롭다운 메뉴에서 CORS 사용을 실행해야 한다. 이와 같은 경우 Enable CORS를 사용하면 필요한 CORS 헤더를 Method Response에 추가한다. 또한 리소스 생성 중에 Enable API Gateway CORS를 사용하면 좀 더 수월하게 OPTIONS 메소드를 생성할 수 있다는 사실을 알았다(사실 이후에 조정할 수 있음). 이 체크박스 버튼을 자유롭게 선택해서 사용할 수 있지만 Actions 드롭다운 메뉴에서 Enable CORS 관한 옵션이 있음을 잊지 않는다.

## 메소드 추가

리소스를 생성하면 리소스를 위한 메소드를 생성할 수 있다.

1. Resources 사이드 바에서 Videos 리소스를 선택한다.

2. Actions를 선택하고 Create Method를 선택한다.

3. Videos 아래에 작은 드롭다운 상자가 나타난다. 그것을 선택하고 GET을 선택한다. 둥근 체크박스 버튼을 선택해 확인한다.

## Lambda와 통합

이제 GET 메소드의 통합 설정이 표시된다. Lambda 함수를 호출하도록 구성할 것이다.

1. Lambda Function<sup>람다 함수</sup> 라디오 버튼을 선택한다.

2. Lambda Proxy Integration 사용을 선택한다. 이에 대한 내용은 다음 절에서 설명한다.

3. Lambda Region 드롭다운 메뉴에서 us-east-1을 선택한다.

4. Lambda Function 텍스트 상자에 get-video-list를 입력한다. 6 장에서 말했듯이 함수와 통합할 때 별칭을 사용하는 것이 좋다. 별칭을 사용하면 이벤트 소스를 재구성하지 않고도 함수가 다른 버전을 전환하는 데 도움이 된다. 별칭은 get-video-list Lambda 함수의 $ LATEST 버전을 가리켜야 한다. 별칭을 사용하려면 Lambda 함수 텍스트 상자에 getvideo-list:dev를 입력한다. 여기서 dev는 별칭의 이름이다(그림 7.7).

5. Save를 클릭한다.

6. 팝업 창에서 OK를 클릭하고, 다시 OK를 클릭하여 확인한다.

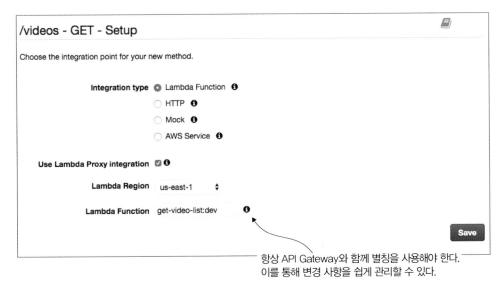

그림 7.7 API Gateway는 Lambda 함수와 쉽게 통합되도록 설계되었으며 API생성에 오랜 시간이 걸리지 않는다.

## Lambda 프록시 통합

Lambda 프록시 통합Lambda Proxy Integration은 API Gateway와 Lambda를 함께 사용할 때에 편리한 기능이다. 이 기능을 활성화시키면 API Gateway는 모든 요청을 JSON에 매핑하고 이를 이벤트 객체를 통해 Lambda에게 전달한다. Lambda 함수에서 쿼리 문자열 파라미터 변수, 헤더 스테이지 변수, 경로 파라미터 변수, 요청 컨텍스트 및 본문의 값을 가져올 수 있다.

Lambda 프록시 통합을 사용하지 않으면 API Gateway의 통합 요청Integration Request 섹션에 매핑 템플릿을 만들고 HTTP 요청을 직접 JSON에 매핑하는 방법을 결정해야 한다. 그리고 정보를 다시 클라이언트로 전달하려면 통합 응답Integration Response 매핑을 만들어야 한다. Lambda 프록시 통합이 추가되기 전에는 사용자가 요청과 응답을 수동으로 매핑해야 했다. 특히 복잡한 매핑을 사용해야 하는 경우가 더욱 그렇다.

Lambda 프록시 통합은 작업을 더욱 단순하게 만들어 주기 때문에 대부분의 경우 선호하는 옵션이다. 하지만 5장에서 했던 것처럼 특정 매핑 템플릿을 만들 수도 있다. 매핑은 함수의 필요에 따라 목표로 정한 통합 페이로드를 간결하게 생성하는 데 도움이 될 수 있다(프록시 통합으로 전체 요청을 전달하는 것과는 반대의 경우다).

HTTP 요청 통합<sup>HTTP Request Integration</sup>을 선택하면 HTTP 프록시 통합 사용<sup>Use HTTP Proxy Integration</sup>이라는 Lambda 프록시 통합과 유사한 옵션이 표시된다. 이 옵션을 사용하면 요청이 지정된 HTTP 엔드포인트로 요청 전체를 프록시 처리할 수 있다. 이 옵션을 활성화하지 않으면 매핑을 지정하고 새 요청 페이로드를 직접 만들 수 있다.

## CORS 추가

이제 리소스와 GET 메소드를 만들었다. 클라이언트가 API에 접근할 수 있게 하려면 CORS를 활성화해야 한다. 현 시점에서는 어떠한 출처로부터 오는 클라이언트의 /videos에 대응하는 GET 요청이더라도 허용된다. 사이트의 스테이징 및 운영 버전을 만들기 위해 오리진을 잠금 상태로 만들면 오직 우리의 웹 사이트에서만 API에 접근할 수 있다. 다음 과정을 통해CORS를 사용할 수 있다.

1. Resource 사이드 바에서 Videos 리소스를 선택한다.

2. Actions를 선택한다.

3. Enable CORS를 선택한다.

4. 모든 설정을 기본값 그대로 두고 Enable CORS 및 Replace Existing CORS Headers를 클릭한다.

5. 변경 사항을 확인하는 팝업이 표시된다. Yes를 클릭하고, Replace Existing Value를 클릭해 완료한다.

### CORS 보안

보안 확보는 중요하다. 새로 설계된 서버리스 시스템이 보안 침해를 감수한다면 그것만큼 시스템을 돋보이게 만드는 것은 없을 것이다. 실제 운영 환경에서는 CORS를 열어 두지 말고 도메인으로 제한해야 한다. Lambda 프록시 통합을 사용한다면 Lambda 함수에 의해 생성된 응답에 CORS 설정을 지정해야 한다. 요청과 응답 매핑을 수동으로 구성하였다면, 통합 응답 설정에서 CORS 설정을 지정할 수 있다.

## 7.2.3 메소드 실행 구성

Videos 리소스의 GET 메소드를 선택하면 아래 그림 7.8과 같은 화면이 나타난다. 이 페이지에는 다음과 같이 구성된 부분이 있다.

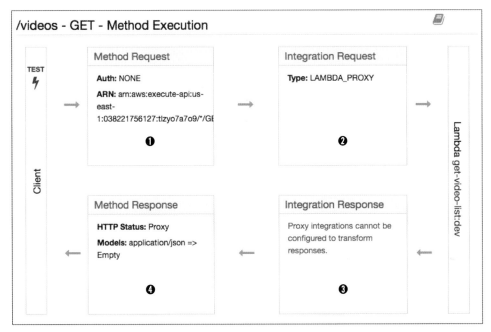

그림 7.8 GET 메소드의 Method Execution 화면. 여기에서 메소드/통합 요청 및 응답에 대한 내용을 정의할 수 있다.

❶ Method Request는 리소스와 메소드의 조합에 대한 퍼블릭 인터페이스(헤더 및 본문)를 정의한다.

❷ Integration Request는 백엔드 통합을 정의한다(예를 들면 호출될 Lambda 함수 관련). Lambda 프록시 통합[Lambda Proxy Integration]을 활성화했기 때문에 이것은 이벤트 객체를 통해 HTTP 요청 요소들을 자동으로 매핑하고 Lambda 함수에 전달한다. Lambda 프록시 통합은 편리하지만 원하는 경우 직접 매핑을 정의할 수 있다(부록 E 참고).

❸ Integration Response는 API의 호출자가 기대하는 형식으로 데이터를 매핑하는 방법을 정의한다. Lambda 프록시 통합을 사용하고 있는 경우 이 단계에서 특별히 해야 할 일은 아무것도 없다.

❹ Method Response는 요청에 대한 헤더와 요청 본문을 포함하는 퍼블릭 인터페이스를 정의한다. Lambda 프록시 통합을 사용하고 있기 때문에 여기서는 아무 것도 할 필요가 없다. 마찬가지로 부록 E를 참고하면 메소드 응답이 유용하게 사용될 수 있는 방법을 알 수 있다.

## 메소드 요청

Method Request를 클릭해 해당 항목 구성을 설정할 수 있다. 여기에서 여러 가지 일들을 할 수 있지만 Lambda 프록시 통합을 사용하고 있기 때문에 지금은 관련이 없다. 이러한 설정들의 일부 내용들이 궁금하다면 부록 E를 참고할 수 있다. 이 단계에서 적용할 수 있는 유일한 옵션은 사용자 정의 권한 모듈이다. 이 단계의 GET 메소드에 대한 요청은 반드시 인증돼야만 한다.

### 프록시 통합 대 수동 매핑

여기 흥미로운 점들이 있다. 이번 장에서는 Lambda 프록시 통합을 사용해 API를 생성하는 방법을 설명하고 있다. 하지만 Lambda 프록시 통합을 사용하지 않고 똑같은 일을 하고 싶다면 어떻게 해야 할까? 매핑을 작성하고 이벤트 객체를 통해 Lambda 함수에서 사용할 수 있는 것을 세밀하게 제어하려면 어떻게 해야 할까? 매핑과 모델을 이해하는 것은 유용하기 때문에 Lambda 프록시 통합 없이 API를 구현하는 방법을 설명하는 부록 E를 추가했다. 해당 부록에서는 통합 요청 및 응답을 어떻게 구성하는지 보여 준다. 또한 VTL(Velocity Template Language)를 소개하고 정규 표현식을 사용해 API Gateway에서 HTTP 상태 코드를 만드는 방법을 보여 준다. 대부분의 경우 Lambda 프록시 통합을 사용하게 되겠지만, 매핑을 이해하거나 API Gateway에서 생성된 페이로드를 더 정확하게 제어하고 싶은 경우에 부록 E는 훌륭한 가이드 역할을 할 것이다.

이를 수행하기 위해서 Authorization 옆에 있는 펜 아이콘을 클릭하고 목록에서 사용자 정의 권한 모듈을 선택할 수 있다(5장에서 이와 관련된 권한 모듈을 작성했었다). 그림 7.9는 이 화면의 모습을 보여준다.

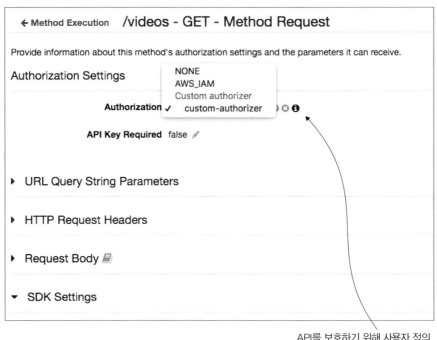

API를 보호하기 위해 사용자 정의
권한부여자를 설정한다.

그림 7.9 Method Request 페이지는 API의 호출자가 준수하고 제공해야 하는 인터페이스와 설정을 정의한다.

API Gateway를 변경할 때마다 항상 배포를 실행해야 한다. 이 작업 단계를 잊었다면 수정 내용이 표시되지 않는다. 배포를 실행하려면 다음과 같이 할 수 있다.

1. API의 Resources 섹션이 선택되어 있는지 확인한다.

2. Actions 드롭다운 버튼을 클릭한다.

3. Deploy API를 선택하고 드롭 다운 메뉴에서 deployment stage (dev)를 선택한다.

4. 아직 deployment stage가 없다면 새 deployment stage를 만들고 dev 단계를 호출해야 한다.

5. Deploy를 클릭해 배포를 마친다.

## 7.2.4 Lambda 함수

이제 API Gateway 쪽에서의 작업은 대부분 완료되었다. API Gateway는 HTTP 요청에 대해서 Lambda 함수의 프록시로 작동한다. Lambda 함수는 HTTP 요청 정보를 이벤트 객체를 통해서 사용할 수 있게 된다. Lambda 함수는 요청 본문 및 헤더 쿼리 문자열 파라미터 변수와 같은 유용한 정보를 추출할 수 있다. 결국 Lambda 함수는 API Gateway가 다시 클라이언트에게 전달할 수 있도록 특별히 구성된 HTTP 응답을 만들어야 한다. 이 응답이 규정된 형식을 따르지 않으면 API Gateway는 502 Bad Gateway Error를 클라이언트로 반환한다.

### 입력 포맷

아래의 입력 이벤트 파라미터 변수 목록은 API Gateway가 Lambda 함수를 호출할 때 이벤트 파라미터 변수가 어떻게 구성되어 있는지 보여준다. 여기에 주어진 예제는 encoding이라는 쿼리 문자열 파라미터 변수가 있는 기본적인 GET 요청이다. 이 목록의 일부는 간략하게 요약되었거나 약간 수정되었다.

**목록7.1 입력 이벤트 파라미터**

```
{
    resource: '/videos',        ◀──────── 리소스 경로
    path: '/videos',            ◀──────── 경로 파라미터
    httpMethod: 'GET',          ◀──────── 요청 메소드의 이름
    headers: {                  ◀──────── 요청 메소드의 헤더
        Accept: '*/*',
        'Accept-Encoding': 'gzip, deflate, sdch, br',
```

```
        'Accept-Language': 'en-US,en;q=0.8',
        Authorization: 'Bearer eyJ0eXK...',
        'Cache-Control': 'no-cache',
        'CloudFront-Forwarded-Proto': 'https',
        'CloudFront-Is-Desktop-Viewer': 'true',
        'CloudFront-Is-Mobile-Viewer': 'false',
        'CloudFront-Is-SmartTV-Viewer': 'false',
        'CloudFront-Is-Tablet-Viewer': 'false',
        'CloudFront-Viewer-Country': 'AU',
        DNT: '1',
        Host: 'bl5mn437o0.execute-api.us-east-1.amazonaws.com',
        Origin: 'http://127.0.0.1:8100',
        Pragma: 'no-cache',
        Referer: 'http://127.0.0.1:8100/',
        'User-Agent': 'Mozilla/5.0 (Macintosh; Intel Mac OS X 10_12_2) AppleWebKit/537.36 (KHTML,
like Gecko) Chrome/55.0.2883.95 Safari/537.36',
        Via: '1.1 2d7b0cb3d.cloudfront.net (CloudFront)',
        'X-Amz-Cf-Id': 'nbCkMUXzJFGVwkCGg7om97rzrS6n',
        'X-Forwarded-For': '1.128.0.0, 120.147.162.170, 54.239.202.81',
        'X-Forwarded-Port': '443',
        'X-Forwarded-Proto': 'https'
    },
    queryStringParameters: {        ◀──── 가용한 모든 쿼리 문자열 파라미터
        encoding: '720p'
    },
    pathParameters: null,
    stageVariables: {               ◀──── 관련된 모든 API Gateway 스테이지 변수
        function: 'get-video-list-dev'
    },
    requestContext: {               ◀──── 사용 가능한 신원 정보를 포함한 컨텍스트 요청
        accountId: '038221756127',
        resourceId: 'e3r6ou',
        stage: 'dev',
        requestId: '534bcd23-e536-11e6-805c-b1e540fbf5c7',
        identity: {
            cognitoIdentityPoolId: null,
            accountId: null,
            cognitoIdentityId: null,
            caller: null,
```

```
            apiKey: null,
            sourceIp: '121.147.161.171',
            accessKey: null,
            cognitoAuthenticationType: null,
            cognitoAuthenticationProvider: null,
            userArn: null,
            userAgent: 'Mozilla/5.0 (Macintosh; Intel Mac OS X 10_12_2)
            └ ]AppleWebKit/537.36 (KHTML, like Gecko) Chrome/55.0.2883.95 Safari/537.36',
            user: null
        },
        resourcePath: '/videos',
        httpMethod: 'GET',
        apiId: 'tlzyo7a7o9'
    },
    body: null,         ◄──────── JSON 형식의 요청 본문
    isBase64Encoded: false
```

## 출력 포맷

Lambda 함수는 콜백 함수를 통해 다음 목록에 나와 있는 JSON 형식과 일치하는 응답을 반환해야 한다. 형식을 따르지 않으면 API Gateway는 502 Bad Gateway 응답을 반환하게 된다(https://docs.aws.amazon.com/apigateway/latest/developerguide/api-gateway-set-up-simple-proxy.html).

**목록 7.2 Lambda 출력 포맷**

```
{
    "statusCode": httpStatusCode,
    "headers": { "headerName": "headerValue", ... },
    "body": "..."
}
```

## Lambda 구현

이미 6장에서 get-video-list Lambda 함수를 구현했다. 이제 API Gateway와 함께 작동하려면 이 함수를 업데이트해야 한다. 다음 목록은 API Gateway와 Lambda 프록시 통합을 설명하는 업데이

트된 함수 구현을 보여준다. 기존 함수 구현을 아래 목록에 있는 코드로 교체하고 AWS에 함수를 배포한다.

**목록 7.3 비디오 목록을 가져오는 Lambda 함수**

```
'use strict';

var AWS = require('aws-sdk');
var async = require('async');

var s3 = new AWS.S3();

function createErrorResponse(code, message, encoding) {
    var response = {
        'statusCode': code,
        'headers' : {'Access-Control-Allow-Origin' : '*'},
        'body' : JSON.stringify({'code': code, 'messsage' : message, 'encoding' : encoding})
    }
    return response;
}

function createSuccessResponse(result) {
    var response = {
        'statusCode': 200,
        'headers' : {'Access-Control-Allow-Origin' : '*'},
        'body' : JSON.stringify(result)
    }

    return response;
}

function createBucketParams(next) {
    var params = {
        Bucket: process.env.BUCKET
    };

    next(null, params);
}
```

이 함수는 비디오가 없거나 다른 오류가 발생하면 404 또는 500의 HTTP 상태 코드로 응답을 생성한다.

Access-Control-Allow-Origin 헤더가 응답에 포함되어야 한다. 이 코드의 프로덕션 버전에서는 이 헤더를 도메인으로 제한해야 한다.

비디오가 발견되면 이 함수는 응답을 생성한다. 또한 HTTP 상태 코드를 200 (OK)로 설정한다.

```
function getVideosFromBucket(params, next) {
    s3.listObjects(params, function(err, data){
        if (err) {
            next(err);
        } else {
            next(null, data);
        }
    });
}

function createList(encoding, data, next) {
    var files = [];
    for (var i = 0; i < data.Contents.length; i++) {
        var file = data.Contents[i];
        if (encoding) {
            var type = file.Key.substr(file.Key.lastIndexOf('-') + 1);
            if (type !== encoding + '.mp4') {
                continue;
            }
        } else {
            if (file.Key.slice(-4) !== '.mp4') {
                continue;
            }
        }

        files.push({
            'filename': file.Key,
            'eTag': file.ETag.replace(/"/g,""),
            'size': file.Size
        });
    }

    var result = {
        domain: process.env.BASE_URL,
        bucket: process.env.BUCKET,
        files: files
    }
    next(null, result)
}
```

encoding 파라미터를 선택 사항으로 허용하였다. 이를 사용하면 특정 파일(예: 720p 버전의 비디오)을 검색하는 데 도움이 된다. encoding 파라미터가 제공되지 않으면 트랜스코딩된 비디오 파일이 저장되는 버킷의 모든(mp4) 파일이 응답으로 반환된다. 여기서 파일을 선택하는 방법은 파일 이름이 특정 구조를 가져야 하기 때문에 취약성을 가지고 있다. 마지막에 연습문제를 통해 더 나은 방법을 찾아내도록 요청할 것이다.

replace 함수는 ETag에서 여분의 큰 따옴표 집합을 제거한다.

```
exports.handler = function(event, context, callback){
    var encoding = null;
    if (event.queryStringParameters && event.queryStringParameters.encoding) {
        encoding = decodeURIComponent(event.queryStringParameters.encoding);
    }

    async.waterfall([createBucketParams, getVideosFromBucket, async.apply(createList, encoding)],
    function (err, result) {
        if (err) {
            callback(null, createErrorResponse(500, err, encoding));
        } else {
            if (result.files.length > 0) {
                callback(null, createSuccessResponse(result));
            } else {
                callback(null, createErrorResponse(404, 'No files were found', encoding));
            }
        }
    });
};
```

목록 7.3에서 알 수 있듯이 클라이언트에 오류를 반환하려는 경우에도 항상 callback(null, response)을 호출한다. 사용자 관점에서 오류 상태를 처리하고 있지만 콜백 함수의 첫번째 파라미터 변수로 null이 전달됐다. 왜 이럴까? 이것은 Lambda의 관점에서는 모든 것이 정확하기 때문이다. 즉, Lambda 함수 자체는 실패하지 않았다. 두 번째 파라미터 변수는 응답에 해당하며 문제가 있을 경우 클라이언트에게 알릴 필요가 있는 것인가에 관련된 부분이다. 다행스럽게도 API Gateway가 응답과 함께 보낼 HTTP의 상태 코드를 설정할 수 있다. HTTP 400 응답 코드 혹은 500응답 코드를 전송해야 한다면 페이로드(실제 전송되는 데이터)를 조정하고 상태 코드 파라미터 변수를 원하는 값으로 변경하면 쉽게 처리할 수 있다. 콜백의 첫 번째 파라미터 변수로 null을 넣는 것을 잊어버리면 클라이언트가 502 응답 코드를 받는다. 이제 get-video-list Lambda 함수의 구현을 업데이트하고 AWS에 배포한다.

## API Gateway에서 테스트

API Gateway에서는 간편한 테스트를 통해 모든 것이 올바르게 구성되었는지 확인할 수 있다. Method Execution 화면에서(그림 7.8) GET 메소드 실행창의 클라이언트 상자 안에 보이는 TEST를 클릭한다. Query Strings 텍스트 상자에 encoding = 720p를 입력하고 Test를 클릭한다. −720p.

mp4로 이름이 끝나는 변환된 파일이 있는 경우 Response Body(그림 7.10) 아래에 해당 파일이 표시되어야 한다. 720p 파일들이 없는 경우 404 상태 코드와 함께 "파일이 없다"는 응답 내용이 표시된다. Query String 문자열 상자를 비워 두면, 응답 내용에 버킷 내부의 모든 트랜스코딩된 mp4 비디오 파일 목록이 표시된다.

### 7.2.5 웹사이트 업데이트

API Gateway와 Lambda를 사용해 이 모든 작업을 수행했지만 마지막으로 할 일이 남아 있다. 5장에서 시작한 24-Hour Video 웹사이트를 업데이트해야 비디오 정보를 볼 수 있다. 첫 페이지가 로드될 때 사용자가 업로드한 동영상을 표시할 수 있도록 첫 페이지를 변경한다. 또한 동영상을 재생할 수 있도록 HTML5의 video 태그를 사용한다. 모든 주요 브라우저의 최신 버전이 이를 지원한다.

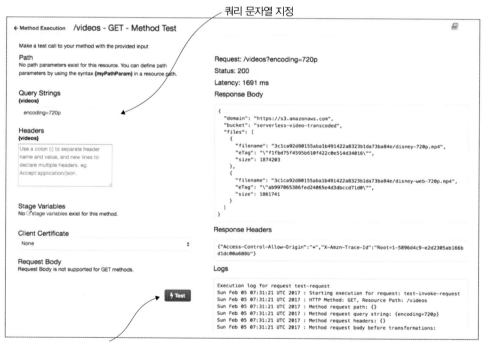

그림 7.10 Lambda 함수와 API Gateway의 성공적 테스트

사이트를 업데이트하려면 선호하는 텍스트 편집기에서 index.html을 열고 〈div class = "container"〉로 시작하고 〈/div〉로 끝나는 코드의 전체 섹션을 제거한다(index.html 파일의 하단부). 그 div의 자리에 다음 목록의 html 코드 내용을 복사한다.

---

**목록 7.4 웹 사이트 index.html**

```html
<div class="container" id="video-list-container">
    <div id="video-template" class="col-md-6 col">          표시해야 하는 모든 비디오에 대해
        <div class="video-card">                           이 div를 복제한다.
            <video width="100%" height="100%" controls>
                <source type="video/mp4"> Your browser does not support the video tag.
            </video>
        </div>
    </div>
    <div id="video-list" class="row">                       비디오가 포함된 div의 사본이
    </div>                                                 컨테이너 앞에 추가된다.
</div>
```

그런 다음 GET 요청에 대응하는 API Gateway에 연결된 프런트 페이지에 비디오를 보여주는 코드를 구현해야 한다. 이를 수행하려면 현재 작업 중인 웹 사이트의 js 디렉터리에 video-controller.js라는 파일을 만들고 다음 목록의 코드 내용을 복사한다.

**목록 7.5 웹 사이트 비디오 컨트롤러**

```javascript
var videoController = {
    data: {
        config: null
    },
    uiElements: {
        videoCardTemplate: null,
        videoList: null,
        loadingIndicator: null
    },
    init: function(config) {
        this.uiElements.videoCardTemplate = $('#video-template');
        this.uiElements.videoList = $('#video-list');

        this.data.config = config;

        this.getVideoList();
    },
    getVideoList: function() {
```

```
    var that = this;

    var url = this.data.config.apiBaseUrl + '/videos';
    $.get(url, function(data, status){
        that.updateVideoFrontpage(data);
    });
},
updateVideoFrontpage: function(data) {
    var baseUrl = data.domain;
    var bucket = data.bucket;

    for (var i = 0; i < data.files.length; i++){
        var video = data.files[i];

        var clone = this.uiElements.videoCardTemplate.clone().attr('id', 'video-' + i);

        clone.find('source')
        .attr('src', baseUrl + '/' + bucket + '/' + video.filename);

        this.uiElements.videoList.prepend(clone);
    }
  }
}
```

← config.js에 apiBaseUrl을 설정해야 한다. API Gateway에 있는 내용과 일치하는지 확인한다.

← 지금은 행복한 경우<sup>happy case</sup>에만 작동되도록 처리 중이므로 오류가 발생하면 작동하지 않는다. 다른 응답 코드도 확인해야만 한다. 특히 응답 코드를 직접 제어할 수 있어야 한다. 이번 장의 끝 부분에 있는 질문 중 하나는 오류 상태를 처리하도록 요청할 것이다.

← API Gateway에서 반환된 각 비디오에 대해 비디오 카드 템플릿을 복제하고 비디오 소스를 설정한 다음 첫 페이지의 비디오 목록에 추가한다.

변경해야 할 또 다른 파일은 js 디렉터리의 main.js이다. 이 파일의 내용을 다음 코드로 바꾼다.

**목록 7.6 웹 사이트 비디오 컨트롤러**

```
(function(){
    $(document).ready(function(){
        userController.init(configConstants);
        videoController.init(configConstants);
    });
}());
```

← videoController.init(configConstants)는 getVideoList 함수를 실행하고 비디오를 로드한다.

마지막으로 index.html의 ⟨script src="js/user-controller.js"⟩ ⟨/script⟩ 위에 ⟨script src="js/video-controller.js"⟩ ⟨/script⟩를 추가하고 파일을 저장한다. 이제 웹 사이트의 모습을 볼 수 있다. 명령 줄에서 npm run start를 실행해 웹 사이트를 시작한다. 동영상을 이미 업로드한 경우 잠시 기다

리면 화면에 표시된다. 동영상을 업로드하지 않은 경우 지금 업로드해 볼 수 있고 새로 고침도 할 수 있다. 잠시 기다려도 동영상이 표시되지 않는다면 브라우저의 콘솔창을 열어 보고 상황을 살펴봐야 한다.

## 7.3 Gateway 최적화

7.1 절에서 캐싱과 스로틀링을 포함해 API Gateway의 기능 중 일부를 간략하게 설명했다. 이 부분은 서버리스 아키텍처를 구축할 때 유용한 부분이기 때문에 좀 더 자세하게 살펴보겠다. 이 절에서 언급한 모든 옵션은 스테이지 편집기의 Settings 탭에서 찾을 수 있다. Settings 탭으로 이동하려면 다음 단계를 따라 진행하면 된다.

1. 24-Hour Video API에서 스테이지를 선택한다.

2. 스테이지 목록에서 dev를 선택한다.

### 7.3.1 스로틀링

먼저 스로틀링 기능의 표준 속도 및 버스트 제한$^{burst\ limit}$을 구체적으로 알아보겠다. API Gateway의 rate 속성은 메소드를 초당 호출할 수 있는 평균 횟수다. 버스트 제한$^{burst\ limit}$은 API Gateway가 메소드를 호출할 수 있는 최대 횟수다. API Gateway는 "정상 상태 요청 속도를 초당 1000rps$^{Request\ Per\ Second}$으로 설정하고 AWS 계정 내의 모든 API, 스테이지 및 메소드에서 최대 2000rps의 버스트를 허용한다"(https://docs.aws.amazon.com/apigateway/latest/developerguide/apigateway-request-throttling.html).

이러한 기본 설정 값들은 아마존에 요청을 통해서 늘릴 수 있다. 스로틀링 기능은 설정된 임계 값을 초과하는 추가 HTTP 요청을 허용하지 않음으로써 서비스 거부 공격(DoS:Denial-of-Service)을 차단한다. 요청 허용 값(rate)을 낮추고 수백 개의 연속적인 요청을 빠르게 실행하는 Lambda 함수를 함께 사용해 스로틀링 기능의 작동 방식을 확인할 수 있다.

이를 살펴보기 위해서 다음과 같이 직접 설정할 수 있다.

1. Throttling 사용 체크박스란을 클릭한다.

2. Rate와 Burst 한계를 5로 변경한다.

3. Save를 클릭한다(그림 7.11).

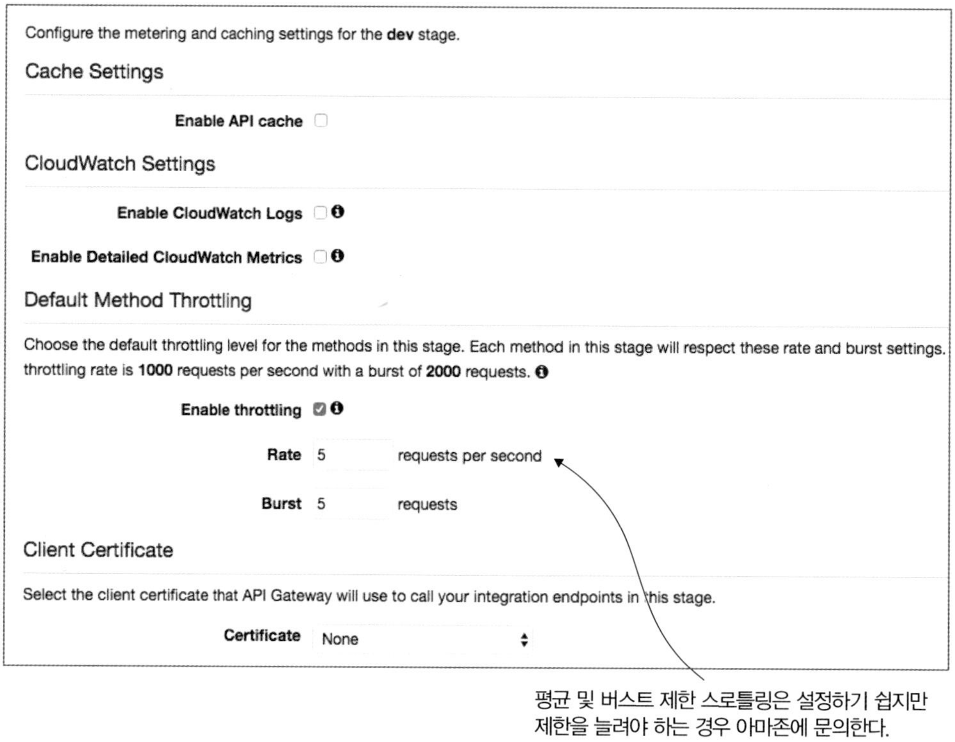

Configure the metering and caching settings for the **dev** stage.

**Cache Settings**

Enable API cache ☐

**CloudWatch Settings**

Enable CloudWatch Logs ☐ ❶

Enable Detailed CloudWatch Metrics ☐ ❶

**Default Method Throttling**

Choose the default throttling level for the methods in this stage. Each method in this stage will respect these rate and burst settings. throttling rate is **1000** requests per second with a burst of **2000** requests. ❶

Enable throttling ☑ ❶

Rate 5       requests per second

Burst 5       requests

**Client Certificate**

Select the client certificate that API Gateway will use to call your integration endpoints in this stage.

Certificate None ⬍

> 평균 및 버스트 제한 스로틀링은 설정하기 쉽지만 제한을 늘려야 하는 경우 아마존에 문의한다.

그림 7.11 스로틀 제한을 설정하고 Save를 클릭한다. DoS 공격을 받아도 비용이 많이 들지 않을 것이라는 점에서 안심할 수 있다.

Rate와 Burst 한계를 설정하면 새로운 Lambda 함수를 생성하고 다음 목록의 내용을 붙여 넣는다. 이 기능은 새 기능을 만들 때 선택할 수 있는 https 요청 블루프린트 코드 조각을 기반으로 한다.

**목록 7.7 denial-of-service Lambda 함수**

```
'use strict';

let https = require('https');

function makeRequests(event, iteration, callback){

    const req = https.request(event.options, (res) => {        ← 공통 요청을 실행하고 상태 코드와 응답
        let body = '';                                              본문을 기록한다.
        console.log('Status:', res.statusCode);
        res.setEncoding('utf8');
        res.on('data', (chunk) => body += chunk);
        res.on('end', () => {
```

```
                console.log('Successfully processed HTTPS response, iteration: ', iteration);

                if (res.headers['content-type'] === 'application/json') {
                    console.log(JSON.parse(body));
                }
            });
        });
        return req;
}

exports.handler = (event, context, callback) => {
    for (var i = 0; i < 200; i++) {
        var req = makeRequests(event, i, callback);
        req.end();
    }
};
```

지정된 API에 대해 신속하게 200건의 요청이 이루어질 것이다.
이것은 스로틀링이 작동하는지 테스트하는 데 충분하다.

## 사용자 정의 권한 모듈Custom Authorization 비활성화

/videos 의 GET 메소드에 대한 사용자 정의 권한 모듈이 활성화되었다면, 이 테스트를 실행하기 위해 일시적으로 비활성화해야 한다. 리소스에서 /videos 아래에 GET을 클릭하고 Method Execution을 선택한 다음 인증Authorization 드롭다운을 NONE으로 선택한다. 변경 사항을 적용하기 위해 API를 배포한다. 스로틀링 테스트가 끝나면 사용자 정의 권한 모듈을 다시 설정하는 것을 잊지 않는다.

이 함수를 실행하려면, Test를 클릭하고 다음 목록의 내용을 이벤트로 붙여 넣는다. hostname을 여러분의 API 호스트 이름에 해당하는 값으로 변경하고 저장 및 테스트를 클릭한다.

### 목록 7.8 denial-of-service Lambda 함수

```
{
    "options": {
        "hostname":"bd54gbf734.execute-api.us-east-1.amazonaws.com",
        "path":"/dev/videos",
        "method": "GET"
    },
    "data": ""
}
```

API Gateway를 가리키도록
호스트 이름을 변경한다.

테스트를 실행하는 데 몇 초가 걸릴 수 있지만 페이지를 스크롤해 로그 출력 아래 부분에 결과가 표시되는 것을 확인할 수 있다. 모든 결과가 여기에 캡처되지는 않으므로 실행 결과 제목 옆의 로그 링크를 선택해 실제 로그를 살펴볼 수 있다. 로그를 스크롤하면 대부분의 요청이 성공하지 못했음을 알 수 있다. 테스트를 마친 후에는 Rate속성과 Burst 속성의 한계 값을 더 합리적인 숫자로 다시 설정하거나 Throttling 사용을 선택 취소한다.

### 7.3.2 로깅

API에 CloudWatch 로그 및 CloudWatch 측정 지표를 설정해 사용하는 것을 강력히 추천한다. 이렇게 하려면 Cloud-Watch에 값을 전달할 수 있도록 해당 권한이 있는 IAM 역할[role]이 필요하며 API Gateway에서 이 역할의 ARN 값을 설정해야 한다. api-gateway-log라는 새로운 역할을 IAM 콘솔에서 만들고 AmazonAPIGateway-PushToCloudWatchLogs라는 정책을 추가해야 한다(그림 7.12). 이 IAM 역할의 ARN값을 기록해 이후에 참고할 수 있게 한다.

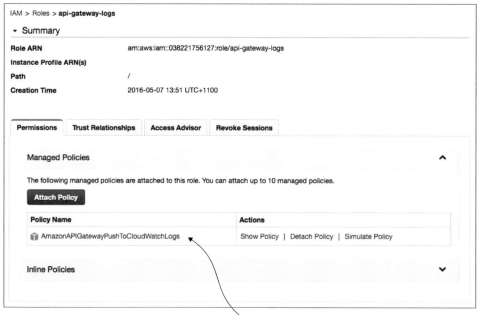

그림 7.12 API Gateway에 역할을 사용하기 위해서는 역할을 생성하고 수동으로 지정해야 한다.

API Gateway의 구성작업을 끝내기 위해 아래와 같이 구성할 수 있다.

1. API Gateway 화면의 왼쪽 하단에 있는 Settings를 선택한다.

2. 역할 ARN을 CloudWatch log role ARN 텍스트 상자에 복사하고 Save를 클릭한다.

3. Stage Editor로 돌아가서 Enable CloudWatch Logs 및 Enable Detailed CloudWatch Metrics 체크박스를 선택해 로깅을 활성화한다(그림 7.13).

4. 선택적으로 요청/응답 데이터의 전체 로깅을 켤 수도 있지만, 지금은 사용하지 않는다. 변경 사항을 Save 버튼을 클릭해 저장한다.

모든 것이 제대로 설정되었는지 확인하기 위해 다음 단계를 진행한다.

1. AWS 관리콘솔에서 CloudWatch를 선택한다.

2. Logs 메뉴를 선택하고 /aws/apigateway/welcome라는 로그 그룹을 찾는다.

3. 해당 로그 그룹을 선택하고 첫 번째 로그 스트림을 클릭한다.

4. "Cloudwatch logs enabled for API Gateway"와 유사한 메시지가 보이는 것을 확인할 수 있다.

API Gateway 사용을 시작하면 그에 따라 CloudWatch에 로그가 표시되기 시작한다. 실제로 이 로그는 다음 섹션에서 도움이 될 것이다.

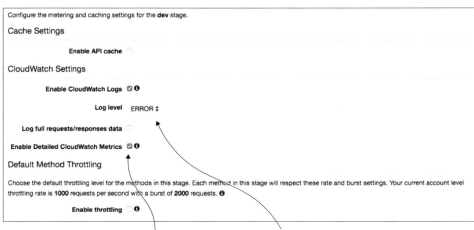

CloudWatch Metrics는 API 호출, 대기 시간 및 오류에 대한 정보를 캡처한다.

Error와 Info의 두 가지 로그 수준에서 선택할 수 있다.

그림 7.13 항상 API Gateway에 대한 로깅을 설정하는 것이 좋다. 언제 로그가 필요해질지 알 수 없다.

### 7.3.3 캐싱

AWS 공식 문서를 살펴보면 캐싱에 대한 훌륭한 설명이 있다(https://docs.aws.amazon.com/apigateway/latest/developerguide/api-gateway-caching.html). 캐싱은 백엔드 서비스를 호출하지 않고 결과를 리턴해 API 성능을 향상시킬 수 있다. 캐시를 사용하는 것은 유용하지만, 캐시를 어느 시점에 무효화해야 하는지 결정하는 것이 중요하다. 이를 통해 클라이언트가 오래된 결과를 사용하는 것을 피해야 한다. 또한 캐시 이용에 대한 비용이 발생한다.

API Gateway의 캐시 크기는 0.5GB에서 237GB가 될 수 있다. 아마존은 캐시에 대해 시간당 요금을 청구하며 가격은 캐시의 크기에 따라 다르다. 예를 들어 0.5GB는 시간당 0.020달러이며 237GB는 시간당 3.800달러다. 가격 테이블은 https://aws.amazon.com/api-gateway/pricing/에서 찾을 수 있다.

캐싱은 어려운 문제다.

일반적으로 컴퓨터 과학 분야에는 캐시 무효화, 네이밍, off-by-one[1] 오류와 같은 세 가지 어려운 문제가 있다. 캐싱은 어떤 시스템이든 관계없이 정확하게 작동시키는 것이 어렵기 때문에 먼저 캐싱에 대한 설정을 조정하고 여러차례 실험을 해 봐야 한다.

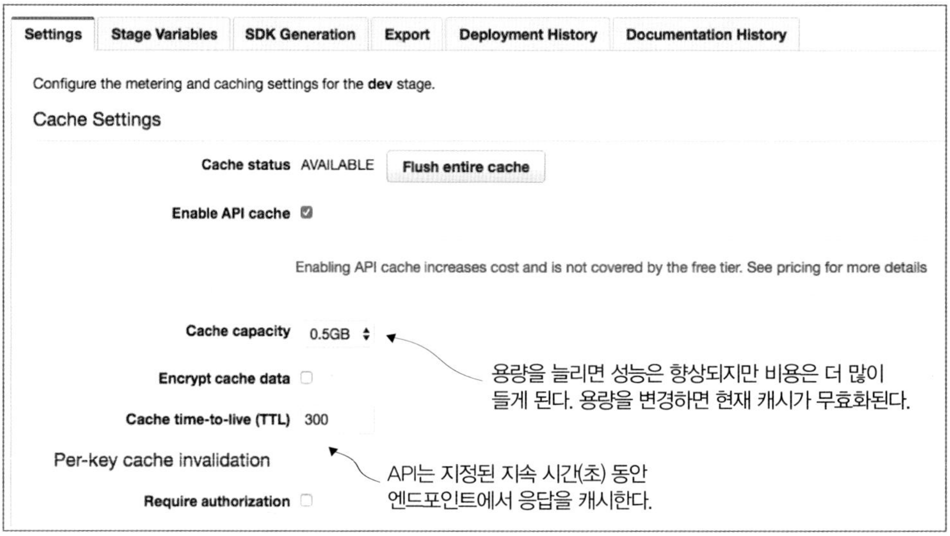


그림 7.14 API캐시를 활성화하는 것은 쉽지만, 그것이 자유롭지 않다는 것을 잊지 않아야 한다. 캐시의 기본 TTL은 300초이며 최대는 3600초다.

1 (옮긴이) 배열의 범위 혹은 날짜나 시간 간격등의 계산에서 한 끗 차이의 실수에 의해 발생하는 오류

API에서 캐시를 사용하도록 설정하려면 Stage Editor 화면에서 Enable API Cache 항목을 선택한다.

캐싱이 어떤 차이를 만들어 낼 수 있을까? 이 모든 것들은 엔드포인트(예, Lambda 함수)가 정상적으로 실행되는 데 걸리는 시간에 따라 다르다. 이를 확인하기 위해 약식의 간단한 테스트로서 캐싱을 사용할 때와 사용하지 않을 때 각각 get-video-list API에 대해 500 건의 요청을 실행했다. 캐싱을 사용하지 않았을 경우 전체 실행 시간은 약 30,000 ~ 31,000ms$^{밀리초}$다. 캐싱을 사용하였을 경우의 실행 시간은 약 15,000ms였다. 캐싱을 사용하는 상황에 따라 달라질 수 있지만 대규모의 무거운 시스템의 경우 캐싱의 사용 여부가 큰 차이를 만든다. 그림 7.15에서 요청에 대한 실행 시간과 메모리 사용량을 포함한 결과를 직접 볼 수 있다.

캐싱에 대해 알아야 할 몇 가지 유용한 정보가 있다(자세한 내용은 https://docs.aws.amazon.com/apigateway/latest/developerguide/api-gateway-caching.html를 참고한다).

- 캐싱이 작동하는지 확인하려면 CloudWatch의 CacheHitCount 및 CacheHitMiss 지표를 살펴볼 수 있다.

- 실제로는 각각의 메소드에 대한 스로틀링 및 CloudWatch 설정을 재정의할 수 있다(그림 7.16).
  - API Gateway에서 Stage를 선택하고 API 항목을 확장한다.
  - 원하는 메소드를 선택하고 이 메소드에 Override This Method를 선택한다.
  - 이 특정 메소드에 대해 CloudWatch, 캐싱 및 스로틀링에 대한 설정을 변경할 수 있다.

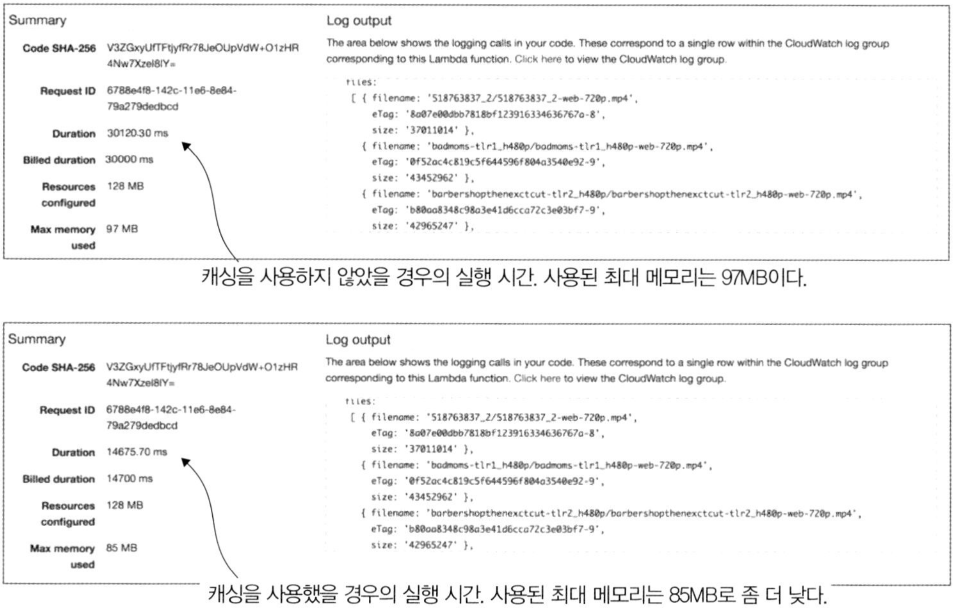

캐싱을 사용하지 않았을 경우의 실행 시간. 사용된 최대 메모리는 97MB이다.

캐싱을 사용했을 경우의 실행 시간. 사용된 최대 메모리는 85MB로 좀 더 낮다.

그림 7.15 이 시나리오에서 캐싱은 성능과 비용 측면에서 큰 차이를 만든다(Lambda 함수 실행 요청은 절반의 시간 동안만 실행된다).[2]

2  (옮긴이) 원서에 두 그림이 동일하게 기재되어 있어서 독자분의 이해를 돕기 위해 메모리 사용량과 응답시간을 책 내용에 맞게 수정하였습니다. 자세한 내용은 https://forums.manning.com/posts/list/40658.page 를 참고 하실 수 있습니다.

이 라디오 버튼을 사용하면 특정 리소스 및 메소드에 대한
CloudWatch, 캐싱 및 스로틀링 설정을 재정의할 수 있다.

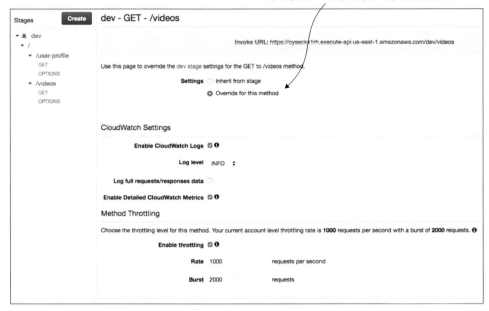

그림 7.16 메소드를 좀 더 세밀하게 제어하면 더 유용하다.

이 버튼을 클릭하면 스테이지의
전체 캐시가 무효화된다.

그림 7.17 필요한 경우 버튼 클릭으로 전체 캐시를 무효화할 수 있다.

- 캐시가 생성되면 Stage Editor에서 Flush Entire Cache 버튼(그림 7.17)을 클릭해 플러시 혹은 무효화할 수 있다.

- 사용자가 정의한 헤더, URL 경로 및 쿼리 문자열 기반의 응답을 캐시할 수 있다. 예를 들어 쿼리 문자열 /videos?userId=peter가 있는 요청은 /videos?userId=sam과는 서로 다른 캐시된 응답을 가질 수 있다.

- 클라이언트는 Cache-Control: max-age=0 헤더와 함께 요청을 보내 특정 캐시 항목을 무효화하도록 구성할 수도 있다. 캐시를 무효화하려고 하는 클라이언트의 시도를 막으려면 InvalidateCache 정책을 설정해야 한다.

- 캐시를 무효화하려고 하는 허가되지 않은 요청에 대해서는 403(사용권한 없음) 응답을 경고로 보내도록 제어할 수 있다.

## 7.4 스테이지와 버전

API Gateway의 스테이지를 간단하게 살펴봤지만, 그 내용을 구체적으로 살펴보지는 않았다. 기억을 되돌려 보면 스테이지는 API가 실행되는 환경으로 볼 수 있다. 개발, 사용자 승인 테스트, 운영 환경 및 그 밖의 어떤 것이든 원하는 것을 나타내는 스테이지를 가질 수 있다. 필요한 경우 각 개발자를 위한 스테이지를 가질 수도 있다. API는 여러 스테이지에 배포할 수 있으며 각각 고유한 URL을 가질 수 있다.

스테이지에 대한 좋은 점 중 하나는 키/값 형태의 스테이지 변수를 지원한다는 것이다. 스테이지 변수들은 환경 변수처럼 사용할 수 있다.이 변수들은 템플릿을 매핑하는 데 사용할 수 있으며 Lambda 함수 및 HTTP 와 AWS 통합 URI 또는 AWS 통합 자격 증명에 전달할 수 있다. 동일한 API에 대한 서로 다른 스테이지의 개별적인 Lambda 함수를 호출하거나 스테이지 변수의 값을 다른 HTTP 엔드포인트로 전달하도록 API의 여러 스테이지들을 구성할 수 있다.

### 7.4.1 스테이지 변수 생성

스테이지 변수(그림 7.18)를 생성하려면 다음 단계를 진행한다.

1. Stage Editor 화면에서 Stage Variables 탭을 선택한다.
2. Add Stage를 선택한다. Name과 Value 항목을 입력하고 확인 표시 버튼을 눌러 저장한다.

각 스테이지는 개별적으로 변수를 유지한다. function이라는 변수를 세 개의 스테이지에서 사용할 수 있게 하려면 각각 만들어야 한다.

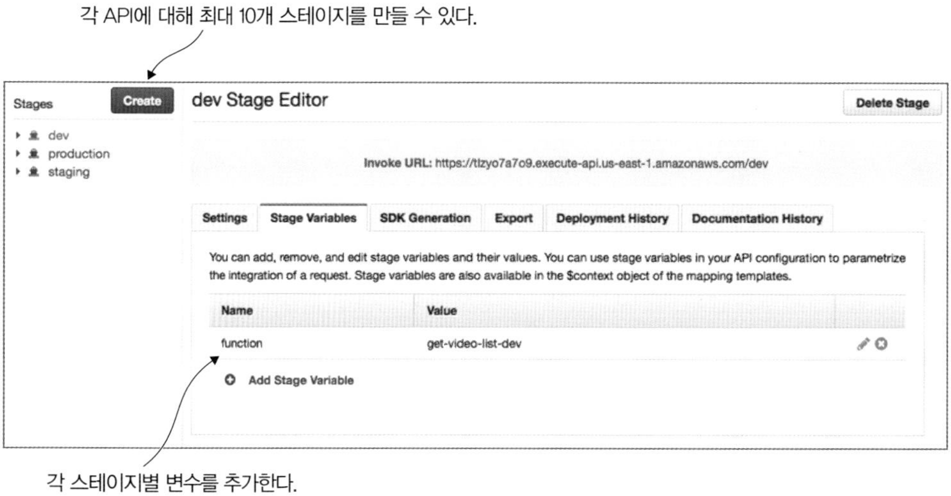

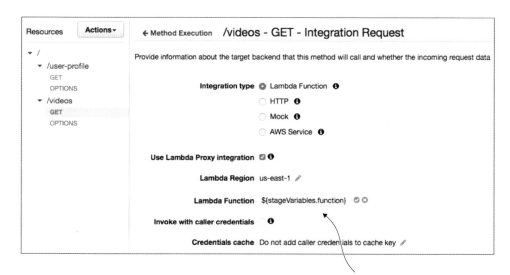

각 API에 대해 최대 10개 스테이지를 만들 수 있다.

각 스테이지별 변수를 추가한다.

그림 7.18 스테이지에서 변수를 참고하기 위해서는 해당 변수를 추가해야 한다.

## 7.4.2 스테이지 변수 사용

스테이지 변수는 매핑 템플릿에서 참조하거나 Lambda 함수 이름 또는 HTTP 통합 URI 대신 사용할 수 있다. 스테이지 변수는 stageVariables.⟨variable_name⟩의 형식을 취한다. 종종 Velocity Template Language(더 많은 정보를 얻으려면 부록 E 참고)에 대한 참고 축약 표기법에 따라 $ 와 {} 로 스테이지 변수를 둘러싸서 표시할 수 있다. 다음 예제는 이전 절에서 ${stageVariables.function} 이라는 스테이지 변수를 생성했기 때문에 문제없이 작동한다.

스테이지 변수를 통해 Lambda 함수를 설정할 수 있다. API Gateway에 함수를 호출하는 데 필요한 권한이 있는지 확인한다.

그림 7.19 스테이지 변수는 AWS 콘솔에서 수동으로 설정하거나 CLI를 사용해 만들 수 있다. 혹은 Swagger 정의로부터 지정할 수 있다.

통합 요청 화면에서 Lambda 함수 이름 대신 스테이지 변수를 직접 참조하게 할 수 있다(그림 7.19 참고). 그림 7.20은 2장(클라우드 그루[A Cloud Guru] 절)에서 논의한 실제 운영 시스템의 실제 예를 보여준다. 이 시스템에는 운영[production], 사용자 승인 테스트[uat:user acceptance test] 및 개발[development]과 같은 API Gateway 스테이지가 있다. Lambda 함수에는 serverless-join:production 혹은 serverless-join:uat와 같은 별칭을 사용하고 있다. API Gateway에서 스테이지 변수를 사용하면 적절한 URI 가 호출될 때 올바른 Lambda 함수가 호출될 수 있도록 할 수 있다(예: myapi/staging 및 myapi/production).

### 7.4.3 버전

API의 이전 버전으로 배포를 롤백하려는 경우 Stage Editor의 Deployment History 탭을 통해 할 수 있다. 모든 API 배포에는 이전 버전을 식별하는 데 도움이 되는 날짜/시간 스탬프(주석을 입력한 경우 주석 참고 가능)가 있다. 다른 버전을 선택하고(그림 7.21) Change Deployment을 클릭한다. 이처럼 버튼을 클릭해 다른 버전으로 이동할 수 있다. 이 기능은 실수가 있었음을 인지하고 이전 버전으로 되돌려야 할 때 유용하다.

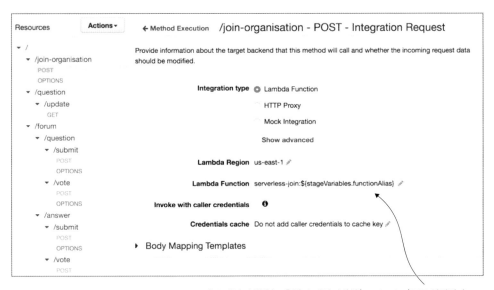

이 스테이지 변수는 운영 스테이지에서 'production'으로 설정된다.
UAT 단계를 위해서는 "UAT"등으로 설정할 수 있다.
주어진 스테이지에 대해 올바른 Lambda 함수를 호출하는 데 사용된다.

그림 7.20 API Gateway가 다른 Lambda 함수 또는 엔드포인트와 통합해야 하는 여러 스테이지가 있는 경우 스테이지 변수는 필수이다.

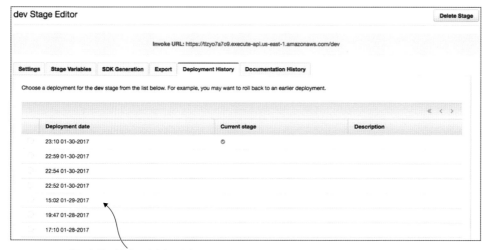

다른 버전을 선택하고 페이지를 아래로 스크롤해 Change Deployment
버튼을 클릭해 변경 사항을 적용한다.

그림 7.21 이전 버전의 API로 되돌리는 것은 쉽고 API Gateway의 뛰어난 기능 중 하나다.

## 7.5 연습문제

이번 장에서는 API Gateway가 제공하는 많은 기능들을 살펴봤다. API Gateway에 대한 지식을 강화하기 위해 다음 내용을 살펴본다.

1. 7.2절에서 Lambda 프록시 통합을 사용해 get-video-list 함수를 구현했다. 부록 E를 읽고 수동 매핑을 사용해 다시 구현한다. 기존 /videos 리소스를 제거할 필요없이 새 리소스(예: /videos-manual)를 만들어 본다.

2. 목록 7.5에서 video-controller.js를 만들고 코드를 입력했다. 현재 컨트롤러의 로직은 모든 비디오를 로드한다. 하지만 이 코드는 특정 인코딩을 반환할 수 있는 encoding 파라미터 변수도 지원한다. 목록 7.5의 GET 요청을 수정해 720p 비디오만 반환한다.

3. 특정 인코딩으로 비디오를 반환하려는 경우 get-video-list 함수가 불안정해질 수 있다. 요청되는 객체들은 파일 이름의 일부로 지정된 인코딩(예: 720p)을 가져야 작동한다. 즉, S3 버킷에서 파일의 이름을 바꾸면 이러한 작동 방식은 쉽게 깨질 수 있다. 이것을 구현하기 위한 좀 더 견고한 다른 방법을 생각해본다. S3에서 객체의 이름을 바꿀 수 있어야 하고 인코딩에 따라 파일을 검색할 수 있어야 한다.

4. 사용자가 S3 버킷의 파일 이름을 변경할 수 있도록 새 Lambda 함수를 만든다. 사용자는 파일에 대한 기존 경로와 새 키(파일 이름)를 제공할 수 있도록 한다. 리소스와 POST 메소드를 만들고 Lambda 함수에 연결한다. 24-Hour Video의 사용자 인터페이스를 수정해 사용자가 어떤 비디오든지 이름을 바꿀 수 있게 한다.

5. 두 개의 새로운 스테이지(staging 및 production)를 만들고 구성한다. 이러한 새로운 스테이지에 API를 배포한다.

6. 배포 중 원하는 하나를 롤백해 어떤 느낌이 드는지 확인한다.

## 7.6 요약

이번 장에서는 API Gateway와 다음과 같은 방법들을 살펴봤다.

- 자원을 생성하고 GET 메소드를 구성하는 방법

- Lambda 프록시 통합을 사용하는 방법

- API Gateway를 통해 Lambda 함수의 응답을 반환하는 방법

- 스로틀 및 캐싱을 사용하고 로깅을 켜는 방법

- 스테이지 변수를 생성하고 사용하는 방법

다음 장에서는 스토리지를 자세히 살펴본다. 파일을 S3 버킷에 직접 업로드하는 방법과 Lambda 함수를 사용해 업로더에게 권한을 부여하는 방법을 알아본다. 파일에 대한 접근을 보호하고 서명된 URL을 생성하는 방법에 대해서도 살펴보겠다.

# 03 부

# 아키텍처 확장

1부와 2부를 통해 서버리스 아키텍처의 여러 요소를 살펴봤지만 여전히 서버리스 아키텍처를 더 알고 싶을 것이다. 저자도 그런 점을 이해한다. 이 책의 3부는 이러한 독자들의 궁금증들을 충분히 고려해 다양한 관점에서 쓰여졌다. 파일 및 데이터 스토리지는 매우 중요하므로 서버리스 애플리케이션에서 어떻게 작동해야 하는지 이해해야 한다. 그런 다음 마이크로 서비스와 같은 중요한 개념을 재검토하고, 분산 아키텍처에서의 오류 처리를 생각하고, Step Functions와 같은 다른 AWS 서비스를 살펴보는 것이 좋다. 마지막으로, 책의 부록에 나오는 내용을 정독하는 것이 중요하다. 서버리스 애플리케이션을 스크립팅하고 배포하는 방법을 배우려면 관련된 정보들이 필요하므로 부록 G를 통해 확인할 수 있다.

이번 장에서는 다음을 설명한다.

- S3의 버저닝, 호스팅 및 전송 가속화 기능
- 브라우저에서 S3로의 파일 업로드
- 서명된 URL 생성 및 사용

많은 응용 프로그램과 시스템들은 파일을 생성하고 저장한다. 이러한 파일들은 프로필 이미지, 사용자가 업로드한 문서 또는 시스템에서 생성한 산출물일 수 있다. 어떤 파일은 임시로 생성되어 일시적이지만 일부 파일은 반드시 오랫동안 보관되어야 한다. 아마존에서 사용할 수 있고 신뢰할 수 있는 파일 저장 서비스는 S3$^{\text{Simple Storage Service}}$다. S3는 2006년 3월에 출시된 아마존의 첫 번째 사용 가능한 웹 서비스였으며 이후 AWS 서비스의 초석이 되었다. 이번 장에서는 S3를 자세히 살펴볼 것이며, S3의 버전 관리, 스토리지 클래스 및 전송 가속화와 같은 주요 기능들을 다룬다. 또한 새로운 스토리지 관련 기능들을 24-Hour Video에 추가할 것이다.

## 8.1 더 스마트한 스토리지

이 책의 3장 이후로 S3를 사용하고 있었지만 적절하고 깊이 있는 시야를 확보하기 위한 내용들을 다루지는 않았었다. S3에는 기본적인 파일 저장 기능 이외에도 많은 훌륭한 기능들을 가지고 있다. 여기에는 버전 관리, 정적 웹 사이트 호스팅, 다양한 스토리지 클래스, 리전 간 복제 및 요청자 비용 지불 방식의 버킷 지정과 같은 내용을 포함한다. S3의 매력적인 기능들을 좀 더 살펴보고, 이 기능들이 얼마나 유용한지 살펴보자.

## 8.1.1 버전 관리

지금까지는 S3를 기본적인 파일 저장 메커니즘으로 사용해왔다(혹은 객체 저장소로 사용, S3는 파일을 저장하면서 메타데이터를 첨부하고 이를 객체라고 부름). 3장에서 동영상 저장을 위해 두 개의 S3 버킷을 만들었다. 버킷 중 하나는 사용자가 파일을 업로드하는 데 사용되었으며, 다른 버킷은 트랜스코딩[transcoding]된 파일을 저장하는 용도로 사용했다. 이러한 방법은 간단하고 실용적이지만 기존 파일을 덮어 쓰거나 잃을 수도 있다는 것을 의미한다. 다행히 S3에는 모든 개체의 모든 버전 사본을 보관할 수 있는 기능이 준비되어 있다. 즉, 개체를 덮어 쓰고 언제든지 해당 개체의 이전 버전으로 돌아갈 수 있다. 이 강력한 기능은 완전히 자동으로 실행된다. 실수로 파일(혹은 오브젝트)을 삭제하고 복원해야 하는 경우 버전 관리 기능에 고마움을 느끼게 될 것이다.

버킷의 버전 관리는 기본 기능이 아니므로 이를 사용하기 위해서는 버저닝 옵션을 활성화해야 한다. 버전 관리가 활성화되면 해당 버킷에서 해제할 수 없으며 일시 중지 상태로 유지할 수 있다. 따라서 버킷은 다음 세 가지 상태 중 하나에 있을 수 있다.

- 버전이 없는 상태(기본값)
- 버전 관리 가능
- 버전 관리 일시 중지

예상할 수 있듯이 S3의 사용 비용은 버전 관리가 활성화되면 높아진다. 하지만 더 이상 보관하지 않고 싶은 파일에 대해서, 즉 필요 없는 파일의 버전을 제거해 해당 파일에 대해 요금이 청구되지 않도록 할 수 있다. S3의 객체 수명주기 규칙과(8.1.4 항 참고)와 버전 관리기능을 사용하면 파일의 이전 버전 제거 및 보관을 자동화하는 데 유용하다. 예를 들면 S3 버킷을 운영 체제의 휴지통처럼 동작 하도록 설정할 수 있다(즉, 버킷에 파일이 생성된 지 30일이 경과하면 버킷에서 이전 파일을 삭제하도록 규칙을 설정할 수 있다).

## 버전 관리 사용하기

버전 관리를 사용하도록 설정하려면 다음과 같이 할 수 있다.

1. AWS 콘솔에서 S3의 버킷을 클릭한 다음 Properties를 클릭한다.

2. Versioning을 클릭한다.

3. Enable Versioning을 선택한 다음 Save를 클릭한다.

이제 객체(파일)의 이전 버전을 직접 덮어 쓰고 삭제한 다음 복구가 가능하다.

1. 몇 개의 파일을 버킷에 업로드해 저장한 다음 그 중 하나의 파일을 덮어 쓴다.

2. 이 책의 저술 시점에는 이전 버전의 S3 콘솔을 사용해 버전 관리를 기술하였다. 새 버전의 S3 콘솔에서 이전 버전의 S3 콘솔에 접근하려면 Switch to the Old Console 버튼을 선택한다.

3. 이전 버전의 S3 콘솔 화면에서 버전 관리가 활성화된 버킷을 클릭한다.

4. Versions 옆에 있는 Show 버튼을 클릭하고 다운로드할 수 있는 사용 가능한 파일을 확인한다.

5. 다운로드하려는 파일 버전 옆에서 마우스 오른쪽 버튼을 클릭한다(그림 8.1).

6. 파일 삭제도 가능하다. 삭제 표시가 나타난 것을 볼 수 있다. Versions 옆의 숨기기 버튼을 클릭하면 삭제된 파일 및 해당 아이콘이 사라진다.

S3의 모든 객체는 고유한 버전 ID를 가지고 있다. 그림 8.1에서 볼 수 있듯이 동일한 키 값을 가지고 있지만 다른 버전 ID를 가진 많은 객체를 볼 수 있다(다이어그램의 두번째 행부터 마지막 행 참고). 프로그래밍 방식으로 객체의 버전을 검색하려면 해당 ID를 알고 있어야 한다. 객체의 버전 ID는 AWS SDK 혹은 REST API를 통해 어렵지 않게 알아낼 수 있다. 또한 모든 객체와 버전 ID전체를 검색하거나 지정된 키 값을 가지고 있는 객체의 버전 ID를 검색할 수도 있다. 특정 객체의 LastModified date와 같은 유용한 메타 데이터를 얻을 수 있다. 버전 ID를 알아내면 파일을 쉽게 다운로드할 수 있다. 예를 들어 REST API를 사용해 검색하는 경우 /my-image.jpg?versionId=L4kqtJlcpXroDTDmpUMLUo HTTP/1.1과 같이 GET 요청을 보내서 가져올 수 있다.

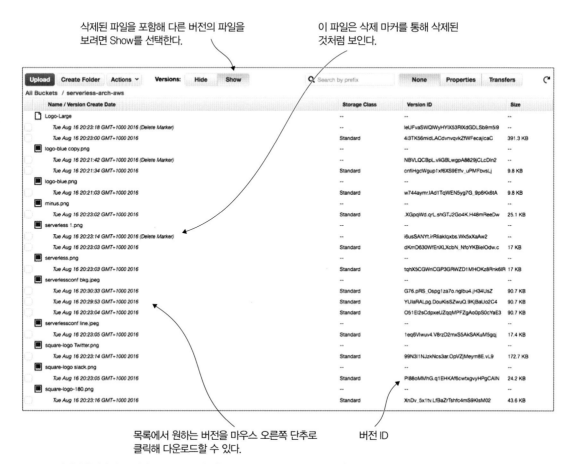

삭제된 파일을 포함해 다른 버전의 파일을
보려면 Show를 선택한다.

이 파일은 삭제 마커를 통해 삭제된
것처럼 보인다.

목록에서 원하는 버전을 마우스 오른쪽 단추로
클릭해 다운로드할 수 있다.

버전 ID

그림 8.1 버전이 활성화된 S3 버킷의 모든 파일 버전은 프로그래밍 방식으로 또는 콘솔을 통해 액세스할 수 있다.

## 8.1.2 정적 웹사이트 호스팅하기

S3 버킷의 정적 웹 사이트 호스팅 기능은 인기 있는 사용 사례 중 하나다. S3는 서버 측 코드 실행(서버에서 실행해야 하는 코드)을 지원하지 않지만 HTML, CSS, 이미지 및 자바스크립트 파일과 같은 정적 웹 사이트 컨텐츠를 제공할 수 있다. S3는 빠르고 저렴하기 때문에 정적 웹 사이트 호스팅에 효과적이다. 정적 웹 사이트 호스팅 기능을 사용하면 S3에서 제공하는 엔드포인트를 통해 웹 브라우저에서 버킷의 콘텐츠에 접근할 수 있다.

클라우드 그루$^{\text{A Cloud Guru}}$가 S3로부터 이전한 이유

클라우드 그루(https://acloud.guru)는 처음에 S3를 통해 정적 웹 사이트를 호스팅했다. 앵귤러JS$^{\text{AngularJS}}$를 기반으로 구축된 웹 사이트는 특정 웹 크롤러의 경우를 제외하고는 잘 작동했다. 클라우드 그루팀은 페이스북, 슬랙 및 다른 플랫폼에서 클라우드 그루 웹 사이트의 리치 미디어 스니펫을 렌더링하지 못한다는 사실을 발견하였다. 그 이유는 해당 플랫폼에서 사용되는 크롤러가 자바스크립트를 실행할 수 없었기 때문이었다. 클라우드 그루는 해당 크롤러에서도 구문 분석을 통해 렌더링이 가능하도록 정적인 HTML 버전의 웹 사이트를 제공해야만 했다. 불행히도, S3와 CloudFront 를 사용해 이를 수행할 수 없었다. HTML 버전의 정적 사이트를 미리 렌더링해 페이스북에 제공하면서 다른 사이트 들에도(자바 스크립트 기반으로) 함께 제공할 수 있는 방법은 없었다. 결국 클라우드 그루는 Netlify(정적 웹 사이트 호스팅 서비스)로 이동해 문제를 해결할 수 있었다. Netlify는 prerender.io라는 서비스와 통합되어 있다. Prerender. io는 자바 스크립트를 실행하고 정적 HTML 페이지를 생성할 수 있도록 해준다. 이 HTML 페이지는 사용자가 일반 적인 SPA$^{\text{Single Page Application}}$ 웹 사이트를 계속적으로 사용하는 동안 크롤러에 HTML 렌더링을 제공할 수 있다. Netli-fy(https://www.netlify.com)는 주목할 만한 가치가 있는 훌륭한 서비스다.


## 정적 웹사이트 호스팅 활성화

정적 웹사이트 호스팅 사용 기능을 활성화하고 버킷에서 HTML을 제공하는 방법을 확인하는 과정을 살펴보자.

1. S3에서 버킷을 클릭한 다음 Properties를 선택한다.

2. 정적 웹 사이트 호스팅$^{\text{Static Website Hosting}}$을 클릭한다.

3. 버킷을 통해 웹 사이트를 호스팅하려면 Use This Bucket to Host a Website를 선택한다.

4. Index Document 텍스트 상자에 인덱스 파일의 이름(예: index.html)을 입력한다.

5. 엔드포인트(웹 사이트에 액세스하기 위한 주소)를 기록하고 Save를 선택한다.

엔드포인트는 웹 사이트에
접속하는 데 사용한다.

인덱스 문서의 이름을
지정해야 저장할 수 있다.

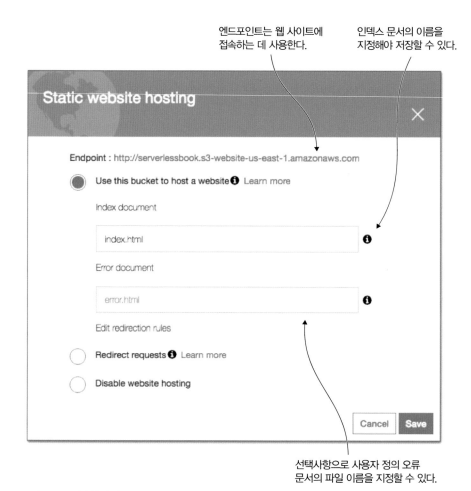

선택사항으로 사용자 정의 오류
문서의 파일 이름을 지정할 수 있다.

그림 8.2 S3 정적 웹 사이트 호스팅은 저렴하고 쉬운 웹 사이트 실행 방법이다.

다음으로 버킷 정책을 설정해 모든 사람에게 버킷의 객체에 대한 액세스 권한을 부여해야 한다.

1. 버킷에서 Permissions를 클릭한다.

2. Access Control List라는 드롭다운버튼을 클릭하고 Bucket Policy를 선택한다.

3. 텍스트 상자에 다음 목록을 복사하고 Save를 클릭한다.

**목록 8.1 권한 정책**

```
{
    "Version": "2012-10-17",
    "Statement": [
```

```
        {
            "Sid": "PublicRead",
            "Effect": "Allow",
            "Principal": "*",
            "Action": [
                "s3:GetObject"
            ],
            "Resource": [
                "arn:aws:s3:::BUCKET-NAME/*"      ◀───── BUCKET-NAME을 원하는 버킷 이름으로 변경한다
            ]
        }
    ]
}
```

정적 웹 사이트 호스팅 기능의 작동 여부를 테스트하려면 HTML 파일을 버킷에 업로드하고(index. html이라는 이름을 지정해야 함) 웹 브라우저에서 버킷의 엔드포인트 주소로 접속해 확인한다. 한 가지 더 확인해 보기: 24-Hour Video 웹 사이트를 버킷에 복사하고 브라우저에서 접속해 본다(이번 장의 마지막에 다루는 연습 문제 중 하나이다).

### 도메인

도메인 이름을 구입하고 아마존의 Route 53을 도메인의 DNS 공급자로 사용할 수 있다. 이 작업을 수행할 경우 몇 가지 내용을 알고 있어야 한다. 예를 들어 버킷 이름은 도메인 이름과 일치해야 한다. 따라서 도메인이 www.google. com인 경우 버킷을 www.google.com이라고 해야 한다. 여러분의 S3 버킷에 맞춤 도메인을 설정하려면 다음의 단계별 가이드를 참조할 수 있다(https://docs.aws.amazon.com/AmazonS3/latest/dev/website-hosting-custom-domain-walkthrough.html).

## 8.1.3 스토리지 클래스

버전 관리에서 관점을 옮겨 보면, 서로 다른 데이터들은 저마다 저장 요구 사항이 다르다고 말할 수 있다. 로그와 같은 일부 데이터는 오랜 시간 동안 보관해야 하지만 자주 액세스할 필요는 없을 것이다. 어떤 데이터들은 자주 액세스해야 하지만 로그를 저장할 때와 같은 종류의 스토리지 안정성이 필요하지 않을 수도 있다. 다행스럽게도 S3는 서로 다른 수준의 중복성, 액세스 특성 및 가격 정책을 지원하는 네 가지의 스토리지 클래스<sup>storage class</sup>를 지원해 모두에게 도움이 된다(https://docs.aws.amazon. com/AmazonS3/latest/dev/storage-class-intro.html).

- Standard

- Standard_IA(infrequent access)

- Glacier

- Reduced Redundancy

위의 각 스토리지 클래스에 대해서는 나중에 자세하게 다룰 예정이며, 가격 책정에 대한 내용을 먼저 살펴보자. 사용요금 책정은 스토리지 클래스, 리전$^{region}$ 및 저장된 데이터의 양과 같은 요소의 조합으로 결정된다. 아래의 예에서는 요구 사항을 단순화하고 다음을 가정해 살펴보았다.

- 프리 티어의 무료 사용에 대한 부분은 모두 무시

- 파일은 미국 동부 리전(US East)에 저장

- 1TB 이상을 저장하지 않음

저장소에 대한 요구 사항이 다른 경우 S3 가격 정책 페이지에서 자세한 내용을 확인할 수 있다 (https://aws.amazon.com/s3/pricing/). 또한 스토리지와 별도로 S3는 요청 및 데이터 전송에 요금이 부과된다.

## STANDARD

STANDARD는 S3의 기본 스토리지 클래스다. 이 스토리지 클래스는 생성된 오브젝트 혹은 업로드하는 모든 오브젝트에 자동으로 설정된다(사용자가 다른 스토리지 클래스를 직접 지정하지 않은 경우). 이 클래스는 데이터에 자주 액세스할 때 적합하도록 설계되었다. 사용 요금은 처음 1TB의 데이터(월) 사용 시 GB당 0.0300 달러이다. 이 클래스는 STANDARD_IA 및 GLACIER 클래스와 마찬가지로 99.999999999 %의 내구성을 지원한다.

## STANDARD_IA

이 클래스는 자주 액세스하지 않는 데이터를 위해서 설계되었다. 아마존은 백업 및 오래된 데이터들에 대한 빠른 액세스에 사용하는 것을 권장하고 있다. STANDARD_IA 클래스의 요청 비용은 STANDARD 클래스보다 높다(STANDARD_IA는 10,000건의 요청당 $0.01이고 STANDARD는 10,000건의 요청당 0.004달러). 그러나 스토리지 비용은 처음 1TB 데이터(월) 사용 시 GB당 0.0125달러로 더 저렴하다.

## GLACIER

이 스토리지 클래스는 데이터에 간헐적으로 접근하는 요구사항을 위해서 설계되었고 데이터를 가져오는 데 3~5시간이 걸린다. 이 클래스는 실시간 접근이 필요 없는 백업 데이터와 같은 경우를 위한 최상의 옵션이다. GLACIER 스토리지 클래스는 Amazon GLACIER 서비스를 사용하지만 객체는 여전히 S3 콘솔을 통해서 관리된다. GLACIER 클래스로 처음부터 객체를 생성할 수 없다는 점에 유의해야 한다. 수명주기 관리$^{lifecycle\ management}$ 규칙을 사용해 GLACIER로 전환할 수 있다(8.1.4 항 참고). GLACIER 저장 용량은 처음 1TB 데이터(월) 사용시 GB당 0.007달러다.

## REDUCED REDUNDANCY

네 번째 클래스는 다른 클래스보다 저렴하고 중복성이 적은 Reduced Redundancy Storage$^{RRS}$다. 이 스토리지 클래스는 99.99%의 내구성을 가지고 있다(99.999999999%의 내구성을 위해 설계된 다른 모든 스토리지 클래스들과는 다르다). 아마존은 쉽게 재생성할 수 있는 데이터들을 위해서 이 스토리지 클래스 타입을 사용하길 권장한다. 예를 들면 사용자가 업로드한 원본 이미지에 STANDARD 스토리지 클래스를 사용하고 자동 생성된 썸네일 이미지는 RRS를 사용하는 것이다. 당연히 RRS의 비용은 저렴하다. RRS의 저장 비용은 처음 1TB 데이터(월) 사용 시 GB당 $ 0.0240이다.

## 8.1.4 객체 수명주기 관리

S3의 수명주기 관리 기능은 객체의 수명이 다할 때까지 스토리지 클래스를 원하는 시점에 자동으로 변경되도록 정의할 수 있도록 해주는 매우 훌륭한 기능이다. 기본적으로 다음을 수행하도록 규칙을 정할 수 있다.

- 객체를 저렴하고 자주 액세스하지 않는 스토리지 클래스(Standard_IA)로 이동
- GLACIER 스토리지 클래스를 사용해 객체 보관(저장 비용은 더 낮출 수 있지만 파일에 대한 실시간 접근은 방지)
- 개체를 영구적으로 삭제
- 불완전한 멀티파트 업로드를 종료하고 정리.

모든 규칙은 기간(파일 생성 이후 날자)에 대한 설정 값 입력을 필요로 하며 이에 따라 효력이 발생하게 된다. 예를 들어 객체를 만든 지 20일 후에 객체를 Glacier 클래스 저장소에 보관하는 규칙을 설정할 수 있다.

## 객체 수명주기 관리 구성

객체의 수명주기 관리를 설정하려면 다음 단계를 수행한다.

1. 버킷을 열고 Lifecycle을 선택한다.

2. Add Lifecycle Rule 버튼을 클릭한다.

3. file archive와 같은 규칙 이름을 입력하고 Next를 클릭한다.

4. Current Version 체크박스를 클릭한다.

5. 드롭다운 상자에서 Transition to Amazon Glacier After을 선택하고 Days after Object Creation 텍스트 상자에 30을 입력한다(그림 8.3).

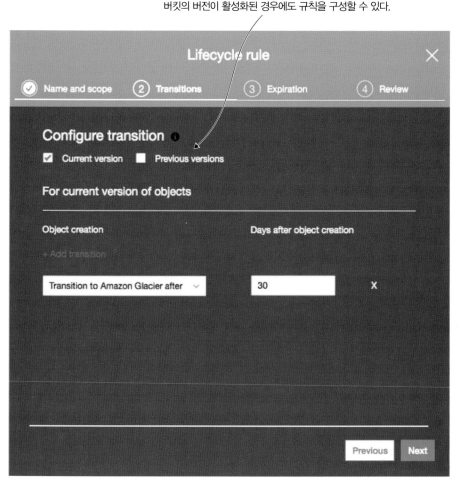

그림 8.3 복잡한 시나리오를 지원해야 하는 경우 여러 라이프사이클 규칙을 만들 수 있다.

6. Next를 클릭하고 Current Version 체크박스를 다시 선택한다.

7. 개체의 Expire Current Version of Object에 60을 입력한다.

8. Clean Up Incomplete Multipart Upload를 선택하고 7일 후 값을 그대로 남겨둔다.

9. Next를 클릭한 다음 저장을 클릭한다.

나중에 규칙을 비활성화하거나 편집하려는 경우에 버킷의 Lifecycle 섹션에서 수행할 수 있다.

## 8.1.5 전송 가속화

S3의 전송 가속은 Amazon CloudFront의 분산 엣지 로케이션을 사용해 파일을 더 빨리 업로드하고 전송할 수 있는 기능이다. 아마존은 전 세계 사용자가 중앙 집중식 버킷에 데이터를 업로드해야 하는 경우(우리의 24-Hour Video 의 사용 사례가 될 수 있다) 혹은 대륙을 가로질러 기가 바이트(또는 테라 바이트)의 데이터를 전송해야 하는 경우 전송 가속 기능 사용을 권장한다(https://docs.aws.amazon.com/AmazonS3/latest/dev/transfer-acceleration.html). 속도 비교 도구(그림 8.4)를 사용해 전송 가속화$^{Transfer\ acceleration}$가 어떤 영향을 미치는지 확인할 수 있다(http://s3-accelerate-speedtest.s3-accelerate.amazonaws.com/en/accelerate-speed-comparsion.html). 데이터 전송에 대한 비용은 전송 속도를 높이기 위해 사용되는 CloudFront의 엣지 로케이션에 따라 \$0.04/GB에서 \$0.08/GB까지다.

## 전송 가속 활성화

AWS 관리 콘솔을 사용해 S3버킷의 전송 가속을 사용하도록 설정하려면 다음 단계를 따라 설정한다.

1. 버킷을 열고 Properties를 선택한다.

2. Advanced Settings에서 Transfer Acceleration를 클릭한다.

3. Enable을 클릭한 다음 Save를 선택한다. 이때 전송 가속을 위해 사용할 새 엔드포인트가 즉시 표시되어야 한다. 성능 이점을 얻으려면 이 URL을 사용해야 한다.

언제든지 일시 중지 옵션을 선택해 전송 가속을 일시 중단할 수 있다. 또한 AWS SDK 또는 CLI를 사용해 전송 가속을 활성화할 수도 있다. 자세한 내용은 https://docs.aws.amazon.com/AmazonS3/latest/dev/transfer-acceleration-examples.html을 참고한다.

## 8.1.6 이벤트 알림

3장에서 Lambda와 SNS를 버킷에 연결할 때 S3의 이벤트 알림을 사용했다. 이벤트 알림의 목적은 다음과 같은 이벤트가 버킷에서 발생할 때 알림을 수신할 수 있도록 하는 것이다.

- PUT, POST, COPY 또는 CompleteMultiPartUpload를 사용해 새 객체가 생성되는 시점

- 객체가 삭제되거나(버전 관리의 경우) 삭제 마커의 생성 시점

- RRS(Redundancy Redundancy Storage) 객체의 손실 시점

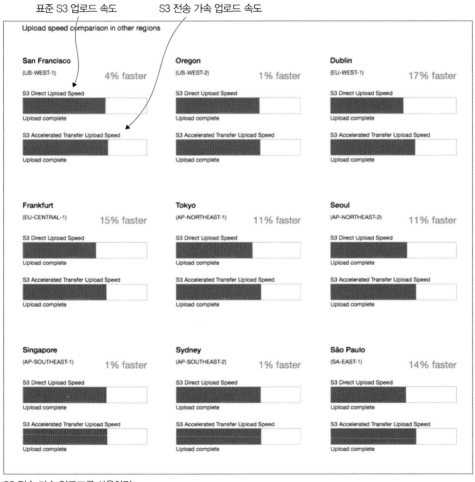

표준 S3 업로드 속도      S3 전송 가속 업로드 속도

S3 전송 가속 업로드를 사용하면
표준 업로드보다 조금 더 빠르다.

그림 8.4 사용자가 전 세계에서 파일을 업로드하는 경우 전송 가속 기능이 도움이 될 수 있다.

S3는 다음 대상에 이벤트를 게시할 수 있다(버킷과 대상은 같은 리전에 있어야 함).

- SNS(Simple Notification Service)

- SQS(Simple Queue Service)

- Lambda

SNS 주제 및 SQS의 큐에 메시지를 게시할 수 있도록 S3 권한을 부여했었다. 3장에서 SNS와 S3 권한에 대한 IAM 정책을 작업했지만 SQS에 대한 정책을 생성하는 방법까지 살펴보지는 않았었다. 다음 목록은 SQS의 메시지큐를 S3 이벤트의 대상으로 사용하기로 결정한 경우 SQS 대기열에 첨부해야 하는 정책의 예를 보여준다. 물론 S3에는 Lambda 함수를 호출할 수 있는 권한이 주어져야 하지만 S3 콘솔을 사용하게 되면 자동으로 실행된다.

**목록 8.2 SQS 정책**

```
{
    "Version": "2008-10-17",
    "Id": "MyID",
    "Statement": [
        {
            "Sid": "ExampleID",
            "Effect": "Allow",
            "Principal": {
                "AWS": "*"
            },
            "Action": [
                "SQS:SendMessage"          ←———— SendMessage SQS 작업을 명시적으로 허용한다.
            ],
            "Resource": "SQS-ARN",
            "Condition": {
                "ArnLike": {
                    "aws:SourceArn":
                    "arn:aws:s3:*:*:YOUR_BUCKET_NAME"   ←—— YOUR_BUCKET_NAME을 적절한 버킷 이름으로 변경한다.
                }
            }
        }
    ]
}
```

S3이벤트와 정책 및 예제들에 대한 더 자세한 내용은 다음의 URL을 통해 확인할 수 있다(https://docs.aws.amazon.com/AmazonS3/latest/dev/NotificationHowTo.html).

### 이벤트 메시지 구조

S3 이벤트는 S3 및 Lambda(혹은 SNS, SQS)를 함께 사용하는 경우 확실히 이해하는 것이 중요하다. S3 이벤트는 버킷 및 객체를 설명하는 특정한 모양의 JSON 메시지다. 3장(3.1.4항)에서 비디오 트랜스코딩 기능을 로컬에서 테스트했을 때 S3 이벤트 메시지 구조를 간단히 살펴보았다. 부록 F는 이벤트 메시지 구조에 대한 더 자세한 정보를 제공하며 앞으로 유용하게 활용할 수 있다.

## 8.2 안전한 업로드

지금까지 24-Hour Video를 테스트할 때 S3 콘솔을 사용해 비디오를 버킷에 직접 업로드했다. 그러나 이 방법은 최종 사용자에게는 의미가 없을 것이다. 즉, 사용자가 24-Hour Video 웹 사이트에 파일을 업로드하기 위한 인터페이스가 필요하다. 또한 누군가(즉, 익명 사용자)는 파일을 업로드하는 것을 원하지 않는다. 그러므로 등록되고 인증된 사용자만 이를 수행할 수 있어야 한다. 이 절에서는 24-Hour Video에 보안 업로드 기능을 추가하는 방법을 다룬다.

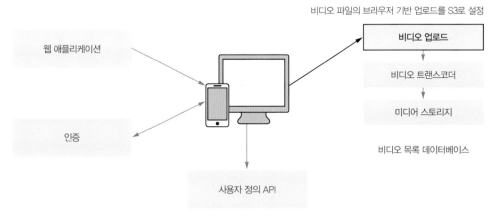

그림 8.5 비디오 업로드 기능은 24-Hour Video의 핵심이다. 이 기능이 없다면, 사용자는 비디오를 업로드할 수 없다.

최종 사용자는 웹 사이트의 버튼을 클릭하고 파일을 선택한 다음 S3 버킷에 업로드할 수 있다. 그림 8.5는 이 섹션에서 아키텍처의 어떤 구성 요소를 사용할 것인지를 보여주고 있다.

## 8.2.1 아키텍처

사용자의 브라우저에서 안전하고 인증을 통한 방식으로 파일을 버킷에 업로드하려면 다음이 필요하다.

- 업로드 관련 정보 및 조건(업로드 버킷 이름 등)이 포함된 보안 정책

- 새 파일을 만들 권한이 있는 자원 소유자(즉, IAM 사용자)의 비밀 액세스 키를 사용해 구성된 HMAC 서명

- 서명 생성에 사용된 IAM 사용자의 액세스 키 ID와 비밀 키

- 업로드 대상 파일

이 작업을 Lambda 함수를 만드는 것에서부터 시작할 수 있다. 이 함수는 사용자를 확인하고 S3에 파일을 업로드하는 데 필요한 정책과 서명을 생성한다. 이 정보는 브라우저로 다시 전송된다. 이 정보를 받으면 사용자의 브라우저는 HTTP POST를 사용해 버킷에 업로드를 시작한다. 이 모든 작업은 브라우저를 통해 파일을 선택하고 업로드하기 때문에 최종 사용자에게 세부적인 내용은 보이지 않는다. 그림 8.6은 이 흐름의 내용을 모두 보여준다.

이 부분은 다르게 구현 가능하며 Auth0을 사용해 임시 AWS 자격 증명을 제공한 다음 AWS JavaScript SDK를 사용해 파일을 업로드할 수도 있다. 이것은 실행 가능한(URL 변경 필요 404 오류 : https://github.com/auth0-samples) 간단한 POST 요청을 사용해 정책을 생성하고 업로드하는 방법을 보여주는 Lambda 함수를 작성하는 방법을 보여주고자 했다.

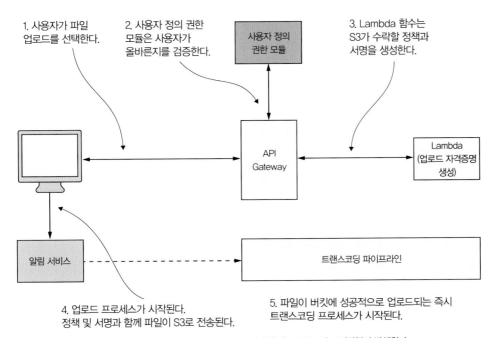

그림 8.6 업로드 프로세스는 최종 사용자에게는 투명하지만 그 이면에서는 소규모의 조정작업이 발생한다.

Lambda 함수를 사용하면 나중에 흥미로운 일들을 할 수 있는 좀더 많은 기회를 얻을 수 있다(예를 들면, 자격 증명을 요청하고 데이터베이스를 업데이트하고 관리자에게 알림을 보내는 등의 시도를 할 수 있다).

## 8.2.2 Lambda의 업로드 정책

원하는 모든 것을 작동시키기 위해 수행해야할 단계는 다음과 같다.

1. 우선 자격 증명을 사용해 서명을 생성하는 데 사용할 IAM 사용자를 만든다. 이 서명(및 함께 수반되는 보안 정책)은 파일을 S3에 성공적으로 업로드하는 데 필요하다.

2. Lambda 함수를 구현하고 배포한다. 이 함수는 서명과 보안 정책을 생성하게 된다.

3. Lambda 함수를 API Gateway에 연결한다.

4. S3에서 CORS(Cross-Origin Resource Sharing) 구성을 업데이트한다. 브라우저에서 버킷으로 파일을 업로드하려면 이 작업이 필요하다.

5. 사용자가 파일을 선택하고 업로드할 수 있도록 24-Hour Video 웹 사이트를 업데이트한다.

### IAM 사용자

생성하려는 IAM 사용자는 S3에 파일을 업로드하기 위해 필요한 권한을 가져야 한다. 이 사용자에게 올바른 권한을 부여하지 않으면 업로드는 실패하게 된다. 일반적인 경우와 같이 IAM 콘솔에서 새 IAM 사용자를 생성하고(IAM 사용자를 만드는 방법에 대한 자세한 내용이 필요하다면 4 장을 참고한다) 사용자의 이름을 upload-s3로 입력한다. 사용자의 액세스 키 ID 및 비밀 키는 안전한 장소에 저장한다. 이 키는 나중에 필요하다. 여기부터는 다음 단계를 따라서 진행한다.

1. IAM 콘솔에서 upload-s3 사용자가 선택되어 열려 있는지 확인한다.

2. Permissions 탭의 하단에서 Add Inline Policy 를 선택한다.

3. Custom Policy를 선택하고 Select를 클릭한다.

4. 정책 이름을 upload-policy로 설정한다.

5. 다음 목록(목록 8.3)의 코드를 정책 문서 본문에 복사한다.

6. 저장 및 반영을 위해 Apply Policy을 선택하고 종료한다.

**목록 8.3 업로드 정책**

```
{
    "Version": "2012-10-17",
    "Statement": [
        {
            "Effect": "Allow",
            "Action": [
                "s3:ListBucket"
            ],
            "Resource": [
                "arn:aws:s3:::YOUR_UPLOAD_BUCKET_NAME"
            ]
        },
        {
            "Effect": "Allow",
            "Action": [
                "s3:PutObject"
            ],
            "Resource": [
                "arn:aws:s3:::YOUR_UPLOAD_BUCKET_NAME/*"
            ]
        }
    ]
}
```

YOUR_UPLOAD_BUCKET_NAME 대신 적절한 업로드 버킷의 이름을 설정한다.

## Lambda 함수

이 Lambda 함수가 필요로 하는 매개 변수는 단지 업로드하려는 파일의 이름뿐이다. 이 함수의 출력 결과는 다음과 같다.

- 정책 문서

- 키를 사용하는 해시 메시지 인증 코드(HMAC) 서명

- 객체의 새 키(다른 사용자가 동일한 이름의 파일을 업로드할 때 잠재적인 충돌을 피하기 위해 파일 이름에 접두사를 추가한다.)

- IAM 사용자의 액세스 키 ID(이 키는 정책 문서가 S3에 업로드될 때 포함되어야 하며 공개 키이므로 보안에 나쁜 영향을 미치지 않고 공유할 수 있다.)

- URL을 통한 업로드

이 모든 정보는 파일을 S3에 업로드하는 데 필요하다.

이전에 컴퓨터에서 작성한 다른 Lambda 함수 중 하나를 복사하고 get-upload-policy로 이름을 바꾸고 저장한다. package.json의 내용을 적절하게 업데이트한다(터미널에서 함수를 배포하려는 경우 배포 스크립트에서 ARN 또는 함수 이름을 업데이트해야 한다). 또한 다음 목록과 일치하도록 모듈의 의존성을 업데이트한다. 이러한 의존성을 갖고 있는 모듈들을 설치하려면 터미널에서 npm install을 실행한다.

---

**목록 8.4 Lambda 함수의 의존성 설정**

```
"dependencies": {               ← 이 의존성 선언은 async 모듈의 waterfall을
    "async": "^2.0.0",              Lambda 함수에서 사용할 수 있게 한다.
    "aws-sdk": "^2.3.2",        ←
    "crypto": "0.0.3",          ←    AWS-SDK는 로컬 테스트에만 필요하다.
}                                    Lambda의 런타임은 자동으로 제공된다.
            Crypto는 정책 문서에서 서명을 만드는 데 사용된다.
```

위에서 언급한 대로 package.json을 업데이트한 후 다음 목록을 index.js에 복사한다.

---

**목록 8.5 업로드 정책을 가져오는 Lambda 함수**

```javascript
'use strict';

var AWS = require('aws-sdk');
var async = require('async');
var crypto = require('crypto');


var s3 = new AWS.S3();


function createErrorResponse(code, message) {
    var response = {
        'statusCode': code,
        'headers' : {'Access-Control-Allow-Origin' : '*'},
        'body' : JSON.stringify({'message' : message})
    }
    return response;
}


function createSuccessResponse(message) {
```

```
    var response = {
        'statusCode': 200,
        'headers' : {'Access-Control-Allow-Origin' : '*'},
        'body' : JSON.stringify(message)
    }
    return response;
}

function base64encode (value) {
    return new Buffer(value).toString('base64');
}
function generateExpirationDate() {
    var currentDate = new Date();
    currentDate = currentDate.setDate(currentDate.getDate() + 1);
    return new Date(currentDate).toISOString();
}

function generatePolicyDocument(filename, next) {
    var directory = crypto.randomBytes(20).toString('hex');
    var key = directory + '/' + filename;
    var expiration = generateExpirationDate();
    var policy = {
        'expiration' : expiration,
        'conditions': [
            {key: key},
            {bucket: process.env.UPLOAD_BUCKET},
            {acl: 'private'},
            ['starts-with', '$Content-Type', '']
        ]
    };
    next(null, key, policy);
}


function encode(key, policy, next) {
    var encoding = base64encode(JSON.stringify(policy)) .replace('\n','');
    next(null, key, policy, encoding);
}
```

base64encode 함수는 주어진 버퍼(문자열로 된 정책 문서)를 base64로 변환한다.

generateExpirationDate 함수는 언젠가 정책이 만료되는 시기인 미래의 날짜를 만든다. 이 날짜 이후의 업로드는 작동하지 않는다. 만료일 정책은 ISO 8601 UTC 날짜 형식으로 설정해야 한다.

generatePolicyDocument 함수는 사실상 키/값 쌍으로 조건이 있는 JSON 구조의 정책 문서를 만든다.

여기서 흥미로운 점은 파일 이름에 접두사(임의의 16 진 문자열)를 추가해 버킷의 파일 이름이 같은 파일 간의 충돌을 피하기 위한 새 키를 만드는 것이다.

S3 접근 제어 목록이 충족해야 하는 조건을 지정한다.

encode 함수는 정책을 base64 표현으로 변환한다.

```
function sign(key, policy, encoding, next) {
    var signature = crypto.createHmac('sha1',
    ↳ process.env.SECRET_ACCESS_KEY)
    ↳ .update(encoding).digest('base64');
    next(null, key, policy, encoding, signature);
}


exports.handler = function(event, context, callback){
    var filename = null;

    if (event.queryStringParameters && event.queryStringParameters.filename) {
            filename = decodeURIComponent(event.queryStringParameters.filename);
        } else {
            callback(null, createErrorResponse(500, 'Filename must be provided'));
            return;
        }


        async.waterfall([async.apply(generatePolicyDocument, filename),
        ↳ encode, sign],
        function (err, key, policy, encoding, signature) {
            if (err) {
                callback(null, createErrorResponse(500, err));
            } else {
                var result =
                {
                    signature: signature,
                    encoded_policy: encoding,
                    access_key: process.env.ACCESS_KEY,
                    upload_url: process.env.UPLOAD_URI + '/' + process.env.UPLOAD_BUCKET,
                    key: key
                }
                callback(null, createSuccessResponse(result));
            }
        }
    )
};
```

sign 함수는 IAM 사용자의 비밀 키를 사용해
정책에서 HMAC 서명을 만든다.

사용자가 업로드하려는 파일의 파일이름은 클라이언트에서
API Gateway를 통해 함수로 전달된다.

Async waterfall는 핸들러 함수에 적용된 패턴
이다. 6장에서 이 함수를 보았다(각 함수는 결과
를 다음 함수로 전달할 수 있다). 마지막에 이
함수는 정책, 서명 및 기타 몇 가지 속성을 호출
자에게 반환한다.

AWS Lambda 콘솔에서 새로운 빈 함수를 만든다(Lambda 함수를 만드는 방법은 부록 B를 참고한다). Lambda 함수의 이름을 get-upload-policy로 입력한다. Lambda 함수에 lambda-s3-execution-role 역할(role)을 지정한다. 3장에서 생성해서 사용했던 바로 그 역할이다. 로컬 컴퓨터에서 AWS로 이 Lambda 함수를 배포한다(터미널에서 npm run deploy를 실행할 수 있지만 package.json에 올바른 ARN을 설정해야 한다).

마지막으로 get-upload-policy가 작동하도록 올바른 환경 변수를 설정해야 한다. AWS 콘솔에서 get-upload-policy Lambda 함수를 열고 아래에 4 개의 환경 변수를 추가한다. 이러한 변수는 업로드 버킷(UPLOAD_BUCKET), 미리 생성한 upload-s3 사용자의 액세스 키 ID와 (ACCESS_KEY), 해당 사용자의 비밀 액세스 키(SECRET_ACCESS_KEY) 및 S3 업로드 URL(UPLOAD_URI)이어야 한다. 그림 8.7은 이것이 어떻게 생겼는지 보여주고 있다.

그림 8.7 환경 변수 업데이트를 잊지 말아야 한다.

## API Gateway

이제 API Gateway로 넘어가 보자. 우리는 방금 작성한 Lambda 함수를 호출할 엔드포인트를 작성해야 한다.

1. 콘솔에서 API Gateway를 선택하고 24-hour-video API를 클릭한다.

2. 먼저 Resources가 선택되었는지 확인하고 Actions를 선택한다.

3. 메뉴에서 Create Resource를 선택하고 이름을 s3-policy-document로 입력한다.

4. Create Resource를 선택하고 저장한다.

5. 리소스에서 s3-policy-document가 선택되어 있는지 확인한다.

6. Actions를 선택한 후 Create Method를 선택한다.

7. 리소스 이름 아래의 드롭다운 상자에서 GET을 선택하고 확인 표시 버튼을 눌러 저장한다.

8. 바로 다음 화면에서

   – Lambda Function 라디오 버튼을 선택한다.

   – Lambda Proxy Integration 사용을 선택한다.

   – us–east–1을 Lambda가 실행될 리전으로 설정한다.

   – Lambda 함수 텍스트 상자에 get–upload–policy를 입력한다.

   – Save를 선택하고 나타나는 대화 상자에서 OK를 클릭한다.

9. 마지막으로 CORS를 활성화한다.

   – Actions를 선택하고 Enable CORS를 선택한다.

   – Enable CORS를 선택하고 기존에 있던 CORS 헤더를 교체한다.

   – Yes, Replace Existing Values를 클릭한다.

보안에 신경을 써야 한다면, 이 메서드에 대한 사용자 정의 권한 모듈$^{custom\ authorizer}$을 사용할 수 있다. 사용자 정의 권한 모듈은 들어오는 요청에 대한 권한을 부여하기 위해 API Gateway에서 호출하는 특수한 Lambda 함수다.

- Resources아래에 있는 /s3–policy–document에서 GET을 선택한다.

- Method Request를 선택한다.

- Authorization옆의 편집 아이콘을 클릭한다.

- 사용자 정의 권한 모듈로 사용할 Lambda 함수를 선택한다.

- 확인 표시 아이콘을 클릭해 저장한다.

- Method Execution을 선택하면 메인 화면으로 돌아온다.

마지막으로 변경 사항을 적용하려면 API Gateway(Actions 아래의 Deploy API 클릭)를 배포한다. 이제 AWS Lambda 및 API Gateway 측면에 대한 작업이 완료되었지만 AWS에서 수행해야 할 작업이 하나 더 남아 있다. POST 업로드가 허용되도록 업로드 버킷의 CORS 구성을 업데이트해야 한다.

## 8.2.3 S3 CORS 설정

기본 S3 CORS 구성에서는 POST 업로드를 수행할 수 없다. 이것이 AWS의 기본 설정이지만 쉽게 변경할 수 있다. 업로드 버킷을 클릭하고 다음 단계를 따라 진행한다.

1. Permissions를 클릭한다.

2. 아래의 드롭다운 메뉴에서 CORS Configuration을 선택한다.

3. 다음 코드를 구성 텍스트 상자에 복사한다.

4. Save를 선택한다.

**목록 8.6 S3 CORS 설정**

```xml
<?xml version="1.0" encoding="UTF-8"?>
<CORSConfiguration xmlns="http://s3.amazonaws.com/doc/2006-03-01/">
    <CORSRule>
        <AllowedOrigin>*</AllowedOrigin>
        <AllowedHeader>*</AllowedHeader>
        <AllowedMethod>POST</AllowedMethod>
        <MaxAgeSeconds>3000</MaxAgeSeconds>
    </CORSRule>
</CORSConfiguration>
```

POST가 허용하는 유일한 HTTP 메소드다.
구성에 GET 메소드가 있는 경우 제거할 수 있다.

AllowedHeader 요소는 허용되는 헤더를 지정한다.
Access control-Request-Headers(preflight
요청 도중)에 나열된 모든 헤더는 요청 성공을 위해
AllowedHeader와 일치해야 한다.

이제 우리의 웹 사이트로 이동해 보자

## 8.2.4 웹 사이트에서 업로드하기

upload-controller.js라는 새 파일을 24-Hour Video 웹 사이트에 추가할 것이다. 이 파일을 js 폴더에 만들고 목록 8.7을 복사해 붙여 넣는다. 이 파일의 목적은 다음을 수행하는 것이다.

- 사용자가 업로드할 파일을 선택할 수 있도록 허용한다.

- 정책과 서명을 확인하기 위해 Lambda 함수를 호출한다.

- S3에 파일을 업로드 한다.

**목록 8.7 업로드 컨트롤러 구현**

```javascript
var uploadController = {
    data: {
        config: null
    },
    uiElements: {
        uploadButton: null
```

```
    },
    init: function (configConstants) {
        this.data.config = configConstants;
        this.uiElements.uploadButton = $('#upload');
        this.uiElements.uploadButtonContainer = $('#upload-video-button');
        this.uiElements.uploadProgressBar = $('#upload-progress');
        this.wireEvents();
    },
    wireEvents: function () {
        var that = this;
        this.uiElements.uploadButton.on('change', function (result) {
            var file = $('#upload').get(0).files[0];
            var requestDocumentUrl =
            ↳ that.data.config.apiBaseUrl +
            ↳ '/s3-policy-document?filename=' +
            ↳ encodeURI(file.name);
            $.get(requestDocumentUrl, function (data, status) {
                that.upload(file, data, that)
            });
        });
    },
    upload: function (file, data, that) {
        this.uiElements.uploadButtonContainer.hide();
        this.uiElements.uploadProgressBar.show();
        this.uiElements.uploadProgressBar. find('.progress-bar').css('width', '0');

        var fd = new FormData();
        fd.append('key', data.key)
        fd.append('acl', 'private');
        fd.append('Content-Type', file.type);
        fd.append('AWSAccessKeyId', data.access_key);
        fd.append('policy', data.encoded_policy)
        fd.append('signature', data.signature);
        fd.append('file', file, file.name);

        $.ajax({
            url: data.upload_url,
            type: 'POST',
            data: fd,
```

엔드포인트에 대한 URL이 들어 있다. 모든 쿼리 문자열 파라미터에 encodeURI를 적용해야 한다.

먼저 Lambda 함수에 요청해 정책, 서명 및 기타 속성을 가져온다. 응답이 반환되면 업로드 기능을 호출해 실제 파일을 업로드한다.

이렇게 하면 FormData 객체가 만들어져 필요한 데이터와 함께 키/값 쌍을 쉽게 추가할 수 있다. 이 FormData 객체를 사용해 최종 결과는 multipart/form-data 인코딩 유형의 HTML 양식이다.

jQuery는 Ajax POST 요청을 수행하고 파일을 업로드하는 데 사용된다. URL과 폼 데이터를 설정해야 한다.

```
            processData: false,
            contentType: false,
            xhr: this.progress,
            beforeSend: function (req) {
                req.setRequestHeader('Authorization', '');    ◄──── 이 요청에서 권한 보유자 토큰을 제공
            }                                                         할 필요가 없으므로 이를 제거한다.
        }).done(function (response) {
            that.uiElements.uploadButtonContainer.show();
            that.uiElements.uploadProgressBar.hide();
            alert('Uploaded Finished');
        }).fail(function (response) {
            that.uiElements.uploadButtonContainer.show();
            that.uiElements.uploadProgressBar.hide();
            alert('Failed to upload');
        })
    },
    progress: function () {
        var xhr = $.ajaxSettings.xhr();
        xhr.upload.onprogress = function (evt) {    ◄──── 메인 페이지에는 파일 업로드가 진행됨에 따라
            var percentage = evt.loaded / evt.total * 100;     점진적으로 업데이트 될 진행률 표시자가 있다.
            $('#upload-progress').find('.progress-bar') .css('width', percentage + '%');
        };
        return xhr;
    }
}
```

웹 사이트에 새 파일을 포함시키기 위해 index.html을 열고 〈script src = "js/upload-controller.js"〉 〈/script〉 줄을 〈script src = "js/config.js"〉 〈/script〉 위에 추가한다. 마지막으로 〈div class = "container" id = "video-list-container"〉라는 줄 아래에, 업로드 버튼 및 업로드 진행률을 표시하기 위해 다음 코드 목록의 내용을 복사한다.

**목록 8.8 index.html**

```
<span id="upload-video-button" class="btn btn-info btn-file">
    <span class="glyphicon glyphicon-plus"></span>
        <input id="upload" type="file" name="file">    ◄──────── 파일 업로드 버튼
</span>
```

```
<div class="progress" id="upload-progress">
    <div class="progress-bar progress-bar-info progress-bar-striped"
        ∟ role="progressbar" aria-valuemin="0" aria-valuemax="100">    ◀─────── 파일 업로드 진행률 표시
    </div>
</div>
```

main.js를 에디터로 열고 uploadController.init (configConstants); 를 video-Controller.init (configConstants); 아래에 추가한다. 그리고 css 디렉터리에서 main.css를 수정해 파일의 맨 아래에 다음 목록의 내용을 포함시킨다.

**목록 8.9 웹 사이트 CSS**

```
#upload-video-button {    ◀─────── 사용자가 인증되지 않으면 업로드 버튼과 진행률 표시자가 감춰진다.
    display: none;                 사용자가 시스템에 로그인할 때만 표시된다.
    margin-bottom: 30px;
}

.btn-file {
    position: relative;
    overflow: hidden;
}

.btn-file input[type=file] {
    position: absolute;
    top: 0;
    right: 0;
    min-width: 100%;
    min-height: 100%;
    font-size: 100px;
    text-align: right;
    filter: alpha(opacity=0);
    opacity: 0;
    outline: none;
    background: white;
    cursor: inherit;
    display: block;
}
```

```
#upload-progress {
    display: none;
}

#video-list-container {
    text-align: center;
    padding: 30px 0 30px;
}

.progress {
    background: #1a1a1a;
    margin-top: 6px;
    margin-bottom: 36px;
}
```

← 사용자가 인증되지 않으면 업로드 버튼과 진행률 표시자가 감춰진다.
사용자가 시스템에 로그인할 때만 표시된다.

추가적으로 한 단계가 더 남아 있다. 다음의 작업을 수행하기 위해 우리는 user-controller.js를 수정해야 한다.

- 사용자가 로그인한 후에만 업로드 버튼 표시

- 사용자가 로그아웃할 때 업로드 버튼과 진행율 표시 줄 숨김

- 파일이 업로드되고 진행률 표시 줄이 표시되는 동안 업로드 버튼 숨김

user-controller.js 파일을 다음과 같이 수정한다.

- uploadButton: null을 profileImage: null 아래에 추가한다.

- this.uiElements.uploadButton = $('#upload-video-button');을 this.uiElements.profileImage = $('#profilepicture'); 아래에 추가한다.

- this.uiElements.uploadButton.css('display', 'inline-block')을 this.uiElements.profileImage.attr('src', profile.picture); 아래에 추가한다.

- that.uiElements.uploadButton.hide()를 that.uiElements.profile-Button.hide(); 아래에 추가한다.

## 웹 사이트 시연

웹 사이트의 파일들이 있는 디렉터리의 터미널에서 npm start를 실행해 웹 서버를 실행한다. 브라우저를 통해 웹 사이트를 열고 로그인하면 페이지 중앙에 파란색 버튼이 나타난다. 이 버튼을 클릭하고 파일을 업로드할 수 있다. 웹 브라우저의 개발자 도구가 열려 있으면 해당 요청을 검사할 수 있다. 먼저 /s3-policy-document에 대한 요청이 있고 그 다음에 다중 파트 POST가 S3에 업로드된 것을 볼 수 있다(그림 8.8).

이 시점에서 트랜스코딩된 비디오를 저장하는 버킷을 확인하면 이상한 점을 발견할 수 있다. 새로 업로드된 파일의 키는 〈guid〉/file/〈guid〉/file.mp4 대신 〈guid〉/file.mp4와 같다. 3장에서 구현한 transcode-video Lambda 함수를 살펴보기 전까지는 약간의 혼란스러움이 있을 것이다. 이 함수는 접두사를 앞에 두고 문제의 원인인 OutputPrefix를 설정한다.

원래 파일을 S3에 직접 업로드할 때는 출력 접두사가 필요했었다. 이제는 upload-policy Lambda 함수에서 접두사를 직접 만들고 있으므로 두 번 할 필요가 없다. transcode-video Lambda 함수에서 OutputKeyPrefix: outputKey + '/'행을 제거하고 다시 배포하면 성가심을 해결할 수 있다

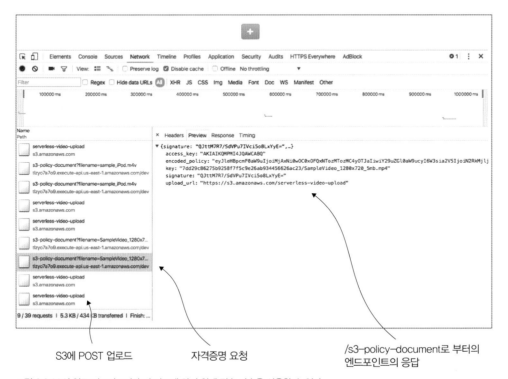

그림 8.8 S3의 업로드는 빠르지만 더 빠르게 하기 위해 전송 가속을 사용할 수 있다.

## 8.3 파일 접근 제한

지금까지는 트랜스코딩된 비디오 파일이 모두에게 제한없이 공개하도록 구성되어 있었다. 그러나 이러한 동영상을 보호하고 인증된 사용자만 사용할 수 있게 하려면 어떻게 해야 할까? 등록된 유료 사용자에게만 비디오 파일에 접근할 수 있도록 하고 비용을(네트워크 대역폭은 무료가 아니다!) 청구할 수도 있을 것이다. 이러한 시스템을 구현하려면 다음 두 가지 작업을 수행해야 한다.

- 트랜스코딩된 비디오 파일을 저장하는 버킷에 대한 익명 및 공개 접근을 비활성화한다.
- 비디오에 액세스하는 데 사용할 수 있는 권한이 부여된 사용자를 위해 미리 제한 시간이 지정된 URL을 생성해 제공한다.

### 8.3.1 공개된 접근 제한

파일에 대한 공개 접근을 제한하려면 이미 가지고있는 버킷 정책을 제거해야 한다. 트랜스코딩된 비디오를 저장하는 버킷에서 다음을 수행한다.

1. Permissions를 클릭한다.

2. 아래의 드롭다운 메뉴에서 Bucket Policy를 선택한다.

3. Delete를 클릭해 정책을 제거한다.

비디오에 대한 사용 권한을 변경하는 권한 설정 기능을 가지고 있는 Lambda 함수(3장에서 해당 함수를 작성)가 있는 것을 기억할 것이다. 또한 Lambda 함수를 제거할 수도 있는데 더 나은 방법으로는 SNS에서 연결을 끊을 수 있다(transcoded-video-notifications SNS 토픽에서 호출됨). SNS에서 토픽 연결을 지금 제거한다. 또한 공개적으로 접근할 수 없도록 각 동영상의 권한을 변경해야 한다. 이를 위해 다음을 수행한다.

1. S3 버킷의 각 비디오를 클릭한다.

2. Permission을 선택한다.

3. AllUsers 권한 선택이 있다면, 그것을 클릭하고 모든 확인란 옵션을 선택 취소한다.

4. Save를 클릭한다. AllUsers에 대한 권한이 목록에서 사라진다.

24-Hour Video 사이트를 새로고침하면 비디오에 대한 모든 요청이 403 상태 코드와 함께 Forbidden으로 보여진다.

## 8.3.2 서명된 URL 생성하기

두 번째 단계는 사용자에게 403 상태 코드를 경험하지 않고 비디오에 접근할 수 있도록 서명된 URL 을 생성하는 것이다. 서명된 URL을 생성해 클라이언트에게 반환하기 위해 get-video-list 함수를 수정할 수 있다. 이 기능을 사용하면 24-Hour Video에 부가적인 기능을 추가할 수 있다. 예를 들어, get-video-list 함수를 사용자 정의 권한 모듈custom authorizer 뒤에 두고 사용자가 비디오를 검색하기 전에 로그인하도록 강제할 수 있다. 그리고 일단 데이터베이스를 가지고 있다면 비공개 비디오 지원 및 구독 혹은 목록 조회 같은 기능을 구현할 수 있다. 또한 우리는 서명된 URL을 사용해 누가 어떤 동영상에 대한 접근 권한을 얻었는지, 얼마나 오래 접근할 수 있는지를 제어할 수 있다.

### 비디오 목록 조회

먼저 서명된 URL을 생성하고 반환하기 위해 video-listing Lambda 함수를 수정한다. createList 함수에서 urls.push (file); 줄을 다음의 코드 목록으로 교체한다.

**목록 8.10 비디오 목록 Lambda 함수**

```
var params = {Bucket: process.env.BUCKET, Key: file.Key};
var url = s3.getSignedUrl('getObject', params);      ◀────── AWS S3 SDK를 사용해 미리 지정된 URL을 생성한다.

files.push({
    'filename': url,
    'eTag': file.ETag.replace(/"/g,""),
    'size': file.Size
});
```

### 웹 사이트

24-Hour Video 사이트의 video-controller.js의 라인을 다음으로 교체한다.

```
clone.find('source').attr('src',baseUrl + '/' + bucket + '/' + video.filename);
```

위의 코드를 아래의 코드로 변경한다.

```
clone.find('source').attr('src', video.filename);
```

웹 사이트를 새로 고침(웹 서버가 실행 중인지 확인)해 비디오 목록을 다시 확인한다. 이전과 같이 S3 키가 아닌 전체 URL을 되돌려 보내고 있음을 눈치챘을 것이다. 또한 서명된 URL의 기본 만료 시간은 15분이다. 15분이 지나면 사용자는 새 URL을 가져오기 위해 새로 고침해야 한다. 만료(Expire) 속성을 파라미터로 추가해(초 단위의 정수로 지정 가능) 만료 시간을 지정할 수 있다. 다음은 URL을 30분 동안 유효하게 만드는 코드다.

```
var params = {Bucket: config.BUCKET, Key: file.Key, Expires: 18000}
```

## 8.4 연습문제

이번 장에서는 유용한 S3 기능을 살펴보고 24-Hour Video 웹 사이트용 비디오 업로드를 구현했다. 관련된 지식을 더 얻기 위해 다음 연습문제를 풀어 보자.

1. 업로드 버킷에 대한 전송 가속을 사용하고 나머지 버킷을 수정한다. 새 엔드포인트와 함께 작동하도록 구현한다.

2. 객체 수명 주기 관리를 구현해 업로드 버킷을 정리한다. 5 일된 파일을 제거하는 규칙을 설정한다.

3. 업로드 자격 증명은 하루 동안 유효하다. 아마도 하루는 너무 긴 시간일 것이다. 대신 자격 증명을 두 시간 동안만 유효하게 변경한다.

4. S3에서 새 버킷을 만들고 정적 웹 사이트 호스팅을 활성화한다. 24-Hour Video 웹 사이트를 복사해 인터넷을 통해 액세스할 수 있게 한다. Auth0과 config.js를 올바르게 수정해야 웹사이트의 모든 것이 작동한다.

5. 서명된 URL은 15분 후에 만료된다(기본값). 대신 만료 시간을 24시간으로 변경해 보자.

6. 사용자가 로그인할 때 get-video Lambda 함수가 호출되도록 24-Hour Video 웹 사이트의 구현을 수정한다. 인증되지 않은 사용자에게는 메인 사이트에서 비디오를 보려면 등록하라는 메시지를 표시해 줘야 한다.

7. 목록 8.6에서 버킷의 CORS 구성에서 AllowedHeader에 와일드 카드를 사용했다. 와일드 카드를 사용하는 대신 시스템이 업로드가 작동하는 데 필요한 헤더를 지정해 보자.

8. 공개 및 비공개 동영상을 만드는 방법을 생각해 보자. 이 책의 다음 장은 이와 관련된 몇 가지 단서를 포함하고 있다.

9. 8.3.1 항에서는 수동으로 각 비디오를 살펴보고 권한 설정을 변경 해야 했다. 버킷을 열거하고 모든 비디오를 찾고 사용 권한을 업데이트하는 새로운 Lambda 함수를 작성하자.

## 8.5 요약

이번 장에서는 S3을 살펴보고 24-Hour Video에 새로운 기능을 추가했다. 8.1 절에서 다루었던 S3 기능은 파일 관리에 유용하다. 우리는 아래의 내용들을 살펴봤다.

- 다양한 유형의 스토리지 클래스

- 버전 관리

- 전송 가속

- 정적 웹 사이트 호스팅

- 객체 수명주기 규칙

- 이벤트 알림

여기에서 다룬 지식을 사용해 스토리지 서비스를 효과적으로 관리할 수 있다. 또한 사용자의 웹 브라우저에서 직접 파일을 업로드하는 방법과 미리 서명된 URL을 생성하는 방법도 알아봤다.

다음 장에서는 Firebase를 살펴볼 것이다. 이 실시간 스트리밍 데이터베이스는 서버리스 애플리케이션에 강력한 추가 기능을 제공한다. 또한 이를 통해 24-Hour Video의 마지막 퍼즐 조각을 추가해 웹 사이트를 완성하도록 노력할 것이다.

# 데이터베이스 | **9**장

**이번 장에서는 다음을 설명한다.**

- Firebase 기초
- 서버리스 애플리케이션에서 Firebase 사용하기

대부분의 애플리케이션은 데이터를 어디인가에 저장해야 하며, 많은 경우 데이터베이스가 상식적인 솔루션이 될 것이다. 이번 장에서는 Firebase를 우리의 애플리케이션에서 사용할 데이터베이스로 소개할 예정이다. Firebase는 WebSocket을 사용한 실시간 스트리밍, 오프라인 기능 및 선언적 보안 모델과 같은 뛰어난 기능을 갖춘 NoSQL 데이터베이스다. Firebase는 빠르게 시작하기 좋으며 확장성이 뛰어나고 JSON을 이해하는 사람이라면 누구나 익숙하게 사용할 수 있다.

소프트웨어 개발 과정의 대부분과 마찬가지로 데이터베이스의 선택은 결국 요구 사항에 따라 달라진다. 애플리케이션이 관계형 데이터로 작업해야 한다면 관계형 데이터베이스를 사용해야 한다. NoSQL에 대한 접근방법은 적절하지만 데이터 구조가 필요한 시나리오에서는 MongoDB 또는 CouchDB와 같은 문서document형 데이터베이스가 더 유용할 것이다. 확장 가능한 키/값 저장과 빠른 검색이 중요한 경우 Firebase가 좋은 선택이 될 수 있다. 일부 애플리케이션의 경우 그래프 데이터베이스가 다른 어떤 것보다 적합할 수도 있다. 제안할 수 있는 가장 좋은 조언은 요구 사항을 보고, 사용 가능한 선택 방안들을 평가하고, 도메인 및 애플리케이션에 적합한 것을 기반으로 결정하는 것이다. 서버리스 아키텍처를 위한 최상의 데이터베이스 또는 데이터베이스 유형은 정해져 있지 않다. 모든 것은 우리의 목표와 요구 사항에 달려 있다.

## 9.1 Firebase 소개

Firebase는 구글에서 개발한 플랫폼으로 데이터베이스와 인증, 메시징, 스토리지 및 호스팅을 위한 서비스와 같은 제품들의 모음이라고 볼 수 있다. 전반적인 Firebase 플랫폼을 구성하는 제품들은 흥미롭고 유용하지만 이번 장에서는 데이터베이스에 중점을 두고 진행할 것이다. Firebase 데이터베이스는 실시간, 스키마리스schemaless의 특징을 가지며 클라우드를 통해 호스팅 되는 NoSQL 솔루션이다(여기에서 언급된 Firebase가 데이터베이스 전체를 의미하는 것은 아니다). Firebase는 HTTP(WebSockets 사용)를 통해 클라이언트와 실시간으로 데이터를 동기화할 수 있으며 클라이언트가 오프라인으로 전환된 다음 다시 온라인 상태가 되면 데이터를 동기화한다. Firebase는 JSON으로 데이터를 저장하므로 이해와 편집이 쉽다. 그럼에도 불구하고 단순성에는 한계가 있다. Firebase는 데이터를 구조화하고 질의할 때 유연하지 않다. 기본적으로 비정규화된 데이터를 저장하는 NoSQL 데이터베이스의 자연스런 사용환경에서 오는 부작용의 하나로 많은 데이터 중복이 발생할 수 있다.

### 9.1.1 데이터 구조

Firebase에 데이터가 저장되는 방법을 논의해 보자. 앞서 언급한 것처럼 Firebase는 데이터를 JSON 객체로 저장한다. 데이터는 사용자가 지정하거나 데이터베이스에서 생성할 수 있는 키와 연관된 노드로 저장된다(키/값 쌍으로 항상 작업하고 있음). 중요한 조언을 한 마디 하자면, 데이터를 최대한 평평flat하게 하고 비정규화하라는 것이다. 그림 9.1은 Firebase 데이터베이스의 예제와 데이터 구조의 모습을 보여 준다.

Firebase 데이터베이스 구성에 대한 가이드(https://firebase.google.com/docs/database/web/structure-data)에서는 다음을 포함해 유용한 힌트를 제공하고 있다.

- 중첩된 데이터 구조를 사용하지 않는다. Firebase 데이터베이스는 32 레벨 깊이의 데이터 중첩을 지원한다. 하지만, 데이터베이스의 현재 노드의 위치에서 데이터를 검색하면 모든 하위 노드까지 검색하게 된다. 또한 보안 규칙이 특정 위치에 대한 읽기/쓰기 권한을 부여하면 모든 자식 노드에도 자동으로 동일한 권한이 부여된다.

- 가능한 한 데이터를 평평하게 하고 비정규화를 유지한다. 이렇게 하면 데이터의 반복과 중복이 생기지만 더 쉽고 빠르게 데이터를 검색할 수 있다.

- 다-대-다 관계가 요구되는 시나리오에서는 양쪽 엔터티의 관계를 저장하는 것이 좋다. 관계를 변경하면 데이터가 복제되고 두 개의 업데이트가 필요하다. Firebase는 이 개념을 설명하기 위해 한 예제를 제공한다(다음은 약간 수정된 예제이다.)

**목록 9.1 다-대-다 관계**

```
{
    "users": {
```

```
    "psbarski" : {
        "name" : "Peter Sbarski",
        "groups" : {
            "serverlessheroes": true,
            "acloudguru" : true
        }
    }
},
"groups" : {
    "serverlessheroes" : {
        "name" : "Serverless Heroes",
        "members" : {
            "psbarski" : true,
            "acollins" : true,
            "skroonenburg" : true
        }
    }
}
}
```

사용자는 그룹에 속하며 그룹에는 여러 사용자가 있다.
이 다–대–다 관계는 Firebase에서 명시적으로 지정된다.
관계가 변경되면 데이터베이스에 대한 두 가지 쓰기/
업데이트가 필요하다.
자세한 내용과 예는 https://firebase.google.com/docs/
database/web/structure–data를 참고한다.

트리 구조의 최상위 요소          데이터는 키가 있는 노드에 저장된다.

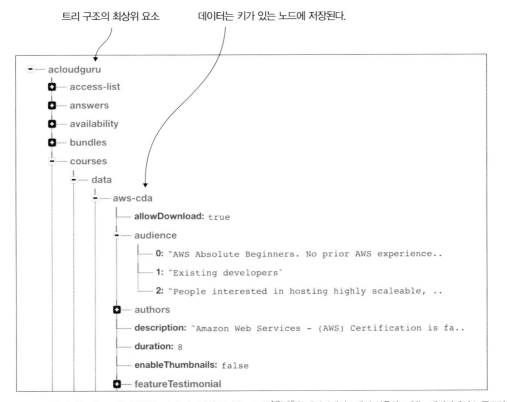

그림 9.1 이 예제는 대규모 온라인 학습 관리 시스템인 클라우드 구루[A Cloud Guru] 데이터베이스에서 사용하고 있는 데이터베이스 구조이다.

## 9.1.2 보안 규칙

Firebase 데이터베이스 규칙은 언제 그리고 누구에 의해 데이터를 읽고 쓸 수 있는지, 데이터 구조화 방법, 그리고 존재해야 하는 인덱스를 정의한다. 우리는 Firebase의 보안의 네 가지 기본 규칙을 알아보고 설명하는 것에서부터 시작할 것이다(자세한 내용은 https://firebase.google.com/docs/database/security/에서 확인할 수 있다).

- .read 및 .write: 사용자가 데이터를 읽거나 쓸 수 있는지 여부와 그 시점을 기술한다. 이러한 규칙은 연속적으로 적용된다. 즉, /abc/에 부여된 읽기 접근권한은 특별히 재정의되지 않는 한 /abc/123/ 및 /abc/123/xyz/로 자동 확장된다.

- .validate: 올바른 형식의 값이 무엇인지 기술한다. .read 및 .write 규칙과 달리, .validate 규칙은 연속적으로 실행되지 않으며 성공하려면 반드시 true로 평가되어야 한다.

- .indexOn: 순서 지정 및 쿼리를 지원하는 인덱스를 지정한다.

다음과 같이 Firebase 데이터베이스 규칙에서 사용할 수 있는 사전에 정의된 변수들이 있다.

- now: 유닉스 시간Unix time/Epoch time 이후의 현재 시간(밀리 초 단위)

- root: 데이터베이스의 루트

- newData: 작성중인 새 데이터

- data: 현재 데이터(새 작업이 수행되기 전에)

- auth: 인증된 사용자의 토큰 값

- $(variables): ID와 동적 키를 나타내는 데 사용되는 와일드 카드

Firebase 유효성 검사 규칙의 예는 다음과 같다.

---

**목록 9.2 Firebase 유효성 검사 규칙**

이 규칙은 기록되는 새 데이터가 숫자인지 그리고 -1 또는 1인지 확인한다.

```
"$answer_id": {
    ".validate": "newData.isNumber() && (newData.val() == -1 || newData.val() == 1)"   ◀——
}
```

---

목록 9.2의 규칙은 매우 간단하지만 데이터를 읽고 쓰고 유효성 검사를 위해 작성할 수 있는 규칙의 한 유형을 보여 주고 있다. 보안 규칙에 대한 자세한 안내를 https://firebase.google.com/docs/database/security/securing-data에서 확인할 수 있다.

## 9.2 24-Hour Video에 Firebase 추가하기

Firebase를 24-Hour Video에 통합하고 이를 사용해 사용자가 업로드한 비디오에 대한 정보를 저장하려고 한다. 이 애플리케이션에 관계형 데이터베이스가 필요 없기 때문에 Firebase를 선택했다. 실시간 스트리밍 업데이트는 훌륭한 사용자 경험을 제공한다. Firebase를 사용자 인터페이스에 바인딩하고 Firebase의 데이터가 변경될 때 마다 UI를 자동으로 업데이트할 수 있다.

24-Hour Video는 다음과 같은 방법으로 데이터베이스와 상호 작용한다.

- 웹 사이트에서 Firebase를 통해 비디오 파일 이름을 읽는다. 이렇게 하면 S3 도메인을 추가해 비디오의 전체 URL을 만들 수 있다. get-video-list 함수는 더 이상 필요하지 않다.

- 사용자가 비디오를 업로드할 때마다 기존의 transcode-video Lambda 함수가 Firebase에 새로운 비디오가 처리 중임을 표시한다. 그렇게 하면 비디오가 오고 있음을 나타내는 멋지게 회전하는 애니메이션을 웹 사이트에 표시할 수 있다.

- 비디오가 변환된 후에는 새로운 Lambda 함수를 실행해 변환된 파일의 S3 키와 같은 필요한 정보들을 Firebase에 업데이트한다. 그러면 루프가 닫히고 웹 사이트에서 새 비디오를 보고 재생할 수 있다.

그림 9.2는 구현하려는 구성 요소가 추가하려는 더 큰 기능에 어떻게 적용되는지 보여 준다.

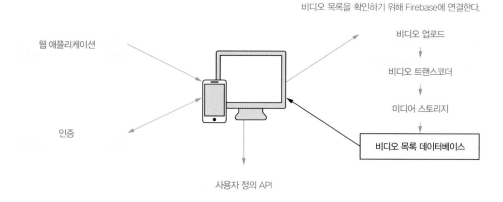

그림 9.2. Firebase를 추가하여 시스템의 마지막 주요 구성 요소를 구현한다.

## 9.2.1 아키텍처

이제 개발하려는 아키텍처를 살펴보자. 이번 장의 마지막 부분에서는 3장에서 처음 개발한 이벤트 중심 파이프 라인을 완료할 것이다. 사용자가 비디오를 업로드하면 비디오가 트랜스코딩 처리되고 있음을 시각적으로 볼 수 있고 처리가 완료되면 새 비디오를 볼 수 있을 것이다. Firebase는 웹 사이트에 업데이트를 푸시하는 데 사용되며, 우리는 이를 통해 멋진 사용자 환경을 구축할 수 있다. 그림 9.3은 이 흐름을 보여 준다.

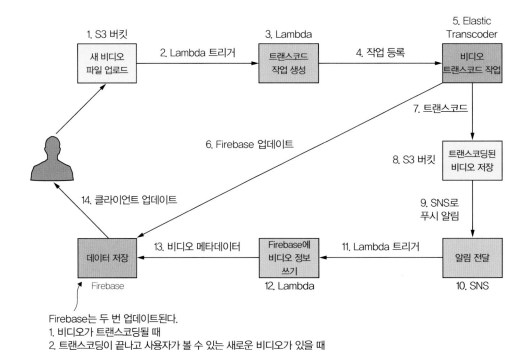

그림 9.3 이 그림은 3장에서 도입한 아키텍처의 수정버전이다.

이번 장의 계획은 다음과 같다.

1. Firebase 계정과 데이터베이스를 생성한다.

2. 새로운 Lambda 함수를 만들어 비디오 메타 데이터를 Firebase에 저장한다(이 함수를 호출하려면 3 장에서 생성한 SNS 토픽을 수정해야 한다).

3. 트랜스코드 비디오 기능을 업데이트해 플레이스홀더 정보를 Firebase에 저장한다(비디오가 트랜스코딩되는 것을 사용자에게 보여 주기 위해).

4. Firebase에 접속할 웹 사이트를 업데이트한다. 9 장에서 서명된 URL을 구현한 경우 관련 데이터(즉, S3 키)를 데이터베이스에서 가져온 후에 이 함수를 호출해 비디오의 URL을 가져와야 한다. 이전 장에서 보안 URL을 구현하지 않은 경우 Firebase에서 직접 비디오에 대한 URL을 저장할 수 있다.

8장에서는 파일에 대한 접근을 보호하는 방법을 논의했으며, 8장의 마지막 부분에서는 서명된 URL을 생성하는 방법을 구현했다. 데이터베이스에 대한 작업을 진행하기 위해 서명된 URL은 잠시 무시하자. 이번 장의 뒷 부분에서는 서명된 URL과 Firebase로 모든 것을 작동시키는 법을 살펴본다. 테스트를 거친 기존 동영상이 있는 경우 S3에서 공개적으로 액세스하거나 볼 수 있는지를 확인한다(이를 위해 기본적으로 8.3.1 항에서 수행한 작업을 취소해야 한다). 이 절을 완성하기 위해서는 이 내용들만으로 충분하다.

## 9.2.2 Firebase 설정

이제 Firebase 계정 및 Firebase 데이터베이스를 설정해 보자.

1. https://firebase.google.com을 열고 새 계정을 만든다.

2. 계정을 등록하고 주 콘솔 화면으로 이동하여 Create New Project를 선택한다.

3. 팝업 창에서 프로젝트 이름(예: 24-Hour Video)을 지정하고 해당 지역을 선택하라. 그런 다음 Create Project를 선택한다.

4. Firebase에는 데이터베이스와 별도로 수 많은 흥미로운 제품이 있다(그림 9.4). 하지만 지금은 왼쪽의 메뉴에서 데이터베이스를 선택하자.

5. 빈 데이터베이스가 있음을 알 수 있다. 이것으로 충분하다. 우리는 나중에 데이터를 추가할 것이다. 지금은 데이터베이스 URL을 기록해 두자(그림 9.5). 데이터베이스 접속을 위해 나중에 이 정보가 필요하다.

데이터베이스는 Firebase가 제공하는 제품 중 하나일 뿐이다. 또한 저장 공간, 웹 앱 호스팅, 오류 보고, 알림, 분석 및 기타 서비스들이 있다. 제공되는 많은 서비스들이 모바일(iOS 및 Android) 개발 환경 지원을 목표로 하고있다.

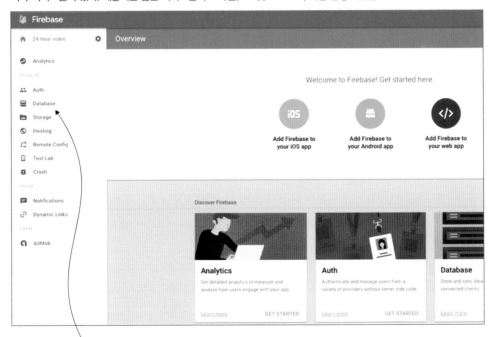

Database를 선택해 Firebase 데이터베이스를 설정한다.

그림 9.4 Firebase는 단순한 데이터베이스 서비스가 아니다. 그것은 선택할 수 있는 많은 다른 서비스를 제공하는 플랫폼이다.

이 부분이 기억해야 할 데이터베이스 URL이다.

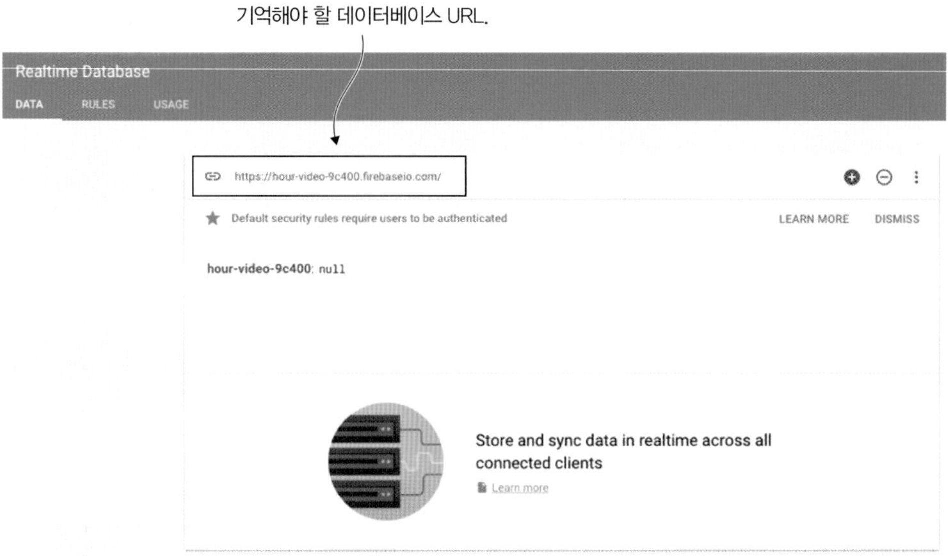

그림 9.5 이 URL을 통해 24-Hour Video 웹 사이트는 데이터베이스에 접근할 수 있다.

24-Hour Video 웹 사이트는 Firebase에 직접 접속해 데이터를 읽을 수 있다. 당분간, Firebase로 웹 사이트 연결 작업을 쉽게 하기 위해 인증 단계 없이 사용할 것이다. 이번 장의 뒷부분에서 읽기 접근 보안을 설정한다.

1. 이전과 동일한 Database 콘솔의 최상위 메뉴에서 Rules를 선택한다.

2. 다음 목록에 있는 보안 규칙을 복사해 Security Rules 텍스트 상자에 붙여 넣는다.

3. 작업이 끝나면 Publish를 선택한다.

**목록 9.3 Firebase 규칙**

```
{
    "rules": {
        ".read": "true",          ◀——— 누구나 데이터베이스에서 데이터를 읽을 수 있다.
        ".write": "auth != null"  ◀——— 데이터베이스에 쓰는 엔터티는 여전히 인증을 받아야 한다.
    }
}
```

## 9.2.3 트랜스코드 비디오 Lambda 함수 수정

사용자가 24-Hour Video 웹 사이트를 통해 비디오를 업로드한다고 상상해 보자. 사용자는 동영상을 성공적으로 업로드했는지 여부와 재생 가능한지 여부를 알고 싶을 것이다. 어떠한 이유에서든 비디오가(트랜스코딩으로 인해) 재생될 준비가 되지 않은 경우 이를 알려 주는 표시(예: 메시지 또는 로딩 애니메이션)가 필요하다. 파일을 S3에 업로드하는 동안 진행률 표시 혹은 업로드가 처리 중이거나 트랜스코딩되었음을 나타내기 위해 움직이는 이미지를 표시하고 이러한 요구 사항을 충족시킬 수 있다. 비디오 처리가 끝나면 이러한 움직이는 이미지를 제거해서 비디오를 보여 줄 수 있다.

 진행률 표시줄<sup>progress bar</sup>은 쉽게 사용할 수 있다. 업로드를 모니터링하기 위해 약간의 코드를 작성하고 점진적으로 완성해 나갈 수 있다. 자리 표시를 위한 플레이스홀더 이미지도 간단하게 처리할 수 있다. 새로운 비디오가 Elastic Transcoder로 전송될 때마다 Firebase에 데이터를 저장하고 플레이스홀더를 삽입하려면 transcode-video Lambda 함수를 수정해야 한다. 웹 사이트는 이 플레이스홀더 기록에 응답하고 반짝이는 애니메이션을 보여 준다. 마지막으로 데이터베이스에서 플레이스홀더 레코드를 제거하고 비디오가 준비되면 트랜스코딩된 비디오의 S3 키를 삽입하는 새로운 함수를 만든다. 이제 transcode-video Lambda 함수와 이에 대한 변경 사항을 살펴 보자.

### Firebase 보안

플레이스홀더 레코드를 삽입하기 위해 transcode-video 함수는 Firebase에 데이터를 저장하기 때문에 이 코드에서 인증이 가능해야 한다. 이를 위해서는 서비스 계정을 만들고 사용해야 한다. 서비스 계정은 람다를 사용하기에 완벽함을 제공하는 개별 사용자가 아닌 애플리케이션에 속한다.

1. Firebase 콘솔에서 톱니바퀴처럼 보이는 설정 버튼을 클릭한다.

2. 팝업에서 Permissions를 선택한다.

3. 왼쪽 메뉴에서 Service Accounts를 선택한다.

4. Create Service Account를 선택한다.

5. Create Service Account팝업에서 서비스 이름을 lambda로 설정하고 Roles 드롭 다운에서 프로젝트 역할로 Editor를 선택한다.

6. 또한 Furnish a New Private Key를 선택해야만 한다. Key Type은 JSON으로 설정한다(그림 9.6).

7. Create를 클릭하고 생성된 개인 키를 컴퓨터의 안전한 곳에 저장한다.

## 트랜스코드 비디오 함수

Firebase에 서비스 계정의 개인 키가 있으므로 이제 transcode-video 함수를 업데이트할 수 있다. 먼저, Firebase로 작업할 수 있는 함수를 준비한다.

1. 개인 키(즉, 생성된 JSON 파일)를 transcode-video 함수의 디렉터리에 복사한다. 이 개인 키는 코드에서 참조된다.

2. Firebase npm 패키지를 함수에 추가해야 한다. 이렇게 하려면 터미널에서 transcode-video 함수 디렉터리로 이동해 npm install firebase --save를 실행한다.

3. package.json을 열고 predeploy 행을 "predeploy": "zip -r Lambda-Deployment.zip * -x *.zip *.log" 로 수정한다. JSON 파일들을 zip 파일에 포함시켜야 하기 때문에 *.json 파일들을 제거했다. 이전에 사용한 사전 배포 스크립트는 모든 JSON 파일을 건너뛰었다.

이 개인 키는 Lambda 함수와 함께 배포해야 한다.

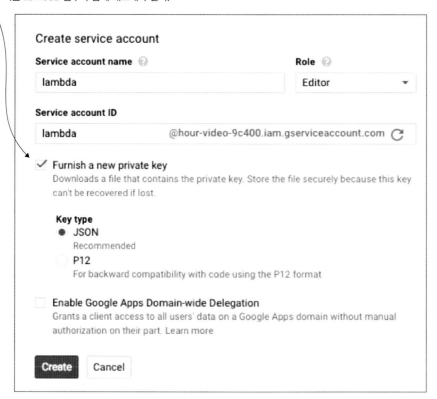

그림 9.6 Lambda 함수가 서비스 계정을 사용해 Firebase에 기록한다.

4. AWS 콘솔로 이동해 Lambda 서비스 페이지에서 transcode-video 함수를 클릭한다. 함수가 제대로 작동하려면 네 가지 환경 변수를 설정해야 한다. Elastic Transcoder의 리전 정보(ELASTIC_TRANSCODER_REGION), Elastic Transcoder 파이프라인 ID(ELASTIC_TRANSCODER_PIPELINE_ID), 개인 키의 파일 이름(SERVICE_ACCOUNT), 데이터베이스 URL(DATABASE_URL)이 필요하다. 이전에는 Elastic Transcoder 영역과 파이프라인 ID가 transcode-video 함수에서 직접 지정하였지만 이제는 환경 변수를 배웠으므로 환경변수에서 지정해 사용할 수 있다(그림 9.7).

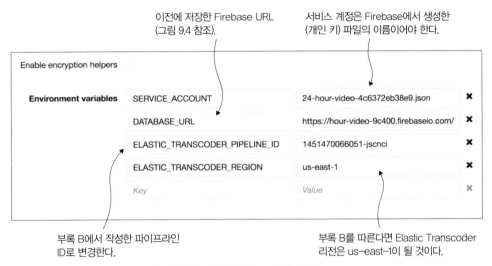

그림 9.7 Lambda 함수의 올바른 실행을 위해 환경 변수를 설정하고 저장해야 한다.

이제 index.js 파일을 수정해 함수를 새롭게 구현해야 할 차례이다. transcode-video 함수의 기존 구현을 다음 목록에 표시된 내용으로 덮어쓴다.

**목록 9.4 수정된 transcode-video 함수**

```
'use strict';
var AWS = require('aws-sdk');
var firebase = require('firebase');

var elasticTranscoder = new AWS.ElasticTranscoder({
    region: process.env.ELASTIC_TRANSCODER_REGION
});

firebase.initializeApp({        Firebase로 초기화하고 인증하기 위해서는
                                firebase.initializeApp를 실행해야 한다.
    serviceAccount: process.env.SERVICE_ACCOUNT,
    databaseURL: process.env.DATABASE_URL
});
```

```
function pushVideoEntryToFirebase(key, callback) {
    console.log('Adding video entry to firebase at key:', key);
    var database = firebase.database().ref();
    database.child('videos').child(key)
    .set({
        transcoding: true
    })
    .then(function () {
        callback(null, 'Video record saved to firebase');
    })

    .catch(function (err) {
        callback(err);
    });
}


exports.handler = function (event, context, callback) {
    context.callbackWaitsForEmptyEventLoop = false;
    var key = event.Records[0].s3.object.key;
    var sourceKey = decodeURIComponent(key.replace(/\+/g, ' '));
    var outputKey = sourceKey.split('.')[0];
    var uniqueVideoKey = outputKey.split('/')[0];
    var params = {
        PipelineId: process.env.ELASTIC_TRANSCODER_PIPELINE_ID,
        Input: {
            Key: sourceKey
        },
        Outputs: [
        {
            Key: outputKey + '-720p' + '.mp4',
            PresetId: '1351620000001-000010'
        }
        ]
};

    elasticTranscoder.createJob(params, function (error, data) {
        if (error) {
            console.log('Error creating elastic transcoder job.');
            callback(error);
            return;
        }
```

pushVideoEntryToFirebase 함수는 Elastic Transcoder 작업이 성공적으로 제출된 경우에만 실행된다. 이 함수는 데이터베이스에 transcoding이라는 키를 true로 설정해 항목을 만든다.

이것은 Firebase에서 JSON 트리의 루트를 반환한다.

콜백을 호출하는 즉시 함수를 일시 중단하기 때문에 이 플래그를 false로 설정하는 것이 중요하다.

이제는 하나의 출력으로 좀 더 쉽게 처리할 수 있다.

Elastic Transcoder의 사전 설정은 일반 720p를 생성한다. 연습으로 이 사전 설정을 환경 변수로 변경해 볼 수 있다.

```
        console.log('Elastic transcoder job created successfully');
        pushVideoEntryToFirebase(uniqueVideoKey, callback);    ◀——  트랜스코딩 작업이 시작되면 Firebase에서
    });                                                              UI에 바로 표시할 수 있는 레코드를 만든다.
};
```

목록 9.4의 코드 중 아래와 같은 흥미로운 내용을 주목하자.

- handler 함수의 상단은 다음과 같다: context.callback-WaitsForEmptyEventLoop = false;. 콜백이 호출되자마자 Lambda 함수를 중지시키려면 이 속성 값은 false로 설정되어야 한다. 일반적으로 이 작업을 수행할 필요는 없지만 우리는 Firebase를 사용하고 있기 때문에 특별한 경우가 존재한다. Firebase에 쓰기를 마치면 연결이 생성되고 Lambda 함수가 타임 아웃이 될 때까지 계속 유지된다. 이것은 Lambda 런타임이 타임 아웃을 오류로 보고 함수를 다시 호출하려고 하기 때문에 이 함수를 실행하는 데 더 많은 비용이 들게 되므로 좋지 않다. 이처럼 이 속성을 false로 지정하지 않으면 더 많은 혼란을 야기시키고 세 번 반복된다. 따라서 Firebase를 사용할 때 이 속성을 false로 설정하는 것을 잊지 않아야 한다.

- pushVideoEntryToFirebase 함수는 processing 이라는 키 값을 true로 설정된 값으로 생성할 것이다. 이 함수는 key라는 매개 변수를 사용한다. 이 매개 변수는 S3 객체의 키 이름에서 분리된 GUID이다. 이 값은 9 장에서 생성한 get-upload-policy 함수에 의해 생성된 GUID다.

이 기능을 구현한 다음 AWS에 배포하고(터미널에서 npm을 실행해 실행해야 한다) 웹 사이트를 실행하고 비디오 파일을 업로드한다. 그림 9.8과 같이 Firebase 콘솔을 검사해 새로운 항목이 추가된 것을 볼 수 있어야 한다.

이 노드는 객체(비디오)의 모음을 나타낸다.

https://hour-video-9c400.firebaseio.com/

```
hour-video-9c400
  └ videos
      └ dfaa4b1929c181ffe5b4da6c44f010fa2db40292
          └ transcoding: true
```

현재 키 아래의 비디오가 트랜스코딩되고 있음을 나타내는 플래그이다.

동영상을 고유하게 식별하기 위해 생성된 키다.

그림 9.8 데이터베이스는 간단한 계층적 구조를 가지고 있다.

## 9.2.4 비디오 트랜스코딩 정보 Firebase 업데이트

transcode-video 함수를 업데이트한 후에는 트랜스코딩 단계가 완료된 후 실행할 새 Lambda 함수를 만들어야 한다. 이 Lambda 함수는 새로 변환된 파일에 대한 정보를 Firebase에 쓴다.

1. Transcode Video 함수의 복사본을 만들고 Transcode Video Firebase Update 트랜스 코드로 이름을 변경한다.

2. AWS에서 새로운 Lambda 함수를 생성하고 transcode-video-firebase-update라는 이름으로 지정한다. 시간 제한은 10초로 설정한다.

3. Transcode Video Firebase Update에서 package.json 파일을 계정에서 AWS에서 생성한 새 Lambda 함수를 위해 수정하고 npm install을 실행한다.

4. package.json의 ARN을 AWS에서 새로 생성한 함수의 ARN 값으로 변경한다.

5. Lambda콘솔에서 transcode-video-firebase-update 함수를 클릭하고 다음 환경 변수를 추가한다: 데이터베이스 URL, Firebase에 의해 생성된 개인 키의 파일 이름, 트랜스코딩된 비디오를 위한 S3 버킷의 전체 경로 및 버킷의 리전(그림 9.9).

6. Firebase 개인 키가 함수가 있는 디렉터리에 존재하는지 확인한다.

7. index.js를 Listing 9.5의 내용으로 덮어 쓴다.

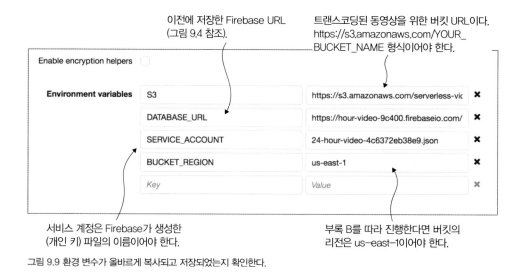

그림 9.9 환경 변수가 올바르게 복사되고 저장되었는지 확인한다.

**목록 9.5 Transcode Video Firebase Update 함수**

```
'use strict';

var AWS = require('aws-sdk');
```

```
var firebase = require('firebase');

firebase.initializeApp({
    serviceAccount: process.env.SERVICE_ACCOUNT,
    databaseURL: process.env.DATABASE_URL
});

exports.handler = function(event, context, callback){
    context.callbackWaitsForEmptyEventLoop = false;

    var message = JSON.parse(event.Records[0].Sns.Message);

    var key = message.Records[0].s3.object.key;
    var bucket = message.Records[0].s3.bucket.name;

    var sourceKey = decodeURIComponent(key.replace(/\+/g, ' '));

    var uniqueVideoKey = sourceKey.split('/')[0];

    var database = firebase.database().ref();

    database.child('videos').child(uniqueVideoKey).set({
        transcoding: false,
        key: key,
        bucket: process.env.S3
    }).catch(function(err) {
        callback(err);
    });
};
```

이 Lambda 함수는 SNS를 사용해 호출된다. 따라서 event객체로부터 파싱해야 한다.

트랜스코딩된 프로세스가 완료되고 사용자가 파일을 볼 수 있음을 나타내려면 transcoding 플래그를 false로 설정해야 한다.

Transcode Video Update 함수는 이전 절에서 구현한 함수와 비슷하다. 이 함수의 목적은 transcoding 키를 false로 설정하고 새로 생성된 비디오의 S3 키를 Firebase에 업데이트하는 것이다. 이제 이 함수를 AWS에 배포할 수 있다.

## 9.2.5 Lambda 연결

Transcode Video Firebase Update 함수가 구현되었지만 트랜스코딩된 비디오가 S3 버킷에 저장될 때 이를 호출할 수 있는 방법이 필요하다. 3장에서 transcoded-video-notification 이라는 SNS 토픽을 생성했었다. Transcode Video Firebase Update 함수를 이 토픽의 구독자로 추가한다(그림 9.10).

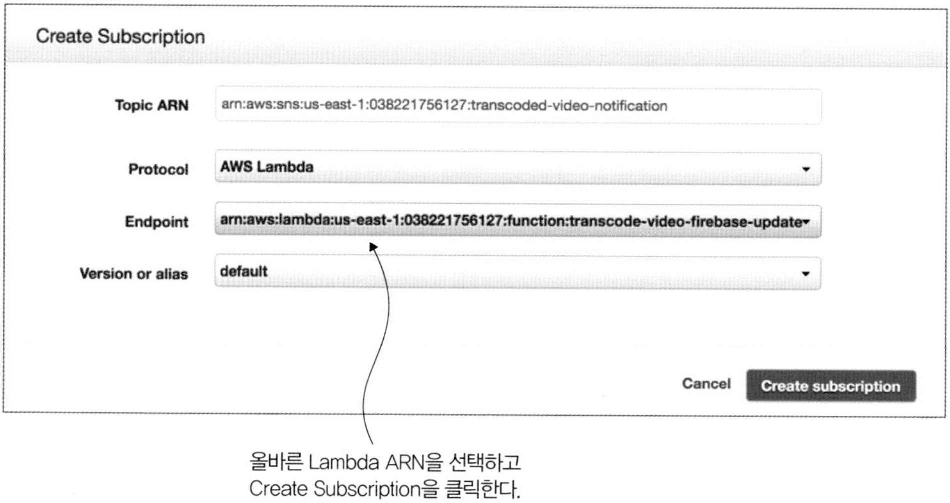

올바른 Lambda ARN을 선택하고
Create Subscription을 클릭한다.

그림 9.10 transcoded-video-notification 토픽을 Lambda 함수에서 구독하도록 설정한다.

SNS 토픽을 구현하지 않았다면, 함수를 직접 호출하기 위해 버킷을 연결해야 한다. 또한 SNS에서 오는 이벤트가 아닌 S3 이벤트를 정보를 분석하기 위해 함수의 구현을 일부 수정해야 한다.

**테스트 실행**

이제 간단한 테스트를 실행해 워크플로우가 작동하는지 확인할 수 있다. 24-Hour Video 웹 사이트를 통해 새로운 비디오 파일을 업로드하고 Firebase 콘솔을 살펴보자. 처음에는 그림 9.8과 비슷한 항목을 볼 수 있다. 그러나 시간이 지나면(비디오의 크기에 따라 시간이 달라진다) 그림 9.11의 레코드 중 하나와 유사한 항목을 볼 수 있다. 즉, 항목에 버킷, 키 및 transcoding 플래그가 false로 설정된다.

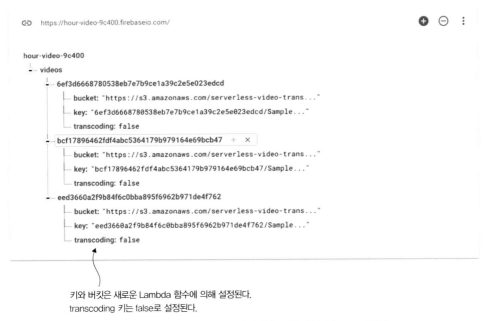

키와 버킷은 새로운 Lambda 함수에 의해 설정된다.
transcoding 키는 false로 설정된다.

그림 9.11 모든 것이 올바르게 구현되었다면 콘솔에 Firebase에 업데이트 기록이 실시간으로 표시된다.

## 9.2.6 웹 사이트

마지막으로, 24-Hour Video 웹 사이트를 업데이트해야 한다. 웹 사이트가 데이터베이스에 바인딩되고 항상 WebSockets의 마법을 통해 최신 상태인지 확인할 수 있다. 사용자 경험을 좀 더 멋지게 만들기 위해 사용자가 파일을 업로드하면 파일이 처리 중임을 나타내는 스피너$^{spinner}$를 보여 준다. 트랜스코딩이 끝나면 처리 중 표시를 숨기고 실제 비디오를 보여 준다. Firebase에 바인딩할 때 연결을 설정하고 데이터를 로드한 후 모든 것을 화면에 표시하는 데 1~2 초 정도 걸릴 수 있다. 빈 화면을 보게 하는 대신 대량의 데이터가 로드 되고 있음을 나타내는 다른 표시 이미지를 표시한다.

## 스피너

두 개의 스피너 이미지를 만들어야 한다. 첫 번째는 사용자가 웹 사이트를 처음 방문해 데이터가 로드되고 있음을 보여 주는 스피너 이미지로 사용된다. 다른 스피너 이미지는 트랜스코딩되는 동안 비디오 대신 사용된다. 먼저 이 스피너들을 정리해 보자.

1. 메인 웹 사이트 디렉터리에서 img 폴더를 찾는다. 이 폴더가 없다면 새로 만든다.

2. http://loading.io로 이동해 원하는 스피너 혹은 이미지를 img 폴더로 다운로드한다. SVG 버전 파일을 loading-indicators. svg 이름으로 저장한다. 이 이미지는 사용자가 처음 웹 사이트를 로드할 때 나타나는 스피너 이미지로 사용할 것이다.

3. 이전 단계를 반복해 이번에는 다른 이미지를 가져온다. 원하는 이미지를 transcoding-indicator.svg로 변경하고 img 폴더에 저장한다. 이 이미지는 사용자가 새 동영상을 업로드할 때마다 표시되는 스피너 이미지로 사용한다.

4. 웹 사이트 로딩 이미지를 추가하려면 index.html 파일을 열고 〈div id = "video-template"class = "colmd-6 col"〉 줄 위에 다음 목록의 내용을 추가한다.

**목록 9.6 index.html에 플레이스 홀더 이미지로드를 추가한다.**

```
<object id="loading-indicator" type="image/svg+xml" data="img/loading-indicator.svg">
    Your browser does not support SVG.
</object>
```

5. 트랜스코딩 중에 보여줄 스피너 이미지를 추가하려면 index.html을 열고 〈div id="video-template" class="col-sm-4 col"〉 블록을 다음 목록의 코드로 바꾼다.

**목록 9.7 index.html의 트랜스코더 플레이스 홀더 이미지 표시**

```
<div id="video-template" class="col-sm-4 col">
    <div class="video-card">
        <div class="transcoding-indicator">        ◀──── 여러 동영상을 업로드하면 동시에 여러 로더
                                                        이미지가 표시된다. 꽤 근사하다.
            <object type="image/svg+xml" data="img/transcoding-indicator.svg">
                Your browser does not support SVG
            </object>
        </div>
        <video width="100%" height="100%">
            <source type="video/mp4">
            Your browser does not support the video tag.
        </video>
    </div>
</div>
```

더 멋지게 보여 주기 위해 CSS 마법을 추가해야 한다. main.css를 열고 다음 목록의 내용을 파일의 맨 끝으로 복사한다.

**목록 9.8 CSS 수정하기**

```
#loading-indicator {
    margin: 90px auto;
    display: block;
```

```
}

.transcoding-indicator object {
    margin-top: 30px;
}

body {
    background: #1e1e1e;
}
```

## 구성

Firebase에 연결하려면 API 키와 데이터베이스 URL이 필요하다. 웹 애플리케이션에 Firebase를 연결하는 가장 쉬운 방법은 Firebase 콘솔에 로그인하고 앞서 생성한 프로젝트를 클릭한 다음 Add Firebase 버튼을 클릭하는 것이다. 그림 9.12와 비슷한 팝업창이 보일 것이다.

24-Hour Video에는 storageBucket 및 messagingSenderId가 필요하지 않다.

그림 9.12 Firebase는 필요한 구성 정보를 유용하게 제공한다. iOS 또는 Android 앱을 제작하는 경우 비슷한 설정 정보를 볼 수 있다.

웹 사이트 폴더에서 config.js를 열고 config-Constants 내에 firebase라는 새 객체를 만들고 팝업에서 apiKey 및 databaseURL을 복사한다. 구성은 다음과 유사하게 보일 것이다.

```
목록 9.9 수정된 config.js

var configConstants = {
    auth0: {
        domain: 'serverless.auth0.com',
        clientId: 'r8PQy2Qdr91xU3KTGQ01e598bwee8LQr'
    },
    firebase: {
        apiKey: 'AIzaS4df5hnFVDlg-5g5gbxhcIWO6uLPpsE8K2E',
        databaseURL: 'https://hour-video-d500.firebaseio.com'
    },
    apiBaseUrl: 'https://tlzyo7a719.execute-api.us-east-1.amazonaws.com/dev'
};
```

apiKey와 databaseURL은 Firebase에서 추가된 두 개의 새로운 속성이다. 이를 Firebase에서 제공한 것으로 업데이트한다.

apiBaseUrl은 API Gateway API를 가리켜야 한다.

웹 사이트에 Firebase 라이브러리를 추가하는 것도 유용할 것이다. 앞에서 연 pop-up에는 〈script src="https://www.gstatic.com/firebasejs/3.4.0/firebase.js"〉〈/script〉와 유사한 줄이 있을 것이다. 이 줄을 〈script src="js/user-controller.js"〉〈/script〉 바로 위에 있는 index.html에 복사한다.

## 비디오 컨트롤러

Firebase에 바인딩하기 위해서 비디오 컨트롤러를 교체해야 한다. 새 비디오 컨트롤러에서 다음 기능을 구현해야 한다.

- init: 이전과 같이 컨트롤러를 초기화하는 함수

- addVideoToScreen: UI에 HTML5 비디오 요소를 추가하는 함수

- updateVideoOnScreen: 플레이스홀더 이미지 표시 및 숨기기를 담당하는 함수.

- getElementForVideo: 비디오 ID를 가져오는 헬퍼 함수

- connectToFirebase: Firebase에 대한 연결을 초기화하고 Firebase의 데이터가 변경될 때 UI를 업데이트하는 함수

다음 목록의 내용을 video-controller.js 파일에 복사해 이미 있는 코드 전체를 대체한다.

**목록 9.10 비디오 컨트롤러 수정**

```javascript
var videoController = {
    data: {
        config: null
    },
    uiElements: {
        videoCardTemplate: null,
        videoList: null,
        loadingIndicator: null
    },
    init: function (config) {
        this.uiElements.videoCardTemplate = $('#video-template');
        this.uiElements.videoList = $('#video-list');
        this.uiElements.loadingIndicator = $('#loading-indicator');

        this.data.config = config;

        this.connectToFirebase();
    },
    addVideoToScreen: function (videoId, videoObj) {
        var newVideoElement = this.uiElements.videoCardTemplate. clone().attr('id', videoId);

        newVideoElement.click(function() {          ← 사용자가 동영상을 클릭한 경우 상태에 따라
                                                       재생하거나 일시 중지한다.
            var video = newVideoElement.find('video').get(0);

            if (newVideoElement.is('.video-playing')) {
                video.pause();
                $(video).removeAttr('controls');
            }
            else {
                $(video).attr('controls', '');
                video.play();
            }

            newVideoElement.toggleClass('video-playing');
        });
        this.updateVideoOnScreen(newVideoElement, videoObj);
```

```
        this.uiElements.videoList.prepend(newVideoElement);
    },
    updateVideoOnScreen: function(videoElement, videoObj) {
        if (!videoObj)
        {
            return;
        }

        if (videoObj.transcoding) {
            videoElement.find('video').hide();
            videoElement.find('.transcoding-indicator').show();
        } else {
            videoElement.find('video').show();
            videoElement.find('.transcoding-indicator').hide();
        }
        videoElement.find('video').attr('src',
        └  videoObj.bucket + '/' + videoObj.key);
    },
    getElementForVideo: function(videoId) {
        return $('#' + videoId);
    },
    connectToFirebase: function () {
        var that = this;

        firebase.initializeApp(this.data.config.firebase);

        var isConnectedRef = firebase.database().ref('.info/connected');

        var nodeRef = firebase.database().ref('videos');

            isConnectedRef.on('value', function(snap) {
                if (snap.val() === true) {
                    that.uiElements.loadingIndicator.hide();
                }
            });

            nodeRef
            .on('child_added', function (childSnapshot) {
            that.uiElements.loadingIndicator.hide();
```

비디오가 현재 트랜스코딩 중인 경우 비디오를 숨기고 플레이스홀더 이미지를 표시한다.

video HTML5 요소에 비디오 URL을 설정한다.

Firebase에 대한 연결을 초기화한다.

/.info/connected는 Firebase에 연결되어 있는지 여부를 알려 주는 특별한 경로다.

데이터베이스의 비디오 노드에 대한 참조를 가져온다.

이 코드 블록은 Firebase에 대한 연결이 존재하는 것을 일단 감지하면 로드 스피너를 숨긴다.

이 클로저(closure)는 새 하위 항목(영화)이 데이터베이스에 추가될 때마다 실행된다.

```
            that.addVideoToScreen(childSnapshot.key,
              childSnapshot.val());
        });

        nodeRef
        .on('child_changed', function (childSnapshot) {
            that.updateVideoOnScreen(that.getElementForVideo
              └ (childSnapshot.key), childSnapshot.val());
        });
    }
};
```

이 클로저(closure)는 기존 레코드가 변경되면 실행된다(예: 비디오가 트랜스코딩 프로세스를 끝내고 현재 사용할 수 있는 경우).

Firebase의 새로운 비디오 세부 정보로 화면의 video 객체를 업데이트한다.

videoController 함수는 Firebase에서 레코드(자식)가 추가되거나 업데이트될 때마다 UI를 업데이트한다. 추가한 코드는 Firebase의 이벤트에 응답하고 데이터를 변경한다. WebSocket을 사용하므로 변경 사항을 폴링할 필요가 없다. 변경 사항들은 웹 사이트로 푸시된다. 구현에서 누락된 한 가지는 Firebase에서 삭제를 처리하는 방법이다. Firebase에서 레코드가 삭제되면 즉시 UI를 업데이트해 비디오를 제거해야 한다. 이 작업은 child_removed 이벤트를 사용해 수행할 수 있으며 child_added 및 child_changed와 비슷한 방식으로 구현된다. 이번 장의 끝 부분에 있는 연습문제 중 하나가 이제 대한 내용이다. 여러분은 이것을 구현해 볼 수 있다.

또 하나의 흥미로운 부분은 목록 9.10에서 애플리케이션의 연결 상태를 감지하는 것과 관련이 있다. /.info/connected는 Firebase가 제공하는 특별한 불(Boolean) 플래그로, 이 값을 통해 데이터베이스에 연결되어 있는지 여부를 검사할 수 있다. 클라이언트가 오프라인이 되었는지(또는 다시 온라인 상태로 전환되는지) 감지하고 이에 대한 추가적인 작업을 수행할 수 있게 해주는 유용한 플래그이다. 이 예에서 클라이언트가 오프라인 상태가 되면 UI에 메시지가 표시되어 연결이 끊어졌으며 클라이언트가 모든 동영상에 접근할 수 없다는 메시지가 표시될 수 있다.

## 9.2.7 엔드-투-엔드 테스팅

이제 24-Hour Video를 끝까지 테스트할 수 있는 좋은 상황에 있다. 웹 사이트를 실행할 때 가장 먼저 알아야 할 것은 Firebase에 연결된 후 잠시 후 사라지는 스피너를 볼 수 있을 것이라는 점이다. 그런 다음 동영상 업로드를 시작할 수 있다(아직 업로드하지 않은 경우). 트랜스코딩 프로세스가 완료되고 비디오를 볼 수 있을 때까지 연결된 스피너와 함께 업로드된 각 비디오에 대한 플레이스홀더 이미지가 표시되어야 한다(그림 9.13).

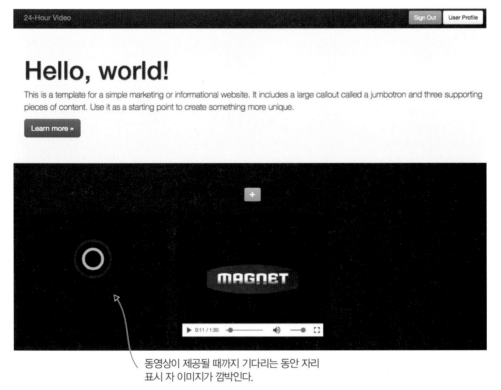

동영상이 제공될 때까지 기다리는 동안 자리
표시 자 이미지가 깜박인다.

그림 9.13 24-Hour Video 웹 사이트가 마침내 하나로 합쳐졌다. 이제 거의 모든 주요 기능이 구현되었다.

## 9.3 파일 접근 보안

8 장에서는 파일에 대한 접근을 보호하고 서명된 URL을 만드는 방법을 알아보았다. Firebase를 작동시키기 위해서 시스템 측면을 무시했었다. 이제는 이 부분을 살펴보아야 할 때이다. 지금의 프로세스에 한 단계 더 나아가야 한다. Firebase에서 서명된 URL 데이터를 한번 읽어 오기 위해 HTTP 요청을 실행해야 한다. 이것은 약간의 지연 시간을 발생시키지만 트레이드오프를 가지고 있다. 그림 9.14는 무엇을 해야 할지를 보여 준다.

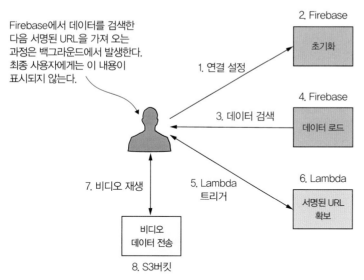

Firebase에서 데이터를 검색한 다음 서명된 URL을 가져 오는 과정은 백그라운드에서 발생한다. 최종 사용자에게는 이 내용이 표시되지 않는다.

1. 연결 설정
2. Firebase 초기화
3. 데이터 검색
4. Firebase 데이터 로드
5. Lambda 트리거
6. Lambda 서명된 URL 확보
7. 비디오 재생
8. S3버킷 비디오 데이터 전송

그림 9.14 에서 데이터가 로드된 후 서명된 URL을 얻는 추가 단계를 도입했다.

이 아키텍처를 다르게 구성할 수 있다. 24-Hour Video 웹 사이트는 HTTP 엔드포인트를 통해서 Firebase를 쿼리하고 서명된 URL 목록을 받을 수 있는 요청을 보낼 수 있다. 이러한 접근법에는 아무런 문제가 없으며 이 방법 또한 효과적일 수 있다. 그러나 데이터베이스의 실시간 특성을 설명하고 인터페이스가 데이터 변경에 거의 실시간으로 응답할 수 있는 방법을 보여 주고자 했다.

원할 수 있는 또 하나의 일은(8장에서 그것을 하지 않았다면) set-permissions Lambda 함수가 실행되는 것을 멈추는 것이다. 3장에서 만든 이 Lambda 함수는 비디오 파일에 대한 사용 권한을 설정해 공개적으로 접근할 수 있도록 해준다. 이 함수는 새 함수가 두 번째(transcoded files)버킷에 추가될 때 생성되는 SNS 메시지에 의해서 호출된다.

이 기능을 비활성화하려면 다음을 수행한다.

1. Lambda 콘솔에서 함수를 찾는다.
2. 탭 메뉴에서 트리거를 선택한다.
3. SNS 구성 옆의 Disable을 클릭한 다음. 팝업 메뉴에서 Disable을 클릭한다.

지금 24-Hour Video 웹 사이트를 통해 새 비디오를 업로드 하게 되면 비디오는 재생되지 않는다. 브라우저의 개발자 도구를 열어서 확인해 보면 동영상 파일에 대한 HTTP 요청이 403(금지됨) 상태 코드와 함께 표시될 것이다.

## 9.3.1 서명된 URL Lambda 함수

이 함수를 구현하려면 8장에서 get-video-list Lambda 함수의 복사본을 만들고 get-signed-url로 이름을 지정하는 것으로부터 시작할 수 있다. 그런 다음 기존 index.js를 지우고 다음 목록의 내용을 복사한다. 새 함수 및 해당 ARN의 이름을 반영하도록 package.json 파일을 업데이트해야 한다.

**목록 9.11 get-signed-url Lambda 함수**

```
'use strict';

var AWS = require('aws-sdk');
var s3 = new AWS.S3();

exports.handler = function(event, context, callback){
    s3.getSignedUrl('getObject', {Bucket: process.env.BUCKET, Key:
    ↳ event.queryStringParameters.key, Expires: 900},
    ↳ function(err, url) {          ◄── getSignedUrl은 서명된 URL을 생성하는
        if (err) {                       비동기 함수이다. 이전에 8장에서 사용했었다.
            callback(err);
        } else {
            var response = {
                'statusCode': 200,
                'headers' : {'Access-Control-Allow-Origin':'*'},  ◄──
                'body' : JSON.stringify({'url': url})
            }                                    CORS를 업데이트하는 것을 잊지 않아야 한다.
            callback(null, response);            이 예제 사용 이후에는 모든 사람을 위해 열어
        }                                        두지 않는다. 허용된 출처를 환경변수로 저장할
    });                                          수 있다.
}
```

이 함수는 하나의 환경 변수를 제외하고는 특별한 설정을 필요로 하지 않는다. BUCKET이라는 변수를 만들고 트랜스코딩된 파일이 저장될 S3 버킷의 이름으로 설정한다. 이제 작업한 컴퓨터에서 AWS로 함수를 배포해 보자. 우리가 방금 작성한 Lambda 함수는 매우 간단하다. 이 함수는 버킷에 있는 파일 이름을 키로 받아 서명된 URL을 생성해 반환한다. API Gateway와의 Lambda 프록시 통합을 사용하기 때문에 HTTP 상태 코드, 필수 HTTP 헤더 및 응답 본문을 포함하는 응답 메시지를 작성해야 한다.

### 9.3.2 API Gateway 설정

24-Hour Video 웹 사이트는 S3 객체의 키를 Lambda 함수에 전달하고 서명된 URL을 반환하는 엔드포인트를 통해 호출된다. 이렇게 하려면 API Gateway에서 다음과 같이 설정한다.

1. 24-Hour Video API를 선택한다.

2. 새 리소스를 signed-url 이라는 이름으로 지정한다.

3. Enable API Gateway CORS를 선택한다.

4. 리소스 생성을 클릭한다.

리소스를 만들었으면 리소스가 선택되어 있는지 확인하고 그 아래에 GET 메서드를 만든다. Lambda Function이 선택되어 있고 Use Lambda Proxy Integration이 선택되어 있는지 확인한다. 드롭 다운 메뉴에서 Lambda 함수가 있는 리전을 선택하고 마지막으로 getsigned-url Lambda 함수를 설정한다. 모든 준비가 완료되면 함수를 한번 배포해 본다.

### 9.3.3 웹사이트를 다시 업데이트

이제 웹 사이트를 다시 한번 업데이트해야 한다. 웹 사이트가 Firebase에서 데이터를 로드하고 각 비디오에 대한 정보를 가져오면 서명된 URL을 얻기 위해 get-signedurl Lambda 함수를 호출해야 한다. updateVideoOnScreen 함수를 다음 목록에 제공된 구현으로 변경한다.

**목록 9.12 안전한 URL 가져오기**

```
updateVideoOnScreen: function(videoElement, videoObj) {
    if (!videoObj){
        return;
    }

    if (videoObj.transcoding) {
        videoElement.find('video').hide();
        videoElement.find('.transcoding-indicator').show();
    } else {
        videoElement.find('video').show();
        videoElement.find('.transcoding-indicator').hide();

        var getSignedUrl = this.data.config.apiBaseUrl
```

```
    ⌐, + '/signed-url?key=' + encodeURI(videoObj.key);     ◄────────┐   비디오의 서명된 URL을 얻기
                                                                      │   위해 호출할 URL

    $.get(getSignedUrl, function(data, result) {          ◄──────┐      결과가 성공적이면 서명된 URL을
        if (result === 'success' && data.url) {                   │      video 요소에 할당한다.
            videoElement.find('video').attr('src', data.url);
        }
    })
  }
}
```

웹 사이트를 실행하고 페이지를 새로 고치면 비디오가 페이지에 표시 되어야 한다. 또한 표시된 각 비디오를 클릭해 다시 재생할 수 있어야 한다.

## 9.3.4 성능 개선

목록을 통해 제공된 코드는 작동하지만 웹 사이트에서 모든 동영상에 대해 서명된 URL을 요청해야 하기 때문에 비효율적이다. 5개 정도의 동영상이 있다면 괜찮겠지만 수 천개의 동영상과 수 천명의 고객이 사용하고 있다면 확장할 수 없다. 이러한 접근 요청은 연결을 거부하기 전까지는 API Gateway에 DoS(서비스 거부) 공격을 야기시킨다(클라이언트는 응답 코드로 HTTP 429, 즉 '요청이 너무 많음'을 보게 될 것이다).

이 문제를 어떻게 해결할 수 있을까? 한 가지 방법은 사용자가 동영상을 클릭할 때만 시스템에 서명된 URL을 제공하는 것이다. 약간 지연이 발생할 수 있지만 나쁜 선택은 아니다. 사용자가 동영상을 가져올 수 없는 경우 로그인 또는 가입 페이지로 리다이렉션이 되도록 할 수 있다. 그러나 사용자가 많은 동영상을 클릭하는 경우 이는 그리 효율적이지 않을 수 있다. 또 다른 옵션은 기본 페이지가 로드될 때 한 번 서명된 URL의 전체 배치를 요청한 다음 필요에 따라 추가로 서명된 URL을 요청하는 것이다.

목록 9.13은 요청의 본문에서 함수에 전달된 S3에 저장된 비디오 오브젝트의 키 배열을 사용하고 서명된 URL을 포함하는 객체의 배열을 생성하는 수정된 get-signed-url 함수를 보여 준다. 이 함수는 async.forEachOf를 사용해 키 배열을 반복한다. 이 함수는 get-signed-url 함수의 비동기 호출을 캡슐화한다. 서명된 모든 URL이 생성되면 호출에 대한 응답으로 반환된다. async.forEachOf 함수는 6장에서 논의한 비동기 프레임 워크의 일부이다.

**목록 9.13 업데이트된 get-signed-url 함수**

```
'use strict';

var AWS = require('aws-sdk');
var async = require('async');


var s3 = new AWS.S3();

exports.handler = function(event, context, callback){
    var body = JSON.parse(event.body);     ◄──────
    var urls = [];


    async.forEachOf(body, function(video, index, next) {     ◄──────
        s3.getSignedUrl('getObject', {Bucket: process.env.BUCKET,
        ↳ Key: video.key, Expires: 9000}, function(err, url) {
            if (err) {
                console.log('Error generating signed URL for', video.key);
                next(err);
            } else {
                urls.push({firebaseId: video.firebaseId, url: url});
                next();
            }
        });
    }, function (err) {
        if (err) {
            console.log('Could not generate signed URLs');
            callback(err);
        } else {
            console.log('Successfully generated URLs');
            var response = {
                'statusCode': 200,
                'headers' : {'Access-Control-Allow-Origin':'*'},
                'body' : JSON.stringify({'urls': urls})
            }
            callback(null, response);
        }
    });
}
```

요청 객체의 본문에는 서명해야 할 키가 들어 있다. JSON.parse()는 JSON 문자열을 파싱하고 작업할 JSON 객체를 생성한다.

본문의 모든 키를 비동기적으로 반복한다. forEachOf 함수의 세 번째 매개 변수는 반복된 모든 함수가 완료되거나 오류가 발생했을 때 호출된다.

목록 9.13의 함수는 Lambda프록시 통합을 사용하는 API Gateway를 통해 호출되도록 설계되었다. 또한 필요한 키들은 요청 본문의 함수에 전달될 것이다. 요청의 본문은 다음 목록에 나와있는 예와 같이 보일 것이다. Firebase ID와 S3의 파일 키를 전달한다. 필요한 경우 Firebase의 항목에 반환된 서명된 URL을 나중에 일치시킬 수 있도록 Firebase ID가 필요하다.

**목록 9.14 배치로 처리하기 위한 get-signed-url 요청의 본문**

```
[{"firebaseId":"0b18db4cbb4eca1a","key":"0b18db4cbb4eca1a/video-720p.mp4"},
{"firebaseId":"38b8c18c85ec686f","key":"38b8c18c85ec686f/video2-720p.mp4"},
{"firebaseId":"6ef3d6668780538e","key":"6ef3d6668780538e/video3_2mb-720p.mp4"},
{"firebaseId":"7b58d16bf1a1af6aa1","key":"7b58d16bf1a1af6aa1/video4-720p.mp4"}]
```

필요로 하는 요청과 해당 본문을 생성하려면 우리가 24-Hour Video 웹 사이트에서 구현할 수 있는 다음과 같은 함수를 참고할 수 있다.

**목록 9.15 24-Hour Video get-Signed-Urls 함수**

```
nodeRef
    .on('child_added', function (childSnapshot) {
        that.getSignedUrls(childSnapshot.val());
});

getSignedUrls: function(videoObjs) {
    if (videoObjs) {
        var objectMap = $.map(videoObjs, function (video, firebaseId) {
            return {firebaseId: firebaseId, key: video.key};    ◄──── jQuery 맵을 사용하면 Firebase에서
        })                                                              오는 객체 배열을 Lambda 함수에 보낼
                                                                        수 있는 새로운 배열로 변환할 수 있다.
        var getSignedUrl = this.data.config.apiBaseUrl + '/signed-url';

        $.post(getSignedUrl, JSON.stringify(objectMap),    ◄──── POST 요청은 jQuery의 도움으로 이루어진다.
        └. function(data, status){                                요청 본문은 방금 작성한 키의 문자열 맵이다.
            if (status === 'success') {
                //iterate through the response and add videos to the page  ◄───┐
            }                                                                   │
            else {                                                    응답에는 일련의 Firebase ID와
                //handle error    ◄──── POST 요청이 오류와 함께 반환되면        서명된 URL이 포함되어야 한다.
            }                              이를 처리할 필요가 있다.              이 과정을 반복해서 비디오를
                                                                              페이지에 추가할 수 있다.
```

```
        });
    }
}
```

이번 장의 끝에서 서명된 URL의 일괄 처리 구현을 완료하도록 연습문제로 제시할 것이다. 모든 것을 작동시키려면 목록 9.15의 구현을 완료해야 한다.

## 9.3.5 Firebase 보안 개선

서명된 URL을 포함해 논의한 모든 내용을 따라 진행하였고 이에 걸맞는 견고하고 안전한 합리적인 시스템이 있어야 한다. 현재 한 가지 문제가 있다. 목록 9.3을 보면 Firebase 보안 규칙에 따라 인증된 사용자는 Firebase에서 값을 읽을 수 있음을 알 수 있다. 이는 충분히 합리적인 조치이다. 특히 공공 시스템을 구축하는 경우 특히 그렇다. 사용자가 비디오를 보기 전에(그리고 서명된 URL을 생성하기 위해) 로그인하도록 강요하고 싶다면 인증된 사용자만 읽을 수 있도록 Firebase를 잠궈야 한다.

먼저, Firebase 규칙을 잠근다.

1. Firebase 콘솔에서 데이터베이스를 찾아 연다.

2. 상단 메뉴에서 Rules를 선택한다.

3. 다음 목록에 있는 보안 규칙을 Security Rules 텍스트 상자에 복사한다.

4. 끝나면 Publish를 선택한다.

**목록 9.16 Firebase 규칙**

```
{
    "rules": {
        ".read": "auth != null",  ◀──── 이제 사용자가 웹 사이트를 사용하기 전에
        ".write": "auth != null"          로그인해야 하므로 읽기 권한을 확보하게
    }                                      된다.
}
```

새 규칙을 구현한 후 웹 사이트를 새로 고침해야 한다. 인증 없이 읽을 수 없으므로 아무 것도 나타나지 않아야 한다. 그런 다음 사용자가 로그인할 때마다 Auth0를 사용해 사용자 정의 위임 토큰(custom delegation token)을 발급한다. 이 토큰은 Firebase로 전송되어 그곳에서 사용자를 인증하는 데 사용된다.

## HELLO AUTH0

Auth0를 열고 Clients를 클릭한다. 그런 다음 앱(즉, 24 Hour Video) 옆에 있는 Addon을 클릭한다. 큰 Firebase 버튼을 클릭한다. Firebase와 Auth0 간의 통합 설정 방법을 설명하는 팝업이 보일 것이다. SDK 버전 3을 사용 중이므로 다음의 지침을 따라야 한다. 가장 먼저 해야 할 일은 Firebase에서 JSON 서비스를 구성하는 것이다:

1. Firebase를 열고 프로젝트를 선택한다.

2. 설정 값을 클릭하고 Permissions를 선택한다.

3. 사이드 바에서 Service Accounts를 선택한다.

4. Create Service Account를 클릭한다.

5. Service Account Name에 auth0을 입력한다.

6. Role 드롭 다운에서 Project와 Viewer를 선택한다.

7. 새 개인 키 준비를 위해 Furnish a New Private Key 클릭한다.

8. JSON이 키 유형으로 선택되었는지 확인한다.

9. 생성을 선택하고 결과 파일을 컴퓨터에 auth0-key.json으로 저장한다.

이미 9.2.3 항에서 비슷한 과정을 거쳤기 때문에 쉽게 이해할 수 있다. 큰 Firebase 버튼을 클릭했을 때 본 Auth0 팝업이 기억 날 것이다. 팝업으로 돌아가서 다음 단계를 따라서 진행해 보자.

1. Settings 탭을 선택한다.

2. SDK v3+ Token 사용을 선택한다.

3. auth0-key.json의 private_key, private_key_id 및 client_email을 팝업의 해당 텍스트 상자에 복사한다(그림 9.15).

4. 완료되면 Firebase를 활성화하기 위해 Addons 페이지에서 Save를 클릭하고 팝업을 닫는다(아직 이 단계를 완료하지 않았다면 그림 9.16을 참고한다).

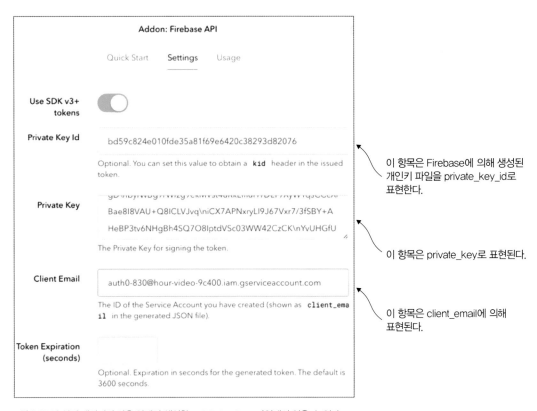

이 항목은 Firebase에 의해 생성된 개인키 파일을 private_key_id로 표현한다.

이 항목은 private_key로 표현된다.

이 항목은 client_email에 의해 표현된다.

그림 9.15 이 설정 페이지의 값은 앞에서 생성한 auth0-key.json 파일에서 얻을 수 있다.

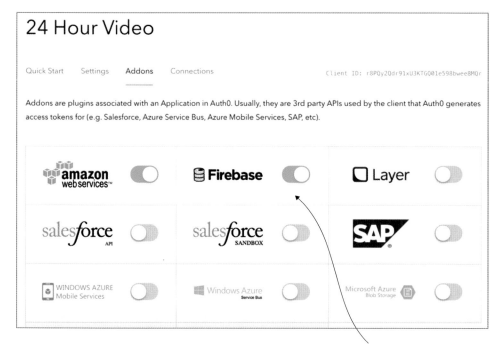

Firebase는 가장 최근에 추가된 애드온이다.

그림 9.16 Addons 설정 페이지에서 Firebase가 활성화된 것을 확인한다.

## 위임 토큰

Auth0는 Firebase를 위한 위임 토큰(delegation token)을 받아 오는 데 사용할 수 있는 위임 토큰 엔드포인트를 제공한다. 이 프로세스에는 먼저 사용자가 로그인한 다음 Firebase 토큰을 요청하는 과정이 포함된다. 그런 다음 이 Firebase 토큰을 사용해 Firebase로 인증하고 필요한 데이터를 가져올 수 있다. 자바스크립트는 비동기적이기 때문에, 프로미스promise나 혹은 더 나은 다른 유한 상태 기계finite-state machine 라이브러리들을 사용해야 확실하게 일들이 올바른 순서로 수행된다. 이를 위해 다음 작업을 수행해야 한다.

1. 먼저 Auth0를 사용해 사용자 인증을 수행한다.

2. Auth0로부터 Firebase 위임 토큰을 가져온다.

3. 위임 토큰을 사용해 Firebase로 인증한다.

4. Firebase에서 데이터를 검색해 사용자에게 표시한다.

24-Hour Video 웹 사이트에 대한 완전한 구현 및 변경 사항을 이 페이지에 모두 게시하기에는 너무 내용이 많다. 그럼에도 불구하고 가장 중요한 코드 목록은 다음과 같이 살펴볼 것이다. 이것들은 모든 것을 구현하는 방법을 보여줄 것이다. 전체 구현을 보려면 이 책과 함께 제공된 소스 코드를 살펴볼 수 있다.

## 웹 사이트 변경

Firebase의 위임 토큰을 얻으려면 로그인한 후 Auth0에서 위임 토큰을 요청해야 한다. 목록 9.17은 사용자가 Auth0에 성공적으로 로그인한 후 Firebase 위임 토큰을 검색하고 저장하는 함수의 소스 코드를 보여 준다. 이 함수는 user-controller.js에 있어야 한다. 시스템에 적합한 매개 변수와 값을 찾으려면 Auth0에 로그인하고 https://auth0.com/docs/api/authentication으로 이동한다. 위임된 인증으로 스크롤하고 위임 토큰을 얻는 방법을 설명하는 섹션을 확장한다. 이 섹션에서는 올바른 매개 변수들을 확인하고 /delegation 엔드포인트에 요청을 발행해 테스트 수행을 돕는다.

**목록 9.17 Firebase 토큰 얻기**

```
getFirebaseToken: function(token){
    var that = this;
    var config = this.data.config.auth0;

    var url = 'https://' + config.domain + '/delegation';

    var data = {
        id_token: token,                              ← 사용자를 식별하는 JWT 토큰.
                                                        이 토큰은 사용자가 Auth0에
                                                        로그인할 때 조회된다.
        scope: config.scope,                          ← scope 파라미터는 발급된 토큰에 포함할 속성
                                                        을 지정한다. openid로 설정할 수 있다.
        api_type: config.api_type,       ← api_type은 firebase로 설정되어야 한다.
        grant_type: config.grant_type,   ← grant_type은 urn:ietf:params:oauth:grant-type:jwt-bearer로 설정해야 한다.
        target: config.target,           ← target 파라미터는 Auth0에서 API 엔드포인트를 식별한다.
        client_id: config.clientId       ← 이는 일반적으로 client_id와 동일하다.
    }
                                          client_id는 요청한 앱을 식별한다. client_id는
                                          r8PQy2Qdr91xU3KTGQ01e598bwee8MQr과 유사한 값을 갖는다. Auth0.com에
                                          로그인한 후 클라이언트 페이지에서 가져올 수 있다.

    $.post(url, data, function(data, status) {
        if (status === 'success') {                          ← 나중에 사용할 수 있도록 firebase
            localStorage.setItem('firebaseToken', data.id_token);  토큰을 로컬 저장소에 저장한다.
            that.authentication.resolve();    ← 지연된 객체를 사용해 나중에 promise를
        } else {                               반환하고 해결할 수 있다.
```

```
                console.log('Could not get retrieve firebase delegation token', data, status);
                that.authentication.fail();
            }
        }, 'json');
    }
```

목록 9.17을 작동시키려면 user-controller.js, video-controller.js 및 config.js를 다른 내용
으로 변경해야 한다. 또한 지연 객체를 사용하고 있다는 것을 목록 9.17을 통해서 확인할 수 있다
(예: this.authentication.resolve()). 지연된 개체를 사용하는 이유는 우리가 연관된 다른 코드
들까지도 성공적으로 실행이 완료된 코드만 실행하려는 것이다. 다음 목록은 videoController 및
uploadController에 대한 init 함수를 실행하기 전에 userController.init이 성공적으로 완료되기를
기다리는 main.js의 새로운 구현을 보여 준다.

**목록 9.18 main.js 파일**

```
(function(){
    $(document).ready(function(){
        userController.init(configConstants)
            .then(function() {    ◄──────────────    userController의 init 함수는 지연된 객체를 확인한다.
                videoController.init(configConstants);    성공적으로 진행되면 다른 init 함수가 실행될 수 있다.
                uploadController.init(configConstants);
            }
        );
    });
}());
```

또한 user-controller.js 파일에는 deferredAuthentication 함수가 있다. 이 함수의 목적은 사용자
토큰이 로컬 저장소에 올바르게 저장되었는지 확인한 다음 이에 따라 작동하는지 확인하는 것이다(즉,
성공적으로 실행되거나 Auth0 및 Firebase에서 올바른 토큰을 얻으려 하는 것이다). init 함수는 자체
실행이 완료되면 deferredAuthentication 함수를 호출한다(다음 목록 참조).

**목록 9.19 deferredAuthentication 함수**

```
deferredAuthentication: function() {
    var that = this;
    this.authentication = $.Deferred();
```

```
    var idToken = localStorage.getItem('userToken');

    if (idToken) {
        this.configureAuthenticatedRequests();
        this.data.auth0Lock.getProfile(idToken, function(err, profile) {
            if (err) {
                return alert('There was an error getting the profile: ' +
                └ err.message);
            }
            that.showUserAuthenticationDetails(profile);
        });

        var firebaseToken = localStorage.getItem('firebaseToken');

        if (firebaseToken) {
            this.authentication.resolve();
        } else {
            this.getFirebaseToken(idToken);
        }
    }
    return this.authentication;
}
```

Auth0 및 Firebase의 JWT 토큰이 로컬 저장소에 있는지 확인하고 로드한다.

Firebase 토큰이 발견되지 않더라도 Auth0 인증 토큰이 존재하면 목록 9.17에 구현된 getFirebaseToken 함수를 호출한다.

이 함수는 지연된 객체를 반환하며, init 객체는 main.js에서 실행되는 코드로 반환한다.

이 책과 함께 제공되는 코드(또는 https://github.com/sbarski/serverless-architectures-aws)를 참조해 모든 기능을 구현하기 위해 수행할 모든 코드 변경 작업 사항을 확인한다. 또한 더 나은 개선 방법은 연습문제를 통해 나머지 코드들의 변경 작업을 직접 진행해 보는 것이다. 결국 모든 비디오가 로드되고 표시되기 전에 로그인해야 하는 작동하는 웹 사이트가 있어야 한다. 로그아웃할 때는 인터페이스에서 모든 비디오를 제거해야 한다.

## 9.4 연습문제

Firebase 및 서버리스 아키텍처에 대한 이해를 높이기 위해 다음 연습문제를 해결해 보자.

1. 비디오 컨트롤러의 connectToFirebase 함수는 child_added 및 child_changed 이벤트에 반응한다. 관련 레코드가 Firebase에서 삭제될 때 사용자 인터페이스에서 비디오를 자동으로 제거하기위해 child_removed에 대한 기능 지원을 추가해 보자.

2. 우리는 현재 클라이언트가 Firebase에 연결하는 시점을 탐지할 수 있다. 그 부분을 담당하는 코드는 비디오 컨트롤러에 있다. 클라이언트가 오프라인 상태가 되거나 연결이 끊어지면 UI에 메시지를 표시하도록 비디오 컨트롤러를 업데이트해 보자. 이 메시지는 클라이언트가 오프라인임을 알려 주어야 한다.

3. 9.3.4섹션에서 시작한 구현을 완료해 서명된 URL이 Firebase에서 작동하도록 한다.

4. Firebase 플랫폼이 제공하고 있는 제품들을 살펴보자. 비슷한 AWS의 서비스들과 어떻게 다른가?

5. 보안 규칙 및 인덱스들을 자세히 살펴보자. 어떤 경우에 인덱스를 사용할 수 있으며 24-Hour Video 데이터베이스를 더욱 안전하게 만들기 위해 어떤 종류의 보안 규칙을 도입할 수 있는가?

## 9.5 요약

이번 장에서는 Firebase를 배웠다. 24-Hour Video를 Firebase로 구현하고 웹 사이트와 Lambda 기능에서 읽고 쓰는 방법을 보았다. Firebase는 사용자 인터페이스를 구동하기위한 훌륭한 데이터베이스이며, 정보 저장 및 리포팅 요구가 복잡하지 않은 경우 잘 작동한다. Firebase는 빠르고, 실시간 스트리밍 및 오프라인 기능이 매우 유용하다. 또한 위임 토큰에 대한 지원으로 서버리스 아키텍처에서 사용하기가 수월하다. 다음 장에서는 책을 마무리하고 우리가 성취한 바를 살펴보고 아키텍처를 어떻게 발전시킬 수 있는지 알아 볼 것이다.

# 마지막 여정 | 10장

이번 장에서는 다음을 설명한다.

- 배포 및 프레임워크
- Lambda가 있는 마이크로 서비스
- 상태 기계 및 AWS Step Functions
- AWS 마켓플레이스에 수익을 창출할 때 쓰는 API

서버리스는 개발자가 타사 서비스를 사용해 코드를 실행하고 특정 패턴과 관행을 적용하기 위해 컴퓨팅 서비스를 사용하도록 권장하는 소프트웨어 개발 방식이다. 서버리스 방식의 설계로 인해 개발자는 인프라를 관리하거나 오토스케일링 그룹autoscaling groups 구성 등을 걱정하는 대신 핵심 문제를 보다 신속하게 해결하고 집중할 수 있다. 우리는 책 전체에서 서버리스를 논의해 왔지만, 우리가 접하지 않은 몇 가지 사항이 있다. 이 마지막 장에서는 AWS상에서 서버리스 API에 대한 마이크로 서비스, 상태 기계 구축 및 수익 창출 기회를 논의할 것이다.

## 10.1 배포 및 프레임워크

아직 다루지 않은 두 가지 중요한 주제는 배포와 프레임워크이다. 6장에서는 npm을 사용해 Lambda 함수를 배포하는 방법을 구현했으며, 7장에서는 Swagger를 사용해 API Gateway를 만드는 방법을 설명했다. 하지만 우리는 이러한 일들을 더 잘할 수 있고, 모든 것을 조직하고 연결 및 배치하기위한 프레임워크가 필요하다는 것을 알고 있다. 앞으로는 버튼을 누르지 않고 서버리스 애플리케이션을 스크립트로 작성해 CIContinuous Integration 서버 또는 개발자의 시스템에서 배포할 수 있어야 한다. 그렇게 할 수 없고 배포 방법이 수동이라면 서버리스 프로그램을 만드는 일을 즐길 수 없을 것이다. 우리는 할 수 있을 때마다 최대한 자동화를 위해 나아가야 한다. 미래의 우리는 이것을 고맙게 여길 것이다.

부록 G에서는 Serverless 프레임워크와 SAM<sup>Serverless Application Model</sup>을 소개한다. Serverless 프레임워크는 node.js로 작성된 CLI 도구로서 서버리스 애플리케이션을 스크립트로 작성하고 AWS에 배포하는 데 도움을 준다. 이 도구는 서버리스 주식회사<sup>Serverless, Inc.</sup>라고 불리는 독립적인 벤처 기업에 의해 개발되었으며 오픈소스 커뮤니티의 많은 기여자들에 의해서 성장하고 있다. 서버리스 프레임워크의 가장 큰 특징 중 하나는 누구나 새로운 기능을 추가할 수 있는 플러그인 시스템이다.

SAM은 Lambda 함수, API Gateway의 API 및 DynamoDB 테이블을 쉽게 정의한 후 Cloud Formation을 사용해 배포하는 방법을 제공하는 확장 기능을 제공한다. SAM은 서버리스 애플리케이션을 쉽게 구성하고 배포할 수 있도록 AWS에서 개발했다.

사용자의 서버리스 애플리케이션이 AWS에 포함되어 있다면 Serverless 프레임워크 또는 SAM을 사용해 거의 모든 것을 자동화할 수 있다. 그러나 Firebase나 Auth0와 같은 외부 서비스를 사용한다면 프레임워크가 지원하지 않을 수도 있다. 따라서 AWS가 아닌 서비스를 사용하게 될 경우 시스템을 자동화하고 스크립팅하는 추가 방법을 생각해봐야 한다.

## 10.2 더 나은 마이크로 서비스를 향하여

24-Hour Video 웹 사이트를 Lambda 서비스를 이용해 샘플 애플리케이션으로 만들어봤다. 이 샘플 애플리케이션은 감사하게도 Lambda와 Firebase, Auth0 그리고 다른 서비스들을 통해 확장이 가능하다. 애플리케이션은 Lambda, Firebase, Auth0 및 기타 서비스로 확장이 가능하다. 하지만 우리가 만든 것은 진정한 마이크로 서비스 아키텍처가 아니라고 주장할 수 있다. 그 이유는 모든 서비스가 동일한 데이터베이스를 공유하기 때문이다. 순수 마이크로 서비스 아키텍처에서 각 서비스는 고유한 데이터 저장 메커니즘을 가지며 완전히 분리되고 다른 마이크로 서비스와 독립적이다.

 소프트웨어 엔지니어링은 종종 절충<sup>trade-off</sup> 게임으로 볼 수 있다. 이 책에서 구현한 것은 장단점을 가지고 있다. 이 책에서 구현한 애플리케이션의 장점은 애플리케이션의 크기에 적합한 데이터베이스 하나만 관리하면 된다는 점이다. 즉, 데이터 동기화 및 최종 일관성을 생각할 필요가 없다. 아키텍처는 이해하기 쉽고 상대적으로 디버깅하기 쉽다. 그러나 진정으로 규모가 크고 분산된 애플리케이션을 제작한다면 전통적인 마이크로 서비스 접근 방식을 구현하는 것이 좋다.

앞에서 언급했듯이 순수한 마이크로 서비스 아키텍처에서는 각 서비스마다 고유한 데이터 저장소를 가지고 있다. 이렇게 구성하면 장점을 얻을 수 있다. 하나의 마이크로 서비스의 데이터베이스 스키마 변경은 다른 서비스에 영향을 미치지 않는다. 개발팀은 개별적인 마이크로 서비스를 소유하고 구현하고 배포하고 보다 신속하게 개발할 수 있다. 또 다른 이점은 개발자가 요구 사항에 따라 각 마이크로 서비스에 적합한 데이터베이스와 스토리지 메커니즘을 선택할 수 있다는 점이다. 하나의 서비스는 NoSQL 데이터베이스를 사용하는 반면, 다른 서비스는 관계형 데이터베이스를 사용할 수 있다. 작업에 적합한 도구를 선택하고 데이터 모델에 적합한 데이터베이스를 선택할 수 있다는 것은 큰 이점이 될 수 있다.

진정한 마이크로 서비스 아키텍처로의 도입은 그 자체로 상당히 도전적인 일이라는 것은 말할 필요도 없다. 마이크로 서비스 아키텍처에서는 데이터를 동기화하고 오류에서 롤백할 수 있는 방법이 필요하다. 최종 일관성 환경에서는 동시 업데이트를 처리하고 조정해야 한다. 이벤트 소싱(https://martinfowler.com/eaaDev/EventSourcing.html) 구현을 고려할 수도 있다. 그러나 마이크로 서비스의 혜택을 누리기 원한다면 이러한 당면 과제들을 해결해야 한다. 마이크로 서비스 접근 방식이 어플리케이션에 적합한 지 여부 또한 깊이 생각하는 것이 좋다. 대규모의 분산 애플리케이션 프로그램을 작성하는 경우에 마이크로 서비스 아키텍처는 매우 유용할 수 있다. 하지만 작고 제한된 애플리케이션을 만드는 경우에는 그렇게 큰 가치를 얻지 못할 수도 있다.

### 최종 일관성이란?

아마도 여러분은 DNS(Domain Name System)를 잘 알고 있을 것이다. DNS는 www.google.com과 같은 사람이 읽기 쉬운 호스트 이름을 IP 주소로 변환해준다. DNS를 변경해야 할 경우 권한 있는 네임 서버를 업데이트해야 하고 캐싱 DNS 서버를 새로 고쳐야하기 때문에 전파하는 데 시간이 걸릴 수 있다. 일부 클라이언트는 다른 클라이언트보다 최신 데이터를 더 빨리 얻을 수 있지만 결국 모든 클라이언트가 동일한 결과를 얻게 된다(시스템은 결국 같은 데이터를 갖게 될 것이다). DNS는 이렇게 최종 일관성의 특징을 가지고 있는 시스템의 예이다. 결국 모든 요청은 동일한 데이터를 가져오게 된다.

또 다른 최종 일관성의 예로는 DynamoDB가 있다. AWS에서는 다음과 같이 기술하고 있다. "최종 일관성 읽기는 최근 완성된 쓰기의 결과를 반영하지 않을 수 있다. 일반적으로 모든 데이터 사본의 일관성은 1초 내에 도달한다. 잠시 후 읽기를 반복하면 업데이트된 데이터가 반환된다." 그러나 애플리케이션에서 필요한 경우 DynamoDB에서 강력한 읽기 일관성을 활성화할 수 있다. DNS와 DynamoDB 사이에는 차이점이 있다. DNS 캐싱 시스템은 단조$^{monotonic}$ 읽기에 대한 부분이 보장되지 않는 반면에 DynamoDB는 제공된다(단조 읽기에서는 새로운 값이 반환되었다면, 이전의 값은 결코 다시 읽을 수 없다.)

최종 일관성을 이해하는 것은 분산 시스템을 이해하고 마이크로 서비스 아키텍처를 구현하는 방법에 대한 핵심이다. 여러 마이크로 서비스 및 데이터 저장소가 있는 분산 애플리케이션을 작성하는 경우 일부 서비스는 다른 서비스보다 최근 데이터가 있는 상황을 처리하게 된다. 그러나 시스템이 올바르게 설계된 경우 궁극적으로 모든 서비스는 일정한 시간 내에 동일하고 일관된 데이터를 가져야 한다.

그림 10.1과 10.2는 각 서비스가 자체 데이터 저장소를 갖는 마이크로 서비스 아키텍처의 두 가지 다른 예를 보여준다.

그림 10.1에서 서비스는 서로 결합되어 있다. 체크아웃 서비스는 다른 서비스들을 호출하기 위해 해당 서비스들을 알고 있어야 한다. 또한 자신의 실행이 종료되기 전에 호출한 서비스의 응답을 기다려야 한다. 마이크로 서비스를 구축하고 이들 사이에 긴밀한 결합이 있다면(즉, 서비스가 동기식 API 호출을 실행하고 응답을 기다려야하는 경우) 접근 방식을 다시 생각해 볼 수 있다. 마이크로 서비스 간의 긴밀한 결합은 개발 및 배치 속도를 제한할 수 있다.

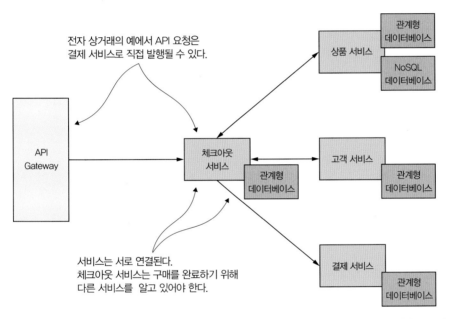

그림 10.1 마이크로 서비스에는 자체 데이터베이스가 있다. 그러나 이 예제에서는 서비스가 동기식 API 호출을 통해 연결된다.

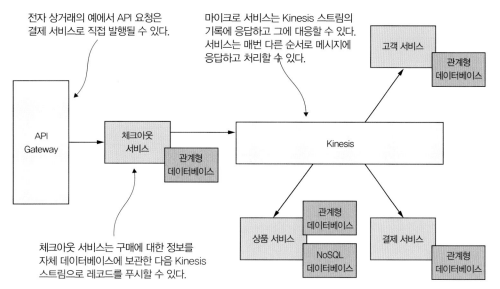

그림 10.2 그림의 마이크로 서비스에는 자체 데이터 저장소를 가지고 있다. 세 가지 마이크로 서비스는 Kinesis Streams을 구독하고 메시지를 읽어 온다. 그들은 서로 간에 직접적으로 알고 있을 필요가 없다.

그림 10.2는 Kinesis Streams를 메시지 전달 메커니즘으로 사용하는, 조금 더 분리된 접근법을 보여준다. 이 예에서 서비스는 서로 간에 알 필요는 없지만 이벤트나 메시지를 수신하려면 Kinesis Streams와 같은 메시징 시스템을 사용해야 한다. 이 시나리오에서 작동하고 있는 서비스들은 팀이 마이크로 서비스를 독립적으로 개발하고 출시할 수 있게 해준다. 반면에, 이 시나리오에서는 오류 복구 및 오류 처리가 더 까다로울 수 있다. 하나의 메시지가 한 서비스의 데이터베이스를 성공적으로 업데이트하지만 다른 서비스가 실패할 경우 어떻게 롤백해야 하는가? 또는 데이터가 서비스들 간에 동기화되지 않으면 어떻게 처리해야 하는가?

## 10.2.1 오류 처리

그림 10.1과 10.2를 다시 살펴보고 고객이 제품을 구입한 상황을 생각해보자. 트랜잭션이 수행되지만 유감스럽게도 고객이 실행 중인 마이크로 서비스가 실패를 경험하게 된다(서비스 중단). 트랜잭션을 중단하고 다른 서비스 및 데이터베이스의 변경 사항을 롤백해야만 한다. 시스템은 이러한 오류를 자동으로 복구할 수 있어야 한다. 특히 다른 서비스가 이미 전체 트랜잭션이 성공할 것이라는 가정하에 데이터를 업데이트한 경우에는 더욱 그렇다. 그림 10.1에서 가장 중요한 체크아웃 서비스는 이 문제를 처리할 수 있다. 체크아웃 서비스는 다른 서비스들을 호출해 대화할 수 있고 그 서비스들의 상태를 롤백

시킬 수 있다. 하지만 그림 10.2는 어떤가? 여기에는 트랜잭션을 담당할 만한 중요한 서비스는 없으며 모든 서비스들은 분산되어 있다.

이 문제를 해결할 수 있는 한 가지 방법은 오류 처리를 위한 마이크로 서비스를 작성하는 것이다. 이 서비스는 문제 발생 시 다른 서비스에 알리거나 롤백할 수 있다. 이를 위해 아키텍처의 모든 서비스에는 오류 처리 서비스를 알리는 방법이 필요하며 올바른 상황 정보(무슨 상황이 발생했는지)를 전달하는 방법이 필요하다.

그림 10.3은 오류 처리 서비스를 포함하는 샘플 아키텍처를 보여준다. 그림 10.3에서 볼 수 있듯이 오류 처리 서비스는 SNS 토픽에서 메시지를 읽고 다른 서비스가 롤백하거나 보상 작업을 수행하도록 할 수 있다. 오류 처리 서비스의 정확한 작동은 여러분에게 달려 있다고 할 수 있다.

## 데드 레터 큐

Lambda는 장애로부터 복구하는 데 도움이 될 수 있는 데드 레터 큐$^{Dead\ Letter\ Queue,\ DLQ}$ 개념을 지원한다. Lambda는 이벤트를 성공적으로 처리하지 못하고(기본으로 지정된 재시도 횟수까지 도달한 경우) SNS 토픽 또는 SQS 큐에 메시지를 자동으로 전달할 수 있다. 이 SNS 토픽 혹은 SQS 큐에서 메시지를 읽고 관련 보정 작업을 수행하고 경고를 보내는 등의 작업을 할 수 있는 또 다른 Lambda 함수를 작성할 수 있다. 그림 10.3을 다시 참고하면 SNS 오류 항목을 AWS에서 관리하는 DLQ로 바꿀 수 있음을 알 수 있다. 그런 다음 DLQ의 메시지를 처리하기 위한 오류 처리 서비스만 작성하면 된다.

### DLQ 실무 활용

DLQ를 활성화했다면, 다음을 알아야 한다. 이벤트 소스가 DynamoDB 테이블, Kinesis Streams 또는 API Gateway 리소스 통합에 대한 요청인 경우 DLQ가 지원되지 않는다. DLQ는 함수가 비동기 적으로 호출될 때 작동된다(S3 또는 SNS에서 수행되는 것처럼). 그림 10.3의 아키텍처와 비슷한 아키텍처를 사용하려면 Kinesis Streams 대신 SNS 토픽을 메인 메시징 전송 시스템으로 사용해야 한다.

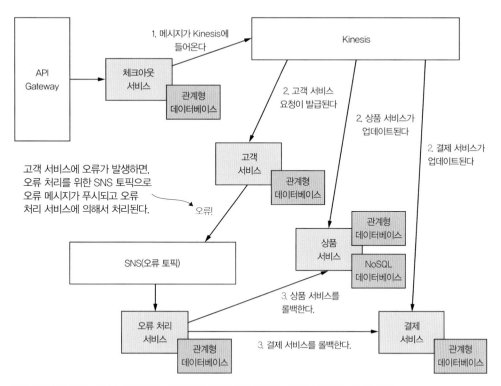

그림 10.3 오류 처리 서비스는 무언가가 실패할 경우 서비스에서 발생하는 작업을 롤백하는 데 사용된다.

DLQ와 Lambda의 조합은 오류 처리를 위한 강력한 접근 방식을 제공한다. Lambda 함수는 여러 가지 방법으로 실패할 수 있다. 프로그래밍 버그 또는 시간 초과로 인해 콜백 함수가 오류와 함께 호출되고 충돌이 발생할 수도 있다. 이러한 상태에서도 개발자의 아무런 추가 작업 없이 메시지가 DLQ로 전송된다. DLQ는 Lambda 콘솔(그림 10.4)의 고급 설정 부분에서 또는 Lambda 기능을 생성할 때 활성화할 수 있다.

DLQ 사용에 대해서 조언하는 이유는 Lambda에서 기본적으로 지원하고 추가 프로그래밍 작업이 필요 없기 때문이다. DLQ가 Lambda에 의해 지원되기 전에는 개발자들은 자신의 직접 관련 기능을 구현해야 했다. 이러한 직접적인 구현은 실제로 함수가 실패 했을 때 오류 처리에 대한 문제점을 가지고 있기 쉽고 신뢰하기가 어려웠다. DLQ를 사용한다면, DLQ의 토픽과 큐로부터 메시지를 처리하는 함수를 작성하고 적어도 관리자에게 무언가 실패했음을 알리는 기능을 작성해야 한다.

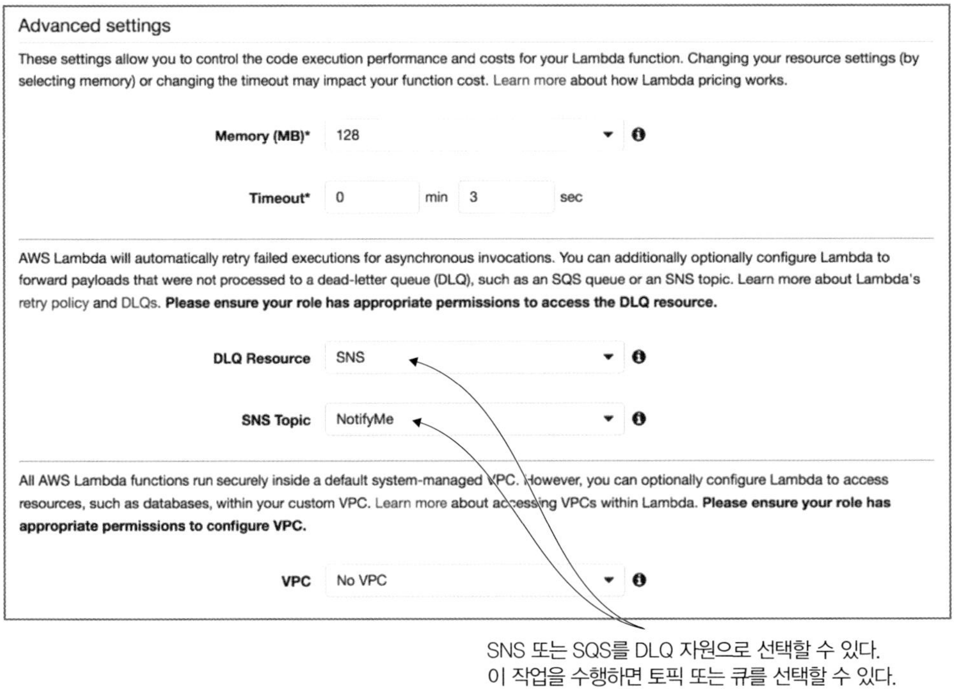

SNS 또는 SQS를 DLQ 자원으로 선택할 수 있다.
이 작업을 수행하면 토픽 또는 큐를 선택할 수 있다.

그림 10.4 DLQ는 사용하기 쉽다. 이를 위해 SNS 토픽 또는 SQS 큐를 작성해야 한다.

## 모니터링 활성화

모니터링 활성화 또는 워치독$^{watchdog}$ 서비스는 시스템의 관리자 역할을 한다. 이를 통해 문제를 사전에 감지하고 사전에 대응할 수 있다. 마이크로 서비스는 주기적으로 자신의 상태에 대한 정보(또는 워치독이 서비스 자체를 ping하거나 모니터할 수 있음)와 함께 활성화된 모니터링을 통해 데이터를 보낼 수 있다.

워치독은 무엇인가 잘못되었다고 판단할 경우 보완 조치를 수행할 수 있다. 한 가지 예를 들면 데이터 동기화이다. 때때로 다른 서비스의 데이터가 일관성이 있는지 확인하는 작업이 필요하다. 마이크로 서비스 아키텍처의 수많은 데이터베이스를 처리하게 될 경우 이 방법을 권장한다. 워치독이 하나의 데이터베이스가 다른 데이터베이스와 동기화되지 않는다고 판단하면 데이터베이스를 동기화하거나 관리자에게 경고함으로써 시정 조치를 수행할 수 있다. 분명히 이런 유형의 상황에 처하게 되고 싶지는 않지만 대형 분산 시스템에서 이러한 종류의 상황을 항상 생각하고 준비해야 한다.

## 10.3 Step Functions

Step Functions는 워크플로우를 만들고 조정하기위한 AWS 서비스이다. Step Functions는 일련의 상태 및 전환을 가진 상태 시스템으로 생각할 수 있다. 각 스텝(또는 상태)은 Lambda 함수 혹은 EC2 에서 실행되는 코드 또는 자체 인프라에서 실행되는 코드일 수 있다. Step Functions 서비스는 각 단계를 트리거하고 오류가 있으면 재시도한다. 순차적으로 또는 병렬로 스텝을 활성화하고, 선택 상태를 가지며, 실패를 포착하고, 스텝 실행 간에 일시 중지를 할 수 있다. Step Functions은 상태 및 오류 처리를 포함해 워크플로우를 정의하고 이를 관리하는 시스템을 갖추는 좋은 방법이다. Lambda만으로 복잡한 워크플로우를 직접 정의해야 하는 경우보다 디버깅이 훨씬 쉽다. Step Functions에 대한 비용 책정은 상태 전이(state transition) 횟수를 기반으로 한다. 처음 4,000번의 상태 전환은 매달 무료이며 다음 1,000번의 상태 전환은 $0.025로 책정된다. Step Functions을 사용해 Lambda와 같은 서비스를 사용하면 결국은 서비스 비용이 지불된다.

### 10.3.1 이미지 처리 예제

Step Functions를 살펴보기 위한 기본적인 예제로 이미지 처리 시스템을 살펴보자. 이미지를 가져 와서 복사본을 만들고 재미있는 방식으로 사본을 조작해야 한다고 가정해 보자. 다음과 같은 작업을 하고 싶다고 생각해보자.

- 하나의 사본에 테두리를 추가한다.

- 다른 하나를 흑백으로 만든다.

- 세 번째 복사본에서 미리 보기 이미지를 만든다.

마지막으로 모든 작업이 성공적으로 수행된 경우 이메일과 같은 알림을 수신하려고 한다. 이와 같은 것을 생각하고 있다고 해보자. Lambda만으로 어떻게 할 수 있을까? 이미지 조작 작업을 수행한 다음 마지막에 이메일을 보내는 거대한 함수를 작성할 수도 있다. 이러한 함수를 작성한다면 효과는 있겠지만 1장에서 언급한 단일 책임 원칙에 위배된다. 또한, 많은 작업을 결합해 함수를 구성하면 함수의 실행 시간이 그 만큼 더 늘어나게 된다. 그리고 나중에 더 많은 기능을 추가해야 한다면 함수를 관리하기가 더 어려워질 것이다. 또 다른 접근 방법은 각 변환 작업에 대해 개별 함수를 작성한 다음 마지막에 알림을 보내는 것이다. 수행된 변환 작업을 추적하려면 데이터베이스 또는 기타 데이터 저장 메커니즘이 필요하다. 그렇지 않으면 이메일을 보내기 위해 모든 기능이 완료된 시점을 알 수 없다. 여기서 중요한 점은 이 문제는 Lambda(그리고 다른 서비스도 가능)에서 해결할 수 있지만, Step Functions을 사용하면 이러한 종류의 작업을 쉽게 구현하고 유지 관리할 수 있다는 것이다.

## Lambda 함수 우선

이 예제의 요구 사항을 충족시키는 기본적인 Step Functions 시스템을 어떻게 설계하는지를 살펴본다.

1. 우선, Step Functions 상태 머신을 실행하기 위해 Lambda 함수를 생성해야 한다. 이 함수를 트리거하려면 S3 이벤트를 구성해야 하는데, 이를 통해 상태 머신을 실행한다.

2. 다음으로 이미지 변환을 수행하는 3개의 Lambda 함수를 생성해야 한다. 각 함수는 S3에서 로컬 임시 저장소로 파일을 다운로드하고 필요한 변경을 한 다음 새 버전을 S3에 다시 업로드한다. 각 이미지 변환 함수는 콜백 함수를 실행하고 새 파일의 이름을 두 번째 매개 변수로 전달한다.

3. 또한 최종 상태 함수(Send Notification)를 만들어야 한다. 이 함수는 다른 세 함수가 성공적으로 작업을 완료한 후에 호출된다. SES<sup>Simple Email Service</sup>를 사용해 이메일을 보낸다.

그림 10.5는 이러한 함수들이 어떻게 구성되어야 하는지 보여준다. 다이어그램의 시작 및 끝 레이블은 Step Functions 상태 머신이 시작되고 끝나는 지점을 정의한다. 흥미로운 부분은 마지막 Lambda 함수(Send Notification 함수)다. 이 함수는 다른 세 함수가 성공적으로 끝나고 종료될 때에 만 실행되어야 한다. 다른 세 함수가 성공할 경우에만 Send Notification 함수가 호출된다는 사실은 상태를 관리할 필요가 없다는 것을 의미하므로 중요하다. 데이터베이스가 필요 없으며 성공/실패 실행을 수동으로 추적할 필요가 없다.

다음 단계로 진행하기 전에 AWS 콘솔로 이동해 방금 설명한 필수 함수들을 만들어야 한다. 즉시 구현할 필요는 없지만 상태 머신에서 ARN을 참조할 수 있도록 해야 한다.

## Step Functions 생성

Step Functions 상태 시스템을 작성하려면 AWS 콘솔에서 Step Functions 아이콘을 찾아 클릭한다. 화면 중앙의 파란색 Get Started 버튼을 클릭해 첫 번째 상태 머신을 만들 수 있다. 상태 머신 만들기 화면에서 상태 시스템의 이름을 지정한다. 또한 쉽게 시작하도록 만들어진 블루프린트를 볼 수 있다. 이 중 하나를 선택한 다음 코드 창에서 계속 수정할 수 있다.

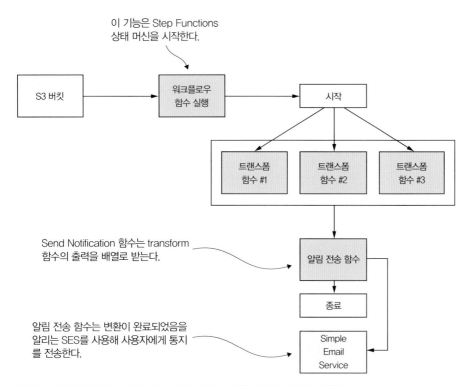

이 기능은 Step Functions 상태 머신을 시작한다.

Send Notification 함수는 transform 함수의 출력을 배열로 받는다.

알림 전송 함수는 변환이 완료되었음을 알리는 SES를 사용해 사용자에게 통지를 전송한다.

그림 10.5 AWS 콘솔에서의 시스템 설계. 여기서 상태 시스템을 나타내는 다이어그램을 볼 수 있다.

목록 10.1은 요구 사항에 맞는 상태 머신의 예제이다. 아래의 목록을 복사해 콘솔의 코드 창에 붙여 넣은 다음 미리보기 창에서 새로 고침 단추를 클릭하면 업데이트된 그래프가 표시된다. 이 그래프는 상태 머신을 보여준다. JSON 기반의 Amazon States Language라고 불리는 코드에서 실수를 하면 그래프가 깨져 보일 것이다. 상태 머신에 만족하면 Create State Machine을 클릭한다. IAM 역할을 선택하거나 생성할 수 있는 팝업이 표시된다. 드롭다운을 클릭하고 자동으로 제공되는 역할을 선택한 다음 OK를 클릭한다.

**목록 10.1 Amazon State Language**

```
{
    "Comment": "Using Amazon States Language using a parallel state to execute three branches at
the same time",
    "StartAt": "Parallel",
    "States": {
        "Parallel": {
            "Type": "Parallel",
            "Next": "Final State",
```

```
            "Branches": [
                {
                    "StartAt": "Transform 1",
                    "States": {
                        "Transform 1": {
                            "Type": "Task",
                            "Resource": "<TRANSFORM FUNCTION 1 ARN>",
                            "End": true
                        }
                    }
                },
                {
                    "StartAt": "Transform 2",
                    "States": {
                        "Transform 2": {
                            "Type": "Task",
                            "Resource": "<TRANSFORM FUNCTION 2 ARN>",
                            "End": true
                        }
                    }
                },
                {
                    "StartAt": "Transform 3",
                    "States": {
                        "Transform 3": {
                            "Type": "Task",
                            "Resource": "<TRANSFORM FUNCTION 3 ARN>",
                            "End": true
                        }
                    }
                }
            ]
        },
        "Final State": {
            "Type": "Task",
            "Resource": "<SEND NOTIFICATION FUNCTION ARN>",
            "End": true
        }
    }
}
```

이전에 작성한 트리 변환
함수의 ARN으로 대체한다.

Send Notification 함수
기능의 ARN으로 대체한다.

## Step Functions 실행

이전 섹션에서 설명한 단계를 완료하면 상태 머신을 실행할 수 있는 화면이 표시된다. New Execution 버튼을 선택해 즉시 실행을 트리거할 수 있다. 실행이 성공적으로 수행되면 그림 10.6과 같은 모양이 된다.

그래프는 시스템의 시각화를 위한
유용한 도구이다(특히 더 복잡할수록).

탭을 사용해 상태 머신의 입력과
출력을 검토한다.

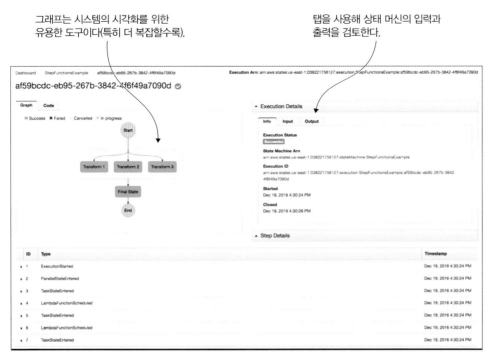

그림 10.6 Step Functions의 성공적인 실행. 성공했을 경우와 실패했을 경우 모두 세부적으로 살펴볼 수 있다.

## 그 밖의 모든 것을 연결하기

Step Functions에서 상태 머신을 생성했음에도 불구하고 여전히 해야 할 일이 남아 있다. S3 버킷을 만들고 SES<sup>Simple Email Service</sup>를 구성하고 실제 Lambda 함수를 작성해야 한다. 이러한 부분들은 연습문제로 남겨 두지만, 워크플로우 실행 함수(Execute Workflow)에 대한 논의가 필요할 것이다. 이 함수는 S3 이벤트에 의해 트리거된 후 여러분의 상태 머신을 실행하는 함수이다(이것은 상태 머신 밖에 있는 시스템에서 유일한 기능이기도 하다. 그림 10.5 참조). 다음의 코드 스니펫은 사용자가 원했던 대부분의 작업을 수행한다. 목록의 params 객체를 주목해야 한다. 이것은 작성한 상태 머신의 ARN과 입력 매개 변수를 지정한다. 이러한 입력 매개 변수는 버킷 이름과 객체 키여야 한다.

**목록 10.2 Step Functions 상태 머신 실행**

```
var AWS = require('aws-sdk');
var stepFunctions = new AWS.StepFunctions();

var params = {
    stateMachineArn: '<STATE MACHINE ARN>',      ◀────── 이전 단계에서 생성된 상태 머신의 ARN
    input: "{'bucket':'serverless-image-transform', 'key':'image.png'}",  ◀─
    name: 'MyTest'      ◀────── 실행을 위한 레이블(또는 이름)
};                                                    상태 머신에 대한 입력:
                                                      버킷과 키

stepFunctions.startExecution(params, function(err, data) {
    if (err) {
        callback(err);                                executionArn 매개 변수는
    }                                                 진행 중이거나 실행 완료를
    else {                                            확인하는 데 사용할 수 있다.
        callback(null, 'Step Functions executionARN: ' + data.executionArn);  ◀─
    }
});
```

목록 10.2의 startExecution 함수 호출은 비동기 방식이다. 상태 머신은 오랜 시간 동안 실행될 수 있으므로 Lambda 함수는 상태 머신의 실행 결과를 기다릴 수 없다. 그러나 startExecution에 의해 반환된 executionArn을 사용해 실행 상태를 주기적으로 질의할 수 있다. 다음 목록은 이를 수행하는 데 사용할 수 있는 코드 스니펫을 보여준다.

**목록 10.3 Step Functions을 사용한 실행 설명**

```
var AWS = require('aws-sdk');
var stepFunctions = new AWS.StepFunctions();

var params = {                                     목록 10.2의 startExecution 함수에 의해
    executionArn: '<STATE MACHINE EXECUTION ARN>'  ◀──  주어진 상태 머신 실행 ARN으로 대체한다.
};

stepFunctions.describeExecution(params, function(err, data) {  ◀──  완료 상태와 최종 출력
    if (err) console.log(err, err.stack);                           내용을 포함해 실행 상태를
    else console.log(data);                                         표현한다.
}
```

이전에 언급했던 것처럼 세 가지 변환 함수들이 완료된 경우에만 Send Notification 함수가 실행된다. Send Notification 함수의 이벤트 개체에는 관련된 값들이 배열로 포함된다. 이 값은 다른 세 함수가 콜백에 전달하는 값과 동일하다. 예를 들어 변환된 파일의 키와 버킷을 각 함수의 콜백에 전달할 수 있다. callback (null, { 'bucket': 'my-bucket', 'key': 'thumbnail.png' })와 같은 식으로 말이다. Send Notification 기능에서 배열로부터 버킷 이름과 객체 키를 추출해 SES를 통해 보낼 수 있다.

### Step Functions의 다음 단계

Step Functions에 관해서는 최소한으로 다루었다. 간단한 병렬 상태 머신을 작성하는 방법을 설명했지만 실패를 재시도하거나, 실패 상태 혹은 대기 상태를 포착하고 선택해 더 많은 작업을 수행할 수 있다. 우리는 Step Functions의 액티비티 컨셉 그리고 자신의 머신에서 실행되는 코드에 Step Functions을 연결하는 방법을 논의하지 않았다. 더 많은 정보를 얻고 싶다면 Step Functions에 대한 AWS 문서(https://aws.amazon.com/documentation/step-functions/)를 살펴보고 Amazon States Language 확인을 통해서 멋진 상태 머신(https://states-language.net/spec.html)을 조합할 수 있다.

## 10.4 AWS 마켓플레이스

2016년 말 AWS의 여러 가지 흥미로운 발표 중에 AWS 마켓플레이스(https://aws.amazon.com/marketplace)와 API Gateway 통합에 대한 발표가 있었다. 즉, AWS는 사람들이 온라인 마켓플레이스에서 API를 수익화하고 판매할 수 있도록 결정한 것이다. 아이디어는 간단하다. API Gateway를 사용해 API를 작성해 마켓플레이스에 제출하고, 승인되면 수익을 창출할 수 있다. AWS는 청구서 계산 및 수금을 처리한 다음 정기적으로 당사자에게 지급한다. API Gateway로 구축한 API는 원하는 모든 것이 될 수 있지만 마켓플레이스에서 판매되기 전에 AWS가 승인해야 한다. 또한 API Gateway와 Lambda(또는 다른 AWS 서비스)를 결합해 API를 완전히 서버리스로 만들 수도 있고 API를 사내 구축형 인프라 또는 EC2에서 실행되는 코드와 결합할 수도 있다. 설계 및 구현은 전적으로 사용자에게 달려 있다.

마켓플레이스에서 API를 판매하고 싶다면 다음 단계를 수행해야 한다:

1. API Gateway 및 기타 제품 또는 서비스를 사용해 API를 만든다. 꼭 AWS 사용으로만 제한되지 않는다. Google의 Vision API 또는 IBM의 Document Conversion Service를 사용하려는 경우 계속 사용할 수 있다.

2. API를 배포하고 사용 계획을 만든다. 사용 계획을 통해 서로 다른 제한 및 할당량을 설정할 수 있다. 이를 사용해 우리의 사용 자들에 대한 서로 다른 가입 계획을 작성할 수 있다.

3. 사용자를 위한 개발자 포털을 만들고 구성한다. 이 포털은 사용 계획을 나열하고 사용자가 여러분의 서비스에 등록할 수 있게 한다. 사용자가 우리의 서비스에 가입할 때 플랫폼에서 API 키를 만들어야 한다.

4. AWS Marketplace에서 SaaS 형식의 제품을 만들고 승인을 받는다.

5. AWS Marketplace 제품을 개발자 포털과 통합한다. SaaS 판매자 통합 안내서(https://s3.amazonaws.com/awsmp-loadforms/SaaS+Seller+Integration+Guide.pdf)에는 이러한 단계들을 어떻게 수행하는지 자세히 설명하고 있다.

6. 이제 API를 실행하고 수익 창출을 시작한다.

설정을 쉽게 하기 위해 AWS는 깃허브$^{GitHub}$(https://github.com/awslabs/aws-api-gateway-developer-portal)를 통해 샘플 개발자 포털을 제공하고 있다. 이 저장소를 복제해 필요한 Lambda 함수, API Gateway, Cognito 사용자 풀, S3버킷 등을 활용해 웹 사이트를 돌릴 수 있다. 모든 것이 자동화되어 있고 사용 지침이 저장소에 함께 제공되기 때문에 쉽게 사용할 수 있다. 이 지침에서는 개발자 포털과 함께 작동하도록 AWS 마켓플레이스를 구성하는 방법도 설명하고 있다. 그림 10.7은 사용자가 샘플 개발자 포탈을 등록하고 로그인한 후 어떻게 보이는지 보여준다. 물론 개발자 포털을 사용자가 정의하거나 자신만의 개발자 포털을 만드는 것도 가능하다.

AWS 마켓플레이스에서 API를 판매하는 데 도움이 되는 또 다른 유용한 가이드는 공식 AWS 문서에서 찾을 수 있다(https://docs.aws.amazon.com/apigateway/latest/developerguide/sell-api-as-saas-on-aws-marketplace.html). 많은 사람들이 AWS 마켓플레이스에 열광하고 있다. 사람들은 환상적인 서버리스 SaaS 제품을 구축하고 전세계에 공개할 수 있는 동등한 기회를 얻을 수 있다. 여러분이 제품을 만들고 AWS 마켓플레이스에 게시하게 된다면 우리에게 알려주기를 희망한다.

사용자를 위해 생성된 API 키.

사용자는 제품에서 제공하는 API를
검토하고 자세히 알아볼 수 있다.

그림 10.7 AWS에서 제공하는 샘플 개발자 포털은 마켓플레이스를 빠르게 시작하는 데 매우 좋다.

## 10.5 여기에서 이제 어디로

좋은 소식이 있다! 그것은 바로 여러분이 끝까지 24-Hour Video서비스를 서버리스 아키텍처로 만들었다는 것이다. 여러분이 이뤄 낸 여정을 자랑스럽게 여기길 바란다. 지금까지 서버리스 아키텍처 및 패턴을 배웠다. AWS Lambda, API Gateway, Auth0 및 Firebase등과 같은 서비스를 통해 보안 및 트랜스코딩 파이프라인을 갖춘 완벽하게 작동하는 비디오 공유 웹 사이트를 구성하길 바란다. 여러분은 다양한 기술, 관행 및 패턴들에 관해 읽었다. 특히 서버리스 기술과 아키텍처를 처음 접하는 경우 이 책에서 많은 것을 배우고 흡수하는 것이 중요하다. 배우는 가장 좋은 방법은 직접 해보는 것이므로 24-Hour Video 시스템을 작성하고 새로운 기능을 추가해 보자. 그리고 무언가를 만들게 되면 우리에게 무엇을 했는지 이야기 해준다면 감사한 일이 될 것이다.

24-Hour Video에 대한 고급 연습문제

이 책에서 다루는 24-Hour Video라는 동영상 공유 웹 사이트를 완성했다면 다음과 같은 몇 가지 연습을 시도해보자.

- 사용자를 위해 웹 사이트를 좀 더 매력적으로 꾸미자. 메시지와 경고가 의미가 있고 사용자가 해야 할 일에 대해 명확한 생각을 갖고 있는지 확인한다.
- 사용자가 공개 정보를 편집하고 저장할 수 있는 양식을 추가하자. 이 정보에는 닉네임과 그림이 포함될 수 있다. 업로드한 동영상 옆에 공개 프로필에 대한 링크를 넣어보자.
- 사용자가 업로드한 비디오를 게시 및 취소할 수 있게 하고 비디오에서 제목 및 간단한 설명을 설정할 수 있게 한다.
- 이메일 알림 시스템을 추가해 사용자가 자신의 비디오가 업로드되고 게시 및 취소된 시기를 알 수 있도록 한다(이전 연습문제를 구현한 경우).
- 각 동영상의 조회수를 기록하는 뷰 트래커를 구현해본다.
- 사용자가 비공개로 사용할 동영상을 지정할 수 있도록 허용한다. 공개된 동영상은 누구나 볼 수 있다. 하지만 비공개 동영상을 다른 사용자가 시청하려면 로그인해야 한다.
- Elastic Transcoder를 수정해 각 동영상의 미리보기를 만든다. 사용자가 미리보기 이미지 중 하나를 선택한 다음 이를 사용해 동영상을 보여줄 수 있다.
- 사용자가 서로 대화할 수 있도록 내부 메시징 시스템을 추가한다. 사용자는 시스템에서 다른 사용자가 보낸 메시지를 받고 메시지를 보기 위해 웹 사이트에 로그인해야 한다는 알림을 받아야 한다.
- 사용자가 관련 키워드(예: 모험, 액션, 코미디, 드라마 등)로 동영상에 태그를 지정할 수 있도록 태그 시스템을 추가한다.
- 사용자가 동영상을 완전히 삭제할 수 있게 한다.
- 사용자가 동영상을 검색할 수 있도록 검색 시스템을 추가한다. 제목, 설명 및 태그가 구현된 경우 태그를 검색해야 한다.
- 이 책을 읽으면서 개발한 기능에 대한 SAM 템플릿을 작성해본다.

기술은 빠르게 변하기 때문에 최신 뉴스와 정보를 얻을 수 있는 사이트를 몇 군데 알아 둘 필요가 있다. 웹 사이트 https://serverless.zone에는 흥미로운 서버리스 아키텍처에 관한 훌륭한 블로그들의 모음이 있다. 클라우드 구루A Cloud Guru(https://read.acloud.guru/serverless/)의 블로그와 서버리스 프레임워크 웹 사이트(https://serverless.com/blog)의 블로그에서도 마찬가지로 훌륭한 글들을 볼 수 있다. 또한 서버리스 기술과 아키텍처에만 전념하는 세계 유일의 컨퍼런스인 Serverlessconf(https://serverlessconf.io)를 계속 주시할 것을 추천한다. Serverlessconf는 전 세계에서 일어나며 서버리스 아키텍처를 발전시키는 데 관심있는 조직과 개인을 만날 수 있는 좋은 기회이다.

이 책을 즐겁게 읽었고 이 책에서 뭔가를 배웠기를 희망한다. 서버리스 아키텍처와 기술은 여전히 새롭지만 이에 대한 인식은 급속도로 커지고 있다. 향후 몇 년 동안 크고 작은 많은 조직에서 서버리스 기술을 채택해 신속하게 이동하고 비용을 절감할 수 있을 것이다. 그리고 서버리스 기술과 아키텍처를 기반으로 하는 수백만 신생 기업을 만나게 될 것이다. 이 영역은 여전히 새로운 영역이므로 이 영역에 들어가서 변화를 일으킬 수 있는 기회가 있다. 여러분은 서버리스 분야의 영향력 있는 혁신가로 다음 세대의 리더가 될 수 있다. 기회와 잠재력에 흥분하고 있으며 앞으로 수년간 서버리스 기술이 어떻게 성숙하고 발전하는지 계속 관찰할 것이다. 이것이 이 책의 마지막이지만 우리 모두를 위한 흥미진진한 서버리스 여행의 시작이 될 것이다. 지금까지 이 책을 읽어 주신 모든 분께 감사드린다.

부록

# 서버리스 아키텍처를 위한 서비스들 | 부록 A

이번 장에서는 다음을 설명한다.

- 서버리스 아키텍처를 위한 유용한 서비스
- 소스 관리 및 데브옵스에 적합한 제품 및 서비스

AWS는 서버리스 아키텍처를 구축하는 데 사용할 수 있는 다양한 서비스를 제공하고있다. Lambda는 핵심 서비스다. 하지만 다른 서비스들도 필수적이지는 않지만 특정 문제를 해결하는 데 매우 유용할 수 있다. 또한 아키텍처를 구성할 때 고려해야 하는 AWS 이외의 여러 가지 우수한 서비스들도 있다. 다음은 유용한 것으로 입증된 서비스들을 보기로 나타낸 것인데, 이게 다는 아니다. 이 책에서는 이러한 서비스 및 그 밖의 여러 가지 서비스를 사용해 강력한 서버리스 아키텍처를 만드는 방법을 설명하고 보여준다. 책의 어딘가에서 서비스를 참조하고 무엇이 중요한지 빠르게 재검토해야 하는 경우에 이 목록을 사용하면 빠르게 참고해 사용할 수 있다.

## A.1 API Gateway

Amazon API Gateway는 프론트엔드와 백엔드 서비스 사이에 API 계층을 생성하는 데 사용할 수 있는 서비스다. API Gateway의 수명주기 관리를 통해 여러 버전의 API를 동시에 실행할 수 있으며 개발, 준비 및 프로덕션과 같은 여러 릴리스 단계를 지원한다. API Gateway에는 캐싱 및 스로틀링과 같은 유용한 기능이 제공된다. API는 리소스와 메소드를 중심으로 정의된다. 리소스는 사용자 또는 제품과 같은 논리적 개체로 볼 수 있다. 메소드는 GET, POST, PUT 또는 DELETE와 같은 HTTP 요청 방식과 리소스 경로의 조합으로 표현된다. 7장에서 보게 되겠지만, API 는 Lambda와 통합되며 데이터를 Lambda 안팎으로 쉽게 이동시킬 수 있다. 또한 API Gateway는 AWS서비스 프록시를 통해 다양한 AWS서비스에 연결할 수 있으며, 일반적인 HTTP 엔드포인트에 대한 요청도 전송할 수 있다.

## A.2 SNS

Amazon SNS<sup>Simple Notification Service</sup>는 게시/구독<sup>pub-sub</sup> 방식으로 메시지를 전달할 수 있도록 설계된 확장성 있는 서비스다. 생산자<sup>producer</sup> 또는 게시자<sup>publisher</sup>는 메시지를 생성해 사전에 정의된 토픽으로 보낸다. 구독자<sup>subscriber</sup> 또는 소비자<sup>consumer</sup>는 토픽에 가입하고 지원되는 프로토콜 중 하나를 통해 메시지를 수신한다. SNS는 여러 서버와 데이터 센터에 메시지를 저장해 중복성을 보장하고 최소 한 번<sup>at-least-once</sup> 전송을 보장한다. 최소 한 번 전송은 메시지가 가입자에게 적어도 한 번 전송되지만 SNS의 분산 특성으로 인해 드문 경우이지만 여러 번 전송 될 수 있다는 것을 의미한다.

SNS에서 HTTP 엔드포인트로 메시지를 전달할 수 없는 경우 나중에 다시 시도하도록 메시지를 구성할 수 있다. SNS는 또한 Lambda에게 전송 실패를 다시 시도하도록 할 수 있다.

## A.3 Simple Storage Service

S3<sup>Simple Storage Service</sup>는 아마존의 확장 가능한 스토리지 솔루션이다. S3의 데이터는 여러 시설 및 서버에 중복으로 저장된다. 이벤트 알림 시스템을 사용하면 객체를 만들거나 삭제할 때 S3에서 SNS, SQS 또는 Lambda로 이벤트를 보낼 수 있다. S3는 기본적으로 보안이 유지되며 소유자만 자신이 만든 리소스에 접근할 수 있지만 세분화되고 유연한 접근 권한을 설정하기 위해 접근 제어 목록 및 버킷 정책을 사용할 수 있다.

S3는 버킷과 객체라는 개념을 가지고 있다. 버킷은 객체에 대한 높은 수준의 디렉터리 혹은 컨테이너와 같은 역할을 한다. 객체는 데이터와 메타 데이터 그리고 키의 조합으로 구성된다. 키는 버킷에 있는 객체의 고유 식별자이다. 또한 S3는 S3콘솔에서 객체를 그룹화하는 수단으로 폴더 개념을 지원한다. 폴더는 전체 키 이름 중에 앞부분을 접두사로 사용해 접근할 수 있다. 키 이름의 슬래시 문자 "/"는 폴더를 나타낸다. 예를 들어, 키 이름이 documents/personal/myfile.txt인 객체는 S3콘솔 화면에서 documents라는 폴더와 그 하위에 personal이라는 폴더를 포함하며 S3콘솔에서 myfile.txt 파일로 표현된다

## A.4 Simple Queue Service

SQS$^{\text{Simple Queue Service}}$는 아마존의 분산시스템으로 구현된 내결함성$^{\text{fault-tolerant}}$을 갖추고 있는 메시지 큐 서비스다. SNS와 유사하게 메시지 전달을 최소 한 번$^{\text{at-least-once}}$ 보장하며 최대 256KB의 메시지 페이로드를 지원한다. SQS를 사용하면 여러 메시지 생산자와 소비자가 동일한 메시지큐와 상호 작용할 수 있으며 미리 설정된 보존 기간 후에 메시지를 자동으로 만료 및 삭제하는 기본 제공 메시지 수명주기를 제공한다. 대부분의 AWS 제품들과 마찬가지로 메시지큐에 대한 액세스를 제어하는 데 유용한 접근 제어가 가능하다. SQS는 SNS와 통합되어 메시지를 자동으로 수신하고 대기시킬 수 있다.

## A.5 Simple Email Service

SES$^{\text{Simple Email Service}}$는 이메일을 주고받는 서비스다. SES는 이메일에 대한 스팸 및 바이러스 검사 그리고 신뢰할 수 없는 출처에서 온 이메일 거부 및 수신 작업을 처리한다. 수신 이메일은 S3 버킷으로 전달되거나 Lambda 알림을 호출하거나 SNS 알림을 생성하는 데 사용될 수 있다. 이러한 작업은 수신 규칙의 일부로 구성할 수 있다. 수신 규칙은 도착한 이메일을 SES에서 처리하도록 알려준다.

SES로 이메일을 보내는 것은 간단하지만 전송되는 메시지의 속도와 건수를 규제하는 제한이 있다. SES는 스팸이 아닌 고품질 이메일이 전송되는 한 자동으로 할당량을 점차 늘린다.

## A.6 RDS와 DynamoDB

Amazon RDS$^{\text{Relational Database Service}}$는 AWS 인프라에서 관계형 데이터베이스의 설정 및 구동을 지원하는 웹 서비스다. RDS는 Amazon Aurora, MySQL, MariaDB, Oracle, MS-SQL 및 PostgreSQL 데이터베이스 엔진을 지원한다. RDS는 리소스 프로비저닝, 백업, 패치, 복구 및 오류 감지와 같은 일상적인 작업을 처리한다. 모니터링을 위한 지표들과 데이터베이스 스냅 샷 및 다중 가용영역(availability zone, AZ) 지원이 즉시 제공된다. RDS는 SNS를 사용해 이벤트가 발생할 때 알림을 전송한다. 따라서 생성, 삭제, 장애 및 복구가 발생하면 데이터베이스 이벤트에 쉽게 대응할 수 있다.

DynamoDB는 아마존의 NoSQL 솔루션이다. 테이블, 항목$^{\text{item}}$ 및 속성은 DynamoDB의 주요 개념이다. 테이블은 항목들의 모음을 저장한다. 항목은 속성들의 모음으로 구성된다. 각 속성은 사람의 이름이나 전화 번호와 같은 간단한 데이터이다. 모든 항목은 고유하게 식별이 가능하다. Lambda는 DynamoDB 테이블과 통합되며 테이블 업데이트에 의해 트리거될 수 있다.

## A.7 CloudSearch

CloudSearch는 구조화된 데이터와 일반 텍스트를 지원하는 AWS의 검색 솔루션이다. CloudSearch는 데이터 스니펫을 JSON 또는 XML로 가져 와서 쿼리할 수 있는 인덱스를 생성한다. 이 서비스는 불 Boolean, 접두어, 범위 그리고 전체 텍스트 검색은 물론 패싯facet, 강조 표시 및 자동 완성을 지원한다. CloudSearch에 제공된 모든 문서에는 사용자가 생성한 ID가 제공되므로 문서를 고유하게 식별할 수 있다. 검색 요청은 GET 요청을 통해 실행할 수 있다. 결과는 JSON 또는 XML로 반환될 수 있으며 정렬 및 페이지 매김이 가능하며 관련성 점수와 같은 유용한 메타 데이터가 포함할 수 있다.

## A.8 Elastic Transcoder

Elastic Transcoder는 다양한 미디어 형식을 다른 형식과 다른 해상도 및 비트 전송률로 미디어를 트랜스코딩transcoding하기 위한 AWS 서비스이다. 이 서비스는 여러 다른 장치에서 미디어 버전을 재생해야 하는 경우에 유용하다. Elastic Transcoder에는 비디오 코딩 변환 방법을 정의하기 위한 많은 사전 설정 또는 템플릿이 있다. 필요한 경우 사용자가 직접 만들 수도 있다. Elastic Transcoder는 작업이 완료되거나 오류 상태가 발생했을 때 알림에 사용하는 S3 및 SNS와 통합된다. Elastic Transcoder에는 워터마킹, 캡션의 트랜스코딩 및 디지털 권한 관리digital rights management 지원과 같은 추가 기능이 있다.

## A.9 Kinesis Streams

Kinesis Streams는 대규모 데이터 스트리밍의 실시간 처리를 위한 서비스이다. 일반적으로 빠른 로그 및 데이터 수집과 통계 및 분석 또는 보고 등에 사용된다. 아마존에서 Kinesis Streams을 주로 빅 데이터를 스트리밍하는 데 사용하는 반면 SQS는 신뢰성 있는 호스트 메시지 큐로 사용하는 것이 좋다. 특히 가시성visibility 타임 아웃이나 개별 지연과 같은 메시지에 대한 세분화된 제어가 필요한 경우 특히 그렇다. Kinesis Streams에서는 샤드shard를 통해 스트림의 처리 용량을 지정한다. 스트림이 생성 될 때 샤드의 수를 규정해야 하지만 처리량을 늘리거나 줄이려면 재사용이 가능하다. 이에 비해 SQS는 훨씬 더 투명하게 확장할 수 있다. Lambda는 Kinesis와 통합되어 스트림에서 레코드가 발견되는 즉시 데이터를 읽고 처리할 수 있다.

## A.10 Cognito

Amazon Cognito는 인증 관리 서비스다. Cognito는 자체 시스템 혹은 구글, 페이스북, 트위터, 아마존과 같은 공개 ID 제공 업체와 쉽게 통합된다. Cognito는 유저 풀$^{user\ pool}$을 지원하므로 사용자가 직접 사용자 디렉터리를 만들 수 있다. 따라서 별도의 사용자 데이터베이스 및 인증 서비스를 실행하지 않고도 사용자를 등록하고 인증할 수 있다. Cognito는 서로 다른 장치에서 사용자 응용 프로그램 데이터의 동기화를 지원하며 인터넷 액세스가 없는 경우에도 모바일 장치가 작동할 수 있도록 오프라인 지원 기능을 제공한다.

## A.11 Auth0

Auth0는 Amazon Cognito가 제공하지 않는 몇 가지 기능을 추가적으로 가지고 있는 ID 관리 제품이다. Auth0는 구글, 페이스북, 트위터, 아마존, 링크드인 및 윈도우 라이브를 포함한 30 개 이상의 ID 제공 업체와 통합된다. Auth0는 ID 공급자와 통합할 필요없이 자체 사용자 데이터베이스를 사용해 새 사용자를 등록하는 방법을 제공한다. 또한 다른 데이터베이스에서 사용자를 가져올 수 있는 기능이 있다.

예상할 수 있듯이 Auth0는 SAML, OpenID Connect, OAuth 2.0, OAuth 1.0 및 JSON Web Token을 포함한 표준 산업 프로토콜을 지원한다. AWS ID 및 액세스 관리 서비스인 Cognito와 간단히 통합할 수 있다.

## A.12 Firebase

Firebase(구글 소유)는 그 자체로 회사이자 흥미로운 제품들의 모음이다. 우리가 특히 좋아하는 제품 중 하나는 NoSQL 실시간 데이터베이스이다. Firebase의 데이터는 JSON으로 저장된다. Firebase에 대한 좋은 점 중 하나는 실시간 동기화이다. 연결된 모든 사용자가 데이터가 업데이트되는 즉시 그 내용을 받을 수 있다. Firebase는 REST API 및 다양한 언어 및 플랫폼에서 사용할 수 있는 클라이언트 라이브러리를 통해 액세스할 수 있다. Firebase는 파일의 정적 호스팅 및 사용자 인증 서비스도 제공한다.

## A.13 그 밖의 서비스들

이번 절에서 제공하는 서비스 목록은 응용 프로그램을 빌드하는 데 사용할 수 있는 다양한 제품의 간단한 보기라고 볼 수 있다. 구글 및 마이크로소프트와 같은 대규모 클라우드 중심 기업 및 Auth0와 같은 소규모 독립 기업에서 제공하는 서비스를 비롯해 더 많은 서비스가 있다. 또한 추가적으로 알고 있어야 하는 보조 서비스들이 있다. 이를 통해 더 효율적으로 소프트웨어를 제작하고 성능을 향상 시키며 다른 목표들을 달성할 수 있다.

소프트웨어를 제작할 때 다음 제품 및 서비스를 고려해 볼 수 있다.

- CloudFront와 같은 컨텐츠 전달 네트워크[CDN]
- DNS 관리(Route 53)
- 캐싱(ElastiCache)
- 소스 제어(깃허브[GitHub])
- 지속적인 통합 및 배치(Travis CI)

모든 서비스 제안에 대해 독자 여러분의 상황에 따라 단지 좋거나 더 나은 대안을 찾을 수 있다. 우리는 독자 여러분이 더 많은 조사를 하고 현재 이용 가능한 다양한 서비스를 탐색하기를 바란다.

# 설치 및 구성 | 부록 B

이번 장에서는 다음을 설명한다.

- AWS에서 ID 및 액세스 관리 설정
- AWS에서 S3 버킷, Lambda 함수 및 ElasticTranscoder 생성
- 노드 패키지 관리자[npm]의 로컬 시스템 설치 및 구성
- Lambda 함수를 위한 package.json 생성

이 부록의 목적은 3장에서 시작되는 24-Hour Video 예제에 대한 시스템, 환경 및 AWS 설정을 돕는 것이다. 24-Hour Video는 이 책 전체에서 참조되고 개선 될 것이므로 서버리스 아키텍처에 대한 더 자세한 정보를 얻으려면 이를 구현해 보는 것이 좋다. 시작하기 전에 맥 OS X, 리눅스 또는 윈도우가 실행되는 컴퓨터와 연결 가능한 인터넷 이라는 두 가지 주요 전제 조건이 있다. 우리는 이 책을 통해 다른 모든 것들을 살펴 볼 것이다.

## B.1 시스템 준비

이 부록에서는 AWS에서 서비스를 설정하고 로컬 컴퓨터에 소프트웨어를 설치한다. 컴퓨터에 설치할 소프트웨어들은 다음과 같다.

- Node.js와 함께 사용하는 패키지 관리자[npm]는 Lambda 함수를 관리하고 의존성을 추적하는 데 도움을 준다.
- 배포를 수행하는 데 도움이 되는 AWS 명령 줄 인터페이스[CLI].
- 윈도우 사용자는 Lambda 함수의 배포를 돕기 위해 zip 파일을 생성하는 유틸리티(예: Gnu-Win32)를 설치해야 할 수도 있다.

AWS에서는 다음을 생성한다.

- IAM<sup>Identity and Access Management</sup> **사용자 및 역할**<sup>role</sup>

- 비디오 파일을 저장하는 S3 버킷

- 첫번째 Lambda 함수

- 비디오 인코딩을 도와주는 ElasticTranscoder 파이프 라인

3장 이후에는 Lambda 함수와 AWS 서비스를 추가하고 테스트 및 개발을 돕기 위해 다른 npm 모듈을 설치할 것이다. 이 부록은 내용이 길어 보일 수 있지만 책 전체에서 도움이 되는 여러 가지 사항을 설명한다. AWS를 이미 사용해본 경험이 있다면 신속하게 처리할 수 있을 것이다.


## B.2 IAM 사용자 및 CLI 설정

환경 구성을 시작하기 위해서 https://aws.amazon.com에서 생성한 AWS 계정이 있어야 한다. 계정을 만든 후에 http://docs.aws.amazon.com/cli/latest/userguide/installing.html에서 사용하고 있는 시스템 환경에 맞는 AWS CLI를 다운로드해 설치한다. 윈도우의 경우 MSI 설치 프로그램 혹은 Pip(파이썬 기반 패키지 관리도구)를 사용하는 방법이 있으며, 맥 또는 리눅스를 사용하는 경우 번들로 제공되는 설치 프로그램을 통해 CLI 도구 설치도 가능하며 다양한 방법이 있다. 또한 Node.js도 설치해야 한다. 우리는 설치 프로그램을 https://nodejs.org/en/download/에서 다운로드할 수 있다. 노드 패키지 관리자<sup>Node Package Manager</sup>인 npm은 Node.js의 번들로 제공된다. AWS에서 해야 할 첫 번째 작업은 IAM<sup>Identity and Access Management</sup> 사용자를 만드는 것이다. 이 사용자의 보안 정책 및 자격 증명을 이용해 사용자의 컴퓨터에서 AWS로 곧 바로 Lambda 함수를 배포하는 데 사용된다. 사용자를 만들고 올바른 사용 권한을 설정하려면 다음과 같이 진행한다.

1. AWS 콘솔에서 IAM을 클릭하고 Users를 클릭한 다음 Add user를 클릭한다.

2. 새로운 IAM 사용자에게 lambda-upload와 같은 이름을 지정하고 Programmatic access 확인란을 선택한다(그림 B.1). 이 확인란을 선택하면 액세스 키 ID와 비밀 액세스 키를 생성할 수 있다(aws configure를 진행할 때 이 키가 필요하다).

3. Next: Permissions을 클릭해 계속 진행한다.

4. Set Permissions 설정 화면에서 lambda-upload에 대해서 아무 것도 선택하지 않고 Next: Review를 클릭해 계속 진행한다.

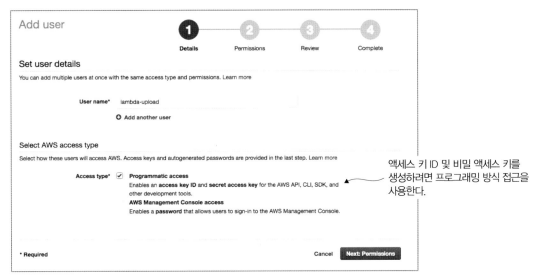

그림 B.1 IAM 콘솔을 통해서 신규 IAM 사용자를 간단히 생성할 수 있다.

5. 최종 화면에서 사용자에게 할당된 권한이 없음을 알리는 메시지가 표시되지만 신경 쓰지 않아도 된다. 나중에 이 문제를 해결할 것이다. Create User를 클릭해 사용자 생성을 끝낸다.

6. 이제 사용자 이름, 액세스 키 ID 및 비밀 액세스 키를 가지고 있는 테이블이 표시된다. 이 키를 나중에 사용하기 위해서 CSV 파일을 다운로드할 수 있다. 컴퓨터에 키 사본을 보관하려면 지금 바로 다운로드하고 닫기를 클릭해 종료한다(그림 B.2).

7. 시스템의 터미널에서 aws configure를 실행한다. AWS CLI는 사용자 자격 증명을 요구한다. 이전 단계에서 lambda-upload 사용자를 생성할 때 확보한 액세스 키 ID 및 비밀 키를 입력한다.

8. 또한 리전을 입력하라는 메시지가 표시된다. Lambda가 모든 리전에서 사용 가능하지 않을 수 있으므로 Lambda가 제공되는 지역(예: us-east-1)을 선택해야 한다. 시스템에서 사용할 모든 AWS 서비스에 대해 동일한 리전을 사용하는 것이 좋다(비용이 저렴함). 북부 버지니아(us-east-1)를 추천하며 이 부록의 전반에 걸쳐 해당 리전을 사용하고 있다고 가정한다.

9. 기본 출력 형식을 선택하라는 프롬프트가 한 번 더 표시된다. json으로 설정하고 구성을 마친다.

## B.3 사용자 권한 설정

Lambda 함수를 배포하려면 lambda-upload 사용자에게 권한을 부여해야 한다. 여기에는 새로운 인라인 정책 만들기 및 함수의 배포를 허용하는 권한 지정 그리고 정책을 IAM 사용자에 추가하는 작업들이 포함된다.

1. IAM 콘솔에서 Users를 클릭한 후에 lambda-upload를 클릭한다. Permissions 탭을 볼 수 있을 것이다.

2. Add inline policy를 클릭해 사용자의 첫 번째 정책을 만든다(그림 B.3).

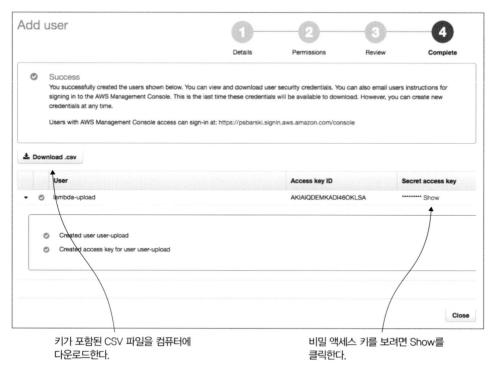

키가 포함된 CSV 파일을 컴퓨터에
다운로드한다.

비밀 액세스 키를 보려면 Show를
클릭한다.

그림 B.2 액세스 키 ID와 비밀 액세스 키를 저장하는 것을 잊지 말아야 한다. 이 화면을 닫으면 비밀 액세스 키를 다시 가져올 수 없다.

새로운 인라인 정책을 추가하려면
여기를 클릭한다.

그림 B.3 새로운 인라인 정책을 추가하는 것으로 시작한다.

3. Inline Policy Option 화면에서 Policy Generator를 선택한 다음 AWS 서비스 드롭 다운에서 AWS Lambda를 선택한다.

4. Actions 드롭 다운 메뉴에서 다음 세 가지 작업을 선택한다.

   - GetFunction

   - UpdateFunctionCode

   - UpdateFunctionConfiguration

5. Amazon Resource Name (ARN) 텍스트 상자에 arn:aws:lambda:*를 입력한 후 Add Statement(그림 B.4)를 클릭한다.

6. Next Step 버튼이 활성화되면 버튼 클릭을 통해 Review Policy 화면으로 진행할 수 있다. 저장하기 위해 Apply Policy를 클릭하고 Summary 화면으로 돌아간다.

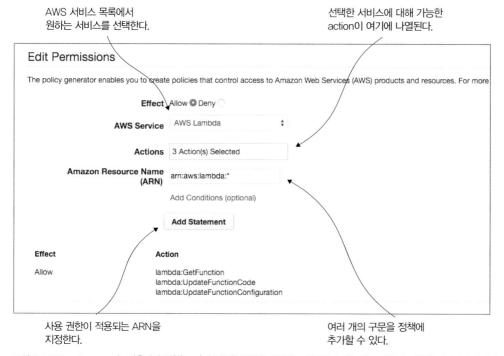

AWS 서비스 목록에서
원하는 서비스를 선택한다.

선택한 서비스에 대해 가능한
action이 여기에 나열된다.

사용 권한이 적용되는 ARN을
지정한다.

여러 개의 구문을 정책에
추가할 수 있다.

그림 B.4 Policy Generator는 사용자와 역할(Role)에 필요한 권한을 식별하고 선택할 수 있도록 도와준다. 정책을 저장하려면 먼저 정책이 하나 이상 있어야 한다.

## B.4 새로운 S3 버킷 생성

다음으로 S3에 두 개의 버킷을 만들어야 한다. 첫 번째 버킷은 새 동영상의 업로드 버킷 역할을 한다. 두 번째 버킷에는 Elastic Transcoder에 의해 트랜스코딩된 비디오가 저장된다. S3의 모든 사용자는 동일한 버킷 네임 스페이스를 공유하므로 사용하지 않는 고유한 버킷 이름을 사용해야 한다. 이 예에서는 첫 번째 버킷의 이름이 serverless-video-upload이고 두 번째 버킷의 이름이 serverless-video-transcoded라고 가정한다.

### 버킷 이름

버킷 이름은 S3 글로벌 리소스 공간에서 고유해야 한다. 앞에서 이미 serverless-video-upload와 serverless-video-transcoded를 사용 했으므로 동일한 버킷이름은 사용할 수 없으므로 다른 이름으로 버킷을 생성해야 한다. 이 버킷 이름에 이니셜(또는 임의의 문자열)을 추가해 책 전체에서 식별할 수 있도록하는 것이 좋다(예: serverless-video-upload-ps 및 serverless-videotranscoded-ps).

버킷을 만들려면 AWS 콘솔에서 S3을 클릭한 다음 Create Bucket을 클릭한다. 버킷의 이름을 입력하고 US East(북부 버지니아)를 리전으로 선택한다(그림 B.5). 버킷 생성 마법사가 끝날 때까지 계속 클릭한다(추가 옵션은 지정하지 않아도 된다). 생성한 버킷은 콘솔에 즉시 보여진다.

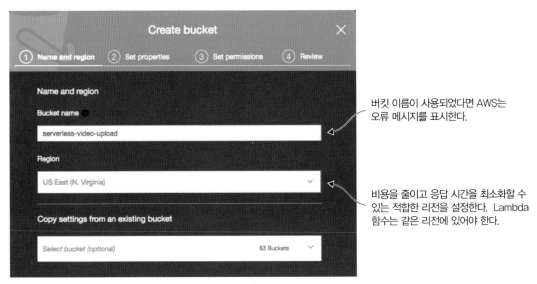

그림 B.5 S3 콘솔에서 두 개의 버킷 생성. 하나는 업로드를 위한 버킷이며, 다른 하나는 트랜스코딩된 비디오를 저장하기 위한 버킷이다. 버킷 이름은 전 세계적으로 고유해야 하므로 중복되지 않는 새로운 이름을 만들어야 한다.

S3를 클릭하면 그림 B.5와는 다르게 보이는 이전 콘솔 화면이 보일 수 있다. 화면 오른쪽에 있는 Opt In Link를 클릭하면 새 콘솔로 전환할 수 있다. 이 책에서는 명시 적으로 언급하거나 이전 버전으로 전환하도록 요청하지 않는 한 새 콘솔을 기준으로 사용한다고 가정한다.

# B.5 IAM 역할 만들기

이제 향후에 사용할 Lambda 함수를 위한 IAM 역할[role]을 생성해야 한다. 이 역할은 함수가 S3 및 Elastic Transcoder와 상호 작용할 수 있게 해 준다. 이 역할에는 AWSLambdaExecute 및 Amazon ElasticTranscoderJobsSubmitter라는 두 가지 정책이 추가된다. AWSLambdaExecute 정책을 사용하면 Lambda가 S3 및 CloudWatch와 상호 작용할 수 있다. CloudWatch는 로그 파일 수집, 측정 항목 추적 및 알람 설정에 사용되는 AWS 서비스다. AmazonElasticTranscoderJobsSubmitter 정책을 사용하면 Lambda가 Elastic Transcoder에 새로운 트랜스코딩 작업을 전달할 수 있다.

1. AWS 콘솔에서 IAM을 클릭한 다음 Roles를 클릭한다.

2. Create New Role를 클릭하고 이름을 lambda-s3-execution-role으로 지정한다. Next Step을 클릭해 Role Type selection으로 진행한다.

3. AWS Service Roles 아래 에서 AWS Lambda를 클릭하고 다음 두 가지 정책을 선택한다.
   - AWSLambdaExecute
   - AmazonElasticTranscoderJobsSubmitter

4. Next Step을 클릭해 두 정책을 역할에 첨부한 다음 Create Role을 클릭해 저장한다.

5. Summary 페이지로 돌아간 후 lambda-s3-execution-role을 다시 클릭하면 첨부된 두 가지 정책을 확인할 수 있다.(그림 B.6).

두 개의 정책이 역할에 추가되었다.
사용 권한은 정책 내에 포함된다.

정책을 살펴보거나 제거
또는 시뮬레이션할 수 있다.

그림 B.6 lambda−s3−execution−role은 S3와 Elastic Transcoder에 접근해 작업하기 위한 두 개의 관리 정책이 필요하다.

## B.6 Lambda 준비

드디어 첫 번째 Lambda 함수를 만들 차례이다. 이 단계에서는 아직 구현을 제공하지는 않을 것이다. 3장에서 구현된 코드를 제공할 것이기 때문이다. 그러나 이 함수는 새 파일이 업로드(serverless−video−upload) 버킷에 추가될 때 Elastic Transcoder 작업을 시작하는 역할을 담당한다.

1.  AWS 콘솔에서 Lambda를 클릭한 다음, Create a Lambda Function를 클릭한다.

2.  Blank Function blueprint를 선택한다.

3.  Configure Triggers 화면에서 Next를 누른다. 트리거 구성은 나중에 진행하여도 무방하다.

4.  함수의 이름을 transcode−video로 지정하고 Runtime 드롭 다운 메뉴에서 Node.js 4.30이 선택되어 있는지 확인한다.

5.  Lambda 함수 코드는 그대로 둔다. 이 코드를 삭제하면 저장이 불가능하다(그림 B.7).

6.  Role 선택 하단에서 Choose an Existing Role을 선택하고 Existing Role에서 lambda−s3−execution−role을 선택한다.

7.  모든 Advanced settings은 그대로 둔다. Next를 클릭해 Review 화면으로 이동한 다음 Create Function을 선택해 완료한다.

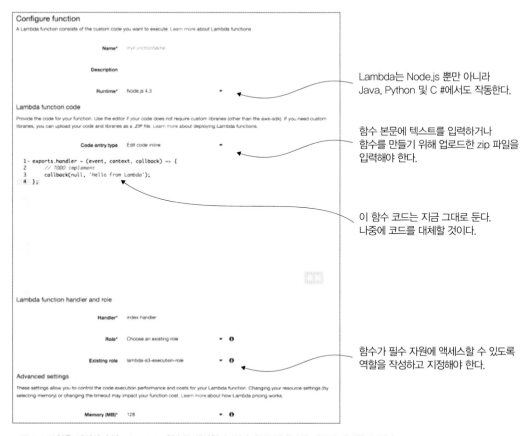

**Configure function**
A Lambda function consists of the custom code you want to execute. Learn more about Lambda functions

Name*  myFunctionName

Description

Runtime*  Node.js 4.3  ▼

**Lambda function code**
Provide the code for your function. Use the editor if your code does not require custom libraries (other than the aws-sdk). If you need custom libraries, you can upload your code and libraries as a .ZIP file. Learn more about deploying Lambda functions.

Code entry type  Edit code inline  ▼

```
1 - exports.handler = (event, context, callback) => {
2     // TODO implement
3     callback(null, 'Hello from Lambda');
4 };
```

Lambda는 Node.js 뿐만 아니라
Java, Python 및 C #에서도 작동한다.

함수 본문에 텍스트를 입력하거나
함수를 만들기 위해 업로드한 zip 파일을
입력해야 한다.

이 함수 코드는 지금 그대로 둔다.
나중에 코드를 대체할 것이다.

**Lambda function handler and role**

Handler*  index.handler

Role*  Choose an existing role  ▼  ❶

Existing role  lambda-s3-execution-role  ▼  ❶

함수가 필수 자원에 액세스할 수 있도록
역할을 작성하고 지정해야 한다.

**Advanced settings**
These settings allow you to control the code execution performance and costs for your Lambda function. Changing your resource settings (by selecting memory) or changing the timeout may impact your function cost. Learn more about how Lambda pricing works.

Memory (MB)*  128  ▼  ❶

그림 B.7 구현을 지정하지 않고 Lambda 함수를 생성할 수 있다. 완성 된 함수를 나중에 배치할 수 있다.

# B.7 Elastic Transcoder 구성

마지막으로 다양한 형식과 비트 전송률로 비디오 트랜스코딩을 수행하기 위해 Elastic Transcoder 파이프 라인을 설정해야 한다.

1. AWS 콘솔에서 Elastic Transcoder를 클릭하고 Create a New Pipeline을 클릭한다.

2. 파이프 라인에 24-Hour Video와 같은 이름을 지정하고 입력 버킷을 지정한다. 여기에서 사용한 업로드 버킷의 이름은 serverless-video-upload이다.

3. IAM 역할 항목들은 그대로 둔다. Elastic Transcoder는 자동으로 기본 IAM 역할을 만든다.

4. Configuration for Amazon S3 Bucket for Transcoded Files 아래에서 트랜스코딩된 비디오가 저장될 버킷을 지정한다. 이 경우 버킷의 이름은 serverless-video-transcoded이다. Storage Class는 Standard로 설정할 수 있다.

5. 미리보기 이미지를 생성하지 않지만 버킷 및 저장소 클래스를 선택해야 한다. 이번에도 두 번째에 사용한 버킷인 serverless-video-transcoded 버킷을 사용한다(그림 B.8).

6. Create Pipeline을 눌러 저장한다.

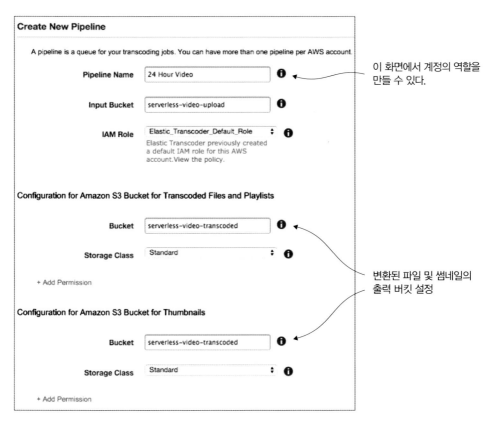

그림 B.8 Elastic Transcoder는 입력, 출력 및 썸네일에 대해 S3 버킷 이름을 입력해야 한다.

## B.8 npm 설정

Lambda 함수를 직접 작성한 다음 AWS에 복사할 수는 있지만 이러한 방식은 개발 및 구현과정을 관리하는 지속 가능한 방법은 아니다. npm을 사용한다면 AWS환경을 위해 테스트 및 패키징과 배포 과정을 자동화하는 데 도움을 준다. 물론, 직접 npm으로 작업하는 대신 Grunt 또는 Gulp와 같은 작업 도구를 사용하기 위해 해당 환경을 구성할 수 있다. 하지만 npm을 사용하면 필요한 모든 작업을 수행할 수 있고 다른 유틸리티에 대한 의존성이나 사용방법 등을 염려할 필요가 없기 때문에 npm을 사용한다.

첫 번째 Lambda 함수를 위해 transcode-video와 같은 이름의 디렉터리를 만든다. 터미널 창을 열어서 npm init transcode-video를 실행한다. package.json 파일을 목록 B.1과 같이 수정하면 npm init의 모든 질문에 대한 기본값을 적용할 수 있다. 선호하는 텍스트 편집기에서 package.json을 열고 수정할 수 있으며 의존성 섹션에 특별히 주의를 기울여야 한다. Windows를 사용하는 경우 "Zip and Windows." 라는 제목의 사이드 바에서 압축에 대한 정보를 읽는 것이 좋다.

### Zip 압축과 윈도우

한 가지 중요한 점은 3장(및 그 이후)에서는 zip 파일을 생성해야 한다는 것이다. AWS에 배포하려면 Lambda 함수(및 그 의존성)를 압축해야 한다. package.json에서는 zip 명령을 사용해 특별한 사전 배포 스크립트를 작성한다.

리눅스나 맥을 사용하는 경우 별다른 작업이 필요 없도록 zip이 사전에 설치되어 있어야 한다. 그러나 윈도우 사용자는 zip 또는 유사한 도구를 설치해야 할 수 있다. 선택할 수 있는 방법 중 하나는 http://gnuwin32.sourceforge.net/packages/zip.htm에서 GnuWin32 zip을 다운로드해 설치하는 것이다. zip.exe의 경로를 Path 시스템 변수에 추가해야 한다. 윈도우에서 경로 및 환경 변수를 설정하는 방법에 대한 자세한 내용은 http://www.computerhope.com/issues/ch000549.htm을 참고한다.

7zip과 같은 다른 파일 압축 프로그램이 있는 경우에는 대신 사용할 수 있다. 명령 줄에서 실행되는지 확인하고 사용 중인 도구에 따라 다를 수 있는 package.json의 zip 매개 변수 값을 변경하면 된다. 또 다른 옵션은 npm 레지스트리에서 zip 파일 압축 패키지를 찾아서 dev 종속으로 설치하고 대신 사용하는 것이다. 윈도우 사용자인 경우 이 부분을 해결해야 한다.

목록 B.1과 같이 package.json을 업데이트한 후 터미널에서 npm install을 실행해 필요한 종속 대상 (AWS SDK)을 다운로드해 설치한다. Lambda 실행 환경은 AWS SDK(ImageMagick은 물론)를 제공하므로 배포할 때 함수에 포함할 필요가 없다. 3장에서는 함수를 로컬에서 실행하고 테스트할 것이므로 SDK를 사용해야 한다.

**목록 B.1 Transcode video 를 위한 package.json**

```
{
    "name": "transcode-video",
    "version": "1.0.0",
    "description": "Transcode Video Function",
    "main": "index.js",
```

```
    "scripts": {
        "test": "echo \"Error: no test specified\" && exit 1"
    },
    "dependencies": {
        "aws-sdk": "latest"        ◄────────   한가지 중요한 의존성이 있는데
    },                                          바로 AWS SDK다.
    "author": "Peter Sbarski",
    "license": "BSD-2-Clause"
}
```

이것은 부록 B의 설치 및 구성을 위한 것이다. 이제 3장으로 돌아가서 24-Hour Video를 만들 수 있다.

# 인증 및 권한 부여에 대한 추가 정보 | 부록 **C**

이번 장에서는 다음을 설명한다.

- 인증 및 권한 부여의 기초
- OAuth 2.0 흐름
- JSON 웹 토큰<sup>JSON Web Tokens</sup>

이 부록은 인증 및 권한 부여에 대해 간략히 설명한다. OAuth 2.0 플로우 프로세스, OpenID Connect 프로토콜 및 JSON 웹 토큰<sup>JSON Web Tokens</sup>의 내부 동작에 대해 설명한다.

## C.1 인증 및 권한 부여의 기초

간단한 웹 및 모바일 응용 프로그램에서 일반적으로 백엔드 서버는 사용자의 인증 및 권한 부여를 담당한다. 암호 인증 체계는 다음과 같이 작동할 수 있다(그림 C.1).

1. 사용자가 모바일 애플리케이션 또는 웹 사이트에 사용자 이름과 암호를 입력한다.

2. 사용자의 자격 증명이 서버로 전송된다. 애플리케이션은 데이터베이스에서 사용자를 조회하고 제출된 암호의 유효성을 검증한다.

3. 유효성 검사가 성공하면 서버는 쿠키 또는 토큰을 반환하며 선택적으로 사용자에 대한 요청 사항을 포함하기도 한다. 클래임<sup>claims</sup>은 사용자의 고유 식별자, 역할, 이메일 주소 또는 기타 유용한 정보나 관련 정보가 포함될 수 있는 사용자임을 주장할 수 있는 속성들이다. 유효성 검사가 실패하면 사용자에게 알리고 자격 증명을 다시 입력하라는 메시지를 보여준다.

4. 서버에 대한 후속 요청은 이전에 서버가 제공한 쿠키 또는 토큰과 함께 전송된다. 시스템은 사용자의 역할 또는 사용자가 조치를 수행할 수 있는지 여부를 결정하는 데 필요한 임의의 정보를 포함된 요청 사항에 대한 쿠키 또는 토큰을 검사할 수 있다. 또는 시스템은 데이터베이스에서 사용자의 역할을 조회하여 조치를 수행할 권한을 부여할 수 있다.

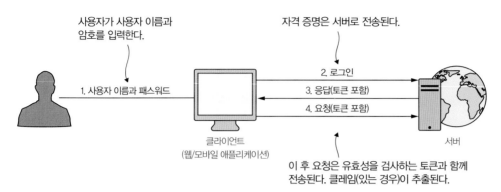

그림 C.1이 간단한 쿠키 / 토큰 양식 인증 흐름은 모든 개발자에게 친숙하다.

더 복잡한 시나리오에서는 추가 시스템이나 단계가 수반될 수 있다. 예를 들어, OpenID는 개방형 표준 인증 프로토콜로서 사용자가 사용자 정의 로그인 시스템을 개발하는 대신 써드파티 서비스(OpenID Identity Provider)를 통해 인증할 수 있도록 설계되었다. OpenID Connect는 OAuth 2.0 위에 인증 레이어를 추가한다. OpenID Connect와 같은 프로토콜은 보안을 강화하고 인증과 권한 부여 사이의 격차를 줄이기 위해 필요하다. OAuth 2.0은 인증뿐만 아니라 권한 부여에도 사용될 수 있지만, 이를 가정하는 것은 실수를 유발할 수 있다. 인증 구성 요소가 없는 권한 부여 시스템을 사용하면 공격자가 부적절한 리소스에 액세스할 수 있다. 그림 C.2는 OpenID Connect 플로우가 어떻게 진행되는지 보여준다.

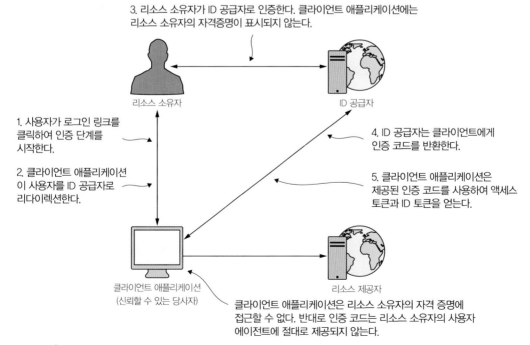

그림 C.2 OpenID Connect는 OAuth 2.0 기반의 인증 프로토콜이다. 업계에서 널리 지원되며 Auth0와 같은 서비스에서도 사용된다.

## 인증authentication 대 권한 부여authorization

인증과 권한 부여의 차이점은 무엇인가? 인증은 사용자가 누구인지 확인하는 프로세스이다. 예를 들어 사용자 홍길동이 자기 자신을 나타낼 수 있는 사람인지 확인한다. 권한 부여는 사용자가 수행할 수 있는 작업을 확인하는 것이다. 홍길동이 이 페이지를 볼 수 있는가? 홍길동이 데이터베이스 레코드를 삭제할 수 있는가? 인증 및 권한 부여는 독립적인 개념으로(인증된 사용자와 인증되지 않은 사용자는 서로 다른 작업을 수행할 수 있는 권한이 부여 될 수 있음) 보안과 관련된 토론에서 종종 거론된다.

OpenID는 주로 인증과 관련이 있다. OAuth는 주로 권한 부여에 관한 것이다. OpenID Connect는 인증 및 권한 부여를 함께 제공하도록 설계된 OAuth 2.0의 확장 기능이다. 자세한 설명은 https://oauth.net/articles/authentication/을 참고할 수 있다.

## OAuth 2.0 승인 유형

OpenID Connect에서 사용하는 OAuth 2.0 사양(https://tools.ietf.org/html/rfc6749)은 서로 다른 인증 시나리오에 대해 네 가지 서로 다른 승인 유형을 정의한다.

- 웹 서버에서 실행되는 애플리케이션(및 서버 사이드에서 렌더링되는 웹 애플리케이션)을 위한 권한 부여 코드: 이것은 일반적인 승인 유형으로 Three-Legged OAuth를 구현하는 유형이다. 깃허브, 구글, 페이스북 또는 다른 ID 제공 업체를 사용하여 웹 사이트 또는 응용 프로그램에 로그인 한 적이 있다면 이미 이를 경험했을 것이다. 권한 부여 코드에서 권한 서버(또는 IdP)는 클라이언트(즉, 사용자가 로그인하려는 웹 사이트 또는 애플리케이션)와 리소스 소유자(즉, 사용자) 간의 중재자 역할을 한다. 사용자가 권한 서버에 인증되면, 권한 부여 코드를 사용해 클라이언트로 리다이렉션된다. 권한 부여 코드는 클라이언트가 액세스 토큰을 사용하여 서명하고 승인된 권한 서버를 통해 교환된다. 그런 다음 클라이언트는 액세스 토큰을 사용하여 리소스 서버에 액세스하고 보호된 리소스를 검색할 수 있다.

- 클라이언트 기밀 유지와 함께 신뢰할 수 없는 모바일 또는 브라우저 기반 JavaScript 전용 앱에 대한 암시적 유형: 암시적 유형은 인증 코드 흐름의 간단한 변형이다. 이전과 마찬가지로 사용자는 로그인할 때 인증 서버로 리다이렉션되지만 인증 코드를 반환하는 대신 클라이언트가 즉시 액세스 토큰을 전송한다. 암시적 유형은 클라이언트가 기밀을 저장할 수 없는 애플리케이션 부류인 경우에 필요하다. 그러나 암시적 부여 유형을 사용하면 보안에 영향을 미친다. 권한부여 코드 유형을 사용할 수 없는 경우 두 번째 선택 사항으로 사용해야 한다.

- 사용자 이름과 암호를 사용하여 클라이언트에 직접 로그인하기 위한 자원 소유자의 자격 증명: 그림 C.1에 표시된 인증 유형과 유사하다. 리소스 소유자는 자격 증명을 클라이언트에 직접 제공하고 액세스 토큰을 교환한다.

- 사용자의 특정 컨텍스트 외부에서 리소스에 접근하기위한 클라이언트 자격 증명: 이 권한 유형은 클라이언트가 자체 자격 증명을 권한 부여로 사용하는 시스템 간 인증에 유용하다

## C.2 JSON 웹 토큰

JSON 웹 토큰<sup>JSON Web Tokens</sup>(https://tools.ietf.org/html/rfc7519)은 당사자간에 클레임<sup>claim 1</sup>을 전송하는 데 사용되는 공개 표준이다. 이 토큰에는 서버리스 시스템에서 유용하게 사용할 수 있는 속성이 있다.

- JWT는 설계상 URL-Safe하다. 토큰은 요청 본문이나 URL 쿼리를 통해 전달할 수 있다.

- JWT는 소형이며 독립적이다.

- JWT는 무결성을 보장하기 위해 디지털 서명을 하고 기밀을 보장하기 위해 암호화할 수 있다.

- JWT는 공개 표준이며 토큰은 쉽게 생성하고 구문 분석을 할 수 있다. 자바스크립트 및 다른 언어들에서 사용할 수 있는 라이브러리들을 가지고 있다.

클레임은 JWT에서 JSON 객체로 인코딩되며 JWS<sup>JSON Web Signature</sup> 또는 JWE<sup>JSON Web Encryption</sup> 구조로 전송된다. JWS 페이로드는 변조를 방지하기 위해 토큰을 생성하는 엔티티에 의해 디지털 서명이 된다. JWT 스펙은 대칭 및 비대칭 서명 알고리즘에 대한 지원을 정의한다. 비대칭 서명 알고리즘으로 작성된 토큰은 클라이언트의 공개 키를 사용하여 확인할 수 있다. 당연히 JWT는 대칭 알고리즘으로 서명하여 서명을 검증하기 위해 비밀 서명 키가 필요하다. 이들은 클라이언트에 노출될 수 없지만 Lambda 함수에서 이를 사용하여 토큰의 유효성을 검사할 수 있다.

JWS에서 클레임(페이로드<sup>payload</sup>) 부분은 어떤 방식으로든 암호화되지 않는다는 점에 유의해야 한다. Base64로 인코딩이 되었으므로 쉽게 검사하고 읽을 수 있다. 중요한 정보를 보내지 않아야 한다. 반면에 JWE는 메시지에 디지털 서명하는 대신 메시지의 내용을 암호화한다. JWT 클레임을 암호화한 다음 기밀성과 무결성을 동시에 적용하려는 경우 JWS 클레임에 포함시킬 수 있다.

JWT는 헤더, 본문 및 서명의 세 부분으로 구성된다. 그림 C.3은 JWT 토큰의 모양과 각 세그먼트를 식별하는 방법을 보여준다.

---

1  역주: 사용자의 프로퍼티나 속성정보들을 뜻함

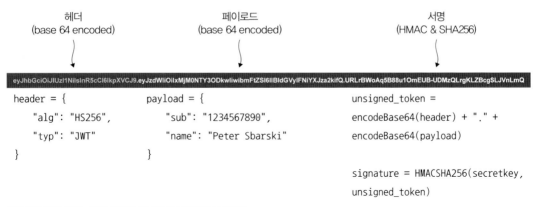

```
header = {                  payload = {               unsigned_token =
    "alg": "HS256",             "sub": "1234567890",    encodeBase64(header) + "." +
    "typ": "JWT"                "name": "Peter Sbarski" encodeBase64(payload)
}                           }

                                                       signature = HMACSHA256(secretkey,
                                                       unsigned_token)
```

그림 C.3 JWT 구조는 일정 주기로 구분된 세 부분으로 구성된다.

JWT의 헤더는 선언형(JWT)과 해싱 알고리즘의 두 부분으로 구성된다. 페이로드는 JWT 클레임으로 구성된다. 필수는 아니지만 가지고 있어야하는 예약된 클레임이 있다. 예를 들어 Auth0에는 모든 토큰에서 다음과 같은 최소 클레임 하위 집합이 포함된다.

- iss: 토큰 발급자

- sub: 토큰의 서브 제목

- aud: 토큰을 소비할 것으로 예상되는 잠재 고객

- exp: 만료 시간

- iat: Issued-at 타임 스탬프

마지막으로 서명은 토큰의 무결성을 확인하는 데 사용된다. 일반적인 JWT 구현은 SHA−256 암호화 해시 함수(HS256) 또는 RSA with SHA−256(RS256)을 사용하여 HMAC를 사용한 서명 연산을 지원한다.

웹 사이트 jwt.io에서는 대칭 또는 비대칭 JWT를 올바르게 생성했는지 여부를 테스트하기위한 대화식 디버거(그림 C.4)를 제공된다. 또한 다양한 언어 및 플랫폼에 대한 토큰 서명/검증을 위해 사용 가능한 라이브러리들을 살펴볼 수 있다.

이 디버거는(비대칭) RS256 알고리즘도 지원한다.

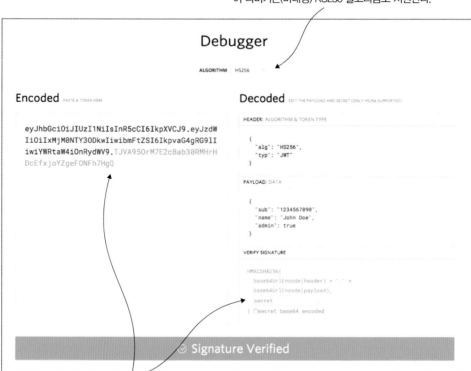

## Debugger

ALGORITHM  HS256

### Encoded  PASTE A TOKEN HERE

```
eyJhbGciOiJIUzI1NiIsInR5cCI6IkpXVCJ9.eyJzdW
IiOiIxMjM0NTY3ODkwIiwibmFtZSI6IkpvaG4gRG9lI
iwiYWRtaW4iOnRydWV9.TJVA95OrM7E2cBab30RMHrH
DcEfxjoYZgeFONFh7HgQ
```

### Decoded  EDIT THE PAYLOAD AND SECRET (ONLY HS256 SUPPORTED)

HEADER: ALGORITHM & TOKEN TYPE

```
{
  "alg": "HS256",
  "typ": "JWT"
}
```

PAYLOAD: DATA

```
{
  "sub": "1234567890",
  "name": "John Doe",
  "admin": true
}
```

VERIFY SIGNATURE

```
HMACSHA256(
  base64UrlEncode(header) + "." +
  base64UrlEncode(payload),
  secret
) ☐secret base64 encoded
```

⊘ Signature Verified

토큰에 붙여 넣고 비밀 키를 설정하여 JWT를
제대로 인코딩했는지 테스트한다.

그림 C.4 jwt.io 디버거를 사용하면 JSON Web Token을 테스트할 수 있다. 페이로드와 헤더를 변경하여 토큰 변경 방법을 확인할 수 있다.

# Lambda의 내부 | 부록 D

이번 장에서는 다음을 설명한다.

- 실행 환경
- Lambda의 한계
- 이전 런타임

6장은 AWS Lambda에 초점을 맞추고 있지만, 다소 광범위한 주제이므로 일부 사항을 생략해야 했다. 이 부록에서는 Lambda의 실행 환경, 고유한 제약사항 및 이전 런타임에 대한 정보와 같이 6장에 포함되지 않은 정보를 다룬다.

## D.1 실행 환경

이 부록을 작성할 당시 Lambda는 아마존 리눅스에서 커널 버전 4.1.17-22.30.amzn1.x86-24로 실행되었다. 아마도 독자 여러분들은 Lambda를 들여다보고 Lambda가 제공해야 하는 환경을 탐구하는 것에 관심을 가지고 있을 것이다. 다행히도 쉘 명령을 실행하면 무엇이 감춰져 있는지에 대해서 약간의 이해를 얻을 수 있다. 직접 시도해 보려면 다음을 진행해 볼 수 있다.

1. Lambda 콘솔을 열고 Create a Lambda Function을 클릭한다.

2. 블루프린트<sup>Blueprint</sup> 선택 화면에서 node-exec를 입력한다. 사용 가능한 블루프린트 함수들 중 node-exec이라는 하나의 함수로 필터링한다.

3. node-exec 함수를 클릭한다.

4. 트리거 구성 화면에서 Next를 클릭한다.

5. 새 함수에 이름을 지정한다(예: run-command).

6. 역할<sup>Role</sup> 부분에서 기존 역할을 선택하거나 새 역할을 생성한다. 함수는 다른 AWS 리소스와 상호 작용하지 않으므로 기본적인 역할을 통해 수행될 수 있다.

7. Next 버튼을 클릭한 다음 Create Function를 클릭한다.

이제 이 함수를 실행할 수 있고 함수에서 실행할 명령을 전달할 수 있다.

1. 콘솔에서 run-command 함수를 확인하고 Actions를 클릭한 다음, Configure Test Event를 클릭한다.

2. 이벤트 객체에는 cmd라는 키와 키에 상응하는 실행할 명령이 있어야한다. 다음 목록은 ls -al을 실행할 이벤트 객체의 예를 보여준다. ls -al 부분을 실행하고 싶은 다른 쉘 명령으로 대체할 수 있다.

**목록 D.1 ls 명령을 실행하기위한 이벤트 객체**

```
{
    "cmd" : "ls -al"
}
```

표 D.1 컨테이너의 시스템 및 환경 정보

| 명령어 | 목적 | 요약된 출력 |
|---|---|---|
| uname -a | 시스템 정보를 출력한다. | Linux ip-10-0-95-167 4.1.17-22.30.amzn1.x86_64 #1 SMP Fri Feb 5 23:44:22 UTC 2016 x86_64 x86_64 x86_64 GNU/Linux |
| pwd | 현재 작업 디렉터리를 출력한다. | /var/task |
| ls -al | 현재 디렉터리의 내용을 출력한다. | drwxr-xr-x 2 slicer 497 4096 Apr 4 10:10 . drwxr-xr-x 20 root root 4096 Apr 4 09:04 .. -rw-rw-r-- 1 slicer 497 478 Apr 4 10:09 index.js |
| env | 쉘 및 환경 변수를 출력한다. | AWS_SESSION_TOKEN=FQoDYXd... AWS_LAMBDA_LOG_GROUP_NAME=/aws/lambda/run2 LAMBDA_TASK_ROOT=/var/task LD_LIBRARY_PATH=/usr/local/lib64/nodev4.3.x/lib:/lib64:/usr/lib64:/var/runtime:/var/runtime/lib:/var/task:/var/task/lib AWS_LAMBDA_LOG_STREAM_NAME=2017/01/23/[$LATEST]a65f9e2f349d4e9a8c9e193b0e175e78 AWS_LAMBDA_FUNCTION_NAME=run_command PATH=/usr/local/lib64/nodev4.3.x/bin:/usr/local/bin:/usr/bin/:/bin |

| 명령어 | 목적 | 요약된 출력 |
|---|---|---|
| env | 쉘 및 환경 변수를 출력한다. | AWS_DEFAULT_REGION=us-east-1<br>PWD=/var/task<br>AWS_SECRET_ACCESS_KEY=G9zLllGtxmL4...<br>LAMBDA_RUNTIME_DIR=/var/runtime<br>LANG=en_US.UTF-8<br>NODE_PATH=/var/runtime:/var/task:/var/runtime/<br>node_modules<br>AWS_REGION=us-east-1<br>AWS_ACCESS_KEY_ID=ASIAIKGQE5YIXTNE54JQ<br>SHLVL=1<br>AWS_LAMBDA_FUNCTION_MEMORY_SIZE=128<br>_=/usr/bin/env |
| cat<br>/proc/cpuinfo | 시스템에서 사용하는 프로세서 유형을<br>출력한다. | processor     : 0<br>vendor_id    : GenuineIntel<br>cpu family   : 6<br>model        : 63<br>model name   : Intel(R) Xeon(R) CPU E5-2666<br>v3 @ 2.90GHz<br>stepping     : 2<br>microcode    : 0x36<br>cpu MHz      : 2900.074<br>cache size   : 25600 KB<br>physical id  : 0<br>siblings     : 2<br>core id      : 0<br>cpu cores    : 1<br>apicid       : 0<br>initial apicid : 0<br>fpu          : yes<br>fpu_exception : yes<br>cpuid level  : 13<br>wp           : yes<br>flags        : fpu vme de pse tsc msr pae<br>mce cx8 apic sep mtrr pge mca cmov pat pse36<br>clflush mmx fxsr sse sse2 ht syscall nx pdpe1gb<br>rdtscp lm constant_tsc rep_good nopl xtopology<br>eagerfpu pni pclmulqdq ssse3 fma cx16 pcid sse4_1<br>sse4_2 x2apic movbe popcnt tsc_deadline_timer aes<br>xsave avx f16c rdrand hypervisor lahf_lm abm<br>fsgsbase bmi1 avx2 smep bmi2 erms invpcid xsaveopt<br>bogomips : 5800.14<br>clflush size : 64 |

| 명령어 | 목적 | 요약된 출력 |
|---|---|---|
| cat /proc/cpuinfo | 시스템에서 사용하는 프로세서 유형을 출력한다. | cache_alignment : 64<br>address sizes : 46 bits physical, 48 bits virtual<br>processor : 1<br>vendor_id : GenuineIntel<br>cpu family : 6<br>model : 63<br>model name : Intel(R) Xeon(R) CPU E5-2666 v3 @ 2.90GHz<br>stepping : 2<br>microcode : 0x36<br>cpu MHz : 2900.074<br>cache size : 25600 KB<br>physical id : 0<br>siblings : 2<br>core id : 0<br>cpu cores : 1<br>apicid : 1<br>initial apicid : 1<br>fpu : yes<br>fpu_exception : yes<br>cpuid level : 13<br>wp : yes<br>flags : fpu vme de pse tsc msr pae mce cx8 apic sep mtrr pge mca cmov pat pse36 clflush mmx fxsr sse sse2 ht syscall nx pdpe1gb rdtscp lm constant_tsc rep_good nopl xtopology eagerfpu pni pclmulqdq ssse3 fma cx16 pcid sse4_1 sse4_2 x2apic movbe popcnt tsc_deadline_timer aes xsave avx f16c rdrand hypervisor lahf_lm abm fsgsbase bmi1 avx2 smep bmi2 erms invpcid xsaveopt<br>bogomips : 5800.14<br>clflush size : 64<br>cache_alignment : 64<br>address sizes : 46 bits physical, 48 bits virtual |
| ls /var/runtime/ node_modules | 포함된 NodeJS 모듈들의 목록을 출력한다. Lambda 함수를 위해서 여기에 나열된 모듈들을 제공할 필요는 없다. | awslambda<br>aws-sdk<br>dynamodb-doc<br>imagemagick |

## D.2 제약사항

Lambda는 자동으로 코드를 실행하고 스케일을 조정한다. 초당 수천 개의 요청을 처리할 수 있지만, 그 밖의 시스템들과 마찬가지로 고려해야 할 제약사항들이 있다. 표 D.2는 이것들을 요약한 것이다. Lambda의 한계와 관련된 원본 AWS 문서는 https://docs.aws.amazon.com/lambda/latest/dg/limits.html에서 찾을 수 있다.

표 D.2 Lambda 제약 사항

| 항목 | 기본 제약사항 | 설명 |
|---|---|---|
| 임시 디스크 용량(/ tmp 공간) | 512 MB | 임시 파일에 사용할 수 있는 전체 디스크 용량 |
| 파일 디스크립터의 수 | 1024 | 함수에서 열 수 있는 최대 파일 수 |
| 프로세스 및 스레드 수(합계) | 1024 | 함수에 의해 생성 될 수 있는 최대 스레드 및 프로세스 수 |
| 요청당 최대 실행 시간 | 300 초 | 함수가 런타임에 의해 종료되기 전에 실행할 수 있는 최대 시간(초) |
| 요청된 본문의 페이로드 크기 (RequestResponse) | 6 MB | AWS SDK, API 게이트웨이 또는 콘솔을 사용하여 함수가 호출 될 때 요청의 최대 크기 |
| 요청된 본문의 페이로드 크기 (Event) | 128 K | 함수가 AWS의 이벤트에 의해 호출될 때 요청의 최대 크기 |
| 요청된 응답에 대한 본문 페이로드 크기 (RequestResponse) | 6 MB | AWS SDK, API 게이트웨이 또는 콘솔을 사용하여 함수를 호출할 때 응답의 최대 크기 |

## D.3 이전 실행 환경에서의 작동

처음에 AWS는 Node.js 0.10.42를 사용하는 Lambda를 출시했었다. Lambda의 해당 버전은 콜백 함수를 지원하지 않았다. 대신 컨텍스트 객체를 통해 사용할 수 있는 메소드(succeed, fail, 및 done)를 사용하면 개발자가 함수를 완전히 종료하고 호출자에게 데이터를 반환할 수 있었다. 이전 Node.js 0.10.42 런타임을 사용하는 Lambda 함수의 버전을 발견한 경우 올바르게 사용하려면 알아야 할 사항이 있다.

Lambda 함수를 제대로 종료하려면 다음 세 가지 메소드 중 하나를 호출해야 한다(콜백을 사용할 수 있는 Node.js 4.3 또는 6.10 버전과 다르다).

- context.succeed(Object result)

- context.fail(Error error)

- context.done(Error error, Object result)

사용자는 항상 success, fail 또는 done을 사용하여 함수를 종료해야 한다. 그렇게 하지 않으면 함수가 끝났다고 생각한 후에도 함수가 계속 실행될 수 있다.

## D.3.1 성공

context.succeed(Object result) 메소드는 함수가 성공적으로 실행을 완료했음을 나타내기 위해 호출된다. result 파라미터는 선택 사항이지만(context.succeed() 또는 context.succeed(null)을 사용할 수 있다), 이것을 포함시키려면 JSON.stringify와 호환 가능해야 한다.

RequestResponse 호출 유형의 경우 이 메소드를 호출하면 HTTP 상태 코드 200(OK)이 반환된다. 응답의 본문은 result의 문자열 버전으로 설정된다.

## D.3.2 실패

함수가 실패했음을 나타내기 위해 context.fail(Error error) 메소드가 호출된다. 이 함수를 호출하면 처리 가능한 예외를 발생시킨다. error 파라미터는 선택 사항이다(생략하거나 null을 사용할 수 있음). RequestResponse의 경우, 이 파라미터가 제공되면, Lambda는 그것을 문자열화하여 응답 본문으로 포함시킨다. HTTP 상태 코드를 400(잘못된 요청)으로 설정하고 error 객체의 처음 256KB를 CloudWatch에 기록한다.

## D.3.3 완료

마지막으로, context.done(Error error, Object result) 메소드가 있다. 이 메소드는 success 및 fail 메소드 대신 사용할 수 있다. error 및 result 파라미터는 선택 사항이다. error 파라미터에 대해 널[NULL]이 아닌 값이 제공된 경우, 이 함수는 context.fail(error)와 같은 방식으로 처리된다. error 파라미터가 null인 경우 함수는 context.succeed(result) 메소드로 처리된다.

이번 장에서는 다음을 설명한다.

- API Gateway의 모델과 매핑

7장에서는 API Gateway를 자세히 설명하고 있다. 해당 장에서는 리소스와 GET 메소드를 만들고 Lambda 함수에 연결하고 Lambda 프록시 통합을 사용한다. Lambda 프록시 통합은 API Gateway 를 통해 Lambda 함수를 호출하고 응답의 반환을 간편하게 만든다. 대부분의 로직은 함수에서 실행되 며 Gateway는 요청을 프록시하고 클라이언트에 대한 응답을 처리한다.

그러나 API Gateway는 Lambda 프록시 통합을 사용하도록 강요하지 않는다. Gateway 내에서 요청 및 응답을 변환하는 방법을 결정할 수 있으며 Gateway를 통해 밖으로 나가는 방법을 제어할 수 있다. 이 부록에서는 모델 및 매핑을 구현하는 방법에 대한 정보를 제공하고 7장에서 다루지 않았던 기타 팁 과 요령을 살펴본다.

## E.1 비디오 목록 조회

7장에서 get-video-list 함수를 구현한 경우 프록시 통합없이 동일한 작업을 수행하는 방법을 보여주 는 또 다른 방법이다. 시작하기 위해 /videos 리소스와 GET 메소드를 생성했다고 가정한다. 이 부록 의 시작을 위한 7.2.3 항 대신에 사용할 수 있다. 여기에서 언급할 중요한 점이 하나 있다. GET 메소 드를 작성할 때 Lambda 프록시 통합을 가능하게 했다면 이제는 그것을 비활성화해야 한다. 이렇게 하려면 /videos 리소스 아래에서 GET 메소드를 클릭한 다음 Integration Request를 클릭한다. HTTP 프록시 통합 사용이 선택되어 있으면 선택을 취소한다.

### E.1.1 GET 메소드

프록시 통합을 사용하는 경우보다 API Gateway에서 구성할 요소가 더 많기 때문에 단계별로 작업을 진행할 것이다. 지금 바로 Method Execution 화면을 보려면 /videos 아래에 있는 GET method를 클릭한다.

### 메소드 요청

첫 번째 단계는 메소드 요청의 설정을 업데이트하는 것이다. Method Execution보기에서 Method Request를 선택해 해당 구성 정보에 접근한다. 다음과 같은 여러 가지 작업을 수행할 수 있다.

- 5장에서 했던 것처럼 사용자 정의 권한 부여 프로그램을 포함해 권한 부여 설정을 구성한다.
- URL 쿼리 문자열 파라미터에 대한 지원을 추가한다.
- 사용자 정의 HTTP 요청 헤더에 대한 지원을 추가한다.
- 요청 모델에 대한 지원을 추가한다. 이것은 GET 메소드가 아닌 유형에 사용되므로 무시할 수 있다.

get-video-list 함수는 현재 파라미터를 사용하지 않지만 선택적 인코딩을 사용할 수 있다고 가정해 보겠다. 즉, 함수가 실행되면 해당 인코딩과 일치하는 비디오 목록을 반환해야 한다(예: 인코딩이 720p로 설정된 경우 720p 비디오만). 인코딩이 지정되지 않으면 함수는 모든 비디오를 현재와 같이 반환한다. 인코딩이 URL을 통해 제공된다고 가정하면 설정 방법은 다음과 같다.

1. URL Query String 파라미터를 확장한다.
2. Add Query String을 선택한다.
3. encoding을 입력하고 둥근 체크 표시 버튼을 클릭해 저장한다.
4. 먼저 캐시 유효성 검사 전략을 고려해야하기 때문에 캐싱을 활성화하지 않는다. 이 Caching 확인란을 활성화하면 스테이지에서 캐싱을 사용할 때 특정 캐시 키가 생성된다(그림 E.1).

### 통합 요청

통합 요청INTEGRATION REQUEST은 다음 페이지에서 단계별로 수행해야 할 필요가 있다. 호출할 Lambda 함수는 이미 구성했다. 남은 것은 바디 매핑 템플릿을 구성하는 것이다. 이 매핑 템플릿은 헤더 및 쿼리 문자열과 같은 요소를 비롯한 요청을 사용해 서비스에서 이해할 수 있는 형식으로 변환하는 방법을 API Gateway에 알린다. 이 예제에는 encoding이라는 URL 쿼리 문자열이 포함되어 있다.

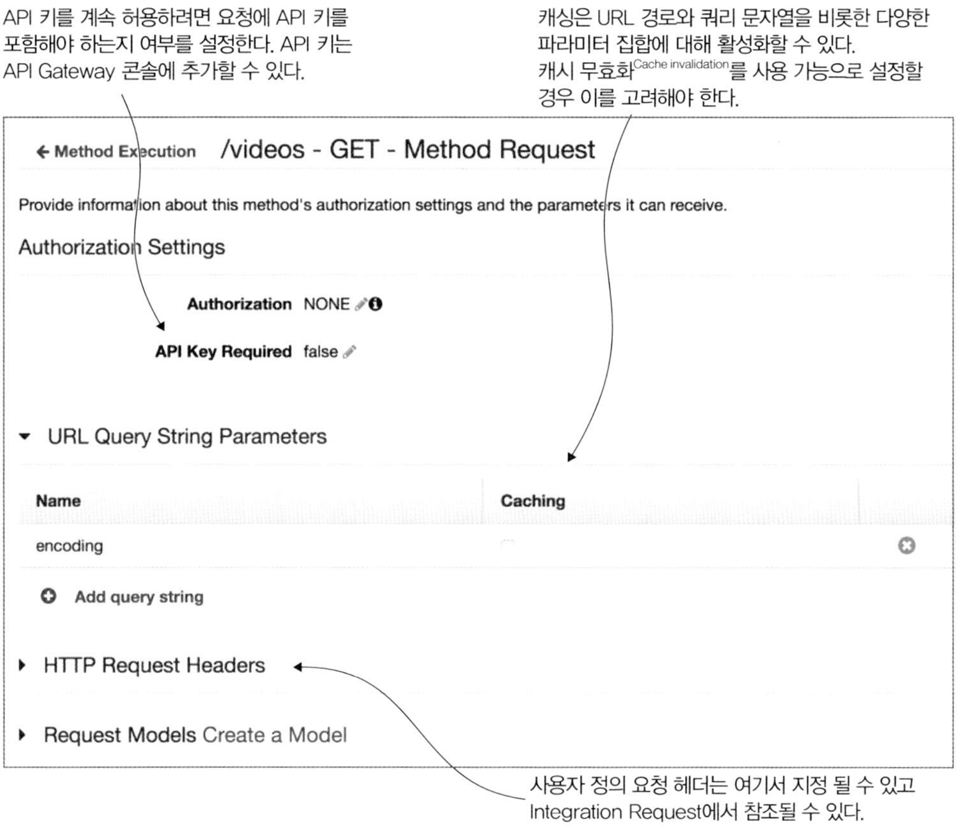

API 키를 계속 허용하려면 요청에 API 키를 포함해야 하는지 여부를 설정한다. API 키는 API Gateway 콘솔에 추가할 수 있다.

캐싱은 URL 경로와 쿼리 문자열을 비롯한 다양한 파라미터 집합에 대해 활성화할 수 있다. 캐시 무효화$^{Cache\ invalidation}$를 사용 가능으로 설정할 경우 이를 고려해야 한다.

← Method Execution **/videos - GET - Method Request**

Provide information about this method's authorization settings and the parameters it can receive.

Authorization Settings

      **Authorization** NONE 🖉❶

     **API Key Required** false 🖉

▼ URL Query String Parameters

| Name | Caching | |
|------|---------|---|
| encoding | | ⊗ |

 ⊕ Add query string

▶ HTTP Request Headers ◄

▶ Request Models Create a Model

사용자 정의 요청 헤더는 여기서 지정 될 수 있고 Integration Request에서 참조될 수 있다.

그림 E.1 Method Request 페이지는 API 호출자가 반드시 제공해야하는 인터페이스와 설정을 정의한다.

Lambda 함수가 접근할 수 있는 이벤트 객체의 encoding이라는 속성에 대해서 매핑할 수 있다.

1. Method Execution 창에서 Integration Request에 연결한다.

2. Body Mapping Templates를 확장한다.

3. Add Mapping Template를 선택한다.

4. Content−Type 입력란에 application/json을 입력하고 확인 표시 버튼을 눌러 저장한다.

5. 대화 상자에 패스스루 작동 방식의 변경에 대해 묻는 메시지가 표시되면 Yes, Secure This Integration을 클릭한다.

6. 오른쪽에서 매핑을 지정할 수 있는 편집 상자가 나타나는 것을 볼 수 있다. 이벤트 개체를 통해 사용할 수 있도록 encoding을 매핑하려면 E.1 목록의 내용을 입력란에 복사하고 Save를 선택한다. "페이로드 매핑$^{Payload\ mapping}$" 사이드바와 AWS 온라인 문서에(https://docs.aws.amazon.com/apigateway/latest/developerguide/api−gateway−mapping−template−reference.html)서 매핑을 더 자세히 설명하고 있다.

---

**목록 E.1 URL 쿼리 문자열 매핑**

```
{
    "encoding" :
    "$input.params('encoding')"    ←——————  $input.params('encoding') 메소드는 path라는 문자열과
                                             encoding이라는 속성의 헤더 값을 찾는다.
}
```

### 페이로드 매핑

API Gateway의 API 요청 및 응답 페이로드 매핑 템플릿 참고 문서(https://docs.aws.amazon.com/apigateway/
latest/developerguide/api-gatewaymapping-template-reference.html)에는 흥미로운 정보가 가득하다. 요청(경
로, 쿼리 문자열 또는 헤더의 값 포함)에서 값을 추출할 수 있을 뿐만 아니라 훨씬 더 많은 작업을 수행할 수 있다. 예를
들면 다음과 같다.

- $input.body는 원시 페이로드를 문자열로 반환한다.

- $input.json(value)는 JSONPath 표현식을 평가하고 결과를 JSON 문자열로 반환한다.

- $input.params()는 모든 요청 파라미터의 맵을 반환한다.

또한 API 호출에 대한 많은 유용한 정보가 있는 $context 변수에 액세스할 수 있다. 호출자에 대한 정보가 제공된다면,
HTTP 메소드 및 API 호출이 시작되는 Gateway의 배포된 스테이지 영역에 대한 정보들을 가지고 있다.

마지막으로 몇 가지 유용한 유틸리티 함수가 들어있는 $util 변수에 액세스할 수 있다.

- $util.escapeJavaScript()는 자바 스크립트 문자열 규칙을 사용해 문자열의 문자를 이스케이프한다.

- $util.parseJson()은 문자열로 된 JSON 표현을 취해 JSON 객체를 생성한다.

- $util.urlEncode() 및 $util.urlDecode()는 application/x-www-form-urlencoded 형식으로 문자열을 변환한다.

- $util.base64Encode()와 $util.base64Decode()는 base64로 인코딩된 데이터를 인코딩/디코딩한다.

API Gateway는 매핑을 위한 손쉬운 방법을 제공하므로 값을 개별적으로 지정할 필요가 없다. 파라미
터가 많고 복잡한 매핑을 유지 관리하지 않으려는 경우 유용할 수 있다. Generate Template 옆의 드
롭다운 메뉴에서 Method Request Passthrough를 선택한다.

API Gateway는 "경로, 쿼리 문자열, 헤더, 스테이지 변수 및 컨텍스트를 포함한 모든 파라미
터를 매핑…" 하는 템플릿을 설정한다(https://docs.aws.amazon.com/apigateway/latest/
developerguide/api-gateway -mapping-templatereference.html, 그림 E.2 참조).

그러나 대부분의 경우 사용자 고유의 자체 매핑을 작성하고 모든 것을 엔드 포인트로 전달하지 않도록
해야 한다. 이 예제에서는 적용할 수 있는 구문, 메소드 및 파라미터를 보여준다.

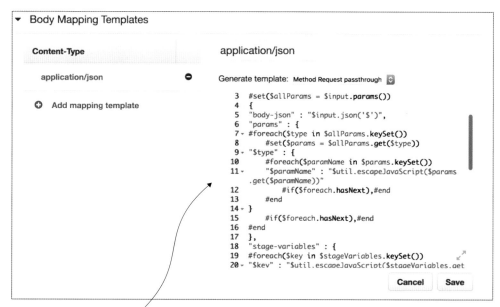

이 템플릿 모든 파라미터를 매핑하겠지만,
다소 비효율적이다.

그림 E.2 매핑을 쉽게 하는 방법은 모든 파라미터를 매핑하는 것이다. 이벤트 객체에 꼭 필요하진 않지만 추가적인 파라미터를 덧붙인다. 이러한 방식은 Lambda 프록시 통합을 사용할 때 얻을 수 있는 결과와 유사하다는 것을 알 수 있다.

Method Request Passthrough를 사용해 통합 지점에 전달된 모든 파라미터를 가져 오는 경우 CloudWatch를 사용해 이벤트 객체를 로깅해 내용을 검토할 수 있다. 다음 목록은 사용자가 접근할 수 있는 몇 가지 속성들을 보여준다.

**목록 E.2 Method Request Passthrough**

```
{
    'body-json': '{}',
    params: {
        path: {},
        querystring: {
            encoding: 'some-encoding'
        },
        header: {}
    },
    'stage-variables': {},
    context: {
        'account-id': '038221756127',
```

이 템플릿은 모든 파라미터를 매핑하지만
효율성은 떨어진다.

컨텍스트는 resource-path 및 http-method와
같이 유용한(잠재적으로) 정보를 나타낸다.

```
        'api-id': 'tlzyo7a7o9',
        'api-key': 'test-invoke-api-key',
        'authorizer-principal-id': '',
        caller: '038221756127',
        'cognito-authentication-provider': '',
        'cognito-authentication-type': '',
        'cognito-identity-id': '',
        'cognito-identity-pool-id': '',
        'http-method': 'GET',
        stage: 'test-invoke-stage',
        'source-ip': 'test-invoke-source-ip',
        user: '038221756127',
        'user-agent': 'Apache-HttpClient/4.3.4 (java 1.5)',
        'user-arn': 'arn:aws:iam::038221756127:root',
        'request-id': 'test-invoke-request',
        'resource-id': 'e3r6ou',
        'resource-path': '/videos'
    }
}
```

## 중간 테스트 진행

이제 Integration Request와 Method Request를 구성했다. 테스트를 진행해 보는 것만으로도 충분하므로 잠시 쉬고 올바르게 진행되었는지 있는지 확인한다.

Method Execution 페이지에서 왼쪽에 있는 Test를 선택한다. GET 메소드에 대한 테스트를 실행할 수 있는 페이지로 이동한다. 인코딩 쿼리 문자열을 정의한 경우 값을 입력해 테스트할 수 있는 텍스트 상자가 표시된다. 당분간은 아무것도 하지 않아도 되므로 그대로 남겨 두면 된다. 대신 페이지 하단의 Test 버튼을 클릭한다. 오른쪽에 응답 본문이 표시된다(그림 E.3).

## 통합 응답

이제 클라이언트로 보낼 응답을 살펴보겠다. API Gateway를 사용하기 시작하면 클라이언트가 API Gateway가 통합 지점에서 받는 것과 다른 형식으로 데이터를 예상하는 시나리오가 점점 더 발생할 수 있다. 클라이언트를 완전히 제어할 수 있다면 괜찮은 경우이다. 클라이언트를 수정하고 응답을 처리하도록 할 수 있기 때문이다. 하지만 클라이언트에 대한 제어가 불가능 하다면 어떻게 될까? 다행히도

API Gateway는 한 스키마를 다른 스키마로 변환할 수 있다. 앞에서 통합 응답<sup>INTEGRATION RESPONSE</sup>을 구성할 때 이에 대해 이미 간단히 살펴보았다. 하지만 앞에서 진행한 작업은 특별히 임시적인 상황이었다. 더 견고한 시스템을 구축하기 위해 모델(또는 스키마)을 정의하고 데이터를 한 형식에서 다른 형식으로 변환하는 강력한 매핑 템플릿을 작성할 수 있다.

API Gateway(그림 E.3)의 현재 응답을 보면 두 개의 속성(baseUrl 과 bucket)과 URL들의 배열을 가진 객체를 볼 수 있다. 각 URL에는 5개 속성(Key, LastModified, Etag, Size 및 StorageClass)이 있다.

Status: 200
Latency: 282 ms
Response Body

Lambda 함수의 응답이
즉시 표시된다.

```
{
  "baseUrl": "https://s3.amazonaws.com",
  "bucket": "serverless-video-transcoded",
  "urls": [
    {
      "Key": "3c1ca92d80155aba1b491422a8323b1da73ba84e/disney-1080p.mp4",
      "LastModified": "2017-01-03T11:16:10.000Z",
      "ETag": "\"66cfbeb5fcf1357117b663c1780ec52c\"",
      "Size": 4095570,
      "StorageClass": "STANDARD"
    },
    {
      "Key": "3c1ca92d80155aba1b491422a8323b1da73ba84e/disney-720p.mp4",
      "LastModified": "2017-01-03T11:16:10.000Z",
      "ETag": "\"f1fbd75f4595b610f422c0e514d34016\"",
      "Size": 1874203,
      "StorageClass": "STANDARD"
    },
    {
      "Key": "3c1ca92d80155aba1b491422a8323b1da73ba84e/disney-web-720p.mp4",
      "LastModified": "2017-01-03T11:16:07.000Z",
      "ETag": "\"ab997865386fed24065e4d3dbccd71d0\"",
      "Size": 1861741,
      "StorageClass": "STANDARD"
    }
  ]
}
```

그림 E.3 테스트 페이지는 API가 올바르게 구성되었는지 여부를 테스트하기 위한 훌륭한 도구다.

클라이언트로 다시 보내야 하는 데이터의 양을 줄이고 사물을 좀 더 분명하게 하는 다른 스키마를 생각해 볼 수 있다. 다음과 같은 작업을 수행할 수 있다.

- baseUrl의 이름을 domain으로 변경한다.
- URLs을 파일 이름으로 바꾼다.

- Key이름을 파일이름으로 변경한다.

- LastModified(이미 ETag가 있음) 및 StorageClass를 제거한다.

먼저 API 게이트웨이에서 모델을 만들어야 한다.

1. 24-Hour Video의 오른쪽 아래에 있는 Models을 선택한다.

2. Create 버튼을 클릭한다.

3. GetVideoList와 같은 모델 이름을 입력한다.

4. Content Type을 application/json으로 설정하고 원하는 경우 설명을 입력한다(그림 E.4).

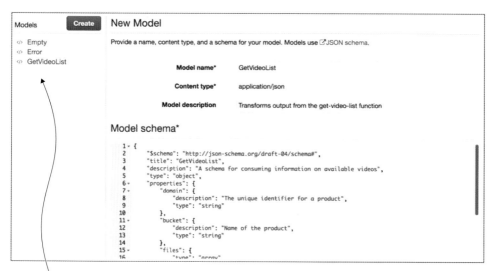

API 전체에서 사용할 모델을
원하는 만큼 만들 수 있다.

그림 E.4 모델은 JSON 스키마를 사용해 데이터의 출력 형식을 정의한다.

API Gateway는 JSON 스키마(http://json-schema.org/)를 사용해 예상하는 형식으로 정의할 수 있다. 스키마가 JSON Schema v4(http://json-schema.org/latest/json-schema-core.html)를 준수한다면 모든 것이 잘 작동할 것이다. 온라인 JSON 스키마 검사기(http://www.jsonschemavalidator.net/)를 통해 스키마를 실행하면 스키마가 적절한지를 항상 확인할 수 있다. 지금은 다음 목록의 스키마를 Model Schema 편집기로 복사하고 Create Model을 클릭한다.

**목록 E.3 GetVideoList JSON 스키마**

```json
{
    "$schema": "http://json-schema.org/draft-04/schema#",
    "title": "GetVideoList",
    "description": "A schema for consuming information on available videos",
    "type": "object",
    "properties": {
        "domain": {
            "description": "The unique identifier for a product",
            "type": "string"
        },
        "bucket": {
            "description": "Name of the product",
            "type": "string"
        },
        "files": {
            "type": "array",
            "items": {
                "type": "object",
                "properties": {
                    "filename": {
                        "type": "string"
                    },
                    "eTag": {
                        "type": "string"
                    },
                    "size": {
                        "type": "integer",
                        "minimum": 0
                    }
                }
            }
        }
    },
    "required": ["domain", "bucket"]
}
```

대부분의 속성은 선택 사항이지만 일반적으로 규칙에 따라 포함된다.

일부 사항은 필수 항목이며 스키마를 올바르게 구성하지 않으면 API Gateway에서 저장을 허용하지 않는다. 예를 들어 "type"을 배열로 정의하면 "items"도 정의해야 한다.

스키마를 작성한 후 다음 단계에 따라 통합 응답<sup>Integration Response</sup>을 수정한다.

1. 24-Hour Video 아래의 Resources를 선택한다.

2. /videos 아래에서 GET을 선택한다.

3. Integration Response을 선택한다.

4. 응답 유형을 확장하고(메소드 응답 상태가 200인 연결 유형이어야 함) Body Mapping Templates를 확장한다.

5. application/json을 선택한 다음 Generate Template 드롭다운 메뉴에서 GetVideoList를 선택한다.
   드롭다운메뉴 아래의 텍스트 상자는 약간의 코드가 자동으로 채워진다. 이 코드를 업데이트해 모델에서 작동하게 한다(목록 E.4 및 그림 E.5 참조).

6. 끝나면 Save를 클릭한다.

한 가지 주의해야 할 점은 API Gateway는 JSONPath 표기법과 VTL(Velocity Template Language)을 지원하므로 매핑 템플릿에 루프와 로직을 포함할 수 있다는 점이다. VTL 및 VTL에 대한 자세한 내용은 https://velocity.apache.org/engine/devel/vtl-reference.html을 참고하고 JSONPath에 대한 자세한 내용은 http://goessner.net/articles/JsonPath/를 참고한다.

**목록 E.4 본문 매핑 템플릿**

```
#set($inputRoot = $input.path('$'))        ←  $inputRoot는 원래 데이터(JSON 객체)의
{                                              루트 객체이다.
    "domain" : "$inputRoot.baseUrl",
    "bucket" : "$inputRoot.bucket",
    "files" : [
        #foreach($elem in $inputRoot.urls)  ←  API Gateway는 Velocity Template Language를
        {                                      사용하므로 foreach 및 if와 같은 프로그래밍 언어
            "filename" : "$elem.Key",          구문을 지원한다.
            "eTag" : $elem.ETag,
            "size" : "$elem.Size"
        }
        #if($foreach.hasNext),#end
        #end
    ]
}
```

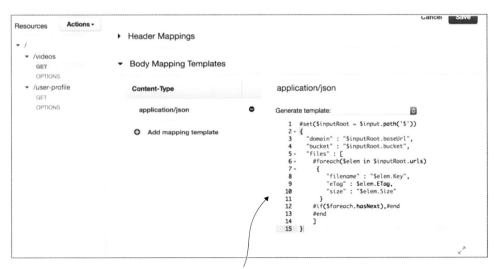

Body Mapping Template은 한 스키마를
다른 스키마로 변형할 수 있다. 특히 클라이언트를
제어할 수 없는 경우에 유용하다.

그림 E.5 템플릿은 통합 응답 및 통합 요청에 적용될 수 있다.

이제 매핑 템플릿이 구현되었으므로 GET 메소드를 다시 테스트해 올바른 응답을 받을 수 있는지 확인할 수 있다. Method Execution 창으로 돌아가서 Test를 클릭한다. Test 버튼을 클릭하고 응답으로 반환된 본문을 살펴본다. 그림 E.6과 비슷하게 보여야 한다.

## E.1.2 오류 처리

지금까지는 GET 메소드에서 발생할 수 있는 행복한 경우만 고려했다. 우리는 GET 메소드가 항상 성공하고 HTTP 상태 코드가 200인 응답과 함께 응답 본문을 통해 동영상 목록을 반환한다고 가정했다. 그러나 항상 이렇게 작동하지 않고 다른 경우가 발생한다면 어떻게 해야 할까? Lambda 함수가 오류를 던지거나 예기치 않은 결과가 발생하면 어떻게 해야 할까? 이같은 경우 클라이언트가 적절하게 처리할 수 있도록 다른 HTTP 상태 코드와 다른 본문을 반환하도록 하는 것이 유용할 것이다.

이제 get-video-list 람다 함수를 더 확장해 행복한 경우와 불행한 경우에 대해서 어떻게 처리할 수 있는지 보도록 하겠다. 이전 절에 포함 된 encoding 파라미터가 기억날 것이다. 이제 그것을 사용해 보자. 다음 요구 사항들을 고려한다.

- encoding이 유효하지만 해당 인코딩에 대한 비디오가 없는 경우 GET 메소드는 404(찾을 수 없음) HTTP 상태 코드를 반환한다.

- encoding이 제공되지 않으면 이전에 해온 작업을 계속 수행하고 200(OK) HTTP 상태 코드로 모든 비디오를 반환한다.

- 다른 종류의 오류가 있는 경우 500(내부 서버 오류) HTTP 상태 코드와 오류 메시지가 반환된다.

응답은 앞에서 정의한 GetVideoList
모델과 일치해야 한다.

```
Status: 200
Latency: 210 ms
Response Body

{
  "domain": "https://s3.amazonaws.com",
  "bucket": "serverless-video-transcoded",
  "files": [
    {
      "filename": "09689a80d3e24b53fc22e7bbbcbeba93742609a2/starwars-1080p.mp4",
      "eTag": "842840e726722a35f94394b277776edd",
      "size": "8099349"
    },
    {
      "filename": "09689a80d3e24b53fc22e7bbbcbeba93742609a2/starwars-720p.mp4",
      "eTag": "cab1e7013dd8954b0e785cde687a2406",
      "size": "3228449"
    },
    {
      "filename": "09689a80d3e24b53fc22e7bbbcbeba93742609a2/starwars-web-720p.mp4",
      "eTag": "384b7fa380b8c62252c6395f6e677a45",
      "size": "3023305"
    },
    {
      "filename": "19b7436f5facc1ae4399cad3588679bab7064f05/avengers-720p.mp4",
      "eTag": "edb72f2c34e4fcff27fed24f3d1cf935",
      "size": "2744412"
    },
```

그림 E.6 새 모델이 구현되면 API의 응답이 달라져야 한다.

또한 Lambda 함수가 콜백<sup>callback</sup> 통해 반환하는 것을 기반으로 적절한 HTTP 코드와 응답 본문을 반환하도록 API Gateway를 구성할 것이다. 이를 위해 메소드 응답 및 통합 응답을 구성한다. 이렇게 작동하도록 구성하는 방법은 다음과 같다.

- API Gateway에서 메소드 응답은 200, 404 및 500과 같은 새 HTTP 상태 코드를 처리하도록 구성된다.

- 통합 응답은 Lambda로부터 응답을 추출하고 설정할 HTTP 상태 코드를 결정한다.

## Lambda 함수 업데이트

상황이 나빠질 때에도 적절한 응답을 반환하도록 Lambda 함수를 업데이트할 것이다. 일이 올바르게 진행되면 콜백을 사용해 평상시대로 파일 목록을 반환한다. 그러면 HTTP 상태 응답 코드 200이 생성 된다. 그러나 상황이 안 좋으면 상태 코드, 메시지 및 encoding 파라미터의 세 가지 속성을 가진 객체 를 생성하고 반환한다. API Gateway에서 상태 코드와 일치하는 정규식을 작성하고 올바른 HTTP 상 태 코드 값을 응답에 할당한다. 또한 메시지와 encoding 파라미터를 추출해 응답에 추가한다. 이렇 게 하려면 새 매핑 템플릿을 만들어야 한다. 그러면 해당하는 경우 사용하는 기존 매핑 템플릿을 재정 의한다.

정규식

API Gateway의 정규식[regex]은 콜백을 통해 오류를 반환하는 경우에만 작동한다. 오류 조건을 작동시키려면 callback(result)을 사용해야 한다. callback(null, result)을 사용하는 경우 API Gateway는 정규식을 무시하고 기본 응답 및 템플릿(사용자가 변경하지 않으면 200)을 항상 선택한다.

선호하는 텍스트 편집기에서 get-video-list 함수의 index.js를 열고 구현을 다음 코드로 바꾼다.

**목록 E.5 get-video-list 함수**

```
'use strict';

var AWS = require('aws-sdk');
var async = require('async');

var s3 = new AWS.S3();

function createErrorResponse(code, message, encoding) {
    var result = {
        code: code,
        message: message,
        encoding: encoding
    };

    return JSON.stringify(result);    ◄──────    이 간단한 함수는 오류 응답 객체의 문자열 버전을 반환한다.
}                                                이것은 API Gateway에서 사용된다.

function createBucketParams(next) {
```

```
    var params = {
        Bucket: process.env.BUCKET
    };
    next(null, params);
}


function getVideosFromBucket(params, next) {
    s3.listObjects(params, function(err, data){
        if (err) {
            next(err);
        } else {
            next(null, data);
        }
    });
}


function createList(encoding, data, next) {
    var files = [];
    for (var i = 0; i < data.Contents.length; i++) {
        var file = data.Contents[i];

        if (encoding) {
            var type = file.Key.substr(file.Key.lastIndexOf('-') + 1);
            if (type !== encoding + '.mp4') {
                continue;
            }
        } else {
            if (file.Key.slice(-4) !== '.mp4') {
                continue;
            }
        }
        files.push(file);
    }

    var result = {
        baseUrl: process.env.BASE_URL,
        bucket: process.env.BUCKET,
        urls: files
    }
```

3장에서는 인코딩의 유형을 이름 끝에 추가했다 (예: myfile-720p.mp4). 이제 요청한 인코딩이 파일 이름의 끝과 일치하는지 확인할 수 있다.

요청한 인코딩이 파일 이름에 있는 인코딩과 일치하지 않으면 파일을 건너 뛰고 다음 인코딩으로 이동할 수 있다.

인코딩 정보가 제공되지 않으면 mp4로 끝나는 모든 파일의 목록을 만든다.

```
        next(null, result)
  }

exports.handler = function(event, context, callback){
    var encoding = null;

    if (event.encoding) {
        encoding = decodeURIComponent(event.encoding);
    }

    async.waterfall([createBucketParams, getVideosFromBucket, async.apply(createList, encoding)],
    function (err, result) {
        if (err) {
            callback(createErrorResponse(500, err, event.encoding));
        } else {
            if (result.urls.length > 0) {
                callback(null, result);
            } else {
                callback(createErrorResponse(404, 'no files for the given encoding were found',
event.encoding));
            }
        }
    });
};
```

이 기능을 구현한 후 명령 행에서 npm run deploy를 실행해 AWS에 배포한다.

## 메소드 응답 구성

먼저 메소드에 대한 응답을 구성할 것이다. Method Execution 페이지에서 Method Response을 선택하고 두 가지 새로운 응답을 추가한다.

- 404

- 500

페이지 화면은 그림 E.7과 같아야 한다.

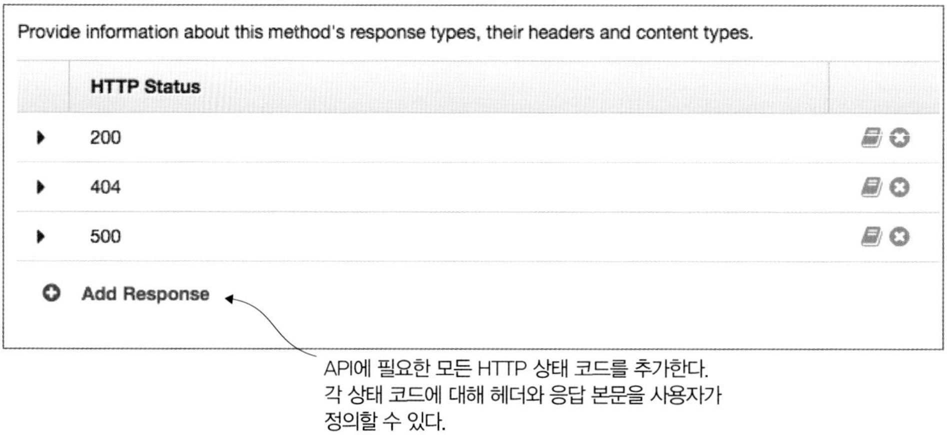

Provide information about this method's response types, their headers and content types.

| | HTTP Status | | |
|---|---|---|---|
| ▶ | 200 | | |
| ▶ | 404 | | |
| ▶ | 500 | | |
| ⊕ | **Add Response** ← | | |

API에 필요한 모든 HTTP 상태 코드를 추가한다.
각 상태 코드에 대해 헤더와 응답 본문을 사용자가
정의할 수 있다.

그림 E.7 단일 HTTP 상태 코드(예를 들면 200)에 의존하지 않아야 한다. 시스템에 필요한 만큼 상태 코드를 추가한다.

## 통합 응답 구성

이제 통합 응답을 구성할 수 있다. Method Execution 페이지에서 Integration Response를 선택한다. 여기에 세 가지 응답을 추가해야 한다. Lambda 함수의 출력을 검사할 수 있는 간단한 정규식을 작성한다. 그런 다음 결과에 따라 적절한 메소드 응답 상태를 설정한다. 이렇게 하려면 다음과 같이 진행한다.

1. Add Integration Response를 선택한다.

2. .*"code":404.*를 Lambda Error Regex 열에 입력한다.

3. 아래의 드롭다운메뉴에서 400을 선택하고 Save를 선택한다.

4. Add Integration Response를 다시 선택한다.

5. .*"code":500.* Lambda Error Regex 열에 입력한다.

6. 이번에는 드롭다운메뉴에서 500을 선택하고 Save를 선택한다.

이제 그림 E.8과 비슷한 화면이 나타날 것이다.

위에서 Lambda 함수의 결과와 일치시킬 정규식을 만들었다. 이와 같은 .*"code":404.* 표현의 예를 들면 이렇다. Lambda 함수의 응답에서 문자열 "code":404 텍스트가 존재하는지를 찾는다. 문자열 .*는 다른 텍스트가 "code":404 앞에 오거나 그 뒤에 올 수 있도록 한다. .*를 포함하지 않으면 이 정규 표현식은 응답에서 "code": 404만 처리하게 된다.

작성한 새로운 응답 유형을 각기 확장하고 각 응답마다 다음을 반복한다.

1. Body Mapping Templates를 확장한다.

2. Add Mapping Template를 선택한다.

3. application/json을 입력하고 확인 표시 버튼을 눌러 저장한다.

4. 매핑 템플릿을 다음 목록에서 템플릿 편집 상자로 복사한다.

5. Save를 클릭한다.

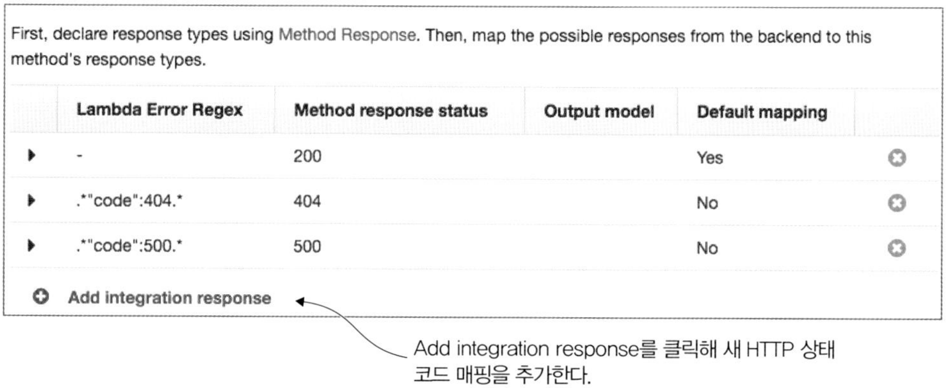

First, declare response types using Method Response. Then, map the possible responses from the backend to this method's response types.

| | Lambda Error Regex | Method response status | Output model | Default mapping | |
|---|---|---|---|---|---|
| ▶ | - | 200 | | Yes | ✕ |
| ▶ | .*"code":404.* | 404 | | No | ✕ |
| ▶ | .*"code":500.* | 500 | | No | ✕ |
| ⊕ | **Add integration response** ◀ | | | | |

Add integration response를 클릭해 새 HTTP 상태 코드 매핑을 추가한다.

그림 E.8 새로운 통합 응답을 설정하려면 단지 정규식과 메소드 응답 상태만 필요하다. 각 응답 마다 헤더 매핑 및 본문 매핑 템플릿을 사용자 정의할 수 있다.

**목록 E.6 오류 조건을 위한 매핑 템플릿**

```
#set ($message = $util.parseJson($input.path('$.errorMessage')))
{
    "code" : "$message.code",
    "message" : $message.message,
    "encoding" : "$message.encoding"
}
```

이제 오류 응답 개체의 속성에 접근해 사용할 수 있다. 또한 속성값을 응답에 매핑할 수 있다.

errorMessage 속성에서 JSON 객체를 만든다. 이 속성은 항상 Lambda에 의해 추가된다. 목록 E.5의 createErrorResponse 함수에 의해 생성된 오류 객체의 문자열 표현을 포함한다.

이제 오류가 발생했을 때 API Gateway가 반환하는 것을 정확히 제어할 수 있는 방법을 알고있다. 또한, 각 응답 코드에 대한 응답 헤더 매핑을 수정할 수 있다. 이러한 내용들을 Body Mapping Templates상에서 접근할 수 있다.

## 상태 코드 테스트

새로운 상태 코드가 API Gateway에서 직접 작동하는지 테스트할 수 있다. Method Execution으로 돌아가서 테스트를 클릭한다. Encoding Query String 텍스트 상자에 2160p를 입력하고 Test를 클릭한다. 테스트가 끝나면 페이지의 오른쪽을 살펴본다. 상태 코드는 404로 설정되고 응답 본문은 목록 E.6에서 설정한 매핑 템플릿을 기반으로 표시된다.

### E.1.3 API Gateway 배포

GET 메소드 구성을 완료했으면 이를 배포해야 한다.

1. API Gateway에서 24시간 비디오 API에서 리소스를 선택한다.

2. Actions를 선택한다.

3. Deploy API를 선택한다.

4. Deployment Stage 레이블과 드롭 다운 메뉴에 있는 video 대화 상자가 나타난다.

5. 드롭 다운 메뉴에서 Dev를 선택한다. 드롭 다운에서 Dev를 선택할 수 없다면 5장에서 스테이지를 만들지 않았음을 의미한다. 수정하는 것은 어렵지 않다. [New Stage]를 선택하고 스테이지 이름으로 dev를 입력한다(그림 E.9).

6. Deploy를 클릭한다.

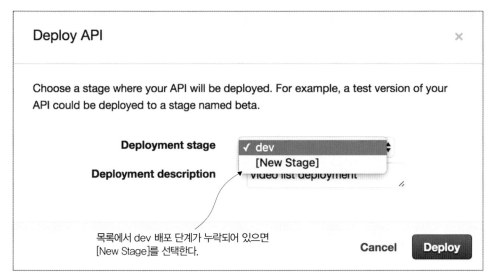

그림 E.9 API 콘솔을 통한 배포는 빠르게 진행된다.

모델 및 매핑 템플릿을 사용해 API Gateway를 더욱 잘 제어하는 방법을 배웠다. 7장으로 돌아가서 7.2.5 항에서 계속 진행해 보자.

# S3 이벤트 메시지 구조 | 부록 F

이번 장에서는 다음을 설명한다.

- S3 이벤트 메시지 구조

S3를 Lambda와 함께 사용하는 경우 메시지에서 필요한 정보를 추출하기 위해 S3 이벤트 메시지 구조를 이해해야 한다. 이 부록에서는 이벤트 메시지의 구조를 설명하므로 사용 가능한 속성과 예상되는 값을 살펴볼 수 있다.

## F.1 S3 구조

다음 목록은 객체가 버킷에 추가된 후 S3이벤트 메시지의 예시를 보여 준다. 이 예는 https://docs.aws.amazon.com/AmazonS3/latest/dev/notification-content-structure.html에 대응된다.

**목록 F.1 S3 이벤트 메시지 구조**

```
{
    "Records":[          ◀──────── 최상위 구조는 객체의 배열이다.
    {
        "eventVersion":"2.0",
        "eventSource":"aws:s3",
        "awsRegion":"us-east-1",
        "eventTime":"1970-01-01T00:00:00.000Z",    ◀──────── ISO-8601 형식으로 지정된 시간 형식을 사용한다
```

```
            "eventName":"ObjectCreated:Put",
            "userIdentity":{
                "principalId":"AIDAJDPLRKLG7UEXAMPLE"        ◄──────── 이벤트를 발생시킨 사용자
            },
            "requestParameters":{
                "sourceIPAddress":"127.0.0.1"        ◄──────── 요청이 시작된 IP 주소
            },
            "responseElements":{
                "x-amz-request-id":"C3D13FE58DE4C810"
            },
            "s3":{
                "s3SchemaVersion":"1.0",
                "configurationID":"configRule",        ◄──────── 버킷 알림 구성 ID
                "bucket":{
                    "name":"MY_BUCKET",
                    "ownerIdentity":{
                        "principalId":"A3NL1KOZZKExample"        ◄──────── 버킷의 소유자
                    },
                    "arn":"arn:aws:s3:::MY_BUCKET_ARN"        ◄──────── 버킷 ARN
                },
                "object":{
                    "key":"HappyFace.jpg",        ◄──────── 객체의 키 값
                    "size":1024,
                    "eTag":"d41d8cd98f00b204e9800998ecf8427e",
                    "versionId":"096fKKXTRTtl3on89fV0.nfljtsv6qko",        ◄──────── 객체 버전(버전 관리가 활성화된 경우)
                    "sequencer":"0055AED6DCD90281E5"        ◄──────── 이벤트의 순서를 결정하기 위해서 사용된 시퀀서
                }
            }
        }
    ]
}
```

## F.2 기억해야 할 몇 가지 사항

- 객체의 키가 인코딩된다. 예를 들어 hello world.jpg 파일은 hello+world.jpg로 인코딩된다.

- 이벤트 알림은 순서대로 도착하지 않을 수도 있지만 시퀀서를 사용하여 나중에 발생한 이벤트를 확인할 수 있다(16진수 값이 클수록 해당 시퀀스가 나중에 나왔음을 나타냄).

# Serverless 프레임워크와 SAM | 부록 **G**

이번 장에서는 다음을 설명한다.

- Serverless 프레임워크 1.x 개요
- 서버리스 애플리케이션 모델 개요

AWS와 같은 클라우드 플랫폼에 무엇인가를 구축하려는 경우 자동화 및 지속적인 전달이 중요하다. 서버리스 방식을 사용하면 구성해야 할 서비스, 기능 및 기타 기능이 늘어나게 되므로 더욱 중요해진다. 전체 애플리케이션을 스크립팅하고 테스트를 실행하고 자동으로 배포할 수 있어야 한다. Lambda 함수를 수동으로 배포하거나 API 게이트웨이를 스스로 구성해야 하는 유일한 방법은 해당 내용을 배우는 것이다. 그러나 실제 서버리스 애플리케이션에서 작업을 시작하면 모든 것을 스크립트하고 반복 가능하고 자동화 된 강력한 프로비저닝 시스템을 갖추어야 한다. 이 부록에서는 서버리스 애플리케이션을 구성하고 배포하는 데 도움이 되는 Serverless 프레임워크 및 SAM^Serverless Application Model을 소개한다.

Serverless 프레임워크는 서버리스 애플리케이션을 AWS에서 정의하고 테스트 및 배포하는 데 도움을 주는 포괄적인 도구다. 이 프레임워크는 서버리스㈜Serverless, Inc.의 전담 팀과 전 세계의 많은 오픈 소스 기여자가 지원하고있다. 이 도구는 전 세계 많은 회사에서 서버리스 애플리케이션을 관리하는 데 큰 성공을 거두었다.

SAM은 AWS에서 개발한 CloudFormation의 확장이다. 사용자는 간단한 구문을 사용해 Lambda, API Gateway 및 DynamoDB 테이블을 스크립팅한 다음 CloudFormation 명령과 이미 보유한 노하우를 사용해 배포할 수 있다.

## G.1 Serverless 프레임워크

Serverless 프레임워크(https://serverless.com)는 전담 팀이 적극적으로 개발 및 유지 관리하는 MIT라이선스의 오픈 소스 프레임워크다. 본질적으로 사용자는 Lambda 함수 및 API Gateway API를 비롯한 서버리스 애플리케이션을 정의한 다음 명령 줄 인터페이스(CLI)를 사용해 배포할 수 있다. 서버리스 애플리케이션을 구성하고 구조화하는 데 도움이 된다. 대형 시스템을 구축할 때 큰 이점이 되며, 플러그인 시스템을 통해 완전히 확장할 수 있다.

### G.1.1 설치

Serverless 프레임워크는 Node.js CLI 도구이므로 먼저 Node.js를 컴퓨터에 설치해야 한다. Node.js 설치에 대한 지침은 부록 B를 참고한다.

> 참고
>
> Serverless 프레임워크는 Node.js v4 이상에서 실행되므로 최근 Node.js 버전을 선택해야 한다.

터미널 창에서 node --version 명령을 실행해 Node.js가 성공적으로 설치되었는지 확인할 수 있다. 해당 Node.js 버전 번호가 출력되어 있어야 한다. 그런 다음 터미널을 열고 npm install -g serverless를 실행해 Serverless 프레임워크를 설치한다. 설치 프로세스가 완료되면 터미널에서 serverless 명령을 실행해 Serverless 프레임워크가 성공적으로 설치되었는지 확인할 수 있다.

### 자격증명

Serverless 프레임워크는 사용자를 대신해 리소스를 만들고 관리할 수 있도록 AWS 계정에 대한 접근이 필요하다. Serverless 프레임워크가 AWS 계정에 접근할 수 있게 하려면 admin access 권한이 있는 IAM 사용자를 만들어 AWS 계정에서 서비스를 구성할 수 있다. 이 IAM 사용자는 고유한 AWS 액세스 키 쌍$^{pair}$을 가지고 있다.

> 참고
>
> 일반적으로 프로덕션 환경에서는 프레임워크에서 사용하는 IAM 사용자의 사용 권한을 최소화하는 것이 좋다. 불행하게도, 프레임워크의 기능은 너무 빨리 발전하고 있어서 우리가 필요로 하는 목록이나 제한된 권한 집합을 아직 가지고 있지 않다. 조직의 기본 AWS 계정에 대한 권한을 얻을 수 없는 경우 중간에 별도의 AWS 계정을 사용해보는 것이 좋다.

다음 단계를 따라 진행한다.

1. Amazon Web Services 계정을 만들거나 로그인하고 Identity & Access Management(IAM) 페이지로 이동한다.

2. Users를 클릭한 다음 Create New Users에서 첫 번째 필드에 serverless-admin과 같은 이름을 입력해 이 사용자가 프레임 워크라는 것을 상기할 수 있도록 한다.

3. Programmatic Access를 선택하고 Next: Permissions을 클릭한다.

4. Attach Existing Policies Directly를 선택하고 "AdministratorAccess"를 검색한다. AdministratorAccess 정책을 선택하고 Next: Review를 클릭한다.

5. Create User을 클릭한다.

6. 다음 페이지에는 액세스 키 ID와 비밀 액세스 키가 표시된다. 이 내용을 임시 파일로 저장한다. 키가 포함된 CSV 파일을 다운 로드 할 수도 있다. 완료되면 닫기[close]를 클릭한다.

터미널에서 이 명령을 사용해 AWS API 키와 비밀 키를 사용하도록 Serverless 프레임워크를 구성할 수 있다.

```
serverless config credentials --provider aws --key [ACCESS_KEY] --secret [SECRET_KEY]
```

### AWS 자격증명

serverless config credentials ──provider를 실행하면 컴퓨터의 다음 위치(~/.aws/credentials)에 기본 AWS 프 로필 아래에 자격증명[credentials]을 저장한다. 이전 장을 따랐다면 이미 lambda-upload 사용자를 위한 자격증명 키가 credentials 파일에 있을 것이다. 앞의 명령을 실행하면 기존 자격증명 키를 덮어 쓴다. 이 문제를 해결할 수 있는 두 가지 방법이 있다. lambda-upload 키를 덮어 쓰는 대신 lambda-upload 사용자에게 AdministratorAccess 권한을 추가하거나 ~/.aws/credentials에 여러 자격증명을 추가할 수 있다.

```
[default]
aws_access_key_id=[ACCESS_KEY]
aws_secret_access_key=[SECRET_KEY]

[serverless]
aws_access_key_id=[ACCESS_KEY]
aws_secret_access_key=[SECRET_KEY]
```

그런 다음 serverless.yml에서 프로바이더 설정에 프로파일 설정을 추가한다.

```
service: new-service
provider:
name: aws
  runtime: nodejs4.3
  profile: serverless
```

## 서비스

하나의 서비스는 프레임워크 구성의 단위이다. 단일 프로젝트 또는 애플리케이션에 대해 여러 서비스를 가질 수 있고 프로젝트로 생각할 수도 있다. 서비스는 함수를 정의하고 트리거를 작동시키는 이벤트 및 함수가 사용하는 리소스를 정의하는 역할을 한다. 다음 목록에서 볼 수 있는 것처럼 serverless.yml 이라는 단일 파일에 모두 기술할 수 있다.

**목록 G.1 Service—serverless.yml**

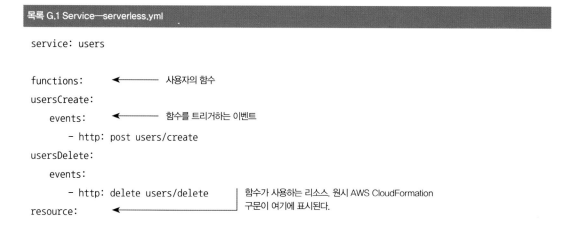

서비스의 요점은 함수와 모든 종속성을 하나의 단위로 유지하는 것이다. serverless deploy 명령어를 실행하면 프레임워크와 함께 serverless.yml의 모든 내용이 즉시 배포된다.

## 플러그인

플러그인을 사용해 프레임워크의 기능을 덮어 쓰거나 확장할 수 있다. 모든 serverless.yml은 서비스가 사용하는 플러그인을 plugins: 속성을 이용해 포함할 수 있다(다음 목록 참조).

**목록 G.2 Plugins—serverless.yml**

## G.1.2 Serverless 프레임워크 시작

앞에서 언급했듯이 Serverless 프레임워크에서 하나의 서비스는 프로젝트와 같다. 여기에서 AWS Lambda 함수, AWS Lambda 함수를 트리거하는 이벤트 및 필요한 AWS 인프라를 정의한다.

## 구조화

애플리케이션을 시작할 때 많은 사람들이 다음 목록과 같이 단일 서비스를 사용해 해당 프로젝트의 모든 기능, 이벤트 및 리소스를 정의한다.

**목록 G.3 애플리케이션 구조**

```
myApp/
      serverless.yml        ◀─────────── 모든 기능, 이벤트 및 인프라 자원을 포함한다.
```

그러나 애플리케이션이 커질수록 여러 서비스로 나눌 수 있다. 일부 사용자는 워크플로 또는 데이터 모델로 서비스를 구성하고 여기에 표시된 것처럼 해당 워크플로와 데이터 모델과 관련된 기능을 함께 서비스에 그룹화할 수 있다.

**목록 G.4 애플리케이션 구조**

```
users/
   serverless.yml  ◀─────┐
posts/                    │
   serverless.yml  ◀─────┤  사용자, 게시물 및 주석에 대한 기능이
comments/                 │  별도의 파일에 포함되어 있다.
   serverless.yml  ◀─────┘
```

이러한 경우 연관된 함수들은 일반적으로 공통 인프라 리소스를 사용하기 때문에 타당하다. 이렇게 함수들과 리소스를 함께 사용해 더 나은 구조를 만들고 우려 사항을 분리할 수 있다.

## 생성

서비스를 작성하려면 create 명령을 사용한다. 또한 서비스를 작성하려는 런타임(예: node.js 또는 Python)정보를 전달해야 한다. 또한 경로를 전달해 디렉터리를 만들고 서비스 이름을 자동으로 생성할 수도 있다.

```
serverless create --template aws-nodejs --path myService
```

AWS Lambda를 지원하는 Serverless 프레임워크에서 다음의 런타임을 사용할 수 있다.

- aws-nodejs

- aws-python

- aws-java-gradle

- aws-java-maven

- aws-scala-sbt

도움 얻기

serverless를 실행해 사용 가능한 명령 목록을 확인한 다음 serverless 〈command-name〉 --help 명령을 실행하면 각 명령에 대한 자세한 정보를 얻을 수 있다. 이 프레임 워크에 대한 상세한 정보는 https://serverless.com/framework/docs/에서도 온라인으로 볼 수 있다.

## 스캐폴딩 Scaffolding

현재 작업 디렉터리에 다음의 파일들이 표시될 것이다.

- serverless.yml

- handler.js

각 서비스 구성은 serverless.yml 파일에서 관리된다. 이 파일의 주된 책임은 다음과 같다.

- 서버리스 서비스 선언 제공

- 서비스에서 하나 이상의 함수 정의 가능

- 서비스가 배포 될 프로바이더(런타임이 제공된다면 런타임도 포함)를 정의한다.

- 사용자 정의 플러그인 정의

- 각 함수들을 실행할 이벤트를 정의(예:HTTP요청).

- 서비스에서 요구되는 함수들에서 필요로 하는 리소스 집합 정의(예:AWS CloudFormation 스택)을 정의

- 이벤트 부분에 나열된 이벤트를 허용해 배포 시 이벤트에 필요한 리소스를 자동으로 생성

- Serverless변수를 사용해 유연한 구성을 허용

이 파일을 통해 서비스 이름 및 프로바이더 구성을 볼 수 있고, 함수 정의 내에서 handler.js 파일을 가리키는 첫 번째 함수도 볼 수 있다. 다음 목록에 표시된 대로 이 파일에서 모든 추가 서비스 구성이 진행된다.

**목록 G.5 보다 완성된 serverless.yml 예제**

```
service: users

provider:
    name: aws
    runtime: nodejs4.3
    memorySize: 512

functions:
    usersCreate:          ←———— 함수
        handler: index.create
        events:           ←———— 이 함수를 트리거하는 이벤트
            - http:
                path: users/create
                method: post
    usersDelete:          ←———— 함수
        handler: index.delete
        events:           ←———— 이 함수를 트리거하는 이벤트
            - http:
                path: users/delete
                method: delete

resource:                 ←————┐ 함수가 사용하는 리소스. Raw AWS CloudFormation의
    Resource:                  │ 리소스가 여기에 해당한다.
        usersTable:
            Type: AWS::DynamoDB::Table
            Properties:
                TableName: usersTable
                AttributeDefinitions:
                    - AttributeName: email
                      AttributeType: S
                KeySchema:
                    - AttributeName: email
                      KeyType: HASH
                ProvisionedThroughput:
                    ReadCapacityUnits: 1
                    WriteCapacityUnits: 1
```

모든 serverless.yml은 하나의 AWS CloudFormation 템플릿으로 변환되며 CloudFormation 템플릿으로 만들어진 Cloud-Formation 스택이 생성된다. handler.js 파일에는 우리가 작성한 함수 코드가 들어 있다. serverless.yml의 함수 정의는 이 handler.js 파일을 가리키며 이 함수는 여기로 내보내진다.

### 로컬과 리모트 개발

Serverless 프레임워크는 AWS Lambda를 업로드한 후 AWS Lambda에서 AWS Lambda 함수를 실행하는 명령을 제공한다. 또한 프레임워크를 사용하면 강력한 에뮬레이터를 통해 AWS Lambda 함수를 로컬에서 실행할 수 있으므로 코드를 실행할 때마다 함수를 다시 업로드할 필요가 없다. 몇 가지 명령을 실행해 이 작업을 수행할 수 있다.

이 명령은 함수를 로컬에서 실행한다.

```
serverless invoke local --function myFunction
```

이 명령은 리모트로 함수를 실행한다.

```
serverless invoke --function myFunction
```

다음 옵션을 사용해 두 명령 모두에 데이터를 전달할 수 있다.

```
--path lib/data.json
--data "hello world"
--data '{"a":"bar"}'
```

표준 입력에서 데이터를 전달할 수도 있다.

```
node dataGenerator.js | serverless invoke local --function functionName
```

## G.1.3 Serverless 프레임워크 사용

Serverless 프레임워크는 AWS Lambda 함수, 이벤트 및 인프라 자원을 안전하고 신속하게 프로비저닝하도록 설계되었다. 다양한 유형의 배포용으로 설계된 몇 가지 방법을 통해 이 작업을 수행한다.

## 전체 배포

다음 명령은 Serverless 프레임워크를 사용해 배포를 수행하는 주요 방법이다.

```
serverless deploy
```

serverless.yml에서 함수, 이벤트 또는 자원 구성을 업데이트하고 해당 변경 사항(또는 여러 변경 사항)을 Amazon Web Services에 배치하려는 경우 이 명령을 사용할 수 있다. Serverless 프레임워크는 serverless.yml의 모든 구문을 단일 AWS CloudFormation 템플릿으로 변환한다. 배포를 위한 Cloud-Formation에 따라 Serverless 프레임워크 사용자는 CloudFormation의 안전함과 안정성을 얻을 수 있다. 이 단계는 serverless deploy 명령이 실행될 때 수행된다.

1. serverless.yml에서 AWS CloudFormation 템플릿을 만든다.

2. 스택이 아직 생성되지 않은 경우, 함수 코드의 zip 파일을 저장하는 S3 버킷을 제외하고는 아무런 리소스도 생성되지 않는다.

3. 함수 코드가 zip 파일로 패키지화한다.

4. 함수 코드가 zip 파일의 형태로 S3 버킷에 업로드된다.

5. 모든 IAM 역할, 함수, 이벤트 및 리소스들이 AWS CloudFormation 템플릿에 추가된다.

6. CloudFormation 스택이 새로운 CloudFormation 템플릿으로 업데이트된다.

serverless deploy는 가장 안전한 배포 방법이므로 CI/CD 시스템에 사용할 수 있다. 다음과 같이 자세한 정보 표시 모드를 사용하면 배포 도중 진행 상황을 화면에 출력할 수 있다.

```
serverless deploy  - verbose
```

이 단계에서 사용되는 기본값은 dev 스테이지와 us-east-1 리전이다. 다음 예제와 같이 프로바이더 객체 내에 스테이지 및 리전 속성을 설정해 serverless.yml 파일의 기본 스테이지와 리전을 변경할 수 있다.

**목록 G.6 리전과 스테이지**

```
service: service-name
provider:
    name: aws
    stage: beta                 환경 구성을 위한 리전과 스테이지
    region: us-west-2
```

다음 명령과 같이 플래그를 전달해 다른 스테이지 및 리전에 배포할 수도 있다.

```
serverless deploy --stage production --region eu-central-1
```

## 함수 배포

serverless deploy function 명령은 AWS CloudFormation 스택을 건드리지 않는다. 대신 AWS에서 현재 함수의 zip 파일을 덮어 쓴다. 이 방법은 CloudFormation에 의존하지 않기 때문에 serverless deploy를 실행하는 것보다 훨씬 빠르다.

```
serverless deploy function --function myFunction
```

프레임워크는 배포할 대상인 AWS Lambda 함수를 zip 파일로 패키지화한다. 이 zip파일은 CloudFormation 스택이 가리키는 이전 함수와 동일한 이름을 사용해 S3버킷에 업로드된다. 이러한 방식을 사용하면 AWS에서 개발하고 테스트하고 싶을 때 훨씬 빠른 속도로 사용할 수 있다. 개발과정 동안 사람들은 대개 더 큰 인프라 프로비저닝이 필요할 때만 실행되는 serverless deploy 대신에 이 명령을 여러 번 실행할 것이다.

## G.1.4 패키징

때로는 기능 유물과 그 패키지가 어떻게 관리되는지 더 잘 알고 싶어 할 수도 있다. 이를 위해 패키지를 사용해 사전에 정의된 이 구성을 제외할 수 있다.

## 제외 및 포함EXCLUDE/INCLUDE

Exclude는 결과 아티팩트에서 제외될 glob[1]를 정의할 수 있게 해 준다. 파일을 포함시키려면 !로 시작하는 glob 패턴을 사용할 수 있다(예: !re-include-me/**). Serverless는 glob 패턴을 순서대로 실행한다. 예를 들어 다음 목록은 모든 node_modules를 제외하고 특정 모듈을 다시 포함하는 방법을 보여준다(이 경우 node-fetch).

---

1   (옮긴이) 유닉스 계열 시스템에서 사용하는 파일 이름 패턴 표현식

목록 G.7 Exclude

```
package:
    exclude:
        - node_modules/**
        - "!node_modules/node-fetch/**"
```

node-fetch폴더는 포함되지만 node_modules의 다른 모든 폴더는 제외된다.

## 아티팩트

패키징 프로세스를 완벽하게 제어하게 되면 서비스에 대한 고유한 zip 파일을 지정할 수 있다. Serverless는 서비스가 구성된 경우 해당 서비스를 zip 압축하지 않으므로 include 및 exclude가 무시된다. 이에 대한 예가 다음 목록에 나와 있다.

**목록 G.8 아티팩트**<sup>Artifact</sup>

```
service: my-service
package:
    include:
        - lib
        - functions
    exclude:
        - tmp
        - .git
artifact: path/to/my-artifact.zip
```

자신의 시스템에서 zip 파일의 경로를 지정한다. 자신의 이슈가 지정되면 include 및 exclude 옵션이 무시된다.

## 함수 패키징 분리

배포 과정에서 함수를 더 많이 제어하고 싶다면 패키지를 독립적으로 구성할 수 있다. 이를 통해 배포 방법을 최적화할 수 있다. 개별 패키징을 활성화하려면 전역 서비스 설정에서 개별적으로 true로 설정한다. 그런 다음 모든 함수에 대해 동일한 include/exclude/artifact 구성 옵션을 서비스 전체에서 사용할 수 있다. include/exclude 옵션은 서비스 전체 옵션과 병합되어 패키징 중에 함수 당 하나의 include/exclude 구성을 만든다(다음 목록 참조).

**목록 G.9 함수 패키징 분리**

```
service: my-service
package:
```

```
    individually: true
    exclude:
        - excluded-by-default.json
functions:
    hello:
        handler: handler.hello
        package:
        include:
            - excluded-by-default.json    ◄────────┐  이 파일은 이 함수의 최종 패키지에만
    world:                                          │  포함될 것이다.
        handler: handler.hello
        package:
            exclude:
                - event.json
```

## G.1.5 테스팅

서버리스 아키텍처를 테스트하는 것은 다음과 같은 여러 가지 이유로 어려울 수 있다.

- 아키텍처가 자체 테스트가 필요한 여러 타사 서비스에 크게 의존한다.

- 이러한 타사 서비스는 클라우드 기반 서비스이며 로컬에서 테스트하기 위해 본질적으로 까다로운 서비스다.

- 비동기식 이벤트 중심 워크 플로는 특히 에뮬레이트 및 테스트가 복잡하다.

이러한 문제로 인해 다음의 테스트 전략을 제안한다.

- 비즈니스 로직을 AWS Lambda의 API와 구분해 작성한다.

- 비즈니스 로직이 잘 작동하는지 확인하기 위해 단위 테스트를 작성한다.

- 통합 테스트를 작성해 다른 서비스(예: AWS 서비스)와의 통합이 올바르게 작동하는지 확인한다.

### 예시

간단한 Node.js 함수를 예로 들어 보겠다. 이 함수의 책임은 사용자를 데이터베이스에 저장하고 환영이 메일을 보내는 것이다. 구현에 대해서는 다음 목록을 참고한다.

**목록 G.10 메일 전송 함수**

```
const db = require('db').connect();
const mailer = require('mailer');

module.exports.saveUser = (event, context, callback) => {
    const user = {
        email: event.email,
        created_at: Date.now()
    }

    db.saveUser(user, function (err) {        이것은 가상의 데이터베이스에 사용자를
        if (err) {                            저장하고 환영 이메일을 보내는 기본 구성 예제다.
            callback(err);
        } else {
            mailer.sendWelcomeEmail(event.email);
            callback();
        }
    });
};
```

이 함수에는 두 가지 주요 문제점이 있다.

- 비즈니스 로직이, 사용하는 타사 서비스와 분리되지 않으므로 테스트하기가 어렵다. 예를 들어, 비즈니스 로직은 AWS Lambda가 이벤트 객체에서 데이터를 전달하는 방식에 따라 달라진다.

- 이 기능을 테스트하려면 DB 인스턴스와 메일 서버를 실행해야 한다.

첫째, 비즈니스 로직을 분리해야 한다. 이것의 부수적인 이점은 로직이 AWS Lambda, Google Cloud Functions 또는 전통적인 HTTP 서버에서 실행되는지 여부가 중요하지 않게 만들어 준다는 것이다. 다음 목록과 같이 먼저 비즈니스 로직을 분리한다.

**목록 G.11 메일전송 함수 비지니스 로직**

```
class Users {
    constructor(db, mailer) {
        this.db = db;
        this.mailer = mailer;
    }
```

```
save(email, callback) {
    const user = {
        email: email,
        created_at: Date.now()
    }

    this.db.saveUser(user, function (err) {
        if (err) {
            callback(err);
        } else {
            this.mailer.sendWelcomeEmail(email);
            callback();
        }
    });
}
}
```

← 핸들러에서 콜백 함수를 전달 중임을 참고한다. 핸들러로 다시 전달할 필요가 없으므로 정보 흐름이 단순해진다.

Users 클래스는 별도로 제공되어 더 쉽게 테스트할 수 있으며 외부 서비스를 실행할 필요가 없다. 실제 DB 및 메일러 객체 대신 목$^{mock}$을 전달하고 saveUser 및 sendWelcomeEmail이 적절한 인수로 호출된 경우 확인할 수 있다. 가능한 한 많은 단위 테스트를 수행하고 모든 코드 변경 시 이를 실행해야 한다. 물론 단위 테스트를 통과한다고 해서 함수가 예상대로 작동하는 것은 아니다. 이것이 통합 테스트가 필요한 이유이다. 모든 비즈니스 로직을 별도의 모듈로 추출한 후에는 다음 목록과 같이 간단한 핸들러 함수만 남게 된다.

**목록 G.12 메일 전송 핸들러 함수**

```
const db = require('db').connect();
const mailer = require('mailer');
const users = require('users')(db, mailer);

module.exports.saveUser = (event, context, callback) => {
    users.save(event.email, callback);        ← 핸들러의 유일한 책임은 save 함수를 호출하는 것이다.
};
```

목록 G.12의 코드는 종속성 설정, 주입$^{injection}$ 및 비즈니스 로직 함수 호출을 담당한다. 이 코드는 자주 변경되지 않는다. 함수가 예상대로 작동하는지 확인하려면 배포된 함수에 대해 통합 테스트를 실행해야 한다. 통합 테스트에서는 픽스처[fixture2] 이메일 주소로 함수(serverless invoke)를 호출하고, 사용자가 실제로 DB에 저장되었는지 확인하고, 이메일을 받았는지 확인해야 한다.

## G.1.6 플러그인

플러그인은 Serverless 프레임워크 내에서 새로운 명령을 작성하거나 기존 명령을 확장하는 사용자 정의 자바스크립트 코드이다. Serverless 프레임워크의 아키텍처는 코어에서 제공되는 플러그인 그룹일 뿐이다. (독자 혹은 조직이) 특정 워크 플로우를 가지고 있다면 사전 작성된 플러그인을 설치하거나 필요에 맞게 프레임워크를 사용자 정의해 플러그인을 작성할 수 있다. 외부 플러그인은 코어 플러그인과 정확히 같은 방식으로 작성된다.

### 플러그인 설치

외부 플러그인은 서비스별로 추가되며 전체적으로 적용되지 않는다. 서비스의 루트 디렉터리에 있는지 확인해보아야 한다. 다음 명령을 통해 npm을 사용해 해당 플러그인을 설치할 수 있다.

```
npm install --save custom-serverless-plugin
```

서비스 내에서 플러그인을 사용하길 원한다고 Serverless 프레임워크에 알릴 필요가 있다. 다음 목록과 같이 serverless.yml 파일의 plugins 부분에 플러그인 이름을 추가해 이 작업을 수행한다. serverless.yml 파일의 사용자 정의 부분은 플러그인에 필요한 구성을 추가할 수 있는 장소이다(플러그인 작성자 또는 관련 문서는 사용자가 어떤 것을 추가해야 하는지 알려준다).

**목록 G.13 플러그인 추가**

```
plugins:
    - custom-serverless-plugin
custom:
    customkey: customvalue
```

---

2  (옮긴이) 테스트를 수행하는 데 필요한 정보나 객체들

## 로드 순서

플러그인을 정의하는 순서는 중요하다. Serverless는 먼저 다음 목록과 같이 정의한 순서대로 모든 코어 플러그인과 사용자 정의 플러그인을 로드한다.

**목록 G.14 로드 순서**

```
# serverless.yml

plugins:
    - plugin1
    - plugin2
```

플러그인1이 플러그인2보다
먼저 로드된다.

## 플러그인 작성

다음은 플러그인 제작 시 알아야 할 세 가지 개념이다.

- **Command**: CLI 구성, 명령, 하위 명령, 옵션

- **LifecycleEvent**: 명령이 실행될 때 순차적으로 발생하는 이벤트

- **Hook**: 명령 중 LifecycleEvent가 발생할 때 실행되는 코드

명령은 사용자가 호출할 수 있다(예: serverless deploy). 로직을 가지고 있지는 않지만 CLI 구성을 간단히 정의할 수 있으며(예: 명령, 하위 명령 및 파라미터) 명령의 라이프 사이클 이벤트를 정의한다. 모든 명령은 다음 목록에서 볼 수 있듯이 자체 라이프 사이클 이벤트를 정의한다.

**목록 G.15 serverless 플러그인 작성**

```
'use strict';

class MyPlugin {
    constructor() {
        this.commands = {
            deploy: {
                lifecycleEvents: [
                    'resource',
                    'functions'
                ]
            },
```

```
        };
    }
}

module.exports = MyPlugin;
```

목록 G.15에는 두 가지 이벤트가 나열되어있다. 각 이벤트에 대해서 이전 및 이후 이벤트가 추가로 작성된다. 따라서 이 예제에는 다음 6가지 수명주기 이벤트를 참고할 수 있다.

- before:deploy:resource

- deploy:resource

- after:deploy:resource

- before:deploy:functions

- deploy:functions

- after:deploy:functions

라이프사이클 이벤트 앞에 있는 명령의 이름은 후크에 사용된다. 후크는 다음 목록에서 볼 수 있듯이 모든 명령의 라이프 사이클 이벤트에 코드를 바인드한다.

**목록 G.16 serverless 플러그인의 후크**

```
'use strict';

class Deploy {
    constructor() {
        this.commands = {
            deploy: {
                lifecycleEvents: [
                    'resource',
                    'functions'
                ]
            },
        };

        this.hooks = {
            'before:deploy:resource': this.beforeDeployResources,
```

```
        'deploy:resource': this.deployResources,
        'after:deploy:functions': this.afterDeployFunctions
    };
}

beforeDeployResources() {
    console.log('Before Deploy Resource');
}

deployResources() {
    console.log('Deploy Resource');
}

afterDeployFunctions() {
    console.log('After Deploy functions');
}
}

module.exports = Deploy;
```

각 명령에는 여러 옵션이 있을 수 있다. 옵션은 다음과 같이 이중 대시(--)로 전달된다.

```
serverless function deploy --function functionName
```

단축 옵션일 경우 다음과 같이 단일 대시(-)로 전달된다.

```
serverless function deploy -f functionName
```

options 객체는 플러그인의 생성자에 두 번째 파라미터로 전달된다. 여기에서 필요한 속성 뿐만 아니라 단축 옵션 속성을 선택적으로 추가할 수 있다. 다음 목록과 같이 필요한 옵션이 포함되어 있지 않으면 프레임워크에서 오류를 반환한다.

**목록 G.17 플러그인의 옵션**

```
'use strict';

class Deploy {
    constructor(serverless, options) {
```

```
        this.serverless = serverless;
        this.options = options;

        this.commands = {
            deploy: {
                lifecycleEvents: [
                    'functions'
                ],
                options: {
                    function: {
                        usage: 'Specify the function you want to deploy (for example, "--function
myFunction")',

                        shortcut: 'f',

                        required: true
                    }
                }
            },
        };

        this.hooks = {
            'deploy:functions': this.deployFunction.bind(this)
        }
    }

    deployFunction() {
        console.log('Deploying function: ', this.options.function);
    }
}

module.exports = Deploy;
```

런타임 중에 전역 서비스 구성에 접근할 수 있게 해주는 서버리스 인스턴스는 다음 목록에 표시된 첫
번째 파라미터로 플러그인 생성자에게 값이 전달된다.

**목록 G.18 글로벌 서비스 설정 접근**

```
'use strict';

class MyPlugin {
```

```
    constructor(serverless, options) {
        this.serverless = serverless;
        this.options = options;

        this.commands = {
            log: {
                lifecycleEvents: [
                    'serverless'
                ],
            },
        };

        this.hooks = {
            'log:serverless': this.logServerless.bind(this)
        }
    }

    logServerless() {
        console.log('Serverless instance: ', this.serverless);
    }
}

module.exports = MyPlugin;
```

명령 이름은 고유해야 한다. 두 개의 명령을 로드하고 모두 동일한 이름으로 명령을 지정하려는 경우
(예: 통합 명령 deploy가 있고 외부 명령도 deploy를 사용하려는 경우) Serverless CLI는 오류를 출
력하고 종료한다. 자신만의 deploy 명령을 사용하려면 myCompanyDeploy와 같이 다른 이름을 지
정해야 한다. 그래야 기존 플러그인과 충돌하지 않는다.

## G.1.7 예제

다음은 직접 시도해 볼 수 있는 Serverless 프레임워크의 몇 가지 예제다.

### REST API

이 예에서는 Serverless 프레임워크를 사용해 단일 HTTP 엔드포인트를 통해 간단한 REST API를 만
들 것이다. 다음 serverless.yml(목록 G.19)은 단일 AWS Lambda 함수를 배포하고 HTTP 엔드포인

트를 사용해 AWS API Gateway에 REST API를 만든 다음 두 가지를 연결한다. 목록 G.20은 람다 함수의 구현을 보여준다. serverless deploy 명령을 사용해 이를 쉽게 배포할 수 있다.

**목록 G.19 간단한 REST API: serverless.yml**

```
service: serverless-simple-http-endpoint

provider:
    name: aws
    runtime: nodejs4.3

functions:
    currentTime:
        handler: handler.endpoint
        events:
            - http:
                path: ping
                method: get
```

**목록 G.20 간단한 REST API: handler.js**

```
'use strict';

module.exports.endpoint = (event, context, callback) => {
    const response = {
        statusCode: 200,
        body: JSON.stringify({
            message: 'Hello,
             the current time is ${new Date().toTimeString()}.'
        }),
    };

    callback(null, response);
};
```

## IoT 이벤트

이 예제는 람다 함수에 이벤트를 보내기 위해 AWS IoT 플랫폼에서 IoT 규칙을 설정하는 방법을 보여 준다. 이를 통해 AWS Lambda 함수를 사용해 모든 IoT 이벤트에 대응할 수 있다. serverless deploy 명령을 사용해 이를 쉽게 배포할 수 있다. 다음 목록은 serverless.yml의 구현을 보여 주며, 목록 G.22 는 람다 함수를 보여준다.

**목록 G.21 IoT Event: serverless.yml**

```
service: aws-node-iot-event

provider:
    name: aws
    runtime: nodejs4.3

functions:
    log:
        handler: handler.log
        events:
            - iot:
                sql: "SELECT * FROM 'mybutton'"
```

**목록 G.22 IoT event: handler.js**

```
module.exports.log = (event, context, callback) => {
    console.log(event);
    callback(null, {});
};
```

## 스케줄

목록 G.23은 cron 작업과 같은 일정에 따라 실행되는 AWS Lambda 함수의 예이다. serverless deploy 명령을 사용해 이를 쉽게 배포할 수 있다. 이 목록은 serverless.yml 파일의 구현을 보여 주지 만 목록 G.24는 이 함수의 구현을 보여준다.

**목록 G.23 Scheduled: serverless.yml**

```
service: scheduled-cron-example

provider:
    name: aws
    runtime: nodejs4.3

functions:
    cron:
        handler: handler.run
        events:
            - schedule: rate(1 minute)        ◄──────── 매 분마다 Lambda 함수를 호출한다.
    secondCron:
        handler: handler.run
        events:                                                         월요일부터 금요일까지 매 초마다
            - schedule: cron(0/2 * ? * MON-FRI *)  ◄─────  Lambda 함수를 호출한다.
```

**목록 G.24 Scheduled: handler.js**

```javascript
module.exports.run = (event, context) => {
    const time = new Date();
    console.log(`Your cron function "${context.functionName}" ran at ${time}`);
};
```

## Amazon Alexa 스킬

다음 예는 AWS Lambda를 사용해 자신만의 Alexa 스킬을 만드는 방법을 보여준다. 먼저 Amazon Alexa Developer Portal(https://developer.amazon.com/edw/home.html)에 스킬을 등록해야 한다. 이렇게 하려면 사용 가능한 인텐트(intents)를 정의한 다음, 람다 함수(https://developer.amazon.com/public/solutions/alexa/alexa-skills-kit/getting-started-guide)에 연결해야 한다. 이 Lambda 함수를 Serverless 프레임워크로 정의 및 업데이트하고 serverless deploy 명령으로 배포할 수 있다. 다음 목록은 serverless.yml의 구현을 보여 주며, 목록 G.26은 Python으로 작성된 함수의 구현을 보여준다.

목록 G.25 Alexa skill: serverless.yml

```yaml
service: aws-python-alexa-skill

provider:
    name: aws
    runtime: python2.7

functions:
    luckyNumber:
        handler: handler.lucky_number
        events:
            - alexaSkill
```

목록 G.26 Alexa skill: handler.py

```python
import random

def parseInt(value):
    try:
        return int(value)
    except ValueError:
        return 100

def lucky_number(event, context):
    print(event)
    upperLimitDict = event['request']['intent']['slots']['UpperLimit']
    upperLimit = None
    if 'value' in upperLimitDict:
        upperLimit = parseInt(upperLimitDict['value'])
    else:
        upperLimit = 100

    number = random.randint(0, upperLimit)
    response = {
        'version': '1.0',
        'response': {
            'outputSpeech': {
                'type': 'PlainText',
```

```
                'text': 'Your lucky number is ' + str(number),
            }
        }
    }

    return response
```

이 함수는 0에서 100 사이의 임의의 숫자를 선택한 다음 음성 출력을 사용해 해당 내용을 말한다.

## G.2 서버리스 애플리케이션 모델

AWS CloudFormation(https://aws.amazon.com/cloudformation)은 EC2, S3, DynamoDB 및 Lambda와 같은 AWS 리소스 및 서비스를 자동으로 만들고 제공할 수 있게 해 주는 AWS 서비스다. 템플릿이라는 텍스트 파일에 리소스를 정의하면 CloudFormation이 이를 생성하고 배포한다. CloudFormation은 리소스가 프로비저닝되는 순서와 종속성을 처리하도록 도와준다. AWS의 인프라 자동화를 위한 핵심 도구이자 진지한 솔루션 설계자 및 인프라 전문가가 없이는 할 수 없는 중요한 도구이다. 솔직히 스크립팅 및 인프라 자동화 없이 AWS의 최대한의 잠재력을 이끌어 내서 사용기는 쉽지 않다. CloudFormation 또는 Terraform(https://www.terraform.io)이라는 타사 대체 도구 등은 사용자가 알아 둘 가치가 있다.

그러나 Lambda, API Gateway 및 DynamoDB로 만든 서버리스 응용 프로그램을 정의하는 것은 CloudFormation에서 직접 수행하는 경우 복잡하며 많은 시간이 소요될 수 있다. CloudFormation은 Lambda 및 API Gateway보다 오래되었으며 서버리스 애플리케이션을 위해 설계되고 최적화되지 않았다. 고맙게도 Lambda와 API Gateway에 대한 책임을 갖고있는 팀이 이를 보고 Serverless Application Model(SAM)을 제안했다.

SAM(https://aws.amazon.com/ko/about-aws/whats-new/2016/11/introducing-the-aws-serverless-application-model/)을 사용하면 보다 간단한 구문을 사용해 serverless 응용 프로그램을 정의할 수 있다. CloudFormation은 SAM 템플릿을 처리하고 이를 표준 CloudFormation 구문으로 변환할 수 있다(Serverless Framework에서도 수행). 일반적인 CloudFormation 템플릿(https://docs.aws.amazon.com/AWSCloudFormation/latest/UserGuide/transform-section-structure.html)과 비교해 SAM이 얼마나 우아하고 간결한지 살펴보는 것만으로도 놀랍다. 인프라를 자동화하고 CloudFormation을 사용하려는 경우 SAM을 잘 살펴 보기 바란다. 더 간단한 모델을 사용한다면 미래의 자아가 그것을 고맙게 여길 것이다.

## G.2.1 시작하기

SAM 템플릿 작성을 시작하려면 맨 위에 AWSTemplateFormatVersion이 있는 새로운 JSON 또는 YAML CloudFormation 템플릿을 만든다. 먼저 템플릿의 루트(템플릿 포맷 버전 아래)에 transform 문을 포함해야 한다. 이 transform은 CloudFormation에 SAM 버전이 사용되고 템플릿을 처리하는 방법을 알려주는 역할을 한다. JSON 템플릿의 transform 부분은 Transform:AWS::Serverless-2016-10-31이어야 하며 YAML의 경우 "Transform": "AWS :: Serverless-2016-10-31"이어야 한다.

transform을 지정하지 않으면 CloudFormation은 SAM을 처리하는 방법을 알 수 없다(https://docs.aws.amazon.com/AWSCloudFormation/latest/UserGuide/transformsection-structure.html). 현재 SAM 스펙(https://github.com/awslabs/serverless-application-model)은 SAM 템플릿에서 사용할 수 있는 세 가지 중요한 리소스 유형을 정의한다.

- AWS::Serverless::Function(Lambda 함수)

- AWS::Serverless::Api(API Gateway)

- AWS::Serverless::SimpleTable(DynamoDB 테이블)

이 스펙은 또한 S3, SNS, Kinesis, DynamoDB, API Gateway, CloudWatch 이벤트 등을 비롯한 여러 Lambda 이벤트 소스 유형을 정의한다. 또한 함수에 대한 환경 변수와 같은 추가 속성을 지정할 수 있다. 이제 SAM과 CloudFormation이 어떻게 Lambda 함수를 스크립팅하고 배포하는 데 도움이 되는지 알아 보겠다. 이 단계에서는 SAM에 제한이 있을 수 있다. 예를 들어, 작성 당시에는 기존 S3 버킷을 이벤트 소스로 지정할 수 없었다. 템플릿에서 람다의 이벤트 소스로 사용할 버킷을 작성해야 한다. 이 책을 읽으면서 SAM이 개선되었을 것이므로 시작하기 전에 https://github.com/awslabs/serverless-application-model을 살펴보는 것이 좋다.

## G.2.2 SAM을 사용한 예제

이 예제를 실행하려면 컴퓨터에 AWS CLI가 설치되어 있어야 한다. 설치하지 않은 경우 자세한 내용은 부록 B를 참고한다. CLI 명령을 호출해 IAM 사용자(24-Hour Video 애플리케이션을 작업 중이라면 lambda-upload)에 CloudFormation에 대한 올바른 권한이 필요하다. 사용자는 아티팩트 업로드 및 추가 작업등 CloudFormation이 달성하고자 하는 것을 수행하기 위해 CloudFormation 및 S3와 상호 작용할 수 있는 권한이 있어야 한다. 이러한 권한 설정은 이 부록의 범위를 벗어나지만 자습서 및 예제는 https://aws.amazon.com/cloudformation/aws-cloudformation-articles-and-tutorials/을 참고할 수 있다. 배우고 실험해보고 싶다면 Lambda 업로드 전체 관리자 권한을 부여할 수 있다(이미 이전 절을 진행했을 때 수행했을 수도 있음). 하지만 완료하자마자 리소스들을 폐기하는 것을 잊지 않도록 하자.

CLI가 설치되어 있고 lambda-upload가 올바른 권한을 가지고 있다고 가정하고 새 디렉터리에 index.js라는 파일을 만든다. 이것은 SAM을 사용해 배포할 lambda 함수가 될 것이다. 이 파일에 다음 코드를 복사한다. Lambda 함수 자체는 간단하다. HELLO_SAM이라는 환경 변수를 검색한 다음 이를 콜백 함수에 대한 파라미터로 사용한다.

**목록 G.27 기본 Lambda 함수**

```
exports.handler = function(event, context, callback) {
    var message = process.env.HELLO_SAM;          ◀──── HELLO_SAM 환경 변수를 얻어 온다.
    callback(null, message);
}
```

index.js와 같은 폴더에 sam_template.yaml이라는 새 파일을 만들고 다음 목록을 복사한다.

**목록 G.28 SAM 템플릿**

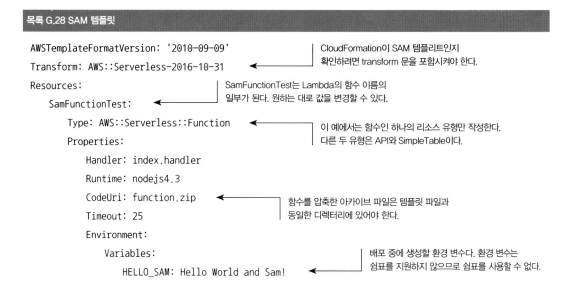

Lambda 함수가 들어있는 디렉터리를 열고 index.js를 function.zip 이라는 아카이브로 압축한다. 이것은 SAM 템플릿을 통해서 지정할 것이기 때문에 function.zip 이라고 부르겠다. 또한

CloudFormation이 배포할 Lambda 함수와 같은 아티팩트가 포함될 S3 버킷을 작성해야 한다. S3 콘솔로 건너 뛰고 북부 버지니아[N.Virginia](us-east-1)에 새 버킷을 만든다. 이 버킷을 serverless-artifacts와 비슷한 이름으로 한다.(이름은 고유해야 한다). 콘솔로 다시 돌아가서 다음 목록에 있는 명령을 실행한다.

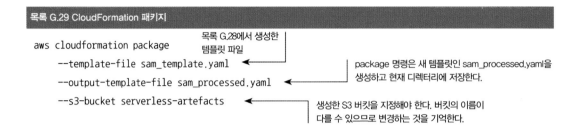

**목록 G.29 CloudFormation 패키지**

```
aws cloudformation package
    --template-file sam_template.yaml
    --output-template-file sam_processed.yaml
    --s3-bucket serverless-artefacts
```

목록 G.28에서 생성한 템플릿 파일

package 명령은 새 템플릿인 sam_processed.yaml을 생성하고 현재 디렉터리에 저장한다.

생성한 S3 버킷을 지정해야 한다. 버킷의 이름이 다를 수 있으므로 변경하는 것을 기억한다.

CloudFormation 패키지 명령은 두 가지 중요한 작업을 수행한다. Lambda 함수를 사용해 zip 파일을 S3에 업로드하고 업로드된 파일을 가리키는 새 템플릿을 만든다. 이제 CloudFormation deploy 명령을 실행해 Lambda 함수를 만들 수 있다. 다음은 터미널에서 실행해야 하는 명령이다.

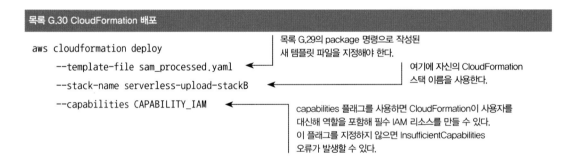

**목록 G.30 CloudFormation 배포**

```
aws cloudformation deploy
    --template-file sam_processed.yaml
    --stack-name serverless-upload-stackB
    --capabilities CAPABILITY_IAM
```

목록 G.29의 package 명령으로 작성된 새 템플릿 파일을 지정해야 한다.

여기에 자신의 CloudFormation 스택 이름을 사용한다.

capabilities 플래그를 사용하면 CloudFormation이 사용자를 대신해 역할을 포함해 필수 IAM 리소스를 만들 수 있다. 이 플래그를 지정하지 않으면 InsufficientCapabilities 오류가 발생할 수 있다.

모든 것이 잘 진행되면 터미널 창에 스택이 성공적으로 created/updated되었다는 메시지가 표시되어야 한다. Lambda 콘솔로 들어가서 새로운 함수를 살펴볼 수 있다. 환경 변수가 만들어졌는지 잊지 말고 확인한다. SAM에 대해 자세히 알고 싶다면 https://aws.amazon.com/blogs/compute/introducing-simplified-serverless-application-deplyoment-and-management 및 https://docs.aws.amazon.com/lambda/latest/dg/serverless-deploy-wt.html에서 최신 정보와 예제를 참고할 수 있다.

## G.3 요약

Serverless 프레임워크 및 SAM은 서버리스<sup>serverless</sup> 애플리케이션을 구성하고 배포하는 데 사용할 수 있는 도구이다. 이 단계에서 Serverless 프레임워크는 많은 유용한 플러그인과 강력한 커뮤니티가 있는, 더 완벽한 기능을 갖춘 시스템이다. 이 도구를 선택했다면, 그것은 절대 잘못된 판단이 아닐 것이다. 그러나 이것이 당신이 SAM을 주시하지 않아도 된다는 것을 의미하지는 않는다. SAM이 AWS에 의해 지원된다는 단순한 사실만으로도 이미 많은 것을 가지고 있으며 성장하고 성숙할 수 있다. 주목해야 할 내용 중 하나는 우리가 AWS가 아닌 서비스들에 대해서는 언급하지 않았다는 것이다. 하이브리드 환경을 지원하는 것은 어렵다. Serverless 프레임워크와 SAM은 많은 도움이 될 것이다. Serverless 프레임워크는 Azure Function, OpenWhisk 및 Google Cloud Functions와 같은 여러 공급 업체 및 컴퓨팅 제품을 신속하게 지원하기 위해 빠르게 움직이고 있다. 그러나 지금은 AWS에 완전히 머물거나 AWS 이외의 서비스를 지원하기 위한 추가 작업(추가 스크립팅이 필요할 수 있음) 등이 필요하다는 점을 알아야 한다.

**번호**

24-Hour Video  45

**A - D**

ACL  76
A Cloud Guru  20, 229
Alarm  92
Amazon Resource Name  76, 77
API Gateway  22, 32, 132, 189
ARN  65, 76
Auth0  107, 111, 116, 319
authentication  335
authorization  335
AWS  48
AWS Lambda  4
AWS 마켓플레이스  309
AWS 서비스 프록시  192
bot  22
callback  50
Chai  180
CI  295
claim  336
CLI  165
CloudCheckr  100
CloudFront  26
CloudSearch  318
CloudTrail  86, 96
CloudWatch  86
CloudWatch Log  50
Cognito  107, 110, 319
ConnectWise  17
Continuous Integration  295
CORS  134, 196, 199

Cost Explorer  100
Custom Authorization  213
dependencies  5
DynamoDB  26, 317

**E - K**

Echo  22
Elastic Transcoder  50, 55, 318
Environment variables  131
Firebase  257, 319
free tier  47
Function as a Service  150
GLACIER  233
GraphQL  31
HTTP 프록시  191
IAM  55, 76
Identity Provider  107
IdP  107
Insufficient Data  92
JSON Web Tokens  108, 333
JSON 웹 토큰  108, 333, 336
Key Management Service  165
Kinesis Streams  21, 35, 318

**L - R**

Lambda  5, 10, 20
Lambda 프록시 통합  136, 198
Layering  7
Lifecycle  73
MFA  79
mocha  183
Mocha  180

multi-factor authentication  79
Netflix  17
npm  53, 330
OAuth  108, 333
OpenID  108
OpenID Connect  109, 333
orchestration  10
PaaS  5
pull  151
push  151
RDS  317
REDUCED REDUNDANCY  233
rewire  180


## S – Z

S3  20
SAM  365
SAML  82
Scaffolding  370
serverless  4
Serverless Application Model  365
Serverless 프레임워크  296, 365, 366
Simple Monthly Calculator  101
Simple Notification Service  61
Simple Queue Service  20
Simple Storage ServiceS3  20
single responsibility principle  10
Sinon  180
Skype  22
SLA  15
slack  22
SNS  61
SOA  6
SQS  20
SRP  10

STANDARD  232
STANDARD_IA  232
Step Functions  303
subscriptions  61
Swagger  193, 295
Telegram  22
temporary security credentials  79
Trusted Advisor  100
waterfall  169
WebSocket  257
YouTube  20


## ㄱ – ㅁ

간이 월 사용량 계산기  101
객체 수명주기 관리  233
계층화  7
관리형 정책  83
구독  61
권한 부여  335
넷플릭스  17
다중 요소 인증  79
다중 조건  85
단일 책임의 원칙  10
데드 레터 큐  300
도메인  231
레거시 API  28
로깅  159, 192, 214
리소스  196
마이크로서비스  6
메소드  196
메시징 패턴  37
명령 패턴  36
목 통합  192
무료 티어  47

ㅂ - ㅇ

배포 55
백엔드 컴퓨팅 23
버전 219
버전 관리 159, 192, 226
버킷 326
별칭 161
봇 22
사용자 정의 권한 모듈 139, 213
서명된 URL 254, 282
서버리스 4
서버리스 GraphQL 32
서버리스 계산기 104
서버리스 아키텍처의 원칙 9
서버리스 애플리케이션 모델 389
서비스 지향 아키텍처 6
서비스형 함수 150
소프트웨어 아키텍처 3
수명주기 73
스로틀링 192, 211
스카이프 22
스캐폴딩 370
스크립팅 193
스테이지 219
스테이지 변수 219, 220
스테이징 192
스토리지 클래스 231
스피너 273
슬랙 22
실시간 처리 35
아마존 리소스 네임 76
아마존 웹 서비스 48
아티팩트 375
연결형 컴퓨팅 33

우선 순위 큐 패턴 39
위임 토큰 109, 144
유튜브 20
의존성 5
이벤트 객체 156
이벤트 모델 151
인라인 정책 84
인증 335
임시 보안 자격 증명 79


ㅈ - ㅎ

자격 증명 83
자격증명 제공업체 107
자원 기반 정책 83
전송 가속화 235
접근 제어 목록 76
정적 웹사이트 호스팅 활성화 229
조율 10
지표 필터 88
최종 일관성 297
캐싱 192, 216
커넥트와이즈 17
컨테이너 153
컨텍스트 객체 157
콜백 50
콜백 함수 158
클라우드 그루 20, 24, 229
클레임 336
테스트 58
텔레그램 22
통합 요청 346
통합 응답 350

파이프 및 필터 패턴  41
팬아웃 패턴  40
페이로드 매핑  348
포켓몬 고  32
푸시  151
풀  151
하이브리드  29
하이브리드 서버리스  20, 30
하이브리드<sup>혼용</sup> 클라우드  14
함수 핸들러  156
환경 변수  131, 163